KB193079

평신도를 위한
쉬운 마가복음 1권

평신도를 위한 쉬운 마가복음 1

저자 양형주

초판 1쇄 발행 2022. 4. 8.

발행처 도서출판 브니엘
발행인 권혁선

책임편집 김지연
책임교정 조은경

등록번호 서울 제2006-50호
등록일자 2006. 9. 11.

서울특별시 송파구 백제고분로28길 25 B101호 (05590)
마케팅부 02)421-3436
편집부 02)421-3487
팩시밀리 02)421-3438

ISBN 979-11-90308-71-7 04230
　　　 979-11-90308-70-0 (세트)

독자의견 02)421-3487
이메일 editorkhs@empal.com

북카페 주소 cafe.naver.com/penielpub.cafe
인스타그램 @peniel_books

도서출판 브니엘은 독자들의 원고를 설레는 마음으로 기다리고 있습니다.
위의 이메일로 간단한 기획 내용 및 원고, 연락처 등을 보내주십시오.

도서출판 브니엘은 갓구운 빵처럼 항상 신선한 책만을 고집합니다.

[평신도 눈높이에 딱 맞춘 정곡을 꿰뚫는 쉽고 바른 해설서!]

평신도를 위한

하나님의 아들 예수 그리스도의 복음의 시작이라
선지자 이사야의 글에 보라 내가 내 사자를 네 앞에 보내노니
그가 네 길을 준비하리라 광야에 외치는 자의 소리가 있어 이르되
너희는 주의 길을 준비하라 그의 오실 길을 곧게 하라
기록된 것과 같이 세례 요한이 광야에 이르러 죄 사함을 받게 하는
회개의 세례를 전파하니 온 유대 지방과 예루살렘 사람이
다 나아가 자기 죄를 자복하고 요단 강에서 그에게
세례를 받더라 요한은 낙타털 옷을 입고 허리에 가죽 띠를 띠고
메뚜기와 석청을 먹더라 그가 전파하여 이르되
나보다 능력 많으신 이가 내 뒤에 오시나니
나는 굽혀 그의 신발끈을 풀기도 감당하지 못하겠노라
나는 너희에게 물로 세례를 베풀었거니와
그는 너희에게 성령으로 세례를 베푸시리라
너희가 눈이 있어도 보지 못하며 귀가 있어도 듣지 못하느냐
또 기억하지 못하느냐 내가 떡 다섯 개를 오천 명에게 떼어 줄 때에
조각 몇 바구니를 거두었더냐 이르되 열둘이니이다
또 일곱 개를 사천 명에게 떼어 줄 때에 조각 몇 광주리를 거두었더냐
이르되 일곱이니이다 이르시되 아직도 깨닫지 못하느냐 하시니라

쉬운
마가복음

1권

양형주 | 지음

브니엘

신대원 초년 시절, 마가복음을 처음부터 끝까지 강해해보고 싶은 욕심이 있었다. 복음서 중 가장 짧고, 이야기도 가장 생생하게 진술되어 있었기 때문이다. 그러나 막상 본문으로 들어가니 망망대해에 혼자 떠 있는 느낌이었다. 겉보기와는 달리 말씀의 깊이를 파고드는 것이 만만치 않았고, 이 말씀이 우리에게 어떤 의미를 주는지도 제대로 퍼 올리지 못했다. 게다가 참고할 자료도 그다지 많지 않았다. 마가복음을 단락마다 제대로 강해한 자료를 찾기란 쉽지 않았고, 주석류는 너무나 학문적이어서 목회현장과 괴리감이 있었다. 이러한 자료들을 설교의 현장으로 가져오는 데는 분명 한계가 있었다.

그렇게 시작했던 씨름이 이제 어느덧 20여 년의 세월이 지났다. 마가복음의 말씀은 여전히 웅장하고 그 깊이가 한없건만, 말씀 앞에 씨름했던 나는 여전히 미숙하고 어설프다. 그런데도 이제 마가복음 말씀이 조금 익숙해진 것 같기는 하다. 그간 마가복음에 대한 좋은 학자들의 연구가 많이 나왔고, 좋은 자료도 많이 소개되어 앞서간 훌륭하신 선배님들의 이런저런 도움을 받을 수 있었기 때문이다. 또한 마가복음을 붙들고 씨름했던 것들을 나눌 기회도 허락되었다. 장신대 신대원에서 마가복음 수업을 진행할 수 있었고, 이런저런 큐티 잡지에 묵상을 연재할 기회를 얻기도 했으며, CGNTV 〈나침반 바이블〉이란 프로그램에서 마가복음을 강해할 수 있는 영광도 갖게 되었다. 또한 새벽기도와 주일 설교 때 마가복음을 강해할 기회를 여러 차례 갖기도 했다.

돌아보면 여전히 많이 미흡하고 부끄럽다. 그런데도 그간의 씨름을 모아 여기 「평신도를 위한 쉬운 마가복음」 1, 2권을 내놓는다. 이 작은 날갯짓이 부디 마가복음 말씀을 갖고 씨름할 누군가에게 조그마한 디딤돌이 되고, 하나님 말씀의 깊이를 조금이라도 맛보는 데 도움이 될 수 있다면 참 감사하겠다. 모든 영광을 하나님께 올려드린다.

글쓴이 양형주

▶ Section 2. 후기 갈릴리 사역

▶ **Section 3. 갈릴리 외부로의 사역**

서론,

예수님을 만나는 자리

광야에서 외치는 소리에 주목하라

세상에서 사랑받는 자녀로 살아가기

광야에서 발견한 에덴

때를 분별하는 지혜, 기회에 뛰어드는 용기

공생애를 위한 준비과정

예수님을
만나는 자리

> [1] 하나님의 아들 예수 그리스도의 복음의 시작이라.

2018년, 미국의 저명한 시장 조사업체인 JD파워에서 깜짝 놀랄 만한 소식을 발표했다. 그것은 미국에서 새롭게 판매되는 신차 품질조사에서 전세계 31개 자동차 회사 중 제네시스가 1위, 기아차가 2위, 현대차가 3위를 기록하며 1위부터 3위를 싹쓸이한 것이다.[1] 미국 소비자들은 JD파워의 평가를 상당히 신뢰하고 제품을 산다. 특히 JD파워는 자동차 분야의 평가에 권위가 있다. 원래 자동차 평가 기관으로 시작했기 때문이다. 그런 회사가 국산자동차 그룹의 품질을 1위부터 3위까지 모두 높게 평가한 것이다. 세계적인 명차 회사로 알려진 포르쉐는 여기서 4위를 기록했고, 일본의 렉서스는 8위를 기록했다. 이를 두고 외신은 '한국차가 포르쉐에 한 방 먹였다'라며 놀라워했다.

이것은 현대차가 미국 시장에 진출한 지 22년 만에 거둔 놀라운 성과다. 현대차가 1986년 처음 미국에 진출했을 때 얼마 가지 않아 회사의 이미지가 빠르게 추락했다. 변속기에 문제가 있다는 소비자의 불만이 미국 전역에 팽배했고, 이때 JD파워는 재빠르게 소비자 만족도를 조사했다. 그 결과 현대차에 치명적인 몇 가지 결함을 발견했다. JD파워는 이것을 한국 측에 알려 주어야겠다고 생각하고 한국 본사로 날아갔다. 이들은 임원들과 면담을 신청했다. 그러나 무슨 이유에서인지 임원들을 만나지 못하고 실무자들만 만났다. 나중에 알고 보니 경영자들에게 차의 문제점이 보고되는 것을 피하고자 실무진들이 사전에 만남을 차단한 것이었다.

그로부터 10년 후, JD파워 간부들은 새로운 조사 자료를 들고 다시 현대차 임원들을 찾아왔다. 그런데 이번에는 분위기가 완전히 변해 있었다. 문제점을 지적하자 즉석에서 해결책을 적극적으로 모색해 한국 차의 품질이 급속도로 향상된 것이다. 무엇이 이런 변화를 일으켰는가? 그것은 바로 회의의 중심에 당시 현역이었던 고 정주영 회장이 참여했었기 때문이다.[2] 정주영 회장은 JD파워 간부들의 지적을 듣자 곧바로 지시를 내렸고, 그래서 일이 일사천리로 진행되었던 것이다.

살아가면서 만나는 크고 작은 문제 앞에서 나는 어떻게 대처하는가? 적극적으로 해결하려 하는가? 아니면 애써 외면하고 도피하려 하는가? 만약 나의 지식과 경험만으로 도저히 해결할 수 없는 큰 문제라면 어떻게 해야 하는가? 그렇다면 문제를 해결할 힘과 능력과 지혜가 있는 이에게 찾아가야 한다. 그렇지 않으면 문제가 터지는 것을 눈 뜨고 보고 있어야 한다. 성도에게는 인생의 주인이신 예수 그리스도가 있다. 그분 앞에 나아가 그분께 우리의 곤궁을 아뢰어야 한다. 문제는 이를 해결하실 하나님의 아들을 어디에서 만나느냐 하는 것이다.

이런 면에서 마가복음의 첫 시작인 1장 1절의 말씀은 마가복음을 묵상하는 첫 시작에 깊이 묵상해야 할 매우 중요한 말씀이다. 이 말씀은 예수님이 누구신지, 또 그분을 만나는 자리가 어디인지를 장엄하고도 동시에 비밀스럽게 선포한다. "장엄하다." 이 소식이 바로 하나님의 아들에 관한 복음의 소식이기 때문이다. 또 다른 한편으로는 "비밀스럽다." 이것은 복음의 주인공인 예수 그리스도를 만나는 자리가 우리가 생각지 못한 의외의 장소이기 때문이다.

그렇다면 좀 더 구체적으로 살펴보도록 하자. 본문의 말씀은 다음과 같이 시작한다.

"하나님의 아들 예수 그리스도의 복음의 시작이라"(막 1:1).

'하나님의 아들'은 당시 로마제국에 사는 사람들에게 특별한 의미가 있었다. 그 당시 사람들은 이 말을 들으면 거의 자동으로 로마의 황제 '가이사'를 생각하게 된다. 당시 로마는 황제를 신성을 가진

'신의 아들'(the son of god)로 여겨, 제국 곳곳에서 황제 숭배를 위한 신전을 짓고 그를 경배했다. 그런데 하나님의 아들이 가이사가 아니라 예수 그리스도라는 것이다. 이것은 로마제국이 주장하는 황제의 신성을 정면으로 부인하는 매우 충격적인 선언이다. 마가복음은 처음 시작에 참된 하나님의 아들은 가이사가 아니라 예수 그리스도시고, 이 복음서는 바로 하나님의 아들 예수 그리스도에 관한 복음의 시작이라고 짧지만 장엄하게 선언한다.

여기 '복음'이라는 단어도 그렇고, '시작'이라는 단어도 조금 더 깊이 묵상해 들어가면 범상치 않은 단어임을 알 수 있다. 먼저 '복음'이다. 특이하게도 여기서 '복음'이라는 단어 앞에는 헬라어 정관사가 들어 있다. 정관사가 들어 있다는 것은 그냥 복음이 아니라 '바로 그 복음'이라는 것이다. 이것은 당시 사람들이 알고 있던 일반적인 복음과 다른 특별한 복음이라는 뜻이다.

복음이라는 단어는 헬라어 '유앙겔리온'으로 '기쁜 소식'(good news), 또는 '승리의 소식'이라는 뜻이다. 당시 제국은 각처에서 경계를 넘보는 이민족의 세력들과 치열하게 전투를 벌이고 있었다. 전쟁의 소식을 기다리는 제국의 지도자들과 백성에게 승리의 소식, 즉 복음은 더없이 소중하고, 좋은 소식임이 틀림 없다.

마가복음이 기록된 주후 70년 전후에 일어난 사건을 기록한 문서 중 유대 역사가 '유세비우스'가 쓴 「유대 전쟁사」가 있다. 여기에 보면 '유앙겔리온'이라는 단어가 로마제국이 거둔 승리의 소식을 가리키는 단어로 사용된다. 주후 70년경, 로마제국은 반란을 일으킨 유대인들을 제압하기 위해 로마의 제5군단, 10군단, 15군단, 12군단을 예루살렘에 파송하고, 이를 인솔할 군대 사령관으로 '티투스'(Titus) 장군을 보낸다. 티투스 장군의 강력한 리더십 아래 예루살렘의 열심 당원들은 공격을 견디지 못하고 패했다. 이로써 주후 66년부터 약 5년간 계속되었던 유다−로마 전쟁은 로마의 승리로 끝났다.

이 전쟁으로 인해 예루살렘 성읍은 무너지고 화염에 휩싸이게 된다. 5년간 세 차례나 군단장이 바뀌면서 계속된 전쟁이 마침내 승리로 끝나자, 티투스 장군은 당시 로마 황제로 지명되어 이집트의 알렉산드리아에서 제국의 부름을 대기하고 있던 아버지 베스파시안 장군에게 전령을 보내 예루살렘성이 함락되었다는 소식을 전했다. 그때 보낸 승리의 기쁜 소식을 '유앙겔리온' 바로 복음이라고 불렀다.[3] 이것이 당시 로마 사람들이 이해하는 복음의 의미다. 복음의 소식은 승리의 기쁜 소식이자 성공의 기쁜 소식이다.

마가복음은 승리의 기쁜 소식이 제국의 군대와 무력에 근거한 것이 아니라 바로 예수 그리스도의 십자가에서 온 소식임을 공포하고 있다. 이 복음은 제국의 대부분 사람이 알고 있는 일반적인 기쁜 소식, 즉 복음과는 다른 소식이다. 그래서 마가복음은 그냥 '복음'이라고 하지 않고 '그 복음'의 시작이라고 한다. 그렇다면 마가는 도대체 '그 복음'을 어디서 듣고 이렇게 선포하는 것일까? 이것을 추측할 수 있는 근거가 있다.

빌레몬서 1장 24절에 보면 사도 바울이 마가를 가리켜 "나의 동역자"라고 하며 골로새교회에 안부를 전한다. 마가는 사도 바울과 함께 복음을 위해 동역했던 사역자였다. 원래 마가는 바울과 함께 사역했던 바나바의 생질(누이의 아들), 즉 조카였는데, 복음을 듣고 회심하여 바울의 제1차 전도여행에 따라나섰다. 그런데 여행 도중 향수병이 났는지, 아니면 마음이 어려웠는지 밤빌리아에 도착했을 때 중도에 포기하고 이탈한다. 아마 이 일 후에 마가는 중도에 이탈했던 자신이 부끄러웠을 것이다. 이것이 계기가 되어 자신이 붙들었던 복음이 무엇인지에 대해 심각하게 고민했고, 다시 복음에 대한 깊은 확신에 사로잡히는 계기가 있었을 것이다. 이후 그는 다시 결단하고 바울의 제2차 전도여행에 따라나서려 한다. 그러나 이때 사도 바울은 거부한다. 삼촌 바나바가 "그러지 말고 기회를 주어 같이 데려가자"고 했지만 사도 바울은 그럴 수 없다면서 반대한다. 마가를 데려가는 문제로 인해 바울과 바나바는 갈등하고 크게 다투다 결국 갈라서고, 급기야는 따로 선교를 떠나게 된다.

"바나바는 마가라 하는 요한도 데리고 가고자 하나 바울은 밤빌리아에서 자기들을 떠나 함께 일하러 가지 아니한 자를 데리고 가는 것이 옳지 않다 하여 서로 심히 다투어 피차 갈라서니 바나바는 마가를 데리고 배 타고 구브로로 가고 바울은 실라를 택한 후에 형제들에게 주의 은혜에 부탁함을 받고 떠나"(행 15:37-40).

이 일을 계기로 마가는 크게 깨달아 다시 복음을 위해 살기로 결단하고, 사도 바울에게 더욱 적극적으로 나아갔던 것 같다. 훗날 바울은 골로새교회에 마가를 부탁하며 다음과 같이 말한다.

"나와 함께 갇힌 아리스다고와 바나바의 생질 마가와 (이 마가에 대하여 너희가 명을 받았으매 그가 이르거든 영접하라)"(골 4:10).

이 말씀에 따르면 마가는 바울과 함께 감옥에 갇혀 있다. 마가가 바울과 함께 복음을 전했을 뿐만 아니라 감옥에 갇히는 데까지 함께 했던 것이다. 바울은 복음을 위해 기꺼이 고난을 감수하는 마가를 신뢰하게 되었고, 이 마가를 골로새교회에 추천하며 마가가 가거든 기쁘게 환대하라고 당부한다. 마가는 바울 곁에서 동역하며 복음을 더 깊이 깨닫고, 복음을 위해 고난받고 헌신하는 데까지 나아갔다.

훗날 마가는 로마에 가서 베드로와 동역하는 기회를 얻는다. 바울을 따라다니며 그로부터 복음으로 훈련받은 마가는 더 성숙하고 헌신 된 모습으로 베드로를 섬기며 복음을 위해 동역하였고, 베드로의 신뢰를 듬뿍 받는 데 이른다. 베드로가 그의 서신에서 마가를 언급하는 부분을 보라.

"택하심을 함께 받은 바벨론에 있는 교회가 너희에게 문안하고 내 아들 마가도 그리하느니라"(벧전 5:13).

여기서 바벨론은 로마를 말한다. 베드로는 로마의 교회가 흩어져 있는 나그네 된 성도들에게 문안하고 "내 아들 마가"도 문안한다고 한다. 베드로는 마가를 아들같이 여겼다. 그가 마가를 얼마나 아끼고 신뢰했는지 짐작하게 하는 기록이 있다. 초대교회 역사가였던 유세비우스의 기록이다. 유세비우스에 따르면 마가는 히브리어를 구사하던 베드로의 헬라어 통역관이었다.[4] 베드로가 로마교회에서 복음 전하는 사역을 가장 가까이서 함께 감당했다. 이랬던 마가였기에 마가복음을 시작하는 이 첫 구절에는 바울과 베드로에게서 배운 복음의 정수가 깊이 배어 있었던 것이다.

먼저 마가가 사용한 '그 복음'이라는 용어다. 사복음서를 보면 마가복음을 제외하고 그 어떤 복음서도 첫머리를 '그 복음'이라는 단어로 시작하지 않는다. 마가는 그만큼 '그 복음'에 대한 확신이 있었다. 특히 마가가 '그 복음'이라는 표현을 사용하는 것은 로마제국이 말하는 승리의 소식이 아닌 하나님의 아들 예수 그리스도가 죄와 사망의 권세를 이긴 새로운 차원의 승리 소식을 말하기 위한 것이다.

둘째, 마가가 사용한 그 복음의 내용에는 예수가 그리스도이자 살아계신 하나님의 아들이라는 베드로의 신앙고백이 깊이 배어 있다 (마 16:16). 예수가 그리스도라는 고백과 함께 그가 바로 하나님의 아들이라는 것이 바로 '그 복음'의 정수라는 것이다.

그런데 예수 그리스도가 하나님의 아들이라는 놀라운 복음의 정수는 앞으로 펼쳐질 마가복음 안에서 안타깝게도 좀처럼 발견되지 못한다. 마가가 처음에 복음을 제대로 알지 못하고 중간에 선교여행에서 이탈했던 것처럼 이 복음이 처음 예수님에 의해 선포되었을 때도 많은 이가 이를 제대로 깨닫지 못해 고백하지 못했다.

놀라운 것은 마가복음에 등장하는 영적 존재들은 예수 그리스도께서 하나님의 아들이라는 사실을 다 알고 있었다는 것이다. 여기서 말하는 영적 존재란 누구일까? 먼저 하나님이고, 그다음이 마귀들이다. 먼저 마가복음 1장 9~11절을 보면 예수께서 세례받으실 때 하늘이 갈라지고 성령이 비둘기같이 내려오시면서 하나님이 말씀하신다.

"너는 내 사랑하는 아들이라. 내가 너를 기뻐하노라"(막 1:11). 하나님께서 친히 예수 그리스도를 나의 아들이라고 인정하신다. 이런 하나님의 음성은 예수께서 십자가를 지시기 전 변화산에 올라 변모하실 때 하늘에서 또다시 들린다.

"마침 구름이 와서 그들을 덮으며 구름 속에서 소리가 나되 이는 내 사랑하는 아들이니 너희는 그의 말을 들으라 하는지라"(막 9:7).

예수께서 하나님의 아들 되심은 무엇보다 아버지 되신 하나님이 먼저 인정해주신 것이다. 마가복음에는 예수님의 하나님 아들 되심을 고백한 또 다른 영적 존재가 있다. 바로 마귀다.

"나사렛 예수여 우리가 당신과 무슨 상관이 있나이까. 우리를 멸하러 왔나이까. 나는 당신이 누구인 줄 아노니 하나님의 거룩한 자니이다. 예수께서 꾸짖어 이르시되 잠잠하고 그 사람에게서 나오라 하시니"(막 1:24-25).

마귀는 예수님이 누구인지 알고 있다. 바로 하나님의 거룩한 자라는 것이다. 여기서 '거룩한 자'라는 것은 구약성경 하박국 1장 12절의 "나의 하나님, 나의 거룩한 이시여"라는 고백에 근거한다. 즉 '거룩한 자'라는 것은 바로 하나님임을 말하는 것이고, 예수님이 하나님의 거룩한 자라는 것은 하나님의 거룩한 하나님, 즉 하나님의 아들이라고 부르는 완곡어법이다(사 43:3,14,15, 47:4 참조). 마가복음에서는 이곳 외에도 예수님의 하나님 아들 되심을 좀 더 직설적으로 말하는 곳도 있다.

"더러운 귀신들도 어느 때든지 예수를 보면 그 앞에 엎드려 부르짖어 이르되 당신은 하나님의 아들이니이다 하니 예수께서 자기를 나타내지 말라고 많이 경고하시니라"(막 3:11-12).

예수께서 갈릴리에서 사역하시는데 더러운 귀신들이 예수님을 보면 그 앞에 엎드려 부르짖어 큰 소리로 "당신은 하나님의 아들입니다"라고 고백하는 것이다. 아마도 이 말을 들은 사람들은 소스라치게 놀랐을 것이다. 이분이 하나님의 아들? 로마 황제 같은 분? 잘 매치가 안 된다. 이것을 아셨는지 예수님은 마귀가 예수님의 정체를 드러낼 때마다 잠잠하라고 '침묵명령'을 내리신다. 아니, 우리 같으면 귀신들이 예수님의 정체를 인정하고 고백하면 더 도움이 되지 않겠는가 생각할지도 모르겠다. 사람들이 화들짝 놀라서 '아, 귀신들도 예수님이 하나님의 아들이라는 것을 알고 고백하는 것을 보면 정말 이분이 하나님의 아들인가 보다!'라고 생각하면 예수님을 더욱 따르지 않겠는가? 그런데 마가복음에는 예수님께서 십자가에 달려 돌아가실 때까지 그분을 하나님의 아들로 깨닫고 고백하는 이가 아무도 등장하지 않는다. 왜 그럴까? 그것을 알 수 있는 실마리는 끝부분에 가서야 나온다.

"예수를 향하여 섰던 백부장이 그렇게 숨지심을 보고 이르되 이 사람은 진실로 하나님의 아들이었도다 하더라"(막 15:39).

여기에는 두 가지 충격적인 사실이 있다. 첫째는 이 고백을 한 사람이 예수님의 제자가 아니라 제국을 섬기던 로마의 백부장이자 이방인이었다는 것이다. 둘째로 이 고백은 예수님이 귀신을 쫓고 병자를 고치고 죽은 사람을 살리는 권능의 현장에서 일어난 것이 아니라 가장 볼품 없고 참혹하고 무력하고 흠모할 만한 것이 없는 십자가에서 죽으시는 모습을 보고 일어난 고백이라는 것이다. 여기 "그렇게 숨지심을 보고"라는 것은 십자가에 달려서 못 박히시고 나중에는 너무나도 고통스러우셔서 큰 소리를 지르고 숨지시는 것을 보았다는 것이다(막 15:37). 비로소 그 참혹한 십자가 아래에서 "이 사람은 진실로 하나님의 아들이었도다"라고 고백한 것이다.

마가복음이 말씀하는 중요한 메시지가 바로 이 점이다. 예수 그리스도는 참되신 하나님의 아들인데, 그 아들을 만나는 자리는 제국의 가이사가 앉은 가장 높은 왕좌가 아니고, 세상의 모든 부를 거머쥔 성공의 자리도 아니고, 로마와의 갈등 가운데 가공할 폭력과 무력으로 제압하는 그런 자리도 아니라 바로 가장 비참하고 피하고 싶어하는 바로 그 십자가 아래라는 것이다. 이 십자가의 자리로 내려가지 않는 한 우리는 참되신 하나님의 아들 예수 그리스도를 만날 수 없다. 여기서 우리는 예수님께서 마귀에게 침묵을 명령하신 이유를 발견할 수 있다. 만약 권능과 기적의 자리에서 예수님을 하나님의 아들로 고백한다면 사람들은 예수님이 십자가를 지기보다 로마제국을 무너뜨리고 새로운 가이사가 되기를 꿈꿀 수 있을 것이다. 마가복음이 증거하는 것과는 다른 메시아, 다른 하나님의 아들을 기대하는 것이다. 복음에 대한 이런 고백은 마가에게 복음의 깊은 영향을 끼쳤던 사도 바울에게서도 발견된다.

"내가 너희 중에서 예수 그리스도와 그가 십자가에 못 박히신 것 외에는 아무것도 알지 아니하기로 작정하였음이라"(고전 2:2).

"십자가의 도가 멸망하는 자들에게는 미련한 것이요 구원을 받는 우리에게는 하나님의 능력이라"(고전 1:18).

"내가 그리스도와 함께 십자가에 못 박혔나니 그런즉 이제는 내가 사는 것이 아니요 오직 내 안에 그리스도께서 사시는 것이라. 이 제 내가 육체 가운데 사는 것은 나를 사랑하사 나를 위하여 자기 자신을 버리신 하나님의 아들을 믿는 믿음 안에서 사는 것이라"(갈 2:20).

마가복음이 제시하는 복음, 곧 승리의 소식은 로마제국이 열광하는 승리와 성공의 복음이 아니라 바로 이 십자가의 역설이 묻어난 예수 그리스도 십자가의 '그 복음'이다. 이 복음으로 우리 인생이 바뀌고 우리 인생이 새롭게 창조되어야 한다.

본문은 이것이 바로 '하나님의 아들 예수 그리스도 복음의 시작' 이라고 말씀한다. 여기 '시작'이라는 단어는 헬라어 '아르케'다. '아르케'란 하나님이 하시는 첫 창조의 시작을 말할 때 종종 사용한다.

요한복음 1장 1절의 "태초에 말씀이 계시니라" 할 때, 태초가 바로 '아르케'다. 이것을 마태복음에서는 '창세'(마 24:21)라고도 번역한다. 여기에서 시작은 단순한 출발을 의미하는 것이 아니라 복음으로 새롭게 창조되는 새 창조를 말씀하는 것이다. "누구든지 그리스도 안에 있으면 새로운 피조물이라. 이전 것은 지나갔으니 보라. 새 것이 되었도다"(고후 5:17)라고 말씀하는 것처럼 하나님의 아들 예수 그리스도의 복음으로 새롭게 창조되는 역사를 보여주는 것이 바로 마가복음인 것이다.

마가복음을 읽어갈수록 예수 그리스도의 십자가를 더 깊이 붙들 수 있기를 바란다. 수많은 유혹과 우상 숭배의 미혹에도 세상이 말하는 성공의 방식이 아니라 그리스도의 험한 십자가를 더욱 든든히 붙들고 나아갈 수 있기를 바란다.

[1장 각주] ···

1) 최기성, "현대차그룹, 美JD파워 1-3위 석권…외신 '한국차, 포르쉐에 한방'", 매일경제, 2018. 6. 21.
2) 남정호, "'96년 정주영 회장 찾아가 미 소비자 불만 알려주니 "당장 고쳐라" 해결 지시", 중앙일보, 2009. 3. 20.
3) 요세푸스, 김지찬 역, 「요세푸스 Ⅲ: 유대전쟁사」(서울: 생명의말씀사, 1987), 4. 10. 6., 449쪽.
4) 유세비우스, 엄성옥 역, 「유세비우스의 교회사」(서울: 은성, 1990), 3. 39.

광야에서 외치는
소리에 주목하라

²선지자 이사야의 글에 보라. 내가 내 사자를 네 앞에 보내노니 그가 네 길을 준비하리라. ³광야에 외치는 자의 소리가 있어 이르되 너희는 주의 길을 준비하라. 그의 오실 길을 곧게 하라 기록된 것과 같이 ⁴세례 요한이 광야에 이르러 죄 사함을 받게 하는 회개의 세례를 전파하니 ⁵온 유대 지방과 예루살렘 사람이 다 나아가 자기 죄를 자복하고 요단강에서 그에게 세례를 받더라. ⁶요한은 낙타털 옷을 입고 허리에 가죽 띠를 띠고 메뚜기와 석청을 먹더라. ⁷그가 전파하여 이르되 나보다 능력 많으신 이가 내 뒤에 오시나니 나는 굽혀 그의 신발끈을 풀기도 감당하지 못하겠노라. ⁸나는 너희에게 물로 세례를 베풀었거니와 그는 너희에게 성령으로 세례를 베푸시리라.

2018 제주 국제 관악제로 내한한 독일의 젊은 호르니스트인 '펠릭스 클리저'의 연주는 우리나라 관객들에게 신선한 경험을 주었다. 호른은 일반적으로 왼손으로는 음정을 조절하고, 오른손을 관 안에 넣어 음색을 조절한다.[5] 그런데 펠릭스 클리저는 왼발로 음정을 맞추고, 고정받침대에 호른을 세우고 오른손 대신 굳은살 박인 입술과 숨으로 음 빛깔을 바꾼다. 왜 이렇게 특이하게 연주할까? 그것은 그가 태어날 때부터 두 팔이 없는 장애가 있었기 때문이다. 보통 이런 상태면 주변 사람들에게 안 된다는 말, 좌절하고 낙담시킬 말을 많이 듣지 않았겠는가? 그런데 그는 17세에 독일의 명문 하노버 국립음대에 당당하게 입학했고, 이후 베를린 클래식 음반사에서 데뷔 앨범을 발매했을 정도로 실력을 인정받았다. 단순히 신기하게 연주하는 정도가 아니라 정상급의 실력을 인정받은 것이다. 그는 주변의 익숙한 비난의 소리보다 자신이 연주하는 악기의 깊고 아름다운 매력적인 소리에 더 귀 기울였다. 그는 네 살 때 어디선가 들은 호른 소리에 마음을 빼앗겼고, 그때부터 호른에 푹 잠겨 살다가 마침내 아름다운 호른 소리를 들려주는 사람으로 바뀐 것이다.

우리는 앞서 마가복음 1장 1절 말씀을 통해 하나님의 아들 예수 그리스도의 복음이 제국의 통치 아래 익숙한 소식과는 전혀 다른, 신비로움과 장엄함을 갖춘 것임을 살펴보았다. 그렇다면 이 복음의 소리를 제대로 발견하고 들을 수 있는 자리는 어디일까? 본문은 이 장소가 광야라고 말한다. 본문 2절 시작을 보면 "선지자 이사야의 글에"로 시작해서 3절 끝부분을 보면 "기록된 것과 같이"라고 되어 있다. 복음의 소리가 선포되는 자리가 광야라는 것이 선지자 이사야의 글에 예언되었다는 것이다. 광야가 우연한 장소가 아니라 하나님의 계획과 섭리 가운데 준비된 신비로운 장소임을 말씀한다.

왜 광야일까? 광야에 가면 우리에게 익숙한 소리와 단절된다. 조용한 그곳에서 우리는 비로소 하나님의 소리에 집중할 수 있게 된다. 우리가 익숙한 환경에 계속 머물다 보면 귓전에는 익숙한 소리만 들리고, 그 소리에 마음을 빼앗겨 생명의 소리에 제대로 귀 기울일 수 없을 것이다. 소음을 차단해야 우리에게 말씀하시는 하나님의 음성을 귀 기울여 들을 수 있다. 요즘 '백색소음'(ASMR)이 인기라고 한다. 도서관 책장 넘기는 소리를 2시간 넘게 녹음해서 이 소리를 틀어놓고 공부한다. 왜? 내게 익숙한 소리가 정서를 안정시키고 집중하는 데 도움을 주기 때문이다. 이처럼 사람은 익숙한 소리에 파묻혀 사는 것에 안정감을 느낀다. 작은 소리든 큰 소리든 익숙한 소리는 안정감을 준다. 그러나 이런 소리를 듣다 보면 거기서 벗어나 다른 소리를 듣기가 어렵다. 본문은 복음의 소식을 예비하는 외침이 우리에게 익숙한 장소가 아닌 광야에서 들려올 것을 말씀한다.

"선지자 이사야의 글에 보라. 내가 내 사자를 네 앞에 보내노니 그가 네 길을 준비하리라"(막 1:2).

2절은 이사야의 글이라고 했지만, 난하주에 보면 2절 말씀은 말라기 3장 1절의 말씀을 인용한 것이다(출 23:20 참조). 본격적인 이사야 인용은 이어지는 3절에 등장한다. 이 말씀은 하나님께서 장차 오실 예수 그리스도 앞에서 그를 준비할 한 사자(messenger), 곧 심

부름꾼을 보낸다는 것이다. 그런데 그다음에 나오는 3절 말씀은 이 사자가 길을 준비하는 방식을 설명하는데, 바로 광야에서 외치는 자의 소리가 되어 준비한다는 것이다.

"광야에 외치는 자의 소리가 있어 이르되 너희는 주의 길을 준비하라 그의 오실 길을 곧게 하라"(막 1:3).

주, 곧 예수 그리스도 복음의 소식을 광야에서 외치는 소리가 되어 준비한다는 것이다. 이는 난하주 'ㄴ'에서 밝히는 것과 같이 이사야 40장 3절의 말씀을 인용한 것이다. 이사야서는 이스라엘의 멸망을 경고하는 1~39절까지의 말씀과 이후 새로운 회복을 예언하는 40~66장까지의 말씀으로 크게 나눈다. 전반부를 제1이사야, 후반부를 제2이사야로 나눈다. 제2이사야를 시작하는 이사야 40장 1절은 그동안 도탄에 빠진 하나님의 백성을 위로하는 것으로 시작한다.

"너희 하나님이 이르시되 너희는 위로하라. 내 백성을 위로하라."

그러고서 3절에 이제 하나님께서 새로운 구원의 역사를 행하실 텐데, 이를 위해 먼저 광야에서 외치는 자의 소리가 일어나 여호와 하나님의 길을 예비할 것이라고 말씀한다.

"외치는 자의 소리여 이르되 너희는 광야에서 여호와의 길을 예비하라. 사막에서 우리 하나님의 대로를 평탄하게 하라"(사 40:3).

이 말씀이 바로 마가복음 1장 3절이 인용하는 이사야 말씀의 의미다. 특히 "사막에서 우리 하나님의 대로를 평탄하게 하라"는 것은 이제 세례 요한이 예고하는 하나님의 구원이 제2의 출애굽 사건과 같은 것임을 암시한다. 이스라엘 백성이 홍해를 가르고 출애굽해서 들어간 곳이 바로 광야였다. 그리고 생존의 조건이 모자란 그 광야에서 구원의 길이 평탄하게 열렸다. 이랬던 출애굽의 구원 역사가 이제 다시 이곳에서 일어날 것이라고 말씀하는 것이다.

이 기쁜 소식을 이스라엘 백성이 광야에서 들어야 할 이유가 무엇인가? 그것은 광야로 나오지 않으면 자칫 이 소리는 다른 소음에 파묻혀버릴 가능성이 크기 때문이다. 출애굽기에도 하나님께서 이스라엘 백성을 가나안으로 가는 빠른 해양 길로 인도하지 않고 광야로 인도하신 것은 자칫 이들이 잘못된 편견과 두려움의 소리에 사로잡힐 것을 염려했기 때문이라고 말씀한다.

"바로가 백성을 보낸 후에 블레셋 사람의 땅의 길은 가까울지라도 하나님이 그들을 그 길로 인도하지 아니하셨으니 이는 하나님이 말씀하시기를 이 백성이 전쟁을 하게 되면 마음을 돌이켜 애굽으로 돌아갈까 하셨음이라"(출 13:17).

오직 하나님의 소리에 집중할 수 있는 자리, 바로 광야였던 것이다. 당시 이스라엘 백성은 로마제국의 통치 아래 있으면서 하나님께서 이스라엘에게 온전한 자유와 온전한 독립을 주시는 제2의 출애굽의 역사를 꿈꾸며 기도하고 있었다. 이를 위해서 예루살렘에서는 정치적 혁명을 꿈꾸는 열심당원들이 일어나기도 하였다. 많은 이스라엘 백성은 헤롯 대왕이 당시 어마어마한 비용을 들여 스룹바벨 때 중건했던 성전을 대규모로 증축하는 것을 보고 이스라엘의 새로운 독립과 성전 회복의 역사를 기대하고 있었다. 이 성전을 맡을 대제사장 가야바에 대한 새로운 기대를 걸고 있었다. 이들이 바벨론의 포로로부터 귀환해서 성전을 재건하고 말씀으로 공동체를 세우는 데 헌신했던 스룹바벨과 스가랴처럼 이스라엘을 로마의 압제로부터 출애굽시키고 새로운 변화를 일으키기를 기대하고 있었다.

하지만 그런 와중에 헤롯과 대제사장 가야바를 회의적으로 바라보는 시선이 자라났다. 헤롯이 정통 유대인이 아니라 에돔 족속의 후손 이두매인으로 로마의 후원을 등에 업었다는 사실에 대해 유대 왕가의 정통성을 의심하기 시작했다. 또 이런 왕과 로마제국에 친화적인 대제사장 가야바에 대하여서도, 부패하고 정치적인 종교인으로 바라보는 시각이 생겨났다. 이들은 유대 나라와 제사장이 모두 타락하였고, 따라서 성전도 더러워져 더는 기능을 수행하지 못한다고 여겼다. 이러한 실망으로 이들은 유대 나라가 더 이상 빛의 자녀가 아니라고 비판하며 유대 광야로 나가서 새로운 정결 공동체를 만들었다. 이 공동체를 가리켜 '에세네파'라고 한다.

이들은 자신들이야말로 마지막 시대에 빛의 자녀들이고, 광야에서 외치는 소리라 확신하였고, 직접 광야로 나가 광야의 소리가 되기로 하였다. 광야에서 외치는 소리란 제2의 출애굽을 앞당기는 소리를 말한다. 이는 광야에서 하나님의 말씀을 읽고 암송하고 필사하며 연구하는 구체적인 행동을 통하여 드러났다. 그래서 이들은 사해 북

의의 교사를 기다렸던 쿰란공동체 부근의 성경 두루마리 사본을 보관했던 동굴 ⓒ양형주

서쪽 유대 광야의 쿰란 지역에서 꽤 큰 규모의 공동체를 이루며 살고 있었다. 이들은 자신들이 직접 이사야 40장 3절에서 예언한 광야의 외치는 소리가 되어 하나님의 종말을 기다리고 있었다.

　광야에서 외치는 소리이자 거룩한 성전이 되기 위하여 이들은 날마다 자신을 거룩한 물에 씻어 정결하게 하였다. 그래서 유대 광야에 있는 쿰란 유적지에 가면 이 공동체가 사용하였던 '미크베'라고 불리는 정결의식을 행했던 탕의 흔적이 여러 개 발견된다. 이렇게 자신들이 광야의 외치는 자의 소리가 되어 물로 씻어 거룩하게 되면 하나님

사해 부근 쿰란공동체가 생활했던 터전과 매일 정결례를 시행했던 정결탕 ©양형주

의 때에 거룩한 빛의 교사, 의의 교사가 와서 이들을 제2의 출애굽으로 이끌고, 완전한 성전을 허락하실 것이라고 기대했다.

이들은 헤롯에 대한 맹세를 거부하고, 로마 황제를 주로 부르는 것과 로마제국에 대한 충성을 거부하고 이곳 유대 광야에서 세상과 격리되어 다가올 제2의 출애굽을 기다리고 있었다. 하지만 이들의 소망은 이루어지지 않았다. 주후 68년 로마군이 예루살렘을 무너뜨리기 위해 진격했을 때 이곳도 공격하여 함께 파괴했다. 이때 쿰란공동체의 사람들은 빛의 소리가 될 성경 사본을 이 지역의 10개가 넘는 석회동굴 속에 숨겼는데, 이것이 1947년에 발견되어 이후 성경연구에 큰 획을 그었다.

이들의 생활방식을 보면 독특하다. 이 지역에서 많이 나는 대추야자를 먹고, 쥐엄나무 열매를 먹었고, 메뚜기를 먹고 살았다. 그런데 이런 삶의 방식이 오늘 본문에서 묘사하는 세례 요한과 유사한 부분이 많다.

"요한은 낙타털 옷을 입고 허리에 가죽 띠를 띠고"(막 1:6).

이러한 모습은 엘리야를 연상시킨다(왕하 1:8). 세례 요한이 엘리야와 같은 모습으로 묘사되는 것은 그가 곧 말라기 4장 5~6절에 예언한 엘리야와 같은 인물임을 보여준다. 예수께서는 세례 요한이 온 것을 가리켜 엘리야가 온 것이라고 확인해주신 바 있다(막 9:13). 엘리야가 와서 하는 사역은 어떤 사역인가? 돌이키게 하는 사역이다. 그는 아버지의 마음을 자녀에게로 돌이키게 하고, 자녀들의 마음을 아버지에게로 돌이키게 하는 사역을 감당한다(말 4:6).

엘리야의 사역을 감당하는 세례 요한은 특이하게도 "메뚜기와 석청"을 먹고 살았다(막 1:6). 이것은 세례 요한의 성장 배경을 이해하는 데 중요한 단서를 제공한다. 메뚜기와 석청. 메뚜기는 곤충 메뚜기이기도 하지만 중의적인 의미가 있다. 메뚜기는 헬라어로 '케타리온', 히브리어로는 '하가빔'이라고 하는데, 이것은 그 당시 가난한 이들이 흔히 주워 먹던 쥐엄나무 열매를 의미하기도 한다. 쥐엄나무 열매를 '하루빔'이라고 했다. 하루빔, 하가빔 비슷하다. 쥐엄나무 열매는 익기 전에 조금 떨어져서 보면 그 열매가 꼭 메뚜기 몸통처럼 생겼다. 그래서 이 쥐엄나무를 '메뚜기 나무'(locus tree)라고도 한다. 쿰란이 있던 사해 유역의 유대 광야, 엔케렘이라고 불리는 지역에는 아직도 쥐엄 열매가 많이 난다. 또 석청은 벌꿀이나 당분이 많은 나무의 열매 시럽을 의미하기도 하는데, 대표적으로 아주 달콤한 대추야자 열매를 의미한다. 이렇게 볼 때 세례 요한의 삶의 방식은 당시 쿰란의 에세네파의 삶의 양식과 크게 다르지 않다.

세례 요한은 삶의 방식뿐 아니라 종교적 방식에도 에세네파의 영적 전통에 많은 영향을 받았을 것으로 추정된다. 그 대표적인 것이 바로 세례 요한이 베푼 세례다.

"세례 요한이 광야에 이르러 죄 사함을 받게 하는 회개의 세례를 전파하니 온 유대 지방과 예루살렘 사람이 다 나아가 자기 죄를 자복하고 요단강에서 그에게 세례를 받더라"(막 1:4-5).

여기 '광야'는 유대 광야를 가리킨다(마 3:1 참조). 이는 예루살렘이 자리한 이스라엘 남쪽 중앙 산지로부터 동편 아래로 내려가기 시작해서 해발 -400m에 이르는 요단강 유역과 그 아래 사해 유역까지 급격하게 고도가 내려가면서 생겨난 고온 건조한 기후에 바위와 돌산으로 이루어진 광야 지역이다. 요한은 유대 광야에서 죄 사함을 받게 하는 회개의 세례를 전파했다. '회개의 세례'는 본문에 따르면 '죄 사함에 이르게 하는 세례'다(막 1:4). 죄 사함에 이른다는 것은 이 세례로 완전히 죄 용서함을 받는다는 것이 아니라 이 세례를 통하여 삶의 방향을 바꾸어, 온전한 죄 사함을 주시는 예수 그리스도께로 이르게 하는 세례라는 것이다.

쿰란 공동체가 반복적인 회개를 통한 정결함에 이르는 일종의 세례를 거행했다면, 세례 요한은 예수 그리스도께로 돌이키도록 준비시키는 회개의 세례를 전파했다. 여기서 '회개'란 히브리어 '슈브'에 해당하는 단어로, 그동안 살아왔던 삶의 방향을 전면적으로 하나님께로 돌이키는 것을 의미한다. 마음과 생각만 바꾸는 것이 아니다. 삶 전체의 행동과 방향을 바꾸는 것이다. 이렇게 함으로 사람들의 마음을 예수님을 향하여 준비시켰다. 이러한 세례 요한은 제2의 출애굽을 기다렸던 이 지역 백성들에게 커다란 반향을 일으켰다.

"온 유대 지방과 예루살렘 사람이 다 나아가 자기 죄를 자복하고 요단강에서 그에게 세례를 받더라"(막 1:5).

예루살렘에는 헤롯 대왕이 재건한 성전이 있었다. 또 그 성전을 섬기는 대제사장 가야바와 제사장들, 사두개인, 레위인들이 있었다. 성전이 뭐하는 곳인가? 죄 사함을 위해서 제사드리는 곳이다. 그런데 이런 성전을 뒤로하고 세례 요한이 있는 유대 광야의 요단강 남쪽 유역으로 몰려들어 세례를 받는다는 것은 당시 수많은 백성의 잠들었던 영혼이 깨어났다는 것을 의미한다. 이러한 헤롯과 부패한 성전 시스템으로는 우리가 제2의 출애굽을 할 수 없다는 의식이 팽배해 있었다. 이럴수록 이들은 이사야서에서 예고한 메시아의 출연을 고대하고 꿈꾸고 있었다. 그런데 이때 이스라엘의 중심 예루살렘이 아닌, 저 변방 유대 광야에서 외치는 소리가 백성의 잠자던 영혼을 깨웠다. 많은 이가 제2의 출애굽으로 이끌 새로운 메시아에게 나아갈 준비를 하기 시작했다. 많은 사람이 세례 요한에게 나아오면서 메시아에 대한 기대를 품기 시작했다. 왜냐하면 그는 에스겔서에 나오는 메시아 사역의 일부를 베풀고 있었기 때문이다. 당시 유대인이 기대했던 메시아의 사역은 에스겔 36장 24~27절에 잘 나타나 있다.

> "내가 너희를 여러 나라 가운데에서 인도하여 내고 여러 민족 가운데에서 모아 데리고 고국 땅에 들어가서 맑은 물을 너희에게 뿌려서 너희로 정결하게 하되 곧 너희 모든 더러운 것에서와 모든 우상 숭배에서 너희를 정결하게 할 것이며 또 새 영을 너희 속에 두고 새 마음을 너희에게 주되 너희 육신에서 굳은 마음을 제거하고 부드러운 마음을 줄 것이며 또 내 영을 너희 속에 두어 너희로 내 율례를 행하게 하리니 너희가 내 규례를 지켜 행할지라."

여기에는 두 가지 사역이 나온다. 하나는 맑은 물을 뿌려 정결하게 하는 것이다. 이는 회개를 통한 마음의 준비다. 회개를 통해 내가 의지했던 모든 우상을 버리게 한다. 그리고 메시아는 하나님의 성령을 나의 마음에 부어 굳은 마음을 제거하고 부드러운 마음으로 하나님의 뜻을 기쁘게 행하게 된다. 인간의 근본적인 변화는 바로 이 하나님의 성령이 우리 안에 부어질 때 일어나게 된다.

요한이 물로 세례를 베풀기 시작하자 사람들은 과연 그가 메시아인가 궁금해하기 시작했을 것이다. 그러자 세례 요한은 이 에스겔서에 나온 말씀을 기초로 자신은 길을 예비하는 자이고 정말 놀라운 복음의 소식을 가지고 오실 메시아 그분은 성령으로 세례를 베푸실 것이라고 하며 오실 예수 그리스도를 만나도록 길을 준비한다.

"그가 전파하여 이르되 나보다 능력 많으신 이가 내 뒤에 오시나니 나는 굽혀 그의 신발끈을 풀기도 감당하지 못하겠노라. 나는 너희에게 물로 세례를 베풀었거니와 그는 너희에게 성령으로 세례를 베푸시리라"(막 1:7-8).

많은 백성이 이 소리에 귀 기울이고 나아와 세례를 받은 것은 세례 요한의 소리가 예루살렘에서 나온 것이 아니라 광야에서 나온 것이었기 때문이다. 지금도 많은 이가 광야에서 들려오는 청아한 생명의 소리에 목말라하고 있다. 세상이 말하는 성공, 이 시대 풍조가 말하는 안정의 길은 시간이 갈수록 우리 영혼을 공허하게 하고 피폐하게 만든다. 뉴스마다 분노와 시기를 조장한다. 세상의 소리에는 구원이 없다. 비탄과 탄식과 거짓 속임수가 있을 뿐이다. 우리에게는 이런 것 말고 다른 소리가 필요하다. 바로 세상의 소리가 단절된 광야에서 들려오는 소리다. 광야는 세상의 시끄러운 소리가 단절되고 하나님을 마주하는 곳이다. 우리가 이런 소리에 반응할 때, 우리는 세상의 소리를 뒤로하고 하나님 앞에 단독자로 나아가 죄를 자복하고 회개하기 시작한다. 이럴 때 우리는 비로소 우리 인생을 송두리째 바꾸는 예수 그리스도의 생명의 복음 앞에 서게 된다.

이런 면에서 우리는 모두 광야에서 소리를 내는 사명으로 부르심을 받았다. 세례 요한이 그랬던 것처럼 우리도 영혼을 울리는 생명의 복음의 소리를 주변에 외쳐야 한다. 그런데 이 소리를 내는 것이 만만치 않다. 세상이 속삭이는 달콤한 소리와 다른 소리이기에 때로 세상 사람들은 이것이 올바른 소리임을 알아도 지금 세상에서 자신이 누리는 즐거움을 빼앗길까 두려워 귀를 막고 거부한다. 그래서 세상은 세례 요한을 거부하고 가두었다(막 6:17 참조). 사도들을 핍박했다. 심지어 생명의 빛 되신 예수님도 그렇게 했다. 그리고 세상은 예수님을 따라가는 우리도 싫어한다. 하지만 분명한 사실은 이 광야의 소리, 복음의 소식이야말로 이 세상에서 가장 필요로 하는 소리라는 것이다.

생명의 소리에 사로잡혀 그 소리를 내기 위해 우리는 날마다 광야로 나아가야 한다. 세상의 소문이 차단된 그곳에서 하나님 앞에 단독자로 서서 그분의 또렷한 소리에 귀 기울여야 한다. 나에게는 나아갈 광야가 있는가? 날마다 그 광야로 나아가 그 소리에 사로잡혀 있는가? 이 소리를 세상에 담대히 외치는 작은 요한이 될 수 있기를 바란다.

[2장 각주] ···

5) 김경은, "열 발가락으로 세상을 부는 남자, 바람의 땅 제주를 홀린다", 조선일보, 2018. 8. 8.

세상에서 사랑받는
자녀로 살아가기

[9]그때에 예수께서 갈릴리 나사렛으로부터 와서 요단강에서 요한에게 세례를 받으시고 [10]곧 물에서 올라오실새 하늘이 갈라짐과 성령이 비둘기같이 자기에게 내려오심을 보시더니 [11]하늘로부터 소리가 나기를 너는 내 사랑하는 아들이라 내가 너를 기뻐하노라 하시니라.

미국의 카네기 멜런대학에서 심리 면역학자로 활동하는 코헨 교수가 재미있는 실험을 했던 적이 있다. 4년 동안 400명을 대상으로 한 번에 25명씩 감기 바이러스를 집어넣고 실험을 했다. 일부러 감기 바이러스를 몸에 집어넣는 실험이라니 조금 잔인하다. 그런데 실험에 참여했던 사람들의 반응 결과가 각각 다르게 나타났다. 400명 중에 어떤 사람은 바이러스를 넣기만 하면 감기에 걸리는가 하면 어떤 사람은 바이러스를 투여해도 끄떡 없는 사람이 있었다. 코헨 교수는 궁금했다. 감기에 대한 면역력이 사람마다 다른 이유가 무엇일까? 알고 보니 이들이 가진 사회적 관계에 있었다.

코헨 교수는 실험에 참여하는 사람들을 각자가 가진 사회적인 관계에 따라 몇 부류로 나누었다. 먼저는 사회적 관계가 하나에서 셋 정도 있는 사람이 있었다. 보통 가정, 직장, 친구, 이 정도 되지 않는가? 둘째는 4~5개 정도 있는 그룹이 있었다. 셋째로 6개 이상 있는 그룹이 있었다. 가정, 직장, 친구, 교회, 목장, 사회봉사, 동창회, 이런 식이다. 실험 결과 교제 그룹이 3개 이하로 적은 사람들은 6개 이상인 사람들보다 감기 걸릴 확률이 4배나 높았다. 또 감기가 심하게 걸린 정도도 사회적 관계가 적은 사람들이 훨씬 심했다. 코 막힘 정도나 콧물의 양을 비교했을 때 훨씬 많이 나왔다.

이 실험이 우리에게 시사하는 중요한 점이 있다. 바로 관계가 중요하다는 것이다. 어떤 분은 관계가 부담된다고 이런저런 중요한 관계들을 자꾸 회피하고 자신만의 세계로 들어가 버리려고 한다. 관계를 회피하는 이유는 여러 가지가 있지만 가장 핵심적인 이유 중 하나는 관계 맺음 자체에 어려움이 있기 때문이다.

사람의 인간관계에서 가장 기본적인 관계가 무엇일까? 부모, 특히 아버지와의 관계다. 아버지는 모든 관계의 출발점이다. 이것이 제대로 형성되지 않을 때 모든 관계가 흔들린다. 아버지와의 관계는 내가 누구인지를 결정하는 정체성 형성에 결정적으로 이바지한다. 이것이 확고하지 않으면 내가 누구인가에 대한 자신감이 없어진다.

어릴 때 아버지가 그 자녀를 사랑으로 지지하지 않고 분노와 폭력을 쏟아부으면 마치 플라스틱이 썩지 않는 것처럼 오랫동안 자녀의 마음속에서 사라지지 않고 생생하게 남아 있다. 세상에는 가장 존경하는 인물로 아버지를 꼽는 사람이 있는가 하면 아버지처럼 살지 않는 것이 인생의 목표인 사람도 있다.[6] 그래서 아버지의 사랑은 인생의 기초공사와 같다.

본문에 예수께서는 본격적인 공생애 사역을 시작하기에 앞서 세례 요한에게 세례를 받는다. 세례를 받자 하늘이 갈라지며 성령이 비둘기같이 예수님께 내려오면서 하늘에서 소리가 들린다. 어떤 소리인가?

"하늘로부터 소리가 나기를 너는 내 사랑하는 아들이라. 내가 너를 기뻐하노라 하시니라"(막 1:11).

"너는 내 사랑하는 아들이고 내가 너를 기뻐한다"는 하늘 아버지의 말씀은 앞으로 예수께서 당하실 수많은 고난과 사탄의 방해 앞에 가장 굳건하게 붙들어야 할 소리다. 너는 내 사랑하는 아들이고, 누가 뭐래도 내가 사랑하는 내 딸이다! 내가 너를 기뻐하노라! 이 소리가 우리 안에 있으면 아무리 힘들어도 견뎌낼 수 있다. 아무리 짓눌려도 결국 이겨낼 수 있다. 왜? 난 하나님이 사랑하고 기뻐하시는 자녀이기 때문에! 우리에게 무엇보다 필요한 것이 바로 이 음성이다. 나를 인정해주고 사랑해주고 기뻐해주시는 아버지의 사랑의 음성이 우리 안에 쩌렁쩌렁 울려 퍼져야 한다. 이것이 있어야 흔들리지 않는다. 특이한 것은 이 음성이 예수님께 들리는 방식이다.

"곧 물에서 올라오실새 하늘이 갈라짐과 성령이 비둘기같이 자기에게 내려오심을 보시더니"(막 1:10).

첫째, 이 음성은 하늘이 '갈라지면서' 나는 소리다. '갈라진다'라는 단어는 헬라어로 '스키조메누스'로 '갈라진다' 보다 '찢어진다'는 뜻에 가깝다. 히브리어로는 '카라'에 해당한다. 이 '카라' 동사를 사용해서 하늘이 찢어지는 것을 묘사한 표현이 이사야 64장 1절이다.

"원하건대 주는 하늘을 가르고 강림하시고."

원문대로 하면 "원하건대 주는 하늘을 '찢고' 강림하시고"라는 뜻이다. 왜 하늘을 찢으시는가? 그것은 하늘이 막혀서 아주 굳게 닫혀 있기 때문이다. 무엇 때문에 막혀 있는가? 바로 죄악 때문이다. 우리는 우리의 완악함과 부정함 때문에 하늘에 닿을 수 없다.

"여호와의 손이 짧아 구원하지 못하심도 아니요 귀가 둔하여 듣지 못하심도 아니라. 오직 너희 죄악이 너희와 너희 하나님 사이를 갈라놓았고 너희 죄가 그의 얼굴을 가리어서 너희에게서 듣지 않으시게 함이니라. 이는 너희 손이 피에, 너희 손가락이 죄악에 더러워졌으며 너희 입술은 거짓을 말하며 너희 혀는 악독을 냄이라"(사 59:1-3).

또 하늘이 막혀 있는 이유는 이스라엘을 압제하는 악한 원수의 세력 때문이다. 눈에 보이는 원수도 있지만 공중 권세 잡은 자가 딱막고 지키고 있어서 하나님의 백성이 하나님의 사랑을 확신하지 못하도록 한다(엡 6:12 참조).

그런데 이제 하나님의 아들 예수 그리스도께서 세례를 받고 올라오시자 하나님께서 그 아들이 올라오는 것을 보고 단단하게 막혀 있는 하늘을 찢으시고 친히 말씀하신다. "너는 내 사랑하는 아들이라. 내가 너를 기뻐하노라"(막 1:11). 그뿐만 아니다. 하늘을 찢고 성령을 비둘기같이 예수님께 보낸다. 성령을 비둘기같이 보내시는 이유는 무엇 때문인가?

'비둘기' 하면 생각나는 성경의 대표적 이미지는 노아의 방주 때 비둘기가 물로 가득 찬 온 세상을 날아가다가 나뭇잎을 물어 가지고 오는 것이다(창 8:11). 비둘기는 홍수로 인해 혼돈과 공허로 가득 찬 이 세상에 하나님의 새 창조와 질서의 역사가 시작됨을 알려주는 전령사 역할을 했다. 한편 성령께서 이런 비둘기의 이미지로 임하셨다는 것은 창세기 1장 2절의 이미지를 연상하게 한다.

"땅이 혼돈하고 공허하며 흑암이 깊음 위에 있고 하나님의 영은 수면 위에 운행하시니라."

하나님의 영이 혼돈과 공허와 흑암으로 가득한 수면 위에 운행하신다. 여기 운행하신다는 것은 히브리어 '라하프'로 새의 날개로 너풀거린다, 또는 날개를 펴고 보호한다는 뜻이다. 이렇게 볼 때 본문에서 성령이 비둘기같이 내려오시는 것은 혼돈과 공허 가운데 있는 이 세상에 하나님이 새 창조의 일을 행하시기 위해 내려오시는 것이다. 이렇게 성령의 기름 부음을 받는 분을 가리켜 히브리어로 '메시아', 헬라어로 '크리스토스'(그리스도)라고 한다. 그런데 이런 놀라운 역사가 언제 일어나는가?

"그때에 예수께서 갈릴리 나사렛으로부터 와서 요단강에서 요한에게 세례를 받으시고"(막 1:9).

예수께서 요단강에서 세례를 받으실 때 일어난다. 하필이면 왜 세례받으실 때 일어났을까? 예수님이 세례받으시는 장면은 우리를 당황하게 한다. 회개한다는 것은 자신에게 죄가 있음을 인정하고 참회하고 돌이킨다는 뜻인데, 죄 없으신 하나님의 아들이 회개할 필요가 있을까?

여기서 우리는 '죄'에 대해 깊이 생각해볼 필요가 있다. 우리는 '죄' 하면 우리 개인의 죄를 주로 생각한다. 그러나 이스라엘에게 죄 문제는 개인의 문제보다 이스라엘 전체의 문제였다. 그렇다면 이스라엘 전체의 죄는 어떤 죄인가? 바로 우상 숭배와 배교의 죄였다. 빛으로 부르신 이스라엘의 장자로서의 사명을 저버리는 것이었다. 하나님은 신명기 말씀에 이를 수차례 경고하셨다. "네가 하나님의 말씀을 떠나 스스로 부패하여 우상을 따라 섬기고 여호와의 목전에 악을 행하면 여호와께서 너를 땅 이 끝에서 저 끝까지 만민 중에 흩으실 것이다"(신 28:64 참조).

이런 이스라엘의 죄가 로마제국의 압제하에 민족적 자유를 누리지 못하는 포로생활을 불러왔다. 헤롯 대왕과 대제사장 가야바 가문이 새롭게 중건한 성전을 통하여 이 죄의 문제를 해결할 것이라는 희망을 품었지만, 시간이 갈수록 이들의 부정부패와 로마 정권과 결탁하는 모습에 이런 성전으로는 백성의 죄 문제를 해결하지 못할 것이라는 자각이 일어났다. 이때 세례 요한이 일어나 이제는 이스라엘 민족 전체에 거국적인 회개운동이 일어날 것을 촉구했다. 이것을 말씀한 것이 에스겔 36장 25~26절이다.

"맑은 물을 너희에게 뿌려서 너희로 정결하게 하되 곧 너희 모든 더러운 것에서와 모든 우상 숭배에서 너희를 정결하게 할 것이며 또 새 영을 너희 속에 두고 새 마음을 너희에게 주되 너희 육신에서 굳은 마음을 제거하고 부드러운 마음을 줄 것이며."

여기 "맑은 물을 너희에게 뿌려서 너희로 정결하게 하되"는 세례를 말한다. 그런데 이 세례가 단순히 나 개인의 죄가 아니라 뒤에 보면 "모든 더러운 것에서와 모든 우상 숭배에서 너희를 정결하게 할 것이며"라고 말씀한다. 여기 모든 우상 숭배는 이스라엘의 민족적 죄악이다. 이런 이스라엘의 죄가 포로생활을 불러왔다면 이스라엘의 회개와 죄 사함은 이스라엘의 회복을 불러올 것이다. 이것을 노래하는 이사야 40장 1~2절을 보자.

"너희의 하나님이 이르시되 너희는 위로하라. 내 백성을 위로하라. 너희는 예루살렘의 마음에 닿도록 말하며 그것에게 외치라. 그 노역의 때가 끝났고 그 죄악이 사함을 받았느니라."

여기서 하나님 백성의 죄의 문제는 한 개인의 문제가 아니라 예루살렘, 즉 이스라엘 공동체 전체의 문제이고, 노역의 때가 끝나는 것이 죄 사함을 받는 것과 연결됨을 알 수 있다. 이렇게 볼 때 예수께서 세례를 받으시는 것은 단순히 예수님 개인의 죄를 회개하는 것이 아니라 하나님의 아들로서 이스라엘 온 민족의 죄를 회개하러 오는 이스라엘 백성과 함께 연대하여, 이 사역이 온전히 성취되는 성령의 강림을 상징적으로 보여주기 위한 것이다. 그래서 하나님께서는 하늘을 찢으시며 예수님께 성령을 비둘기처럼 보내시는데, 이때 하나님이 예수님께 하신 강력한 말씀이 이는 "내 사랑하는 아들이요 내 기뻐하는 자라"는 말씀이다.

마가복음에는 '예수님이 하나님의 사랑하는 아들'이란 표현이 처음으로 등장한다. 이 음성은 주변 사람은 듣지 못했던 음성이다. 하지만 이런 기쁨과 신뢰의 표현은 일찍이 여호와 종의 사역에 대한 이사야의 예언에 예고된 바 있다(사 42:1-9).

예수께서 모든 사람과 함께 연대하여 민족의 죄를 고백하며 세례를 받으시자 장차 일어날 구원역사를 예고하며 하늘이 찢어지고 성령이 비둘기같이 하나님의 아들에게 임했다. 마귀가 공중 권세 잡은 지 수천 년 동안 한 번도 찢어지지 않았던 견고한 하늘이었다. 그런데 그 하늘이 이제 찢어지고 성령이 임했다. 이렇게 하늘이 찢어지면 다시 복구시키지 못한다. 마귀가 얼마나 위협을 느꼈겠는가? 마귀는 하나님의 사랑하는 아들이 장차 행할 사역이 자신들이 잡은 공중 권세를 얼마나 세차게 뒤흔들고 충격을 가할지 알았던 모양이다. 그래서 뒤이은 12~13절을 보면 마귀가 예수님을 무너뜨리려고 광야에서 시험하며 공격한다.

마귀가 이렇게 위협을 느끼는 것은 예수님이 '하나님의 아들'이기 때문만은 아니다. 그것은 예수님이 하나님의 '사랑하는 아들'이기 때문이다. 마귀가 무서워하는 것은 하나님의 아들보다 하나님의 사랑하는 아들이라는 표현이다. 이 표현이 장차 무엇을 의미하는지를 보여주는 사건이 있는데, 그것이 바로 아브라함이 그 아들 이삭을 제물로 바치는 사건이다. 하나님이 아브라함에게 그 아들을 제물로 바치라고 할 때 무엇이라고 하시는가?

"여호와께서 이르시되 네 아들 네 사랑하는 독자 이삭을 데리고 모리아 땅으로 가서 내가 네게 일러준 한 산 거기서 그를 번제로 드리라"(창 22:2).

여기서 네 사랑하는 아들, 독자 이삭은 희생 제물로 기꺼이 내주는 아들이다. 마가복음 12장 1~12절에는 사랑하는 아들이라는 표현이 특별히 등장하는 이야기가 있다. 바로 포도원 농부의 비유다. 포도원 주인이 포도원을 만들고 농부들에게 세를 주고 먼 타국에 갔다. 추수 때가 이르러 종을 보냈다. 그러나 농부들은 이 종을 차례로 때리고 죽였다. 다른 종을 보냈다. 그 종에게도 똑같이 했다. 그래서 또 보내고 또 보냈다. 그래도 농부들은 여전히 똑같이 했다. 그러자 농부가 큰 결심을 한다.

"이제 한 사람이 남았으니 곧 그가 사랑하는 아들이라. 최후로 이를 보내며 이르되 내 아들은 존대하리라"(막 12:6).

그러나 결국 농부들은 주인이 사랑하는 아들을 죽이고 말았다. 여기서 사랑하는 아들은 아버지의 뜻에 따라 자기 목숨을 많은 사람의 대속물로 내주는, 하나님과 인간 사이의 화목 제물이 되어주는 아들을 의미하는 것이다(막 10:45 참조). 어떻게 이렇게까지 할 수 있을까? 아버지의 사랑을 알면 여기까지 나갈 수 있다. 아버지가 '내 기뻐하는 아들, 딸'이라 말씀하신 음성에 확신이 있으면 기꺼이 거기까지 나아갈 수 있다. 이 음성이 들렸던 현장에 있던 제자 중 하나가 베드로다. 베드로후서에 그는 이렇게 고백한다.

"우리는 그의 크신 위엄을 친히 본 자라. 지극히 큰 영광 중에서 이러한 소리가 그에게 나기를 이는 내 사랑하는 아들이요 내 기뻐하는 자라 하실 때에 그가 하나님 아버지께 존귀와 영광을 받으셨느니라"(벧후 1:16-17).

베드로는 나중에 예수님께서 십자가를 지시기 전에 변화산에서 이 소리를 다시 한번 들었다(막 9:7). 하지만 그랬던 그가 십자가 앞에서 예수님을 배신하고 도망가 갈릴리 호수로 가서 물고기를 잡고 있었다. 예수님은 그런 베드로를 끝까지 따라가서 이른 새벽 갈릴리 호수에서 물으신다. "요한의 아들 시몬아 네가 이 사람들보다 나를 더 사랑하느냐!"(요 21:15). 여기서 베드로는 주님의 사랑의 음성을 듣고 남은 생을 주님을 사랑하며 자신을 복음의 헌신 된 일꾼으로 내준다.

말년에 베드로는 로마교회에서 사역했다. 그때 로마에는 대규모의 핍박이 있었다. 교인들은 베드로를 로마 밖으로 피신시켰다. 베드로가 로마 성문을 나와 피난 가는데 눈앞에 환상 중에 예수께서 로마로 들어가시는 것을 보았다. 깜짝 놀란 베드로가 물었다.

"예수님! 어디 가세요?"(쿼바디스 도미네).

그러자 주님께서 네가 놓고 온 저 양들을 위해 다시 들어간다고 말씀하신다. 그러자 베드로가 충격을 받고 "주님, 아닙니다. 제가 갈게요. 제가 가야죠." 그러고는 노구의 몸을 이끌고 로마에 들어가 붙잡힌다.

베드로는 마지막에 십자가형을 받게 되었다. 그러나 그는 "내가 어떻게 주님이 지신 십자가를 바로 질 수 있습니까? 난 거꾸로 지겠습니다." 그래서 거꾸로 십자가에 매달려 순교하였다.

어떻게 이런 놀라운 일이 일어날 수 있었는가? 그의 마음에 깊이 새겨진 음성 때문이다.

"너는 내 사랑하는 아들이라. 내가 너를 기뻐하노라."

이 음성이 우리 안에 충만하길 바란다. 이 음성이 우리 생각과 마

음을 사로잡길 바란다. 이 음성이 우리로 세상에서 하나님의 자녀로
서 당당하고 자신감 있게 서게 만들 수 있기를 바란다.

[3장 각주] ···

6) 이지현, "플라스틱 복수", 국민일보, 2018. 8. 11.

광야에서
발견한 에덴

> [12] 성령이 곧 예수를 광야로 몰아내신지라. [13] 광야에서 사십 일을 계시면서 사탄에게 시험을 받으시며 들짐승과 함께 계시니 천사들이 수종들더라.

프랑스 언론에서 호평받고 있는 한국소설이 있다. 2000년대 한국 문단에서 동인문학상, 대산문학상, 이산문학상 등 주요한 문학상을 휩쓴 소설가 김영하의 「빛의 제국」이다.[7] 이 소설은 북한에서 남파된 고정간첩 이야기다. 소설에 등장하는 주인공 김기영은 간첩이다. 북한에서 남파되었는데 10년 동안 아무런 지령을 받지 못했다.

북한이 경제난으로 공작금을 제대로 보내지 못했기 때문이다. 몇 년 전에도 언론에서 이런 소식이 소개된 바 있다. 남파간첩 중에서 북한의 경제난으로 인해 간첩활동보다는 외화벌이를 하라는 지령을 받는 사람이 늘고 있다. 이중에는 생활고에 괴로워 자수하는 사람이 점점 늘어난다고 한다.

소설 속 남파간첩 김기영은 10년간 아무런 지령 없이 살아가며 어느새 자기가 간첩인지도 잊어버렸다. 그러던 어느 날, 10년 만에 북한에서 지령이 내려왔다. 지령의 내용을 보니 내일까지 북으로 당장 올라오라는 것이었다. 그러자 여기서부터 김기영의 고민이 시작된다. 지금 여기서는 새로운 남한생활이 정착단계를 지나 뿌리 내리고 잘살고 있는데, 다시 이 모든 것을 뒤로하고 북으로 올라가야 하는가? 아니면 지령을 무시하고 여기서 살아야 하는가? '그러나 난 원래 간첩인데…. 간첩은 보낸 국가에서 하라는 지령에 따라 움직여야 하는데….' 하지만 지령 없이 10년간 살아오면서 평범한 가정을 꾸리고 이런 가정의 가장으로 행복을 맛보며 살아오다 보니 자꾸만 자신이 간첩이 아닌 것 같다. 간첩으로서의 정체성이 흔들렸다. 자기 정체성이 흔들리니 무엇을 먼저 해야 할지 삶의 우선순위도 흔들렸다.

우리가 세상에서 살아가면서 붙들어야 할 가장 중요한 질문은 바로 내가 누구며, 누구로서 살아가야 하느냐 하는 것이다. 내가 누구인지가 확실하다면 그 사람은 삶의 우선순위를 분명하게 설정할 수 있다. 사도 바울은 항상 편지 앞부분에 예수 그리스도의 종이자 사도라고 강조한다. 무슨 말인가? 내가 누구인지가 분명하다는 것이다.

그렇기에 그가 할 일도 분명하게 설정할 수 있다. 반면 내가 누구인지 확실하지 않으면 삶의 우선순위가 무너진다. 내가 간첩인 것이 확실하지 않으면 간첩활동은 흐지부지된다. 그러나 무엇보다 내가 간첩이라는 확신과 긍지가 있으면 아무리 안정된 생활이었다 하더라도 당장 지령에 따를 수 있는 것이다.

태초에 인류는 하나님이 만드신 에덴에서 하나님의 사랑하는 자녀로 분명한 정체성과 사명을 따라 살도록 지음받았다(창 1:17-28). 그러나 죄로 인해 낙원을 잃어버리고 이 땅에 살아가면서 점점 정체성을 잊고 세상 풍조에 흔들리며 살아왔다. 예수님은 이런 인류를 구원하러 세상에 오셨다.

이를 보여주는 사건이 예수께서 요단강에서 세례를 받고 올라오실 때 하늘이 찢어지는 사건이다(막 1:9-11). 왜 하늘이 찢어졌는가? 하늘과 땅 사이 죄가 가득하고 공중 권세 잡은 자에 의해 막혀 누구도 이 음성을 사람에게 전해주지 않았기 때문이다. 공중 권세 잡은 자는 이 땅에 있는 이들이 정체성과 사명감 없이 살기를 원했다. 그래야 자신이 이끄는 대로 세상 풍조에 휩쓸려 살아갈 수 있기 때문이다. 이를 안타깝게 여기신 하나님은 마침내 막힌 하늘을 찢어 세례를 받고 올라오시는 예수 그리스도에게 성령을 보내시며 "너는 내 사랑하는 아들이라. 내가 너를 기뻐하노라"(막 1:11)는 음성을 들려주셨다. '사랑하는 아들'이란 아버지의 뜻에 따라 기꺼이 자기 목숨을 내주려 했던 이삭(창 22:2)이나, 포도원 주인의 아들(막 12:6)과 같은 사명을 감당할 이를 의미한다.

하늘을 찢고 성령을 통해 또렷하게 들린 이 하나님의 음성은 예수님이 누구신지, 장차 어떤 일을 감당하셔야 하는지 분명하게 계시하는 사건이었다. 사명이 분명하면 우선순위가 명확해진다. 그런데 당황스럽게도 예수께서 이렇게 분명한 정체성과 사명으로 무장하자마자 성령은 예수를 다급하게 광야로 몰아내신다.

"성령이 곧 예수를 광야로 몰아내신지라"(막 1:12).

여기 '곧'이라는 단어는 마가복음에 종종 등장하는 특징적인 표현으로, '즉시' 또는 '곧바로'라는 뜻이다. 성령이 예수님 위에 비둘기처럼 임하시고 하늘의 음성이 들리자마자 곧바로 예수님을 광야로 몰아내신 것이다.

여기 '몰아냈다'(헬. 에크발로)는 단어는 '~로부터'(에크, from), '던졌다'(발로, throw)는 뜻이다. 문자적으로 직역하면 "성령이 곧바로 예수님을 광야로 내던지셨다"가 된다. 상당히 과격한 표현이다. 마가복음에서 이 단어는 예수님이 귀신들을 내쫓을 때 자주 사용한다. 예수님은 귀신들이 잠시 머뭇거릴 틈조차 주지 않고 몰아내셨다. 이처럼 성령께서도 하나님의 사랑하는 아들로서의 선명한 정체성과 사명으로 무장하자마자 마치 기다리셨다는 듯 잠시도 지체하지 않고 예수님을 광야로 급하게 인도하신다. 그만큼 그 광야에서의 사역이 다급했고 중요했다.

하늘의 음성을 들으면 곧장 이스라엘의 수도인 예루살렘으로 가야 할 것 같다. 예루살렘에는 성전이 있고 제사장이 있어 이스라엘의 모든 사람이 선망하는 장소다. 그곳에서 하늘의 음성을 선포하면 많은 주목을 받을 가능성이 크다. 그러나 성령은 예수님을 광야로 내모신다. 왜 광야일까? 이는 하나님의 구원역사가 광야에서부터 시작될 것이기 때문이다. 우리 시선에서 볼 때 예루살렘은 좋은 곳이고 광야는 황량하여 피하고 싶은 곳이지만, 하나님의 시선에서 볼 때는 이 두 장소가 역전되었다.

메시아에게 하늘이 찢어지고 성령이 임할 것을 예고하는 이사야를 보라.

"원하건대 주는 하늘을 가르고 강림하시고 주 앞에서 산들이 진동하기를"(사 64:1).

여기에는 하나님께서 하늘을 가르고(찢고), 강림해달라는 간구의 기도가 있다. 그런데 이어지는 기도에는 놀라운 고백이 들어 있다.

"주의 거룩한 성읍들이 광야가 되었으며 시온이 광야가 되었으며 예루살렘이 황폐하였나이다"(사 64:10).

거룩한 성 예루살렘이 광야가 되었고, 황폐한 곳이 되었다는 것이다. 사람들이 볼 때 예루살렘은 헤롯의 웅장한 성전이 세워지고 제사장들이 세워져 새로운 희망을 주는 것 같았지만 실상은 영적으로 죽은 황폐한 광야였다. 반면 모두가 꺼리는 광야는 그곳에 놀라운 하나님의 구원역사가 시작되는 구원의 아름다운 장소로 변모한다. 단순히 구속의 장소를 넘어 장차 새롭게 이루어질 에덴동산과도 같은 곳으로 바뀐다. 이스라엘의 구원을 노래하는 이사야 43장을 보라.

"너희는 이전 일을 기억하지 말며 옛날 일을 생각하지 말라. 보라.
내가 새 일을 행하리니 이제 나타낼 것이라. 너희가 그것을 알지
못하겠느냐. 반드시 내가 광야에 길을 사막에 강을 내리니 장차
들짐승 곧 승냥이와 타조도 나를 존경할 것은 내가 광야에 물을,
사막에 강들을 내어 내 백성, 내가 택한 자에게 마시게 할 것임이
라. 이 백성은 내가 나를 위하여 지었나니 나를 찬송하게 하려 함
이니라"(사 43:18-21).

장차 하나님의 구원역사가 광야에 나타날 것인데, 물 없고 풀 한
포기 제대로 자라지 못하는 광야에 강이 흐르고, 들짐승들도 그곳에
와서 마시고 먹으며 하나님을 경배하는 놀라운 역사가 일어날 것이
라고 말씀한다. 이사야서는 이러한 사역이 하나님의 메시아를 통하
여 이루어질 것을 말씀한다. 이사야 11장에는 이것이 매우 선명하게
드러나 있다.

"이새의 줄기에서 한 싹이 나며 그 뿌리에서 한 가지가 나서 결실
할 것이요 그의 위에 여호와의 영 곧 지혜와 총명의 영이요 모략
과 재능의 영이요 지식과 여호와를 경외하는 영이 강림하시리니"
(사 11:1-2).

여기서는 장차 오실 메시아가 누구인가를 설명한다. 그는 다윗의

아버지인 이새의 줄기, 곧 다윗 왕가에서 다윗의 자손으로 오실 것인데, 거기서 한 가지가 나서 결실할 것이다. 그 메시아는 하나님의 성령, 곧 지혜와 총명의 영, 모략과 재능의 영으로 충만하여 이 땅 가운데 오실 것인데, 이사야는 그분이 오실 때에 광야에서 놀라운 일이 일어날 것을 예고한다.

"그때에 이리가 어린 양과 함께 살며 표범이 어린 염소와 함께 누우며 송아지와 어린 사자와 살진 짐승이 함께 있어 어린아이에게 끌리며 암소와 곰이 함께 먹으며 그것들의 새끼가 함께 엎드리며 사자가 소처럼 풀을 먹을 것이며 젖 먹는 아이가 독사의 구멍에서 장난하며 젖 뗀 어린아이가 독사의 굴에 손을 넣을 것이라. 내 거룩한 산 모든 곳에서 해 됨도 없고 상함도 없을 것이니 이는 물이 바다를 덮음같이 여호와를 아는 지식이 세상에 충만할 것임이니라. 그날에 이새의 뿌리에서 한 싹이 나서 만민의 기치로 설 것이요 열방이 그에게로 돌아오리니 그가 거한 곳이 영화로우리라"(사 11:6-10).

광야에서 이리와 어린 양이 함께 살고, 표범이 염소와 함께 눕고, 송아지와 어린 사자와 살진 짐승이 함께 있다. 아니, 이리와 어린 양이 같이 있으면 이리가 양을 잡아먹어야 하지 않겠는가? 어린이 동화에 보면 이리는 항상 어린 양과 염소를 잡아먹는 존재로 등장한다.

엄마 염소가 외출하면서 새끼 염소들에게 말한다.

"얘들아, 절대 문 열어주면 안 된다."

얼마 지나지 않아 늑대가 와서 문을 두드린다.

"애들아, 엄마야~!"

그런데 손이 이상하다. 발이 이상하다. 점점 교묘해지는 늑대의 변장술에 그만 새끼 염소들이 감쪽같이 속아 문을 열어준다. 결국 다 잡아먹힌다.

이런 세상과 대조적으로 이사야 11장은 더 이상의 악과 탐욕이 존재하지 않는 에덴동산의 원형이 회복되는 모습을 보여주고 있다. 이는 다윗의 후손으로 메시아가 오실 때 일어날 것이고, 이스라엘에 잃어버린 하나님의 낙원인 에덴동산을 새롭게 회복시키는 것이 그가 해야 할 중요한 사명이 된다.

본문 13절 후반에는 짧지만 아주 강렬한 심상으로 이런 모습을 보여주고 있다.

"광야에서 사십 일을 계시면서 사탄에게 시험을 받으시며 들짐승과 함께 계시니 천사들이 수종들더라"(막 1:13).

여기 보면 예수께서 광야에서 들짐승과 함께 계시니 천사들이 수종들었다고 말씀한다. 들짐승들은 사람을 해치는 짐승들이다. 당시에는 자칼, 늑대, 여우, 곰 등이 유대 광야지역에 돌아다녔다. 그런데 그런 짐승들이 예수님과 평화롭게 거한다. 들짐승들은 먹을 것이 없으면 으르렁거리고 무엇이라도 잡아먹지 않겠는가? 게다가 성경 다른 곳에 보면 예수님이 이 기간에 금식하셨는데, 예수님도 배고프셨으면 들짐승을 잡아먹지 않겠는가? 그런데 이곳에서 평화롭게 함께 거하고, 더 놀라운 것은 하늘의 천사들이 광야에 내려와 예수님을 수종들었다는 것이다.

'수종든다'(헬. 디아코네오)는 것은 '섬긴다'는 뜻이다. 섬긴다는 것은 마치 음식점에서 손님에게 서빙하는 것처럼 먹고 마실 것을 비롯한 천상의 섬김 서비스를 제공한다는 뜻이다. 들짐승들은 예수님 덕에 함께 평화롭게 지냈다. 유대 전승에 따르면 에덴동산에는 섬김의 천사들이 있는데, 이 천사들은 아담을 위해 음식과 음료수를 제공하는 것으로 묘사한다.

다른 한편으로 '수종든다'(히. 아바드)는 것은 '지킨다, 예배한다'는 뜻이다. 창세기 2장 15절에 보면 하나님이 아담에게 에덴동산을 맡기시며 그것을 경작하며 지키게 하셨다. 여기 '지킨다'는 표현은 회막에서 섬기고 예배하는 행위를 의미한다(민 3:7). 그러니까 천사들은 예수님을 섬기며 예배한 것이다. 지금 성령께서 예수님을 광야로 내몰아 그곳에서 새롭게 이루어질 에덴동산을 경험하게 하신 것이다.

그런데 좀 걸리는 부분이 있다. 평화로운 광야의 에덴동산에 사탄이 들어와 예수님을 시험하는 것이다. 13절 초반에 보면 예수께서 광야에서 사탄에게 시험을 받으시며 들짐승과 함께 계신다고 한다. 예수님이 새롭게 이루어가는 에덴동산에 사탄이 들어와 예수님을 시험한다. 이것은 사실 창세기 3장에 나온 에덴동산의 원형과 일치하는 모습이다. 사탄이 예수님께 찾아온 이유가 무엇인가? 앞으로 이루실 '하나님의 사랑하는 아들'의 사역을 감당하지 못하게 하기 위함이다. 자, 이것을 보면 예수님은 성령의 강권하심으로 지금 광야에서 세워질 새로운 에덴동산에서 제2의 아담, 둘째 아담으로의 사명을 갖고 서신 것이다.

"기록된 바 첫 사람 아담은 생령이 되었다 함과 같이 마지막 아담은 살려주는 영이 되었나니"(고전 15:45).

성경은 첫 사람 아담과 마지막 아담을 구분한다. 첫 아담은 생육하고 번성하여 땅에 충만하라는 사명을 받고 이 땅에 왔지만, 마지막 아담 그리스도는 죄로 죽은 수많은 사람을 살려 생육하고 번성하여 땅에 충만하게 하는 사명을 받고 오신 것이다.

이렇게 볼 때 지금 성령께서 강권하여 예수님을 광야로 몰아가신 것은 제2의 아담이 제2의 에덴동산에서 처음 아담처럼 사탄에게 패하여 무너질 것이 아니라 승리하여 예루살렘과 이스라엘과 온 땅에 만연한 사탄의 통치와 세력을 꺾어버리기 위한 거대한 전초전을 치른 것이다. 이를 위하여 하늘이 찢어지며 새 창조의 능력인 성령이 비둘기같이 예수 그리스도에게 임하였고, 성령의 능력과 말씀으로 예수께서는 광야에서 에덴동산을 이루어가며 이곳을 교묘하게 파고드는 사탄의 세력과 싸워 승리하신 것이다.

마태복음 4장에 보면 사탄은 예수님을 선악과와 유사한 것들로 시험한다. 선악과의 특징이 무엇인가? 먹음직도 하고 보암직도 하고 지혜롭게 할 만큼 탐스럽다는 점이다(창 3:6). 사탄이 처음에 예수님께 다가가 유혹한 것이 무엇인가? 이 돌들로 떡덩이가 되게 하는 것이다(마 4:3). 사탄은 먼저 먹음직한 것으로 유혹했다. 두 번째 시험은 성전 꼭대기에서 떨어져 천사가 받들어 구해주게 하여 많은 사람이 보고 놀라도록 하라는 것이다(마 4:6). 보암직한 유혹이다. 셋째 시험은 사탄이 예수님을 높은 시험산으로 데려가 온 세상의 영광을 보여주며 이 모든 것을 줄 테니 자신에게 경배하라는 것이다(마 4:8-9). 십자가의 고통을 겪지 않고 온 세상을 얻는 달콤한 지름길을 제시한 것이다. 지혜롭게 할 만큼 탐스러운 방법 같다.

이처럼 사탄은 광야에서 마지막 아담으로 오신 예수님께 선악과와 같은 시험으로 유혹했다. 만약 이 싸움에서 지면 예수님의 사역은 치명타를 입을 것이다. 그러나 예수님은 말씀으로 이 시험에서 이기셨고, 그랬기에 광야의 에덴동산은 안전하게 지켜졌다. 이제 이 에덴동산이 예루살렘과 온 유대와 사마리아와 땅끝까지 퍼져나가게 될 것이다.

이 싸움에서 이기셨기 때문에 마가복음 1장 21절부터는 치명적으로 패한 마귀가 소리를 지르며 자신들의 우두머리인 사탄을 굴복시킨 예수님 앞에서 벌벌 떨며 떠나가기 시작한다. 예수님은 마귀가 떠나가는 것을 보시며 사탄이 하늘로부터 떨어지는 것을 보았노라고 하셨다(눅 10:18).

성령께서 예수님을 광야로 몰아가셔서 사탄에게 시험을 받으며 에덴동산을 이루게 하신 것은, 다른 한편으로 예수를 믿는 성도들이 장차 예수 그리스도를 믿고 이 땅에서 하나님의 나라를 위하여 싸울 싸움을 어떻게 수행해야 하는가를 보여준다. 본문은 성도들이 이 땅에서 천국을 이루어가며 수행해야 할 영적 싸움의 원형이자 모델이 된다.

먼저, 성령으로 충만할 수 있길 바란다. 사탄의 교묘한 유혹은 내힘이 아닌 위로부터 주신 힘으로 싸워야 한다. 오늘날 사탄은 같은 유형의 선악과로 성도들을 시험한다.

"이 세상이나 세상에 있는 것들을 사랑하지 말라. 누구든지 세상을 사랑하면 아버지의 사랑이 그 안에 있지 아니하니 이는 세상에 있는 모든 것이 육신의 정욕과 안목의 정욕과 이생의 자랑이니 다 아버지께로부터 온 것이 아니요 세상으로부터 온 것이라. 이 세상도, 그 정욕도 지나가되 오직 하나님의 뜻을 행하는 자는 영원히 거하느니라"(요일 2:15-17).

오늘날 육신의 정욕은 무엇을 먹을까, 어떤 쾌락을 누릴까로 찾아온다. 안목의 정욕은 무엇을 입을까, 어떻게 보일까, 무엇을 소유하면 근사해 보일까로 찾아온다. 이생의 자랑은 세상의 지혜를 좇는 삶, 곧 빠르게 돈 버는 방법, 빠르게 출세하는 방법 등 단기간의 유익을 손쉽게 희생 없이 추구하는 방법으로 찾아온다. 그리고 이러한 유혹은 장기적인 관점에서 인간에게 치명적인 독이 된다.

이 모든 것이 다 세상에서 온 것, 곧 사탄이 공중 권세를 통해 우리에게 미혹하는 것들이다. 이런 것들에 집중하고 사랑하다 보면 이상하게 아버지의 사랑이 머물지 않고 떠나간다. 어떤 사람은 "아이고, 내가 이 좋은 것을 왜 여태까지 몰랐지?"라고 말하는 이가 있다. 세상의 쾌락과 즐거움은 좀 몰라도 된다. 자칫 그것에 자꾸 빠져 재미를 보다가는 어느 순간 아버지의 사랑이 머물러 있지 않고 떠나간다.

둘째, 광야에서 에덴을 발견할 수 있기를 바란다. 요즘 블루오션을 많이 이야기 하지만 사실 블루오션은 예루살렘이 아니라 광야에서 발견하는 샘물이다. 모두가 따라가는 대세에 편승하는 것으로 만족하지 말라. 남들 하는 것 나도 해야 한다고 생각하지 말라. 안주하지 말라. 거슬러 광야로 가라. 때로는 성령께서 우리를 광야로 내모신다. 황량하다. 그리고 이것을 보면 황당하다. 그러나 하나님의 역사는 광야에서 시작한다. 광야로 가는 것을 두려워하지 말라.

[4장 각주] ···

7) 김영하, 「빛의 제국」 제2판 (서울: 문학동네, 2010).

때를 분별하는 지혜,
기회에 뛰어드는 용기

> ¹⁴요한이 잡힌 후 예수께서 갈릴리에 오셔서 하나님의 복음을 전파하여 ¹⁵이르시되 때가 찼고 하나님의 나라가 가까이 왔으니 회개하고 복음을 믿으라 하시더라.

엑스맨으로 잘 알려진 할리우드의 유명 액션 배우 휴 잭맨이 연기한 〈독수리 에디〉는 실화를 바탕으로 한 감동적인 스포츠 영화다. 영화 속 에디는 어릴 때 다리에 장애가 있어 보조기를 끼고 한동안 병원 신세를 졌던 소년이다. 그런데 그가 병원에 있는 동안 올림픽에 대한 책을 한 권 읽고 올림픽에 출전하기로 한다. 그러나 이런 결심은 현실과 맞지 않았다. 에디는 도무지 운동에 소질이 없었기 때문이다. 운동신경이 둔했다. 아버지는 그런 에디를 말리며 자질 없는 자녀를 인정하지 않고 조롱하며 만류했다. 그러고는 자신이 일하던 건설 작업장에 데려갔다. 그 작업장 옆에는 거대한 스키 점프대가 있었다. 에디는 그것을 보고 그의 꿈을 하계 올림픽에서 동계 올림픽 출전으로 바꾼다. 왜냐하면 영국에는 아직 스키점프 국가대표가 없었기 때문이다. 지난 60년간 대표선수를 내지 못했다. 그야말로 블루오션이었다. 하지만 영국에서는 스키점프를 지도해줄 코치가 없었다.

에디는 무작정 짐을 싸서 각국 선수들이 몰려와 훈련 중이던 독일 선수촌으로 날아간다. 거기서 온갖 고생을 하며 귀동냥으로 스키점프에 대한 정보를 얻어가며 힘겹게 스키 점프연습을 한다. 게다가 과체중에 근시까지 있어 부상이 다반사였다. 국제적인 선수들은 대여섯 살에 시작하는 스키점프를 에디는 스무 살에 그것도 과체중에 근시를 안고 둔한 운동신경을 갖고 시작한 것이다. 심지어 영국 스포츠협회는 이런 에디에게 대놓고 경고한다.

"출전 자체가 국제적 망신이다. 나가봤자 뒤에서 1등이다. 바보짓하지 말라."

그러던 어느 날, 에디는 한때 미국에서 신기록 제조기로 불리며 승승장구했던, 그러나 지금은 술주정하며 슬로프 청소부로 일하고 있는 중년의 사내 브론슨 피어리(휴 잭맨 분)를 만난다. 카페 주인은 브론슨 피어리가 누구인지를 에디에게 귀띔해주었다. 에디는 눈이 번쩍 뜨였고 그날 이후로 날마다 피어리를 찾아가서 자신의 스키 코치가 되어달라고 사정한다. 우여곡절 끝에 브론슨 피어리는 마침내 에디의 코치가 되어주기로 하고 이때가 에디의 선수생활을 BC와 AD로 나누는 분수령이 된다. 비록 메달을 따지는 못하지만 에디는 누구보다 아름답게 최선을 다해 스키점프경기에 임하고 마치 독수리가 나는 것처럼 창공을 활공하여 멋지게 착지한다.

전에 이 영화가 개봉될 무렵 영화 홍보 차 휴 잭맨이 내한하여 한 언론과 인터뷰를 가진 적이 있었다.[8] 여기서 휴 잭맨은 자신의 인생이 영화 속 에디와 같았던 적이 있었다고 고백했다. 20대에 그는 대학에서 문학을 전공하다 우연히 수강했던 연극 수업에서 불타는 열정을 발견했다. 그러나 연기자가 되기에는 너무 늦은 나이였다. 누구도 응원해주지 않았고, 오히려 반대와 조롱을 받았다. 오디션 기회조차 쉽지 않았다. 한 번 오디션을 보는 데만 3~4개월이 걸렸다.

이렇게 힘겹게 힘겹게 오디션을 보고 조금씩 활동 범위를 넓혀가고 있던 어느 날, 그에게 주연배우 제안이 왔다. 처음 대본을 봤을 때는 기괴하고 이상한 캐릭터였다. 바로 그 영화가 엑스맨이었다. 캐릭터가 독특해서 사실 많은 유명 배우가 거절했던 대본이었다. 당시 이미 유명 배우였던 러셀 크로우나 더 그레이 스콧과 같은 배우들이 이미 수차례 거절했던 대본이었다. 하지만 그는 찬밥 더운밥 가릴 여유가 없었다. 감사히 생각하고 최선을 다했고, 이를 계기로 그는 할리우드의 스타로 도약할 수 있었다.

우리가 살아가는 인생의 시간은 그냥 평범하게 살아가는 시간과는 또 다른 특별한 시간이 찾아올 때가 있다. 그냥 흘러가는 시간이 아니라 '기회' 또는 '때'라는 이름으로 잠깐 우리에게 찾아오는 시간이다. 이 특별한 시간이 우리 인생의 문을 두드릴 때 곧바로 응답하면 기회를 잡을 수 있지만 응답하지 않으면 이 기회는 다시 오지 않고 멀리 날아가 버린다.

헬라어에는 시간을 의미하는 단어가 두 가지 있다. 하나는 자연적으로 흘러가는 시간을 의미하는 '크로노스' 다. 이 시간이 얼마나 가는가를 알기 위해 우리는 시계를 보고, 달력을 본다. 또 다른 시간은 우리에게 특별한 때, 또는 기회, 특별한 사건으로 다가오는 시간으로, 이를 '카이로스' 라고 한다. 카이로스는 사건과 사건이 부딪치며 특별한 의미를 만들어낸다. 그리스 신화에는 카이로스가 아주 독특한 모습으로 사람들에게 다가오는 것으로 묘사된다. 지금도 지중해 여러 나라에 남아 있는 카이로스 신상을 보면 앞에는 머리가 길게 나 있다. 그런데 머리 뒤쪽을 보면 반들반들한 대머리다. 앞에만 머리가 길게 자라 있다. 그리고 손에는 저울과 추가 있고 뒤에는 날개가 달려 있다. 이것은 카이로스가 앞에서 다가올 때는 그를 잡기가 쉽지만 그가 지나갈 때 뒤에서 잡으려면 잡을 머리가 없어 잡히지 않는다는 것을 상징한다. 그래서 카이로스가 올 때 우리는 지혜의 저울과 추를 갖고 잘 판단해야 한다. 카이로스를 잡지 않으면 뒤에서 잡기 어려울 뿐만 아니라 날개가 달려서 재빠르게 멀리 날아가 버리기 때문이다.

우리 인생에 이벤트로서의 사건, 정말 소중한 기회로서의 사건은 어떻게 다가오는가? 우리는 이것을 어떻게 분별하고 붙잡을 수 있을까? 성경은 우리 인생에 이런 중요한 이벤트가 지나감을 다음과 같이 말씀한다.

"범사에 기한이 있고 천하만사가 다 때가 있나니 날 때가 있고 죽을 때가 있으며 심을 때가 있고 심은 것을 뽑을 때가 있으며 죽일 때가 있고 치료할 때가 있으며 헐 때가 있고 세울 때가 있으며 울 때가 있고 웃을 때가 있으며 슬퍼할 때가 있고 춤출 때가 있으며 돌을 던져 버릴 때가 있고 돌을 거둘 때가 있으며 안을 때가 있고 안는 일을 멀리 할 때가 있으며 찾을 때가 있고 잃을 때가 있으며 지킬 때가 있고 버릴 때가 있으며 찢을 때가 있고 꿰맬 때가 있으며 잠잠할 때가 있고 말할 때가 있으며 사랑할 때가 있고 미워할 때가 있으며 전쟁할 때가 있고 평화할 때가 있느니라"(전 3:1-8).

"하나님이 모든 것을 지으시되 때를 따라 아름답게 하셨고 또 사람들에게는 영원을 사모하는 마음을 주셨느니라. 그러나 하나님이 하시는 일의 시종을 사람으로 측량할 수 없게 하셨도다"(전 3:11).

하나님은 우리 인생을 빚어가기 위해 중요한 순간마다 인생의 카이로스를 주시는데, 아이러니한 것은 하나님이 하시는 일의 시종을 측량할 수 없게 하셨다는 점이다. 그래서 보통은 이런 카이로스가 지나가고서야 깨닫는다. "아, 그때는 이것을 하지 말고 저것을 해야 했는데!" "아, 그때는 힘들어도 좀 더 버티고 있어야 했는데!" 따라서 우리는 이 기회가 정말 좋은 기회인지, 이것이 하나님이 주시는 기회인지 아닌지를 잘 분별해야 한다. 그래서 모세는 시편에 이렇게 기도했다.

"우리에게 우리 날 계수함을 가르치사 지혜로운 마음을 얻게 하소서"(시 90:12).

할 수만 있다면 우리는 우리의 카이로스를 계수하고 분별하도록 배워야 하고, 이를 분별할 수 있는 지혜의 마음을 얻어야 한다. 그렇다면 하나님의 백성은 이때를 어떻게 구별할 수 있을까?

마가복음 서론의 끝부분인 본문에서 예수님은 "때(헬. 카이로스)가 찼다"라고 말씀한다. 이는 하나님이 정하신 결정적인 시간이 찼음을 의미한다. 예수님은 이제 본격적으로 하나님의 구원 역사가 예수 그리스도를 통해 펼쳐질 것을 분별하신 것이다. 그렇다면 예수님은 하나님의 때가 찬 것을 어떻게 아셨을까?

첫째, 하나님이 일하시는 타이밍을 포착하셨다. 이것을 보여주는 것이 14절 시작 부분의 '요한이 잡힌 후'다. 여기 '잡혔다'(헬. 파라도테)는 단어는 헬라어 원형 '파라디도미' 동사의 과거 수동형이다. '파라디도미'는 '넘겨준다'는 동사로 마가복음에서 주로 수동형으로 사용되는 매우 중요한 단어다. 이것이 사용된 대표적인 구절이 마가복음 9장 31절이다.

"이는 제자들을 가르치시며 또 인자가 사람들의 손에 넘겨져 죽임을 당하고 죽은 지 삼 일만에 살아나리라는 것을 말씀하셨기 때문이더라."

사람들의 손에 넘겨진다는 것은 내가 어떻게 할 수 없는 무력한 상태로 붙잡혀 당국자들에게 인계되는 것을 말한다. 이렇게 넘겨지면 어떻게 되는가? 죽임을 당한다. 그러면 비참한 것이 아닌가? 큰일 난다. 그런데 그다음에 어떻게 말씀하는가? "죽은 지 삼 일 만에 살아나리라." 그다음에는 하나님의 능력으로 살아난다. '넘겨진다'는 표현은 10장 33절에도 두 번이나 등장한다.

"보라. 우리가 예루살렘에 올라가노니 인자가 대제사장들과 서기관들에게 넘겨지매 그들이 죽이기로 결의하고 이방인들에게 넘겨주겠고."

인자가 대제사장들과 서기관들에게 넘겨진다. 넘겨지면 어떻게 되는가? 그들이 죽이기로 결의한다. 그러고는 사형 집행권이 있는 이방인, 즉 로마군에게 넘겨줄 것이다. 자, 이렇게 넘겨지면 아무 일도 없는가? 아니다. 큰일 난다. 그다음 34절은 "그들은 능욕하며 침뱉으며 채찍질하고 죽일 것"이라고 한다. 그러면 어떻게 되는가? 놀라운 것은 이렇게 넘겨지고 죽임을 당한 후 사흘 만에 부활하는 역사가 일어난다.

이렇게 볼 때 '넘겨진다'는 것은 단순히 붙잡히는 것 이상의 심오한 의미가 들어 있다. 그것은 하나님의 때, 하나님의 카이로스에 하나님께서 생명과 부활의 역사를 이루는 중요한 방식이다. 우리가 생각할 때 우리가 꼼짝 못 하고 무력하게 붙잡히고 넘겨지면 비참할 것 같다. 아무 일도 못 할 것 같다. 그런데 하나님은 이렇게 넘겨짐을 통하여 그의 구원역사를 이루어가신다. 그래서 보통 우리가 넘겨질 때는 하나님의 손길이 잘 보이지 않는다. 그런데 '넘겨짐'의 역사를 깊이, 끝까지 들여다보면 결국 하나님의 숨은 뜻이 놀랍게 이루어지는 것을 볼 수 있다. 그래서 '넘겨진다'는 표현도 주어가 생략되는 수동형 표현으로 사용된다. 넘겨진다는 것은 누군가가 넘겨준 것을 말한다. 여기에는 역사적인 주체들이 있다. 예수님을 넘겨주는 사람들의 손, 즉 역사적으로 대제사장과 서기관들이다. 본문에 나오는 세례 요한의 경우, 그를 넘겨주는 주체는 헤롯왕이다. 헤롯이 군사들을 동원하여 체포했다(막 6:17). 그런데 이런 불의하고 탐욕스러운 사람들의 손을 통해서조차 은밀하게 하나님의 구원역사가 이루어진다. 그래서 그 표현의 숨은 주체는 하나님이다. 이렇게 역사하는 하나님의 손길이 수동형의 표현으로 감추어져 나타나는 것, 이것을 신학에서는 '신적 수동태'(divine passive)라고 한다.

예수께서 하나님의 카이로스를 감지하신 것이 바로 이 지점이었다. 세례 요한이 잡혔다. 이사야에서 예언했던 것처럼 그는 한때 광야에서 외치는 소리가 되어 많은 이에게 회개를 촉구하며 세례를 베풀었고, 많은 사람이 그를 따랐다. 그런데 그가 헤롯왕이 아내를 버리고 다른 아내를 얻은 것을 책망했다가 체포되었다. 그의 붙잡힘은 참 안타까운 일이다. 이제 이스라엘의 회복과 구원의 소망을 가져다주는 사역이 멈추게 되었다.

그런데 예수께서 바로 이런 세례 요한의 무력함과 붙들림의 상황이 마침내 자신이 그가 예비했던 길을 걸어야 할 카이로스임을 분별하신 것이다. 우리가 기억해야 할 중요한 지점이 바로 여기다. 하나님의 뜻이 이루어지는 사건들은 종종 내 계획과 기대가 하나하나 이루어질 때가 아니라 나도 모르게 수동적으로 이끌렸을 때, 나는 그렇게 하려고 하지 않았는데 다른 사람이 떠밀어서, 어떻게 끌려오다 보니 역사가 일어난다.

오늘날 우리가 착각하는 것 중의 하나가 우리 생각과 계획대로 되지 않으면 실패했다는 것이다. 그러나 절대 그렇지 않다. 계획대로 되지 않으면 그다음부터는 내 계획이 아닌 하나님의 계획대로 이끌어가시는 역사가 일어난다. 우리가 계획대로 되지 않을 때 당황하는 이유 중 하나는 초등학교 때부터 예측 가능한 계획적인 삶을 배워왔기 때문이다. "둥근 해가 떴습니다. 자리에서 일어나서 제일 먼저 이를 닦자. 윗니 아랫니 닦자." 예측 가능한 하루 일상을 프로그래밍한다. 또 초등학교에 가면 6년의 생활, 중학교에 가면 3년, 고등학교 3년…. 여기까지는 누구도 이의를 달지 않는다. 다 마땅히 가야 하고 가는 것인 줄 안다. 그런데 대학에 가고 졸업하면서부터는 당황한다. 왜? 내가 꿈꾸던 삶의 그림이 더 또렷하게 펼쳐지는 것이 아니라 흐려지기 때문이다. 광야가 펼쳐진다. 광야의 모래바람 앞에 내가 그렸던 선명한 그림들이 다 모래로 덮이고 흐려진다. 광야에서부터 우리가 배우는 것이 무엇인가? 내가 그렸던 그림들이 지워지는 경험이다. 힘 빼는 연습이다.

하나님이 내 인생 가운데 일하시는 타이밍을 포착할 때가 언제인가? 바로 내가 어딘가로 넘겨질 때다. 내 계획이 틀어질 때다. 우리 인생에 참 역설적인 것이 하나 있다. 내 계획이 틀어지고 삶이 고통스러울 때 우리는 하나님이 멀리 계신 것 같고 떠나신 것 같은데 그 고통과 아픔 중에 함께 하시는 하나님을 깊이 경험하는 것이다. 이렇게 우리와 함께하시는 하나님을 임마누엘의 하나님이라 한다.

세례 요한이 저 악독한 헤롯왕에게 붙잡혔다. 분위기가 좋지 않다. 예수께서 사역하시기에 좋은 타이밍이 아니다. 세례 요한은 예수님의 길을 준비하기 위해 왔다. 만약 그가 넘겨졌다면 이것은 곧이어 예수님도 그가 예비한 것처럼 누군가에 의해 넘겨지는 길을 갈 것을 예고한다. 그러나 예수님은 이때가 바로 하나님이 부르시는 때임을 분별하셨다.

내 생각대로 인생이 풀리지 않고 힘들고 어려움이 있을 때, 왜 이렇게 꼬이나 스트레스받으며 힘들어하기보다 주님 앞에 나올 수 있기를 바란다. 이렇게 인생이 꼬여 꼼짝달싹 못 하는 나의 무력함을 통해 하나님이 어떤 일을 하시는가, 어떻게 나를 부르시는가를 분별하며 기도하며 나아가야 한다.

둘째, 예수님은 부르심을 분별하고 갈릴리에서 사역을 시작하셨다. 본문은 "요한이 잡힌 후 예수께서 갈릴리에 오셔서 하나님의 복음을 전파"(막 1:14)하셨다고 말씀한다. 갈릴리는 당시 종교 정치의 중심지였던 예루살렘의 처지에서 보면 변방이다. 우리는 변방에 가는 것을 싫어한다. 이왕이면 중앙에서, 서울 가까이에서, 예루살렘 가까이에서 쓰임받고 싶어 한다.

갈릴리는 당시 이방인이 많이 살고 주변에 데가볼리와 같은 이방 지역으로 가는 경계선에 있었기에 영적으로 어둠의 지역이었다. 그래서 갈릴리를 가리켜 '흑암에 앉은 백성들이 사는 이방의 갈릴리'로 묘사한다(마 4:15-16). 갈릴리가 어둠의 지역에 있는 부정적인 장소로 묘사된다. 그런데 본문은 이 갈릴리에 대해 놀라울 정도로 긍정적으로 묘사한다. 갈릴리는 그리스도 예수의 소문이 놀랍게 퍼지는 곳(막 1:28)이자 전도의 역사와 귀신을 내쫓는 역사가 활발하게 일어나는 곳(막 1:39)이다. 갈릴리는 놀라운 구원의 역사가 일어나는 현장이었다. 변방에 가면 좋은 점이 있다. 할 일이 많다는 것이다. 또 해도 누가 그렇게 주목하거나 시기하지도 않는다. 그저 '시골에서 열심히 사나 보네'라고 생각한다. 반면 예루살렘 중심에 가면 층층시하로 권력구조가 갖추어져 있고, 그 시스템 안에서 옴짝달싹 못 한다. 조금만 잘하고 눈에 띈다 싶으면 시기와 질투, 음모가 난무한다. 하나님의 시선에서 갈릴리는 많은 이가 주목하지 않는 곳이었지만 반드시 가야 할 곳이었다. 반면 예루살렘은 사람들이 볼 때는 반드시 진출해야 하는 곳이었지만 하나님께는 우선순위에서 밀려 있는 곳이었다. 우리에게는 다른 사람이 가려고 하지 않는 길을 선택할 수 있는 용기가 필요하다.

예수께서 갈릴리에서 하신 일이 무엇인가? 하나님의 복음을 전파했다. 여기서 '하나님의 복음'이란 용어가 독특하다. 예수 그리스도의 복음이 아니라 하나님의 복음이다. 이것은 이사야의 비전을 반영한다.

"주 여호와의 영이 내게 내리셨으니 이는 여호와께서 내게 기름을 부으사 가난한 자에게 아름다운 소식을 전하게 하려 하심이라. 나를 보내사 마음이 상한 자를 고치며 포로된 자에게 자유를, 갇힌 자에게 놓임을 선포하며"(사 61:1).

여기서 말씀하는 '아름다운 소식'이 본문에 하나님의 복음으로 소개된다. 복음이 선포되는 목적이 무엇인가? 바로 하나님의 나라가 이제 이 땅에 시작되었기 때문이다.

"때가 찼고 하나님의 나라가 가까이 왔으니 회개하고 복음을 믿으라 하시더라"(막 1:15).

때가 찼다는 것은 하나님의 카이로스가 시작되었기에 이제 본격적으로 하나님의 카이로스를 붙들어야 한다는 의미다. 또한 하나님의 통치가 가까이 왔다. '가까이 왔다'(헬. 엥기켄)는 동사는 완료형이다. 이것은 하나님의 통치가 도래하여 시작되었다는 뜻과 동시에 가까이 왔다는 의미가 중첩되어 있다. 이는 하나님의 나라가 예수 그리스도를 통해 '이미' 시작했지만 '아직' 완성된 것이 아님을 의미한다. 이미 시작한 것은 언제인가? 예수께서 사탄의 시험을 물리치고 광야에서 에덴동산을 구현하시면서 시작되었다(막 1:12-13). 그리고 이제 갈릴리를 시점으로 온 세상으로 퍼져나갈 것이다. 이 하나님 나라 앞에 우리가 보여야 할 반응이 무엇인가? 회개하는 것, 즉 삶의 방향을 돌이키고 복음을 믿는 것이다.

여기 하나님의 카이로스를 붙드는 세 번째 방법이 있다. 그것은 작더라도 하나님의 역사가 이미 시작되었으면 가던 방향을 돌이켜 여기에 온전히 뛰어들라는 것이다. 하나님의 역사가 하나님의 카이로스가 작게 시작되었다고 그냥 작은 것이 아니다. 하나님의 역사는 처음에는 겨자씨만큼 작지만 나중에는 어마어마한 열매를 맺는 특징이 있다.

　인생에 다가오는 하나님의 카이로스 어떻게 붙잡을 것인가? 본문
은 무력한 넘겨짐의 손길 속에서, 다른 이들이 주목하지 않는 갈릴리
에서, 그리고 다른 이들이 주목하지 않는 작지만 이미 시작된 하나님
의 역사 속에서 임을 말씀하고 있다. 이런 역사에 용기 있게 뛰어들
어 하나님의 역사를 맛보도록 하자.

[5장 각주] ···

8) 유슬기, "한국을 사랑하는 할리우드 스타… '독수리 에디' 휴 잭맨", 조선일보, 2016. 3.
　26.

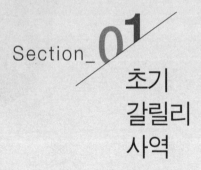

Section_01

초기
갈릴리
사역

[갈릴리 호수 부근의 도시]

갈릴리

가나

세포리스

나사렛

나인

고라신

가버나움

게네사렛

마가단(막달라)

디베랴

벳새다

갈릴리
호수

거라사(제라시)

히포스

감라

가다라

여 요 단 강

데 가 볼 리

스키토폴리스(벳산)

지나가시다가
보고 부르시니

¹⁶갈릴리 해변으로 지나가시다가 시몬과 그 형제 안드레가 바다에 그물 던지는 것을 보시니 그들은 어부라. ¹⁷예수께서 이르시되 나를 따라오라. 내가 너희로 사람을 낚는 어부가 되게 하리라 하시니 ¹⁸곧 그물을 버려두고 따르니라. ¹⁹조금 더 가시다가 세베대의 아들 야고보와 그 형제 요한을 보시니 그들도 배에 있어 그물을 깁는데 ²⁰곧 부르시니 그 아버지 세베대를 품꾼들과 함께 배에 버려두고 예수를 따라가니라.

아브라함 링컨은 19세기 말 노예제도 해방을 위해 애썼던

미국의 대통령으로 많은 이가 기억하고 있다. 하지만 미국 이전에 19세기 초, 영국의 노예제도를 폐지하는 데 앞장섰던 윌리엄 윌버포스의 생애에 대해서는 기억하는 이가 그렇게 많지 않은 것 같다. 윌리엄 윌버포스는 이른 20대 중반에 영국 의회에서 일하고 있었다. 당시 대영제국은 많은 나라를 식민지로 삼고 노예들을 잡아 들여와서 제국의 시스템을 떠받치게 했다. 윌버포스는 정치현장 한가운데서 사람들의 탐욕과 음험함을 온몸으로 경험하며 환멸을 느끼고 있었다. 그때 그는 차라리 이 지저분한 정치판을 떠나 신학공부를 하여 성직자의 길을 갈까 진지하게 고민하고 있었다. 그런 그에게는 종종 찾아가 고민을 털어놓고 함께 기도해주는 영적 멘토가 있었다. 바로 존 뉴턴이란 이름의 성공회 신부였다.

존 뉴턴 목사는 한때 노예무역을 하던 노예선의 선장이었다. 어느 날, 노예를 잔뜩 싣고 가던 중 큰 폭풍우를 만나 배가 난파될 생사의 기로에 서 있었다. 이때 그는 생전 처음으로 주님을 향하여 마음에서 우러나오는 깊은 기도를 간절히 드렸고, 이때 그를 극적으로 구원해주시는 주님의 손길을 경험했다. 이후 그는 회심하여 과거의 생활을 다 내려놓고 30세에 마침내 신학교에 입학하여 성공회 신부가 되었다. 그는 주님의 은혜를 감사하여 유명한 찬양 '나 같은 죄인 살리신'(Amazing Grace)을 작곡했다.

윌버포스는 존 뉴턴 목사에게 신학교 입학을 어떻게 해야 할지 진지하게 상담했다. 그러자 뉴턴은 신학교 가는 것을 만류한다. "하나님은 신학교 가는 것 이상으로 더 중요한 부르심이 있어 당신을 영국 의회로 보내셨을 겁니다. 그곳에서 하나님의 부르심을 찾으십시오."[9] 윌버포스는 이 말에 깊이 고민했다. 지저분한 영국 의회 정치 판에 하나님은 없다고 느꼈기 때문이다. 하지만 존 뉴턴 목사의 조언을 깊이 생각하며 하나님의 더 중요한 부르심을 깊이 묵상하다 마침내 의회 정치 한가운데로 다시 뛰어들었다. 염증을 느끼고 회의에 빠지게 하는 부분도 있었으나, 윌버포스는 그 가운데 의회를 통하여 노예제도를 폐지함으로 하나님 나라를 영국에 확장해야 한다는 강력한 부르심을 느꼈다. 그는 이 일에 평생 헌신하다가 마침내 세상을 떠나기 3일 전인 1833년 7월 26일, 노예제도 폐지 법안이 마침내 하원에서 통과되었다는 소식을 듣고 3일 후인 1833년 7월 29일 새벽에 영원한 안식에 들어갔다.[10]

우리가 살아가다 보면 종종 신앙생활을 하는 영역과 세상에서 일하는 영역이 분리되는 것 같은 느낌을 받을 때가 있다. 직장과 사업장과 생업의 현장에서 정신 없이 치열하게 성과와 진급과 생존을 위해 애쓰다 주일에 교회 가서 예배를 드리다 보면, 지난 한 주간 치열하게 지냈던 삶의 현장은 주님과 조금 거리가 있는 것 같은, 마치 주님이 별로 신경 쓰시지 않는 장소 같은 느낌이 든다. 반면 예배를 드리는 교회는 주님이 계신 것 같은 느낌이다. 이 둘이 왠지 분리된 느낌이 든다.

주님을 만나려면 삶의 현장을 떠나 조금 조용하고 거룩한 곳으로 가야 제대로 만날 것 같다. 이스라엘 백성들도 노예생활을 하다 하나님의 능력으로 출애굽해서 광야에 높이 솟은 시내산으로 가서 그곳에서 주님을 만나지 않았는가? 특히 모세는 그곳에서 하나님의 직접적이고도 강렬한 임재를 경험하였다.

"여호와께서 그의 앞으로 지나시며 선포하시되 여호와라. 여호와라. 자비롭고 은혜롭고 노하기를 더디 하고 인자와 진실이 많은 하나님이라"(출 34:6).

하나님의 임재가 강렬한 시내산에서 하나님은 모세 앞을 지나가셨다. 이 '지나가셨다'는 표현은 하나님의 강렬한 신적 임재를 나타내는 성경의 독특한 표현이다. 그런데 놀라운 것은 이 표현이 오늘 예수께서 처음 갈릴리를 방문하실 때 사용된다는 것이다.

"갈릴리 해변으로 지나가시다가"(막 1:16).

예수님도 하나님이 시내산에서 모세 앞을 지나가셨던 것처럼 갈릴리 해변을 지나가신다. 마가복음에는 여기 말고도 다른 곳에서 이 표현이 예수님의 신적 임재를 나타내는 데 사용되었다.

"바람이 거스르므로 제자들이 힘겹게 노(櫓) 젓는 것을 보시고 밤 사경쯤에 바다 위로 걸어서 그들에게 오사 지나가려고 하시매"(막 6:48).

아무도 없고 물결이 출렁이는 갈릴리 호수 위로 걸어서 제자들에게 오셔서 지나가려고 하셨다. 여기 '지나간다'라는 것은 예수님의 하나님 되심을 드러내는 독특한 신적 현현의 표현이다. 말씀이 육신이 되어 우리 가운데 오신 하나님의 아들이 우리가 치열하게 씨름하는 삶의 현장, 즉 갈릴리 해변으로 임하신 것이다. 이처럼 주님은 우리 삶의 현장에 관심을 두고 그 치열한 현장에 찾아오신다. 하지만 우리는 일에 몰두하느라 대부분 알아보지 못한다. 시몬과 안드레도 그랬다. 왜? 고기를 잡느라 정신이 없었기 때문이다.

갈릴리 해변은 어부들이 고기를 잡고 생업을 이어가는 치열한 삶의 현장이었다. 물고기를 한 마리라도 더 잡기 위해 부지런히 그물을 던졌다. 갈릴리 호수는 동서 길이 11km, 남북 길이 21km, 둘레가 약 53km 정도 되는 거대한 담수호다. 북쪽에 있는 헤르몬산에서 발원한 물이 흘러들어와 호수를 채운다. 특이한 점은 이 호수는 해수면으로부터 약 209m 정도 아래 자리 잡고 있다는 것이다. 호숫가는 완만한 경사가 있지만 가장 깊은 곳은 수심이 무려 43m나 되고, 평균 수심은 26m다. 이렇게 호수가 커서 이곳을 갈릴리 바다라고도 한다. 또 이곳 서쪽 중앙에는 로마 황제 티베리우스 황제를 기리기 위해 헤롯 안티파스가 주후 18년 '디베랴'라는 도시를 세워서, '디베랴 바다'라고도 부른다(요 6:1, 23, 21:1).

당시 어업은 소금 산업과 함께 팔레스타인에서 활기를 띠던 산업이었다. 먹을 것이 부족하던 시절, 물고기를 잡아 소금에 절여두었다가 필요할 때 먹는 것은 부족한 영양소를 섭취하기 위해 필수적인 일이었다. 게다가 갈릴리 지역도 로마제국의 통치 아래 있게 되자 물고기를 잡는 것은 단순히 생계를 위한 수단을 넘어 부를 축적할 수 있는 조직적이고 규모를 갖춘 산업으로 커가고 있었다. 힘 있는 사람들은 더 큰 배와 더 큰 그물을 마련하고, 일꾼을 고용해서 더 많은 고기를 잡아들였다.

본문에서는 두 종류의 어업활동을 볼 수 있다. 먼저는 작은 가족 규모의 어업활동이다. 본문 첫 구절을 보면 시몬과 그 형제 안드레는 갈릴리 바다에 그물을 던지고 있었다(막 1:16). 시몬은 예수님의 제자 베드로의 원래 이름이다. 이들이 던지는 그물은 적어도 두 사람이 함께 던져서 잡는 대형 투망으로 추정이 된다. 당시 그물은 크게 두 종류가 있는데 하나는 호수 해변에서 던지는 투망과 같은 그물이고, 다른 하나는 배에서 던지는 보다 큰 규모의 그물이다. 이것도 그물 끝에 납덩이 같은 무거운 것이 달려서 호수 아래로 내려가 바닥에서 끌어 올리는 그물(예인망)이 있고, 또 두 척이 함께 그물을 내렸다가 함께 끌어올리는 대형 그물이 있다.

베드로가 살던 곳은 가버나움이었다(막 1:21). 가버나움을 중심으로 투망을 던져 고기를 잡을 수 있는 적절한 곳으로 성서학자들과 교회의 전승은 가버나움 서쪽 호수에 안쪽으로 쑥 들어간 일종의 만(cove)에 고기들이 몰리는 곳을 지목한다. 이곳의 이름이 '타브가만'이다. 시몬과 안드레는 이곳에서 떼 지어 다니는 숨어 있는 고기들을 잡기 위해 투망을 던지고 있었다.

또 다른 형태의 어업활동은 큰 배를 동원하여 많은 물고기를 잡아들이는 비즈니스 형태의 어업이다. 그것은 세베대의 아들 야고보와 그 형제 요한이 보여주는 어업활동이었다(막 1:19-20). 고기잡이를 아버지와 형제들이 함께 가업으로 했다. 그뿐만 아니었다. 품꾼들을 고용해서 함께 잡았다. 이것은 개인의 소소한 생계를 위한 어업의 차원을 넘어가고 있음을 보여준다. 19절에 보면 야고보와 요한이 배에서 그물을 깁는다. 보통 그물을 깁는다면 배 밖에서 기울 텐데, 여기서 깁는다는 것은 어업활동이 끝나고 그물을 수선하는 것이 아니라 배에서 대형 그물을 내리려고 정돈하고 준비하고 있는 모습을 묘사하는 것이다. 여기 '깁는다'(헬. 카타르티제인)는 단어는 '질서 있게 하다' '가지런히 하다'는 의미다.

이런 관점에서 베드로와 안드레는 오늘날로 말하면 일종의 소상공인이고, 야고보와 요한은 어업에 종사하는 인원이 적어도 10여 명 정도 되는 중소기업인이라고 할 수 있다. 사실 이런 작은 규모의 기업들은 경쟁에서 살아남으려는 노력이 치열하다. 놀라운 것은 하나님의 아들이 이 땅에 하나님 나라의 사역을 시작하자마자 곧바로 이런 삶의 가장 치열한 현장에 찾아오셨다는 것이다. 그런데 이들은 일에 열중하다 보니 찾아오신 예수님을 보지 못한다.

예수님은 베드로와 안드레가 그물 던지는 것을 보고 계셨다. 그냥 "어, 그물 던지네? 몇 마리나 잡았나?" 이런 식으로 보는 것이 아니다. 여기서 예수님이 이들을 보시는 것은 삶의 현장에서 이들이 하는 일을 기초로 장차 하나님이 그들을 놀랍게 빚으시고 이루실 예언적 비전을 갖고 보는 것이다. 예수님은 이들의 인생을 향한 예언자적 비전과 안목으로 바라보고 계셨다.

어부가 되려면 물고기를 보는 안목이 있어야 한다. 물고기가 어디에 많이 서식하고, 어디에 떼를 지어 있을지를 분별할 수 있는 안목이 있어야 한다. 그러기 위해서는 기상의 변화와 해와 달이 떠 있는 상태에 따라 물고기 떼의 변화를 늘 예측해야 한다. 안목이 뛰어날수록 고기를 잘 잡는다. 가끔 보면 맨손으로 강에 들어가서 물고기 잡는 사람 있지 않은가? 어떻게 그럴 수 있는가? 물고기의 생태와 습성을 파악하는 안목이 있으니 그렇게 한다.

예수께서는 사람을 보는 깊은 안목으로 물고기에 대한 안목을 가진 시몬과 안드레를 보신다. 예수께서는 이들이 하나님의 손에 붙들릴 때 물고기를 잡는 어부에서 하나님 나라를 위해 사람 낚는 어부가 될 모습을 예언자적 상상력으로 바라보셨다. 그리고 부르신다.

"예수께서 이르시되 나를 따라오라. 내가 너희로 사람을 낚는 어부가 되게 하리라 하시니"(막 1:17).

어부는 어부인데 물고기 잡는 어부가 아니라 사람 낚는 어부다. 여기 '사람을 낚는다'라는 표현은 자칫 낚싯대로 하나둘씩 잡아 올리는 인상을 줄 수 있다. 그러나 여기서 사람을 낚는 어부는 그물을 던져 사람을 잡는, 그야말로 떼로 잡아 올리는 어부를 말한다. 이런 사람을 낚는 어부에 대해서는 예레미야 16장 16절의 종말적 비전에 다음과 같이 말씀한다.

"여호와의 말씀이니라. 보라. 내가 많은 어부를 불러다가 그들을 낚게 하며."

하나님은 많은 어부를 불러 죄악 된 백성들을 낚을 것이라고 말씀한다. 여기서 어부는 단순히 물고기만 잡는 것이 아니라 사람을 낚는 사명을 감당하는 사람으로 등장한다. 사도 요한이 한때 머물렀을 것으로 추정되는 경건한 금욕주의 에세네파 유대인들이 모여 살았던 쿰란에서 발견된 문서를 보면 "사탄이 하나님의 백성들을 휩쓸어 잡아가는 그물을 조심하라"는 경고가 나온다.[11] 이렇게 볼 때 예수님이 말씀하신 사람을 낚는 어부는 사람들을 사탄의 그물에서 빼내어 안전하게 하나님의 그물로 옮겨놓는 사람을 의미한다. 이것은 죄악의 압제에 시달리는 하나님의 백성들을 다시 불러 모아 제2의 출애굽을 일으키는 일이다. 이 치열한 역사가 곧바로 다음 단락인 21절부터 본격적으로 등장한다.

예수께서 이런 어부들을 보시고 '나를 따라오라' 고 부르셨다. 이를 직역하면 '내 뒤에서 와라' 가 된다. '주님 뒤에서 따라오라' 는 것이다. 뒤에서 따라오라는 말은 주님이 앞서가심을 전제한다. 이것은 장차 예수님 앞에 펼쳐질 치열한 영적 전쟁을 암시한다.

구약성경에는 하나님이 세우신 지도자가 앞서가며 나를 따르라, 내 뒤를 따르라고 하는 장면이 종종 등장한다. 이런 장면들에 나타나는 특징이 두 가지가 있다. 첫째 강력한 대적과 싸우러 나갈 때다. 둘째, 강력한 성령의 임재가 있어서 지도자와 백성들이 모두 그의 능력과 부르심에 압도되었을 때다. 기드온의 경우를 보라.

> "여호와의 영이 기드온에게 임하시니 기드온이 나팔을 불매 아비에셀이 그의 뒤를 따라 부름을 받으니라"(삿 6:34).

기드온이 나팔을 부는 것은 자신을 따르라는 소집령을 내림을 의미한다. 그러자 그의 집안 아비에셀 사람들이 그 뒤를 따라 부름을 받는다. 지금 이들의 눈앞에는 13만 5천의 어마어마한 미디안 군대가 모래산 앞에 진 치고 있다. 강력한 대적과 맞서 싸우라는 부름 앞에 용기 있게 나선 자들은 누구인가? 여호와의 영이 기드온에게 임하심을 보고 경험한 사람들이다. 또한 사울의 사례에도 이와 유사한 일들이 일어난다.

"사울이 이 말을 들을 때에 하나님의 영에게 크게 감동되매 그의 노가 크게 일어나 한 겨리의 소를 잡아 각을 뜨고 전령들의 손으로 그것을 이스라엘 모든 지역에 두루 보내어 이르되 누구든지 나와서 사울과 사무엘을 따르지 아니하면 그의 소들도 이와 같이 하리라 하였더니 여호와의 두려움이 백성에게 임하매 그들이 한 사람같이 나온지라"(삼상 11:6-7).

구약의 이러한 사례들을 살펴볼 때, 우리는 어떻게 삶의 현장에서 생계를 위해 정신 없이 물고기 잡던 베드로와 안드레가 갑작스러운 주님의 부름 앞에 그물을 던지고 주님을 따랐는지를 이해할 수 있다. 그것은 바로 주님의 '지나가심' 때문이다. 다른 공관복음서들을 보면 이 일이 일어나기 전에 예수님이 이 지역에서 여러 기적을 행하시며 사람들을 놀라게 하였다고 한다. 소문을 들었던 차에, 이들은 예수께서 그곳을 지나가실 때 온몸이 전율하는 하나님의 임재를 경험했다. 이것은 말로 설명이 잘 안 되는 체험이다.

삶의 실존을 뛰어넘어 나를 어마어마하게 압도하는 주님의 임재가 덮쳐오면 삶의 우선순위와 가치관이 순식간에 뒤바뀐다. 이들은 바로 주님이 내 삶의 현장에 이렇게까지 오실 수 있음에 깜짝 놀랐다. 그리고 그분이 자신의 모든 깊은 속을 꿰뚫어 보시고 부르시자 여기에 즉각적으로 순종하며 나아갔다. 이들이 '곧 그물을 버려두고 따랐던' 이유다(막 1:18). 여기서 '곧' 은 '즉각적으로' 라는 뜻이다. 뒤이어 세베대의 아들 야고보와 그 형제 요한도 이런 경험을 했다.

> "조금 더 가시다가 세베대의 아들 야고보와 그 형제 요한을 보시니 그들도 배에 있어 그물을 깁는데"(막 1:19).

'조금 더 가시다가' 는 '지나가신다' 와 유사한 표현으로 주님의 임재를 나타낸다. 예수님은 이들에게 임재하셔서 이들을 바라보셨다. 이들은 개인 어업을 하던 자영업자에서 벗어나 나름대로 작은 기업을 잘 꾸려가던 중소기업인이었다. 배와 일꾼과 큰 그물이 있었다. 배 안에서 그물을 던지려고 한참 준비하고 있는 그때 주님이 부르셨다.

> "곧 부르시니 그 아버지 세베대를 품꾼들과 함께 배에 버려두고 예수를 따라가니라"(막 1:20).

당시에는 보통 제자가 스승(랍비)을 선택했다. 오늘날도 그렇지 않은가? 중간고사가 끝나면 학원의 대이동이 시작된다. 왜? 성적을 더 잘 높여주는 선생님을 찾아서. 학생이 선생을 택하는 것이 일반적이다. 그런데 여기서 주님은 제자들의 택함을 받지 않는다. 예수께서는 하나님의 예언적 비전을 갖고 제자 하나하나를 꿰뚫어 보시며 그들 삶의 치열한 현장에 임재하셔서 그들을 부르셨다. 주님의 임재 앞에 야고보와 요한도 주님을 따라나섰다.

주님께서 행하시는 행동 패턴을 기억하라! 예수께서는 '지나가시고' '보시고' '부르셨다.' 이런 역사는 오늘날 우리에게도 일어난다. 주님과는 별 상관 없는 직장생활이지만 가끔 가슴이 뭉클하게 주님의 임재를 느낄 때가 있다. '어? 이곳은 주님과 별 상관 없는 곳인 줄 알았는데, 여기 주님이 임재해 계시네?' 그곳에서 주님의 사랑을 느낀다. "이는 내 사랑하는 아들이요 내 기뻐하는 딸이라"고 말씀하시는 음성을 가슴 뭉클하게 듣는다. 어찌 된 일인가? 주님께서 그곳을 지나가시는 것이다. 그곳에 찾아오셔서 임재하신다. 내가 생각할 때 정말 지쳐 당장이라도 때려치우고 싶고, 때로는 너무 버겁고 무겁게 감당하는 그 일하는 모습을 우리 주님이 바라보신다. 하나님의 예언적 비전을 갖고 바라보신다. 그리고 그곳에서 우리를 부르신다.

한편으로는 그동안 물고기 잡던 그물을 버려두고 주님을 따르라는 초대에 우리는 두려움을 느낄 수 있다. 그동안 여기에 투자한 시간과 물질을 자칫 모두 내려놓아야 하기 때문이다. 그러나 주님은 제자들이 물고기 잡던 그 기술과 안목을 버리고 포기하게 하시지 않았다. 오히려 이런 그들의 기술과 안목을 훈련시켜 이를 통해 결국 사람을 낚는 어부가 되게 하셨다. 치열한 영적 전쟁의 현장에 지혜와 능력을 갖추도록 하셨다. 이들의 직업을 거부하고 내버리신 것이 아니라 이를 바탕으로 재교육시킨 것이다. 이런 주님의 교육이 효과가 있으려면 제자들에게는 하나님의 임재에 대한 확신, 부르심에 대한 확신과 함께 자신의 정체성을 오직 예수 그리스도를 뒤에서 따르는 자로 규정할 수 있어야 한다.

세상 속 직업의 현장에서 온통 성과와 매출, 월급과 프로젝트에 매몰되어 있다 보면 우리는 예수님을 따르는 자라는 생각을 미처 하지 못한다. 그러나 우리는 이 직장이 하나님의 임재의 현장이고, 이곳에서 아버지의 뜻이 하늘에서와 같이 땅에서 이루어질 수 있음을 기억하고 이를 위해 기도해야 한다. 주님이 오셔서, 보시고, 우리를 부르신다. 물고기를 잡기 위해서만 살지 말고, 이제는 사람 낚는 어부로 살라고 부르신다. 부르심이 분명하면 우리는 삶의 자리에서 언제든지 그물과 배를 포기하고서라도 우선순위에서 내려놓을 수 있어야 한다.

우리의 소유와 물질은 그 자체로 우리에게 행사하는 힘이 있음을 기억해야 한다. 그물이 자칫 내 삶의 야망을 채워주는 도구가 될 수 있다. 자본을 축적해서 마련한 돈과 커다란 배가 오히려 나를 붙잡는 걸림돌이 될 수 있다. 물고기를 많이 잡아 부가 많아질 때 우리는 자칫 부에 최우선의 가치를 둘 수 있다. 그러다 보면 물질에 감추어진 날카로운 독바늘을 보지 못한다. 어떤 경우에는 여기에 설사약이 들어 있는 때도 있다. 그래서 그런 물질 그런 돈을 얻으면 설사한다. 어떤 경우에는 독약이 들어 있는데 그걸 모르고 받았다가 곧바로 사망한다. 어떤 경우에는 낚싯바늘에 걸려 물질만 취하려고 했다가 계속 목에 걸려 빠져나오질 못한다. "주님, 잠깐만요! 이것만 하고요. 저것만 하고요" 하면 계속 걸려서 주님께 못 간다. 사실 그물과 배와 일꾼, 그리고 그곳에서 기반을 다져온 사업, 이 모든 게 낚싯바늘이 될 수 있다. 그런데 주님께서는 이런 제자들에게 오셔서 주님의 임재로 이들을 깨우시고 보시고 불러주셨다.

같은 역사가 오늘날 우리 삶의 현장에도 일어난다. 내 삶의 현장에 찾아오시는 주님을 경험할 수 있기를 바란다. 그곳에서 아등바등하며 몸부림치는 우리를 하나님의 비전으로 보시는 주님을 기억하길 바란다. 우리 현장에 찾아오신 주님은 절대 그대로 침묵하다 돌아가지 않으신다. 우리를 반드시 부르신다.

"내 뒤에 서라!"

무슨 말인가? 이제부터 이 현장의 치열한 영적 싸움은 내가 싸울 것이다.

"너는? 뒤따라 오라! 네 삶의 현장에서 내가 바로 너를 사람 낚는 어부가 되게 하리라!"

이 부르심에 응답하는 이들은 내 삶에 익숙한 그물, 배, 일꾼 이 모든 것이 우리 주님 뒤에 있는 것들임을 고백하는 이들이다. 이런 고백이 있을 때 주님은 우리 앞에 앞장서서 그분의 승리와 능력을 우리에게 경험하게 하실 것이다. 우리 삶의 현장에서 함께 하시는 주님을 경험하며 많은 이를 주께 돌이키는 사람 낚는 어부로 쓰임받는 짜릿한 인생으로 세워가자.

[6장 각주] ··

9) 양형주, 「내 인생에 비전이 보인다」(서울: 홍성사, 2007), 182쪽.

10) 윌리엄 윌버포스, 서진영 역, 「윌리엄 윌버포스의 위대한 유산」(서울: 요단출판사, 2013) 참조.

11) CD 4:15-16; 1QH 3:26, 참조. 조엘 마커스, 류호영 외 역, 「앵커바이블 마가복음 1: 1-8장」(서울: CLC, 2016), 286쪽.

-- 귀신들림

²¹그들이 가버나움에 들어가니라. 예수께서 곧 안식일에 회당에 들어가 가르치시매 ²²뭇 사람이 그의 교훈에 놀라니 이는 그가 가르치시는 것이 권위 있는 자와 같고 서기관들과 같지 아니함일러라. ²³마침 그들의 회당에 더러운 귀신 들린 사람이 있어 소리 질러 이르되 ²⁴나사렛 예수여 우리가 당신과 무슨 상관이 있나이까. 우리를 멸하러 왔나이까. 나는 당신이 누구인 줄 아노니 하나님의 거룩한 자니이다. ²⁵예수께서 꾸짖어 이르시되 잠잠하고 그 사람에게서 나오라 하시니 ²⁶더러운 귀신이 그 사람에게 경련을 일으키고 큰 소리를 지르며 나오는지라. ²⁷다 놀라 서로 물어 이르되 이는 어찜이냐. 권위 있는 새 교훈이로다. 더러운 귀신들에게 명한즉 순종하는도다 하더라. ²⁸예수의

소문이 곧 온 갈릴리 사방에 퍼지더라.

얼마 전 한 방송사를 통해 방영된 〈플라스틱의 역습〉이라
는 다큐멘터리가 많은 이에게 큰 충격을 주고 있다. 해마다 전세계적
으로 4억 6천만 톤의 플라스틱이 소비되고 있다. 문제는 편리하게
일회용으로 쓰고 버리면 수거하거나 재활용하지 않고 이것이 강이나
바다로 흘러 들어간다는 것이다. 해마다 인류가 소비하는 플라스틱
페트병만 하더라도 4억 8천 개다. 페트병이 바다로 흘러 들어가면
파도에 부서지고, 물고기들이 뜯어 먹으면서 부서지고, 자외선에 노
출되면서 아주 미세한 플라스틱 조각으로 분해된다. 문제는 이것을
물고기가 먹고, 새가 먹고, 그리고 이것을 다시 사람이 잡아먹으며
인류가 쓰다 버린 플라스틱을 섭취하는 플라스틱의 역습이 시작되었
다는 것이다.

해류를 타고 플라스틱이 모이는 지역의 바다를 검사한 결과 바다
에서 물고기의 먹이로 알려진 플랑크톤과 이와 유사한 크기의 미세
플라스틱 조각의 비율이 1대 180이었다. 플라스틱으로 깔린 것이다.
이것을 작은 물고기가 먹고, 작은 물고기를 큰 물고기가 먹고, 이것
을 사람이 잡아먹는다. 문제는 이런 미세 플라스틱에는 플라스틱 용
기에 있던 독성물질들이 잘 흡착한다는 것이다. 결국 이것을 먹은 바
다 생물들은 인류에게 해를 끼치는 먹거리로 돌아온다. 이러한 플라
스틱의 역습은 하천에서도 발생한다. 전세계 수돗물의 83%에서 미
세 플라스틱이 검출되었다. 또 미국의 한 비영리 단체의 의뢰를 받아

미국, 중국, 인도, 태국 등 11개 나라의 브랜드 생수 259개를 대상으로 검사와 연구를 진행한 결과, 판매되는 생수의 93%에서 미세 플라스틱이 발견되었다. 여기에는 에비앙과 같은 유명 생수도 포함되어 있다.[12]

당장에 편리하고 만족한 것을 추구했던 것이 시간이 지나면서 점점 큰 눈덩이를 이루어 나중에는 큰 충격으로 다가온 것이다. 처음에는 플라스틱을 편리하게 사용하는 것에 대해 누구도 말리지 않았다. 피해도 그렇게 크다고 생각하지 않았다. 그러나 지속적이고도 즉각적인 만족과 편리성 추구는 결국 큰 재앙을 불러일으켰다.

이것은 우리 신앙에 있어 우상 숭배와 매우 유사한 점이 있다. 우상 숭배가 무엇인가? 하나님을 예배하고 하나님의 기쁨이 되는 대신 나의 만족과 유익을 추구하는 것이다. 처음에는 누구도 말리지 않는다. 이렇게 살아가는 게 피해가 된다고 생각하지 않는다. 그런데 나의 만족과 유익을 추구하며 살아가던 우리 삶이 어느 순간부터 서서히 삐걱거리기 시작한다. 그것은 이 세상이 나의 만족과 유익을 위해 제공하는 것들이 플라스틱과 유사하게 어느 순간 역습해 오기 때문이다.

우상 숭배는 즉각적인 즐거움과 만족을 준다. 또 즐거움을 얻는 데 힘들거나 불편하지 않다. 편리하다. 문제는 이런 만족들이 영속적이지 않고 일회용이라는 것이다. 잠시 즉각적인 쾌감을 주지만, 문제는 이런 것이 지나가면 다시 공허해지고 이런 종류의 즐거움에 대해 갈망이 생겨나기 시작한다. 버튼 하나만 누르면 곧바로 이런 즐거움에 빠져들 수 있으니 목마르면 다시 찾고, 공허하면 다시 찾고, 심심하면 다시 찾고, 결국 이것이 하나님의 자리를 대체하는 우상이 된다. 우상이 내 안에 들어오면 그다음부터는 우상의 역습이 시작된다.

이때부터 우리는 우상을 끊지 못하고 정서적으로 의지적으로 의지하게 되는데, 이때 우리는 어떤 대상에 집착한다고 한다. 집착을 영어로 'attachment'라고 하는데, 이 말은 원래 '못 박는다'는 프랑스 고어에서 왔다.[13] 세상의 쾌락과 가치를 절대적인 것으로 삼다가 도리어 이런 우상에 못 박히게 되는 것이 집착인 것이다. 이런 집착을 다른 말로 중독이라고 한다. 이 세대는 갈수록 우리를 중독으로 몰아가고 있다. 물질 중독, 도박 중독, 약물 중독, 알코올 중독, 성 중독, 게임 중독, 스마트폰 중독 등등. 이것이 없으면 못살 것처럼 매달리게 만든다.

알코올 중독, 약물 중독, 스마트폰 중독과 같은 것들이 우리에게 일으키는 특징이 있다. 절제가 안 된다는 것이다. 금단현상이 나타나면 불안해지고 분노하고 급하게 이것을 다시 찾는다. 안 된다는 것을 알면서도 어느덧 정신을 차리고 보면 자기 손에 이 중독하게 만드는 것이 쥐어져 있다.

이것은 성령이 우리 삶에 주시는 열매와 정반대다. 갈라디아서 5장 22~23절에 나오는 성령의 열매 중 제일 마지막 부분에 나오는 것이 절제다. 우리는 왜 절제하지 못하고 중독에 빠져드는가? 그 깊은 속이 비었기 때문이다. 하나님을 떠난 인생의 공통된 특징이 있다. 그 속에 하나님이 계시지 않기 때문에 속이 공허하다. 무엇으로라도 채우려고 한다. 그러다 보면 자연스럽게 중독에 취약하다. 공중 권세 잡은 사탄은 이 틈을 파고들어 하나님이 채우셔야 할 그 자리에 순간적인 쾌락, 즉각적인 만족을 얻을 것들을 세상 문화로 포장해서 사람들에게 끊임 없이 새롭게 제공하여 여기서 만족하고 소비하며 살도록 부추긴다. 그래서 늘 새롭고 늘 신선한 것 같은데, 이런 것들을 소비하고 집착하면 할수록 더 공허하고 더 목마르게 된다.

이런 중독에 빠져들면서 그토록 갈망하는 것이 무엇인가? 그것은 예수 그리스도께서 세례를 받고 올라오실 때 하늘에서 하나님이 들려주셨던 것과 같은 음성이다.

"하늘로부터 소리가 나기를 너는 내 사랑하는 아들이라. 내가 너를 기뻐하노라 하시니라"(막 1:11).

이 음성에는 그 자녀를 무조건 인정하고, 절대적으로 사랑하고, 한계 없이 기뻐하며 흡족해하시는 하나님 아버지의 사랑이 듬뿍 담겨 있다. 사실 하나님은 이스라엘 백성을 바로 이런 하나님의 자녀로 부르셨다.

하나님은 이스라엘을 '내 소유' '내 백성' '나의 제사장 나라'로 부르셨다(출 19:5-6). '하나님의 소유'라는 말은 히브리어 '세굴라'로 값비싼 보석을 뜻한다. 우리 인생은 하나님 앞에 설 때 비로소 자신의 가장 큰 가치를 발견하고, 가장 큰 인정을 받을 수 있고, 가장 큰 기쁨과 만족을 누릴 수 있다. 하나님 앞에 설 때 비로소 진정한 세굴라이자 보석이 되기 때문이다. 이때서야 비로소 우리는 다른 이도 소중하게 볼 수 있게 된다.

하지만 하나님을 떠난 사람은 자신뿐만 아니라 다른 사람도 소중한 세굴라로 보지 못한다. 하나님을 떠난 상태로는 하나님이 주시는 은혜의 자원을 공급받을 수 없고, 그러면 다른 것을 통해 하나님의 빈자리를 채우게 된다. 그러나 여기서 오는 만족과 인정은 상대적이다. 소유에 비례한다. 그러다 보니 끊임 없이 주변과 비교하게 되고, 결국 사람을 통해 만족을 얻으려다 실망하고 다친다.

전에 한 유명 여자 연예인이 자기 애인을 폭행하며 난리를 쳤다. 그것이 다 사람에게서 만족과 인정을 구하는 것인데, 내가 기대하고 원하는 만큼의 만족과 인정과 기쁨을 상대가 주지 않으면 분노하고 폭발한다. 그러나 아무리 난리를 쳐도 소용 없다. 하나님이 주실 수 있는 참된 만족을 사람에게서 찾는 것 자체가 불가능한 시도이기 때문이다.

이 세상을 살아가면서 자기만족을 위해 할 수 있는 모든 것을 시도해본 사람이 솔로몬 왕이다. 그런데 솔로몬 왕이 다 해보고서 내린 결론이 무엇인가? 세상에서 절대적인 기쁨, 절대적인 인정, 절대적인 만족을 찾는 것은 불가능하다는 것이다. 오히려 이 세상에서 얻으려고 좇아갔던 것들이 헛된 시도였음을 고백한다.

"전도자가 이르되 헛되고 헛되며 헛되고 헛되니 모든 것이 헛되도다. 해 아래에서 수고하는 모든 수고가 사람에게 무엇이 유익한 가"(전 1:2-3).

여기에서 수고는 참된 만족, 참된 기쁨, 참된 안식을 찾기 위한 수고다.

"모든 만물이 피곤하다는 것을 사람이 말로 다 말할 수는 없나니 눈은 보아도 족함이 없고 귀는 들어도 가득 차지 아니하도다"(전 1:8).

전도서의 대전제가 바로 '해 아래'에서의 수고다. '해 아래'는 하나님을 떠난 세상을 말한다. 이 세상에서는 아무리 미친 듯 집착하고 붙잡으려 해도 다 헛된 수고로 끝난다. 어떤 이는 홈쇼핑을 끊지 못한다. 쇼핑 중독이다. 시간이 없다고 서두르라고 하면 그냥 눌러버린다. 필요해서 누르는 것이 아니다. 저것을 소유하겠다고 누르는 순간 마음에 쾌감과 만족감과 평안에 대한 기대가 생기기 때문이다. 그래서 집에 배달되는 물건은 뜯지도 않고 쌓아두는데, 그런데도 이런 만족감을 위해 여전히 홈쇼핑 채널 앞에 앉아 있다. 그래서 옛날에 어거스틴은 그의 고백록에서 이런 유명한 고백을 했다.

"주여, 내가 주 안에서 쉬기 전까지는 참된 안식이 없었습니다."

사탄은 공중 권세를 장악하고 사람 내면의 치명적인 결함인 공허함을 세상 풍조와 문화를 통해 끊임 없이 만들어 시대마다 새롭게 포장해서 파고든다. 창세기 4장 16절 이하를 보면 가인이 범죄 이후 하나님을 떠나 자손을 낳고 도시 문명을 건설한다. 이런 도시의 특징이 있다. 하나님을 떠난 음악, 폭력의 문화, 성적 쾌락의 문화를 만들어 간다는 점이다. 이를 통해 도시에서 하나님을 몰아내려 한다. 이것이 극대화된 것이 뒤에 등장하는 바벨탑이다(창 11장). 하나님을 몰아내면 사탄은 자신이 가진 권세로 이 세상을 마음껏 휘두를 수 있다. 불법적으로 공중 권세를 장악하여 파고든 사탄의 세력을 몰아내기 위해 예수께서 이 땅에 오셨다. 공생에 사역을 시작하기 전, 광야에서 사탄의 시험을 물리치시고, 이제 본격적으로 이 땅에 하나님만으로 채워져 살아갈 그의 나라를 세우려고 제자들을 부르셨다. 본문은 예수께서 제자들이 살고 있던 동네인 가버나움으로 들어가는 장면으로 시작한다.

> "그들이 가버나움에 들어가니라. 예수께서 곧 안식일에 회당에 들어가 가르치시매"(막 1:21).

가버나움은 갈릴리 북쪽 끝에 있는 고기잡이 마을이다. 지금 이곳에 가면 웅장하게 복원된 유대 회당이 있다. 이 회당은 주후 4~5세기에 세워진 것인데, 그 아래 보면 1세기에 세워졌던 회당의 잔해들이 거무튀튀하게 남아 있다. 예수님 시절의 회당 터 위에 지금의 회당을 세운 것이다. 여기에 가면 약 200명 정도가 예배드릴 수 있는 공간이 있다. 안식일에는 주변에 사는 많은 유대인이 생업을 멈추고 예배드리러 온다.

여기서 예수님은 드디어 하나님의 말씀을 선포하신다. 말씀이 육신이 되어 이 땅 가운데 오신 주께서 직접 하나님의 웅장한 말씀을 선포하며 감추었던 하나님 나라의 비밀을 드러내신다. 그러자 그 말씀을 듣던 많은 사람이 이 말씀 앞에 충격을 받았다. 권위 있는 자와 같은 말씀이기 때문이다.

'권위'(헬. 엑수시아)는 출처를 의미하는 '엑스'(~from)와 존재를 의미하는 '우시아'(essence)가 결합된 단어다. 존재의 본질로부터 흘러나오는 것이 바로 권위인 것이다. 하나님 존재의 본질로부터 흘러나오는 말씀은 어떠할까?

"하나님의 말씀은 살아 있고 활력이 있어 좌우에 날선 어떤 검보다도 예리하여 혼과 영과 및 관절과 골수를 찔러 쪼개기까지 하며 또 마음의 생각과 뜻을 판단하나니 지으신 것이 하나도 그 앞에 나타나지 않음이 없고 우리의 결산을 받으실 이의 눈앞에 만물이 벌거벗은 것같이 드러나느니라"(히 4:12-13).

살아 있고 운동력 있는 말씀이 가버나움 회당에 쩌렁쩌렁 울려 퍼지니 어떤 일이 일어나는가? 마귀가 숨어 바들바들 떨고 있다가 마침내 견디지 못하고 자기 정체를 드러낸다.

"마침 그들의 회당에 더러운 귀신 들린 사람이 있어 소리 질러 이르되"(막 1:23).

이 귀신은 사람 속에 들러붙어 있던 귀신이었다. 평소에는 정상인 것처럼 잠복해 있었다. 귀신의 특기 중 하나가 사람 속에 잘 숨어 있는 것이다. 지금 예수님 말씀의 날카로운 검 앞에 견디지 못하고 마침내 자기 정체를 드러냈다. 그가 괴성과 고함을 지르면서 예수께 무엇이라 말하는가?

"나사렛 예수여 우리가 당신과 무슨 상관이 있나이까. 우리를 멸하러 왔나이까. 나는 당신이 누구인 줄 아노니 하나님의 거룩한 자니이다"(막 1:24).

귀신의 말을 보면 그냥 두려워서 하는 말인가 싶을 수 있는데, 자세히 보면 성경을 인용하는 말이다. 먼저 "우리가 당신과 무슨 상관이 있나이까"라고 하며 문제를 제기한다. 이는 성경에서 종종 연약하지만 의로운 사람이 강하고 불의한 사람 앞에 접근을 경계하며 사용하는 표현이다.

사사기에 보면 입다가 암몬 자손이 쳐들어 왔을 때 이렇게 말한다. "네가 나와 무슨 상관이 있기에 내 땅을 치러 내게 왔느냐"(삿 11:12). 또 열왕기상에도 사르밧 과부의 집에 아이가 병들어 죽었다는 소식을 듣고 엘리야 선지자가 가자 그 집의 과부가 엘리야에게 호소한다. "하나님의 사람이여 당신이 나와 더불어 무슨 상관이 있기로 내게 오셨나이까?"(왕상 17:18).

이런 것을 보면 "우리(또는 나)와 당신이 무슨 상관이 있느냐"는 말은 억울함을 당한 연약한 이가 강하고 불의해보이는 이에게 호소할 때 사용하는 관용어구다.[14] 그런데 이것을 마귀가 지금 예수님께 사용한다. 이는 은연중에 예수님은 강하고 불의한 자이고, 자신은 연약하고 의로운 자라는 거짓 프레임을 씌우려 시도하는 것이다.

그러더니 "우리를 멸하러 왔나이까"라고 호소한다. 그러면서 고백한다. "나는 당신이 누구인 줄 아노니 하나님의 거룩한 자니이다." 여기 '하나님의 거룩한 자'라는 말은 "여호와 나의 하나님, 나의 거룩한 이시여 주께서는 만세 전부터 계시지 아니하시니이까?"라는 하박국 1장 12절에서 온 말씀이다. 마귀는 예수님을 '나의 거룩한 이, 거룩한 자'라고 부른 것이다. 이 말은 예수님을 하나님으로 고백하는 것이다.[15]

마귀는 말 한마디를 해도 꼭 말씀을 인용해서 한다. 말씀대로 한다고 말씀을 인용하고 점점 이상하게 해석하는 이들을 주의하길 바란다. 이런 이들이 인터넷에 참 많다. 아닌 것 같은데, 은혜로운 것 같은데 조금씩 달라진다. 그러다 끝에 가면 많이 달라진다. 말씀으로 시작해서 결국 교주를 믿는 것으로 끝난다. 이처럼 같은 것 같은데 끝이 다른 것을 무엇이라 하는가? 다를 이(異), 끝 단(端)을 써서 이단(異端)이라고 한다. 다른 것과 바른 것이 섞여 있어 결론이 다른 것이다.

그러자 예수께서 어떻게 하시는가?

"예수께서 꾸짖어 이르시되 잠잠하고 그 사람에게서 나오라 하시니"(막 1:25).

꾸짖는다는 말은 사탄과의 전쟁에서 이미 승리하셨음을 전제한다. 언제 승리하셨는가? 광야에서 사탄의 시험을 이기셨다(막 1:13, 참조 마 4:1-11). 이 승리의 권세로 사탄에게 "잠잠하고 그 사람에게서 나오라"고 꾸짖으신다.

"잠잠하라"(헬. 피모테티)는 말은 "재갈을 물리다"라는 뜻의 피모오 동사의 수동태 명령형이다. 직역하면 "재갈이 채워질지어다"라는 뜻이다. 귀신은 자꾸 말하게 하면 안 된다. 자꾸 말을 시키고 듣다 보면 속는다. "넌 누구냐?" 그러면 "난 10대조 할아버지다." 이런 식으로 답한다. 그러다 보면 자칫 속기 쉽다. 그래서 자꾸 말 걸지 말고 "잠잠하고 나오라"고 해야 한다.

놀라운 것은 귀신의 영이 사람에게 들어갈 수 있다는 사실이다. 이런 경우 한 사람의 전 인격이 귀신에게 사로잡힌다. 귀신은 처음부터 온전한 지정의를 갖추고 있는 사람 안에 들어갈 수 없다. 이렇게 들어가는 것은 사람의 내면이 자꾸 귀신이 좋아하는 악취 나는 내면의 쓰레기 음식을 주고 초대했기 때문이다.

이것은 마치 약물중독과 비슷하다. 약물중독은 보통 네 단계로 나눈다.[16]

첫째, 시험 복용이다. 이때는 어떨까 하는 호기심에서 해 본다.
둘째, 수시 복용이다. 짜릿하다. 하고 또 하고 자꾸 한다.
셋째, 상시 복용이다. 이것 없으면 못 살 정도다. 늘 취해 산다.
넷째, 완전 중독이다. 이제는 이것만이 내 삶의 이유가 된다. 이를 위해 올인한다. 그리고 완전히 약물에 절어 산다.

이런 중독현상에 빠질 때 그 사람에게 나타나는 특징이 있다.[17]

첫째, 몰래 숨어서 시작한다.
둘째, "너 했지?"라고 물어보면 "무슨 소리냐"고 하며 강하게 부인한다.
셋째, 기분 변화가 심하다. 정상적이지 않은 극한 쾌락의 체험에 빠졌다 일상으로 돌아오니 기분이 우울하다. 그리고 중독과 일상이 세상을 이분법적으로 보기 시작한다.

넷째, 주변 사람을 탓하고 원망하는 게 부쩍 늘어나기 시작한다.

다섯째, 가치를 상실한다. 정상적인 가치관이 붕괴되고 윤리, 도덕이 무너지기 시작한다.

여섯째, 블랙아웃, 즉 일시적 기억상실이다. 기억을 못 한다. 기억이 안 난다. 알코올 중독에 빠진 이들 보면 종종 술 취한 지난밤이 기억나지 않는다. 이 정도 되면 내가 한 것이 아니다. 술기운이 한 것이고 마약 기운이 한 것이고, 내 안에 나를 사로잡은 귀신이 한 것이다. 이 지점이 한 사람의 지정의가 완전히 사로잡힌 지점이 된다.

이렇게 되면 혼자 방이나 이상한 장소에 틀어박혀서 나오지 않는다. 내가 원하는 방식으로 욕망에 탐닉하고 푹 빠져 있는 상태다. 귀신은 이런 우리의 취약한 내면 구조를 너무 잘 안다. 특히 우리 안에 귀신이 머물다 가도록 하는 이런 내면의 더러운 쓰레기가 많고 지정의가 약해져 있을수록 더 자주 찾아와서 우리 삶을 장악하여 파멸시키려 한다. 그렇다면 우리 안에 있는 더러운 마귀가 좋아하는 쓰레기들은 무엇인가?

"속에서 곧 사람의 마음에서 나오는 것은 악한 생각 곧 음란과 도둑질과 살인과 간음과 탐욕과 악독과 속임과 음탕과 질투와 비방과 교만과 우매함이니 이 모든 악한 것이 다 속에서 나와서 사람을 더럽게 하느니라"(막 7:21-23).

본문의 귀신 들린 사람은 그 속의 이런 쓰레기를 마귀에게 자꾸만 먹이로 내주다가 나중에는 확 사로잡힌 경우로 볼 수 있다. 우리도 이따금 내 안이 탐욕으로 가득 찰 때, 음란으로 가득 찰 때, 미움과 살기로 가득 찰 때가 있다. 한참 거기에 빠져 있다 나오다 보면 우리 자신도 화들짝 놀랄 때가 있다. "어? 내가 왜 그랬지?" 그 안에 사로잡혔던 경험이다. 자꾸 사로잡히다 보면 나중에는 내 마음도 사로잡히게 된다.

하지만 귀신의 집요한 사로잡음도 "잠잠하고 나오라"는 예수님의 권세 있는 말씀에 와르르 무너진다. 나가면서 귀신은 최후의 발악을 한다.

"더러운 귀신이 그 사람에게 경련을 일으키고 큰 소리를 지르며 나오는지라"(막 1:26).

더러운 귀신이 예수님의 말씀에 떠나가는 것을 본 사람들은 큰 충격을 받고 놀란다.

"다 놀라 서로 물어 이르되 이는 어찜이냐. 권위 있는 새 교훈이로다. 더러운 귀신들에게 명한즉 순종하는도다 하더라"(막 1:27).

예수님이 제자들을 사람 낚는 어부로 부르시고 처음 사역하실 때 이런 충격적인 사역을 경험하게 하신 것은 매우 중요한 의미가 있다.

첫째, 예수님의 사역은 처음부터 이 세상 풍조와 공중 권세를 잡은 마귀와의 전면전이라는 사실이다.

"죄를 짓는 자는 마귀에게 속하나니 마귀는 처음부터 범죄함이라. 하나님의 아들이 나타나신 것은 마귀의 일을 멸하려 하심이라"(요일 3:8).

둘째, 제자들은 사람 낚는 어부다. 사람을 낚으려면 이런 마귀의 세력에 사로잡혀 있는 자들을 낚는 것이다. 이것은 사람의 힘으로 되지 않으며 하나님의 말씀과 성령의 능력에 사로잡히지 않고는 불가능하다.

셋째, 예수께서 이런 사역을 제자들에게 보여주신 것은 제자로 부름받은 우리 또한 이런 사역을 감당해야 한다는 것을 의미한다. 그러려면 어떻게 해야 하는가? 성령의 사람이 되어야 한다.

"육신을 따르는 자는 육신의 일을, 영을 따르는 자는 영의 일을 생각하나니 육신의 생각은 사망이요 영의 생각은 생명과 평안이니라. 육신의 생각은 하나님과 원수가 되나니 이는 하나님의 법에 굴복하지 아니할 뿐 아니라 할 수도 없음이라. 육신에 있는 자들은 하나님을 기쁘시게 할 수 없느니라. 만일 너희 속에 하나님의 영이 거하시면 너희가 육신에 있지 아니하고 영에 있나니 누구든지 그리스도의 영이 없으면 그리스도의 사람이 아니라"(롬 8:5-9).

"너희가 육신대로 살면 반드시 죽을 것이로되 영으로써 몸의 행실을 죽이면 살리니 무릇 하나님의 영으로 인도함을 받는 사람은 곧 하나님의 아들이라"(롬 8:13-14).

우리는 성령으로 충만하여 내면을 정결하게 관리해야 한다. 아예 마귀가 쓰레기 냄새조차 못 맡도록 늘 정비해야 한다. 집에 바나나 껍질을 하루 정도 두면 어디서 냄새를 맡았는지 날파리가 모여든다. 귀신도 마찬가지다. 정결한 심령으로 날마다 주님을 붙들고 나아가라!

[7장 각주] ···

12) 원호섭, "매일 마시는 생수까지… '미세 플라스틱'의 역습", 매일경제, 2018. 3. 21.

13) 제랄드 메이, 이지영 역, 「중독과 은혜」(서울: IVP, 2005), 14쪽.

14) 양형주, 「바이블 백신1」(서울: 홍성사, 2019), 27쪽.

15) 위의 책, 27쪽.

16) 밴 클리브 외, 윤종석 역, 「약물중독상담」 기독교상담시리즈 17, (서울: 두란노, 1995), 29-33쪽.

17) 산드라 윌슨, 이관직 역, 「알콜중독상담」 기독교상담시리즈 21, (서울: 두란노, 1996), 26-28쪽.

오셔서
역사하도록 하라

²⁹회당에서 나와 곧 야고보와 요한과 함께 시몬과 안드레의 집에 들어가시니 ³⁰시몬의 장모가 열병으로 누워 있는지라. 사람들이 곧 그 여자에 대하여 예수께 여짜온대 ³¹나아가사 그 손을 잡아 일으키시니 열병이 떠나고 여자가 그들에게 수종드니라. ³²저물어 해 질 때에 모든 병자와 귀신 들린 자를 예수께 데려오니 ³³온 동네가 그 문 앞에 모였더라. ³⁴예수께서 각종 병이 든 많은 사람을 고치시며 많은 귀신을 내쫓으시되 귀신이 자기를 알므로 그 말하는 것을 허락하지 아니하시니라.

한때 서점가에 돌풍을 일으켰던 「죽고 싶지만 떡볶이는 먹고 싶어」라는 특이한 제목의 책이 있다.[18] 이 책은 기분부전 장애를 앓는 20대 후반의 한 직장 여성이 정신과 전문의와 12주간 받은 상담을 엮은 내용이다. 여기에는 다른 사람이 보기에 나는 어떠할까에 골몰하고 비교하며 상처받고 힘들어하는 20대 후반 여성의 내면이 고스란히 드러나 있다. 이 책은 출간 두 달 만에 15만 부라는 폭발적인 호응을 받았다. 이는 그만큼 이런 모습으로 살아가며 힘들어하지만 자신을 드러내지 못하고 그런 자기를 부둥켜안고 살아가는 사람이 많았음을 보여준다.

한때 큰 인기를 끌었던 페이스북과 같은 SNS가 요즘 서서히 시들해지고 있다. 가입률과 함께 이용시간이 감소하는 추세다.[19] 전에는 가상공간을 통해 지인과 연결되는 것을 좋아했는데, 온라인에 서로 멋진 모습과 행복한 모습만을 보여주다 보니 도리어 자신의 힘든 현실이 비교되며 더 우울해지고 큰 스트레스의 원인이 된다. SNS에는 힘들고 우울한 모습을 보이면 안 된다는 암묵적인 합의가 있는 것 같다.

그런데 「죽고 싶지만 떡볶이는 먹고 싶어」는 그동안 많은 사람이 쉬쉬하고 있던 어두운 모습을 적나라하게 드러내 보여주니 많은 독자가 이 모습이 바로 자신의 모습과 같다고 여기며 공감했다. 세상에 자기 혼자만 힘들고 외롭고 고독하고 고통받는다고 생각하며 그동안 드러내지 않고 속으로 끙끙거려 왔는데, 이랬던 또 다른 사람이 있었다는 사실에 큰 위로를 받은 것이다. 책 제목은 두 가지의 모순적인 욕구를 표현하고 있다. '죽고 싶다'는 것은 주변 환경을 비교할 때 자신이 너무 비참해보이고 보잘것 없어서 죽고 싶다는 것이다. 하지만 자기 내면 깊은 곳에는 정상적인 인간의 욕구와 바람, 떡볶이를 먹고 싶은 평범한 욕구를 표현하며 건강하게 살고 싶은 욕구가 있다. 이것을 건강하게 표현하지 못하고 속으로만 끙끙 앓고 있는 모습을 '죽고 싶지만 떡볶이는 먹고 싶어' 라는 제목으로 표현한 것이다.

시간이 갈수록 이런 경향은 우리 사회에 비혼, 만혼, 이혼과 고령화로 인한 1인 가구가 빠르게 늘어가면서 더욱 심화될 것이다. 우리보다 이미 앞서간 영국 같은 곳에서는 이런 문제가 상당히 심화되었고 수면 위로 떠올랐다. 영국에서는 이런 현상을 심각하게 보고 올해 초 행정 수반에 '외로움 담당 장관' 을 신설했을 정도다.

본문에는 예수께서 안식일에 회당 예배를 마치고 나오시면서 일어났던 일련의 두 사건을 소개하고 있다. 하나는 예수께서 가버나움에 있는 베드로의 집에 방문하신 일이고, 다른 하나는 저물어 해 질 때 많은 사람이 예수님을 찾아온 이야기다. 본문의 내용을 가만히 살펴보면 우리는 이 일이 안식일을 전후로 일어난 사건이라는 데서 자못 충격을 받는다. 안식일이 무슨 날인가? 하나님을 예배하며 하나님의 품 안에 영혼과 육체가 휴식과 평안함을 경험하는 날 아닌가? 그런데 바로 앞 단락(막 1:21-28)을 보면 예수께서 가버나움 회당에서 예배드릴 때 그동안 잠복해 있던 귀신이 드러나 발악을 하며 떠나간 일이 일어났다. 이 사건을 통해 우리는 충격적인 사실을 접한다. 안식을 경험해야 할 안식일에도 여전히 죄와 사탄의 권세에 매여 고통받고 있는 사람이 있다는 사실이다. 귀신 들린 사람은 평안해야 할 안식일에조차도 여전히 고통받고 있었다. 다행히 회당에서 예수님의 권세 있는 말씀에 눌려 그 사람의 인생을 망가뜨렸던 귀신이 자기 정체를 드러냈다. 예수님이 계셨기에 감사하게도 귀신은 발악하며 떠나갔고, 귀신 들렸던 사람은 회복되어 참된 안식일의 평안을 누릴 수 있었다.

그런데 예배를 마치고 베드로의 집에 들어가자 안식을 누리지 못하는 또 다른 사람이 있었다. 바로 베드로의 장모였다.

"회당에서 나와 곧 야고보와 요한과 함께 시몬과 안드레의 집에 들어가시니"(막 1:29).

회당에서 나왔다는 것은 이제 회당 예배를 마쳤다는 것이다. 예수께서 예배를 마치고 야고보, 요한과 함께 시몬 베드로의 집으로 들어가셨다. 그곳에서 쉬며 안식일의 나머지 시간을 보내기 위함이었다. 29절에 '곧'이라는 표현은 '즉시' '곧바로'라는 뜻이다. 아니, 회당에서 나왔는데 어떻게 곧바로 들어가실 수 있었을까? 이는 갈릴리 호수의 가버나움 유적터를 보면 잘 이해할 수 있다.

회당에서 20~30m만 가면 거기에 팔각형 건물의 터가 발견되는데, 이것은 베드로 집터를 보전하기 위한 것이다. 프란시스코 수도회에서 1894년 발굴 작업을 시작하여 베드로의 집터를 발굴한 후 이곳에 교회를 확장해서 지어놓았다. 집터에 남은 벽에서는 초기 기독교 성도의 흔적을 볼 수 있는 낙서가 발견되었다.[20] 이미 오래전부터 이곳은 베드로의 집으로 기억되고 초대교회 성도들이 모여 예배를 드렸던 장소였다. 이곳은 회당에서 걸어서 곧바로 갈 수 있는 거리였다. 회당 예배를 마치고 베드로의 집에 곧바로 들어가 보니 베드로의 장모가 열병으로 누워 있었다.

"시몬의 장모가 열병으로 누워 있는지라. 사람들이 곧 그 여자에 대하여 예수께 여짜온대"(막 1:30).

안식일에 평안을 누리지 못하는 사람이 예수님을 가장 가까이서 따르기로 결단했던 시몬 베드로의 집에도 있었다는 사실은 놀랍다. 요한복음에 따르면 베드로는 안드레, 빌립과 함께 벳새다 사람이다 (요 1:44). 벳새다는 갈릴리 북서쪽에 있는 마을이다. 가버나움 옆 동네였다. 그런데 결혼하면서 가버나움으로 이사 왔을 것으로 추정된다. 장모가 여기 있다면 아마 아내의 동네로 이사했을 가능성이 크다. 그런데 장모에게 열병이 퍼졌다. 여기 '열병을 앓다'는 단어는 '카테케이토'라는 헬라어인데, 시제가 미완료다. 이는 베드로가 오기 전에 이미 열병을 앓고 있었다는 것을 의미한다. 며칠간 열이 오르며 어질어질하고 온몸에 힘이 쭉 빠진 상태로 있었던 것이다. 아마도 갈릴리 주변에 모기와 같은 해충들이 옮겼을 가능성이 크다.

열병이 심하면 자칫 죽을 수도 있었다. 이것을 오늘날 말라리아라고 한다. 나도 전에 청년들을 데리고 아프리카 탄자니아에 가서 한 달 넘게 있다가 말라리아에 걸려 열병으로 거의 죽을 뻔한 적이 있었다. 이것이 나중에 심해지면 온몸이 열로 펄펄 끓다가 수분이 다 증발해 말라죽는다. 열병은 자칫하면 죽음에 이를 수 있는 치명적이고 심각한 질병이었다. 예수께서 베드로의 집으로 들어가자 '사람들'이 그 상황을 예수님께 말씀드렸다. '사람들'은 예수님과 함께 들어간 제자들, 곧 베드로, 안드레, 야고보, 요한을 가리킨다. 이들은 방금 회당에서 예수님께서 귀신을 내쫓는 놀라운 장면을 보았다. 이제 예수께서 어떻게 하시는가?

"나아가사 그 손을 잡아 일으키시니 열병이 떠나고 여자가 그들에게 수종드니라"(막 1:31).

여기 중요한 표현들이 등장한다. '나아가사' '잡아' '일으키시니' '수종드니라'는 일련의 동사들이다.

먼저, 예수께서 '나아가셨다'는 단어를 살펴보자. 예수께서 열병에 걸려 힘 없이 누워 있는 베드로의 장모에게 나아갈 수 있었던 것은 베드로가 예수를 모시고 집으로 왔기 때문이고, 또 집에서 예수께 그 사정을 말씀드렸기 때문이다. 예수님 당시의 일반적인 가옥구조는 일단 집에 들어가면 가운데 영접할 수 있는 응접실과 같은 공간이 있었고, 좌측에는 부엌, 우측에는 마구간이 있었다. 그리고 잠을 자는 공간은 위쪽 다락방에 있었다.

베드로의 집을 이런 전형적인 공간으로 본다면, 만약 베드로가 장모의 사정을 말하지 않기로 하면 얼마든지 그 사실을 숨길 수도 있었을 것이다. 게다가 병이 있으면 부정한 몸이 되고 안식일과 같은 거룩한 날엔 특히 다른 이와의 접촉을 삼가야 했다. 접촉하면 그의 부정이 자신을 오염시키기 때문이다. 장모를 2층에 격리하고 그냥 응접실에서 예수님을 맞이할 수도 있었다. 하지만 베드로는 이 사정을 그대로 말씀드렸다. 만약 베드로가 예수님을 집으로 모시고 오지 않았다면, 또 오셨다 하더라도 그 사정을 말씀드리지 않았으면 예수께서는 결코 베드로의 장모에게로 나아가실 수 없었을 것이다.

이것이 중요하다. 예수님이 우리 집에 오시면 우리는 문제에 당황해서 예수님을 떠밀어낼 것이 아니라 예수님께 우리의 문제를 여쭈어야 한다. 말씀드려야 한다. 왜 그런가? 이 예수님이야말로 우리 인생의 모든 문제를 해결할 수 있는 분이기 때문이다. 예수님께 말씀드리면 예수께서 도와주실 수 있다. 어떤 사람은 예수님께 말씀드리지 못하고 끙끙대며 앓고 혼자 고민한다. 혼자 고민하면 마음만 상하고 해결책은 없고, 그러다 결국 예수님을 내 인생에서 다시 나가라고 한다. 나를 다스리지 말아달라고 한다. 예수님의 다스리심이 부담스럽다고 내몰게 된다.

둘째, 예수께서는 장모의 손을 '잡으셨다.' 당시에는 병에 걸린 사람을 만지면 그 부정함이 옮는다고 생각했다. 그래서 사람과의 접촉을 가능한 한 피했다. 특히 안식일은 거룩하게 지내야 했기에 이러한 격리가 더욱 필요했다. 당시 팔레스타인 지역에서 안식일이나 유대의 주요 절기와 같은 때에는 무덤을 석회로 칠했다. 유대 무덤은 우리처럼 둥그렇게 봉분을 만들지 않고 평토장을 했기 때문에 표시하지 않으면 자칫 무덤 위를 밟고 지나가게 되기 때문이다. 무덤 위를 밟으면 죽은 시신의 부정함이 옮기게 된다. 부정함으로 오염되면 정결 예식을 하고, 정결함을 얻기 위하여 다시 며칠을 격리되어 있어야 한다.

이들은 특히 안식일과 같은 특별한 날에 부정함에 접촉하는 것에 매우 민감하였다. 그래서 유대 가정에는 안식일 전날 집 안의 모든

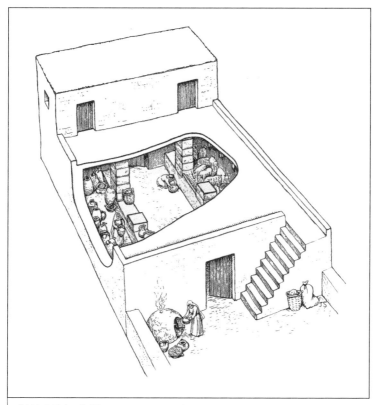

예수님 당시의 고대가옥 구조

부정한 것을 치우고 깨끗하게 하는 의식을 치르기도 한다. 그런데 예수께서 오셔서 장모의 손을 잡아주셨다. 이것은 예수님이 질병과 부정함을 온몸으로 받아주신다는 것을 의미한다. 당시 질병에 걸린 사람을 낫게 하려면 부정함에 접촉하지 않도록 직접 손을 대지 않고 의식을 치렀다.

탈무드에 나오는 열병 퇴치법을 보면 다음과 같다. 쇠로 만든 칼을 머리끈으로 묶어서 가시덤불에 매달아 놓는다. 그리고 며칠을 두고 계속해서 출애굽기 3장 2~3절, 그다음에는 3장 4절, 끝으로 5절을 반복적으로 읽는다. 그리고 주문 같은 것을 외우면서 외치면 질병이 치료된다고 믿었다. 아마도 예수님을 처음 본 집안사람들은 이런 식으로 치료하시지 않을까 생각했을 것 같다. 그런데 예수님은 어떤 요란한 주문을 외우시지 않고, 단순히 이 여인의 손을 잡고 그녀의 모든 연약함과 부정함을 온몸으로 받으시고 그녀를 일으키신다.

셋째, '일으키셨다'는 단어다. 여기 일으켰다는 것은 예수님의 신적 치유의 능력이 나타났다는 의미도 되지만, 여기서의 능력은 부활의 생명의 능력과 밀접한 관련이 있다. '일으켰다'(헬. 에게이로)는 단순히 일어나는 것을 넘어 죄와 사망의 권세에서 부활의 생명으로 일어나는 것을 의미한다.

"그 아이의 손을 잡고 이르시되 달리다굼 하시니 번역하면 곧 내가 네게 말하노니 소녀야 일어나라 하심이라"(막 5:41).

예수님이 무엇이라 말씀하시는가? "달리다굼! 소녀야 일어나라!" 여기서 일어나라는 것은 죽음에서 일어나라는 말씀이다. 그러자 죽음의 권세를 이기고 소녀가 일어났다. 예수님은 십자가와 부활을 앞두고 이 표현을 자신에게 적용하셨다.

"그러나 내가 살아난 후에 너희보다 먼저 갈릴리로 가리라" (막 14:28).

여기 '살아나다'는 표현이 헬라어 동사 '에게이로'다. 예수님의 부활을 표현하는 단어인 것이다. 이렇게 볼 때 지금 장모에게 임한 예수님의 치유의 능력은 단순한 치유가 아니라 장차 예수님을 부활하게 하는 부활의 생명의 능력이다. 이 부활의 능력은 장차 우리 마음을 새롭게 하고 주님 말씀에 믿음으로 순종에 이르게 할 뿐 아니라 우리 죽을 몸도 예수님의 부활의 몸과 같이 영광스럽게 변화시킬 성령의 능력이다(롬 8:11). 이 능력이 임하자 장모의 열병이 떠나갔다. 그런데 여기 더 놀라운 단어가 등장한다.

그것은 '수종든다'라는 단어다(막 1:31). '수종든다'는 것은 앞서 예수께서 광야에서 40일간 지내며 사탄에게 시험받고 들짐승과 함께 계실 때 천사들이 수종들었다는 표현과 같다(막 1:13). 천사들이 수종든다는 것은 예배하고 섬긴다는 뜻이다. 이런 같은 종류의 섬김과 예배가 베드로 장모의 집에 임한 것이다.

앞서 광야에서는 예수께서 사탄의 시험을 이기자 사탄이 물러가고 들짐승과 함께 머물며 천사들의 경배를 받으셨다(막 1:13). 에덴동산의 원형을 구현시키신 것이다. 전에는 광야에서 에덴동산을 이루었다면 이제 이곳 가버나움에서는 새로운 에덴동산 곧 하나님의 나라가 베드로의 집에 임하였다. 광야에서는 천사가 예배하고 섬겼다면 이곳에서는 장모가 예배하고 섬겼다. 어떻게 이것이 가능했는가? 삶의 구체적인 현장인 가버나움에 예수님이 오셔서 역사하도록 하니, 질병이 떠나가고 예수님을 예배하며 섬기는 역사가 일어난 것이다.

그렇다면 베드로 장모의 예수님을 향한 예배는 어떻게 표현되었을까? 감사의 고백과 찬송이 있었을 것이다. 또 예수님을 향한 구체적인 섬김의 손길이 있었을 것이다. 여기 '수종든다'(헬. 디아코네인)는 단어는 구체적으로 음식을 장만하고 쉴 수 있는 환경을 마련하는 것을 말한다. 즉 자신의 삶에서 주님을 위해 할 수 있는 모든 것을 가지고 최선을 다해 섬긴 것이다. 이것은 삶으로 드리는 예배였다. 이처럼 주님을 향한 구체적인 섬김과 나눔이 있는 곳에 천국이 임한다.

이로써 가버나움에서 안식일에 제대로 된 안식이 임했다. 귀신의 괴롭힘과 질병의 괴로움이 이 지역 사람들을 힘들게 만들고 때로는 꼼짝 못 하게 겁박했는데, 이 모든 괴롭힘이 떠나가고 예수께서 주시는 진정한 샬롬, 진정한 안식이 임했다. 그러자 이곳에 임한 평강의 소식이 삽시간에 가버나움과 주변 갈릴리 지역에 퍼져나갔다.

"저물어 해 질 때에 모든 병자와 귀신 들린 자를 예수께 데려오니 온 동네가 그 문 앞에 모였더라"(막 1:32-33).

날이 저물어 해가 뉘엿뉘엿 질 때쯤 되자 온 동네에서 그간 질병으로 시달렸던 사람들, 또 귀신 들린 사람들이 베드로의 집 앞에 몰려들기 시작했다. '똑똑똑, 똑똑똑.' 지금 집안에서는 베드로와 안드레, 그리고 베드로의 장모와 요한과 빌립이 예수님과 함께 맛있는 저녁을 먹으며 함께 웃고 감사하며 주님이 주시는 평강을 만끽하며 이곳에 임한 천국에 시간 가는 줄 모르고 있었다. 그런데 밖에서 누군가가 문을 두드리며 사람을 부른다. 베드로가 무슨 일인가 싶어 나가 문을 열어보고 깜짝 놀랐다. 온 동네 사람이 몰려왔는데, 그동안 얼굴이 잘 보이지 않던 병들어 집에 누워 있던 이들, 또 귀신 들려 고통받던 사람들을 가족과 이웃이 다 데리고 온 것이다.

아니, 왜 하필이면 해가 뉘엿뉘엿 질 때 왔을까? 유대인의 율법 규정에 따르면 해 질 때가 안식일이 끝나는 시간이었기 때문이다. 유대인은 하루의 끝을 해 질 때로 보았다. 새로운 날은 해가 진 저녁부터 시작된다. 그래서 해가 질 때라는 것은 안식일이 끝났을 때임을 의미한다. 바리새인의 율법 규정에 따르면 안식일에는 너무 먼 거리를 걸어가도 안 되고 병자를 치유해도 안 된다. 귀신을 내쫓아도 안된다. 왜? 이런 행위는 모두 일종의 노동을 하는 것이기 때문이다. 절대적 안식을 위해서는 회당에서 모여 예배드리는 것 외에는 아무 것도 하면 안 된다. 이런 이들에게 안식일은 참된 안식이 아니라 고통 가운데 꼼짝하지 못하고 신음해야 하는 고통의 시간이었다.

그런데 이들이 예수님의 소식을 들었다. 가버나움 회당에서 예수님의 권세 앞에 귀신이 굴복하며 우리가 당신과 무슨 상관이 있느냐고, 우리를 멸하러 왔느냐고, 자신은 예수님이 누구인 줄 안다고, 바로 하나님의 거룩한 자라고, 말하며 발악하는 것을 예수께서 잠잠히 시키고 쫓아내셨다. 더러운 귀신은 "잠잠하고 그 사람에게서 나오라"는 예수님의 명령에 큰 괴성을 지르며 그 사람에게 극심한 경련을 일으키더니 쫓겨나갔다. 안식일에 신음하던 이들이 얼마나 놀라고 반가웠겠는가? 그런데 얼마 지나지 않아 예수께서 한 제자의 집에 가서 장모를 열병에서 잡아 일으키셨는데, 지금은 멀쩡하게 회복되어 그분을 섬기고 있다는 소식이 들린다. 이 소식을 듣자 안식일에 신음하던 이들은 '아, 나도 그분을 만나보고 싶다'는 마음이 들었던 모양이다. 그런데 안식일 규정이 있으니 누구도 먼저 선뜻 나서지 못하고 숨어 있다가 안식일이 지나자 마침내 기다렸다는 듯 주님께로 나아온다. 그러자 예수께서는 이들을 어떻게 대하는가?

"예수께서 각종 병이 든 많은 사람을 고치시며 많은 귀신을 내쫓으시되 귀신이 자기를 알므로 그 말하는 것을 허락하지 아니하시니라"(막 1:34).

각종 병든 사람을 다 고치시고, 많은 귀신을 내쫓으셨다. 그 와중에 귀신이 예수님의 정체를 드러내려고 하면 그것을 허락하지 않으시고 잠잠하게 하셨다. 여기에는 크게 두 가지 목적이 있다. 첫째, 사람들이 예수께서 하나님 아들 되심에 대해 오해할 가능성을 차단하는 것이다. 십자가를 지셔야 할 그분을 자칫 권세와 능력이 있는 왕으로만 모시려 할 수 있기 때문이다(요 6:15 참조). 둘째, 귀신이 예수님 앞에 벌벌 떨며 자꾸 이야기하고, 또 왕이라고 꿇어 경배하고 하면 자칫 예수님이 귀신들의 왕, 바알세불이라고 오해할 여지가 있었다(막 3:22 참조). 그래서 이 모든 가능성을 차단한 것이다.

중요한 것은 안식일에 참된 안식을 경험하지 못했던 이들이 예수께서 인생의 문제를 해결하실 수 있다는 소문을 듣고 용기 있게 나아온 것이다. 우리 인생에도 우리를 짓누르며 참된 안식과 평화를 빼앗는 문제들, 사람들에게 드러내기에 너무 부끄럽고 힘든 문제들이 많다. 사람들에게 드러내서 문제를 해결받으면 좋겠지만 해결이 결코 쉽지 않다. 앞의 책, 「죽고 싶지만 떡볶이는 먹고 싶어」에서도 저자는 자기 문제로 상담을 받으며 자신의 증세가 조금 나아졌음을 확인했을 뿐이지 그 문제를 근본적으로 해결받지 못하고 있음을 고백한다.

우리 인생을 갉아먹는 문제들이 우리를 에워싸고 가로막을 때 우리는 도망가면 안 된다. 주님 앞에 가져와야 한다. 문제에 집중하지 말고, 우리 시선을 주님께 집중해야 한다. 그럴 때 우리는 독수리가 날개 쳐 올라감같이 새 힘을 얻을 것이다. 주님이 오시도록 해야 한다. 오셔서 내 삶에 능력을 베푸시고 역사하시도록 해야 한다.

많은 경우, 우리는 문제가 없기를 원한다. 우리는 문제가 일어나면 해결할 생각보다 가능한 회피할 생각을 많이 한다. 그래서 문제를 직면하고 드러내기보다 할 수 있는 한 곪아 터지기 전까지 묻어두고 숨겨두려고 한다. 주님이 우리 인생을 어루만지시고 일으키시면 우리는 얼마든지 다시 일어날 수 있다. 그리고 주님을 섬기며 예배할 수 있다. 주님께 내맡기길 바란다. 간절히 믿음으로 내맡길 때 우리에게 오셔서 역사하실 그분을 깊이 경험하게 될 것이다.

[8장 각주] ···

18) 백세희, 「죽고 싶지만 떡볶이는 먹고 싶어」(파주: 도서출판 흔, 2018).
19) 박돈규, "'우정 비즈니스'가 몰락하고 있다", 조선일보, 2018. 9. 22.
20) 조엘 마커스, 「앵커바이블 마가복음 1: 1-8장」(서울: CLC, 2016), 308쪽.

기도는 삶의 우선순위를
새롭게 한다

³⁵새벽 아직도 밝기 전에 예수께서 일어나 나가 한적한 곳으로 가사 거기서 기도하시더니 ³⁶시몬과 및 그와 함께 있는 자들이 예수의 뒤를 따라가 ³⁷만나서 이르되 모든 사람이 주를 찾나이다. ³⁸이르시되 우리가 다른 가까운 마을들로 가자 거기서도 전도하리니 내가 이를 위하여 왔노라 하시고 ³⁹이에 온 갈릴리에 다니시며 그들의 여러 회당에서 전도하시고 또 귀신들을 내쫓으시더라.

2017년 1월, 미국 서점가에는 꽤 충격적인 제목의 책이 나와 진열되었다. 책의 제목은 「How to murder your life」, 우리말로

번역하면 「네 인생을 살해하는 법」 정도가 될 것이다.[21] 이 책의 저자는 캣 마넬로, 한때 〈럭키〉라고 하는 미국의 유명 미용 패션 잡지의 편집장을 역임했던 뉴요커 여성이다. 이런 잡지 편집장의 위상이 어떠한지는 전에 할리우드의 배우 앤 해서웨이가 주연했던 영화 〈악마는 프라다를 입는다〉에 잘 나온다. 캣 마넬은 뉴욕 최상류층의 경험을 하면서 성공 가도를 달리고 있다가 편집장의 자리를 박차고 나왔다. 이유가 무엇일까? 그것은 마약 할 시간이 모자란다는 이유 때문이었다. 충격적이지 않은가?

알고 보니 그녀는 어린 시절부터 마약 성분이 든 각성제를 복용하며 자라왔다. 이런 약은 의사의 처방 없이는 복용할 수 없는 것이다. 그녀의 아버지는 정신과 의사였는데, 아버지가 이것을 처방해주었고, 이것을 복용하면서 그녀는 탁월한 효과를 봤다. 의식이 너무나도 명료하고 또렷해지고 집중력이 생겼다. 성적이 수직으로 상승했고, 주변 친구들에게 매력적으로 보였으며, 인기를 얻고, 부잣집 아이들의 파티에 끊임 없이 초대받았다. 뉴욕에 있는 대학에 들어가 학교를 졸업하고 마침내 꿈꾸던 유명 잡지사에 취직해 승승장구한다. 기발한 상상력과 아이디어로 패션계에 신선한 자극을 주며 매일 아침 명품을 휘감고 출근했다. 승승장구하며 성공 가도를 달렸다.

그런데 문제가 있었다. 이렇게 되기까지 너무나 많이 약물에 의존했다. 각성제는 서서히 마약으로 이어지게 되었고 캣 마넬로는 뉴욕에 살면서 거의 모든 정신과 의원을 다니며 각성제 마약 성분의 약을 처방받아 마약에 의지하는 삶을 살게 되었다. 겉으로는 화려했지만 동시에 속으로는 인생이 망가지게 되었다. 불면증과 폭식증에 시달렸고, 마약 치료소를 들락거렸다. 마약을 하는 남자 친구를 만나 함께 쾌락을 탐닉하였고, 그러다가 임신하면 낙태를 했다. 쾌락에서 헤어 나오지 못하는 자기가 싫었고 심한 자기 혐오증에 탈진할 지경까지 갔다. 이런 상황을 본 주변 사람들이 그녀에게 이제는 마약을 그만하라고 만류하지 않았겠는가? 그러나 그녀는 약을 끊는 대신 이런 자기 파괴적인 삶을 글로 쓰기 시작했다. 그러자 미국의 「바이스」(Vice)라는 유명잡지에서 칼럼을 의뢰하고, 뉴욕타임스가 인터뷰를 요청하였고, 이어 각종 언론 매체에서 인터뷰가 쇄도하면서 그녀는 일약 유명인사가 되었다. 그리고 이런 경험과 글을 모아 작년 말에 마침내 「How to murder your life」(네 인생을 살해하는 법)라는 책을 내게 되었고, 이 책은 곧장 뉴욕타임스 베스트셀러가 되었다.

이 책에 보면 그녀가 겪어왔던 마약 중독적 삶의 여정이 기록되어 있다. 그런데 그녀가 이렇게 마약을 끊지 않고 지속해서 복용한 이유가 무엇인가? 그것은 인생을 망치기 위해서가 아니다. 도리어 너무나도 간절히 성공을 원했기 때문이다. 물론 마약이 가져오는 위험성을 잘 안다. 그러나 그녀는 이런 마약으로 인해 지금의 성공 가도를 이루었다고 생각한다. 그래서 책 제목이 「네 인생을 살해하는 법」이다. 인생을 서서히 죽여가면서라도 성공할 수 있다면 괜찮다는 것이다. 기괴하고 소름 끼치지 않는가? 한 번뿐인 소중한 인생인데, 이 소중한 인생을 죽여가면서까지 성공하는 것이 과연 가치 있는 일인가를 조용히 돌아보게 된다.

이렇게 극단적이지 않다고 하더라도 우리 주변에는 이런 삶의 스타일을 붙들고 달려가는 이들이 의외로 많다. 자기 몸이 망가지는 줄도 모르고 너무 정신 없이 일하며 건강을 망가뜨린다. 성공을 위해 전속력으로 달려가다가 그만 심장마비로 쓰러진다. 예전에 같이 사역하던 한 목사님은 다른 이들보다 신학을 좀 늦은 나이에 시작했다. 신학교에 오기 전에 서울의 한 명문대학을 나와 대표적인 대기업에 들어가 승승장구하고 있었다. 그런데 어느 날, 충격적인 일을 경험했다. 함께 입사했던 동기가 밤늦게까지 회식하고 추운 겨울 집으로 가다가 너무 취해 길바닥에 주저앉았다가 그대로 누워 밤새도록 있다 그만 얼어 죽은 상태로 발견되었다. 이분은 이 일로 지금 내가 정신 없이 달려가는 성공이란 무엇인가를 깊이 고민한 후, 잘 나가던 직장을 박차고 나와 이전부터 자기에게 있던 부르심을 향해 달려가는 사역자의 길로 들어서게 되었다.

한창 달려갈 때는 잘 모른다. 회사도 나를 정신 없이 몰아가고, 주변 사람도 목표와 성과에 도취되어 미친 듯이 달려가고, 이런 환경에 있는 나도 자신을 정신 없이 몰아간다. 좀 멈추고 자기 길을 돌아볼 수 있어야 하는데 그렇게 할 시간과 여유가 없다. 그러기에는 해야 할 일이 너무 많고 너무 바쁘고 정신이 없다.

그동안 우리가 살펴본 예수님의 사역도 그랬다. 예수께서 갈릴리에서 사역을 시작한 지 얼마 되지 않았지만, 사람들이 구름 떼처럼 몰려들기 시작했다. 그야말로 초반부터 대박을 터트린 것이다. 예수께서 광야에서 사탄에게 시험을 받고 돌아오자마자 전개하신 사역들을 추적해보면 다음과 같다.

먼저 세례 요한이 잡힌 후부터 예수님은 하나님의 복음을 전파하기 시작하셨다(막 1:14). 이후 갈릴리 해변으로 지나가시다가 가버나움에 사는 시몬 베드로와 그 형제 안드레를 그들이 고기 잡는 현장에서 부르셨다(막 1:16). 조금 더 가시다가 야고보와 요한도 부르셨다(막 1:19). 그러고는 가버나움에 회당에 가셔서 설교하신다(막 1:21). 그리고 회당에 숨어 있던 귀신을 내쫓으신다(막 1:25). 예배를 마치고 곧바로 제자들과 함께 베드로의 집에 가셔서 장모를 고쳐주신다(막 1:29). 날이 저물고 해가 질 때가 되자 수많은 병자와 귀신 들린 사람들이 예수님께 몰려온다(막 1:32). 그러자 예수께서는 그 많은 귀신을 다 내쫓으시고 그 많은 병자를 다 고치셨다(막 1:34). 치유사역과 귀신을 내쫓는 축사 사역은 체력이 많이 소진된다.

자, 온종일 계속된 이 정도의 사역이라면 탈진할 정도의 강행군 아닌가? 우리 같으면 다음 날 해가 중천에 뜰 때까지 비틀거리며 몸을 가누지 못할지 모르겠다. 그런데 놀라운 것은 예수께서 이 정신없이 바쁜 일정 가운데 오히려 이른 아침에 일어나신 것이다.

"새벽 아직도 밝기 전에 예수께서 일어나 나가 한적한 곳으로 가사 거기서 기도하시더니"(막 1:35).

여기 새벽 아직도 밝기 전이란 아직 어두컴컴한 이른 새벽을 말한다. 유대 시간으로 약 오전 3시에서 6시 사이 정도다. 이때 예수께서 일어나 한적한 곳으로 가셨다. 한적한 곳이란 인적이 드물고 방해받지 않고 조용히 머물 수 있는 장소를 말한다. 예수님이 그곳에 가신 이유가 무엇인가? 기도하기 위해서다.

아니, 좀 쉬시지 왜 이렇게 일찍 일어나셔서 기도하셨을까? 그것은 기도해야 바쁜 사역 가운데서도 온전히 하나님을 기쁘시게 할 수 있기 때문이다. 자칫 바쁘게 사역에 떠밀려가다 보면 정말 중요한 것이 무엇인지 우선순위를 잃어버리기 쉽다. 새벽에 기도한다는 것은 새날의 시작에 첫 생각과 첫 마음을 하나님께 고정해 놓는 것을 의미한다. 그리고 이 모든 것을 허락하신 하늘 아버지와 인격적인 교제를 나눈다. 바쁠수록 이렇게 하지 않으면 일에 휩싸여 정말 중요한 것을 잃어버리기 쉽다. 그래야 바쁜 가운데서도 믿음의 선순환이 일어난다.

16세기의 종교개혁가 마틴 루터는 종교개혁운동을 추진하면서 정말 바쁘게 보냈다. 한창 바쁘게 보낼 때 루터는 일기에 이렇게 기록했다. "요즘 내가 바빠진다. 더 기도해야겠다." 우리 같으면 무엇이라고 쓸까? "요즘 내가 바빠진다. 기도할 시간이 더 없다." 루터에게 기도는 분주함이 가져다주는 긴장과 피로를 이길 힘이었다. 실제로 루터는 매일 한 시간가량 기도했다. 보통 때는 이렇게 기도하다가 정말 바쁜 일이 일어나면 두 시간을 기도했다. 이처럼 기도는 균형을 잃어버리기 쉬운 우리의 바쁜 일상생활에 균형을 잡아준다.

마가복음 6장 30절에는 예수께서 오병이어의 기적을 베푸신 사건이 소개된다. 오병이어는 말 그대로 다섯 개의 떡과 두 마리의 물고기로 장년만 5천 명을 먹이신 사건이다. 이 이적은 이스라엘에 그야말로 충격적인 센세이션이었다. 이 사건으로 사람들은 예수님의 능력에 전율했고, 그분이 가져올 새로운 나라에 흥분했다. 그러자 이번에는 사람들이 가만히 있지 않았다. 사람들이 예수님을 억지로 붙잡아 임금으로 삼으려고 했다(요 6:15 참조). 만약 이때 가만히 있으면 떠밀려 헤롯을 대체할 이스라엘의 새로운 왕으로 등극하게 된다. 하지만 예수님은 사람들의 요구에 떠밀려가지 않으셨다. 예수께서는 즉시 제자들을 재촉하셔서 배를 타고 건너편 마을로 가게 하고, 자신은 산으로 가셨다(막 6:45). 왜? 기도하기 위해서다!

우리 같으면 기적 이후 사람들의 칭찬을 듣고 우쭐대는 자리에 머무르기 쉬운데, 예수님은 곧바로 기도의 자리로 나가신다. 어떻게 이렇게 하실 수 있는가? 그것은 오늘 본문처럼 평소에 아무리 바빠도 기도하는 경건의 습관을 지니셨기 때문이다. 바쁠수록 기도할 수 있기를 바란다. 바쁠 때 기도하지 않으면 우리는 바쁜 일에 쓰나미처럼 휩쓸려간다. 그때는 핑계 댈 구실도 많다. '기도하려고 했는데' '사람들이 자꾸만 찾아와서' '사람들이 부탁하는 바람에 어쩔 수 없이' '정말 정신 없어서' '할 일이 많아서' 등 온갖 핑곗거리가 찾아온다.

본문에는 이른 아침부터 예수님을 다급하게 재촉하는 장면이 나온다.

"시몬과 및 그와 함께 있는 자들이 예수의 뒤를 따라가 만나서 이르되 모든 사람이 주를 찾나이다"(막 1:36-37).

예수께서 한창 기도하고 있는데 베드로와 다른 제자들이 예수님이 기도하시던 곳을 찾아와서 말한다. "주님, 모든 사람이 주님을 찾고 있습니다." 여기서 제자들이 예수의 뒤를 '따라갔다'(헬. 카타디오코)라는 동사는 '~을 따라서'(헬. 카타)와 '핍박하다'(헬. 디오코)

가 결합한 단어인데, 이는 직역하면 '따라다니면서 핍박하다' 라는 뜻이다. 여기서 '집요하게 뒤쫓아 가다' 는 뜻이 나온다. 제자들이 예수님을 집요하고도 절박하게 찾아 나선 것이다. 제자들이 이렇게 절박하게 주님을 찾은 이유는 무엇 때문인가? 자신들의 영적 갈망이 아니라 사람들의 갈망 때문이다. '모든' 사람이 주님을 찾고 있다는 말은 사실 다소 과장하는 느낌이 있다. 이른 아침부터 수많은 사람이 몰려오자 제자들이 덩달아 흥분한 것이다. "주님, 급히 와주세요. 벌써 엄청나게 많은 사람이 몰려와서 주님을 찾고 있습니다." 이렇게 말하는 것이다. 사람들이 이렇게 일찍부터 예수님을 찾아온 이유가 무엇일까? 그 이유를 누가복음은 다음과 같이 말씀한다.

> "날이 밝으매 예수께서 나오사 한적한 곳에 가시니 무리가 찾다가 만나서 자기들에게서 떠나시지 못하게 만류하려 하매"(눅 4:42).

무리는 예수께서 자기들에게서 떠나시지 못하게 만류하려고 나온 것이다. 만약 예수께서 무리의 요청을 들어주셨다면 어떻게 됐을까? 복음은 가버나움에만 머물고 갇히게 된다. 이는 하나님이 예수님을 보내신 목적에 거스르는 것이다. 여기서 우리가 주의해야 할 중요한 점이 있다.

눈앞에서 사역이 잘되고 수많은 사람이 예수님을 찾아 모여들었으며, 또 예수님과 제자들이 바빠진 것은 좋지만, 그러나 무리의 요구는 종종 하나님의 뜻을 이루는 것과 상관 없는 요구일 수 있다는 점이다. 우리는 바쁜 것과 정말 중요한 것을 혼동하지 말아야 한다.

우리가 흔히 하는 착각 중의 하나가 바쁘면 중요한 일을 한다고 생각하는 것이다. 그러나 바쁜 것과 중요한 일은 때로 아무 상관이 없을 때가 많다. 그런데도 우리는 일단 바빠지면 중요한 것을 다 내려놓고 바쁜 일에 마치 소용돌이에 빨려 들어가듯 정신 없이 빠져든다. 그러다 보니 이 일이 중요한 것인지 바쁘기만 한 것인지 헷갈린다. 이런 상태를 긴급성 중독이라고 한다. 긴급성에 중독되면 그다음부터는 긴급한 것과 소중한 것을 분별하는 힘이 현저하게 떨어진다. 이때 중요한 것과 바쁜 것의 애매한 착각을 분별하고 결단하게 하는 힘이 바로 기도에 있다. 예수님을 보라.

"이르시되 우리가 다른 가까운 마을들로 가자 거기서도 전도하리니 내가 이를 위하여 왔노라 하시고"(막 1:38).

아니, 이렇게 많은 사람이 다 주님을 찾아왔는데 만나주지도 않고 다른 마을들로 가자고 하신다. 우리 같으면 "주님, 그래도 한 번쯤은 만나보고 가셔야죠"라고 말하지 않을까? 그런데 그렇게 한 번 만나면 그다음부터는 붙잡혀 꼼짝달싹 못한다. 주님은 가버나움에서의 사역은 이것으로 마무리하고 인근의 다른 마을로 가자고 단호하게 말씀하셨다. 어떻게 이렇게 단호하실 수 있을까? 그 뒤를 보면 "내가 이를 위하여 왔노라"고 말씀하셨다.

'내가 이를 위하여 왔다' 라는 것은 전도하기 위하여, 즉 하나님 나라의 기쁜 소식을 여러 마을에 선포하기 위해 왔다는 것이다. 이는 예수님의 사명과 사역적 정체성을 분명히 하는 말씀이다. '왔다' (헬.

엑스에르코마이)는 '엑크'(~로 부터, from)와 '에르코마이'(오다)가 결합한 단어로, 좀 더 정확하게 말하면 '이것을 위하여 ~로부터 나왔다'라는 뜻이다. 예수님은 이 사명을 위하여 어디에서 오셨을까? 하늘 보좌다. 그렇다면 곳곳에 다니며 복음을 전하는 일은 하늘 보좌를 버릴 정도로 소중한 일이 된다. 이렇게 귀한 일을 감당하시는데 사람들이 만류한다고 멈추실 수 있는가?

또한 헬라어 '엑스에르코마이'에는 군사적인 뉘앙스가 존재한다.[22] 이것은 장수가 전쟁을 수행하기 위해 자기 진영으로부터 앞서 나서는 모습을 연상시킨다. 예수께서는 영적 전쟁을 수행하기 위해 이 땅에 오셨다. 이미 예수께서는 광야에서, 그리고 가버나움에서 일전을 치르고 승리하셨다. 그 결과 많은 사람이 귀신 들림에서 해방되고 질병에서 치유받았다. 그러나 다른 마을에는 여전히 사탄의 세력 아래 신음하며 고통받는 백성이 많이 있었다. 이것을 선명하게 보여주는 것이 예수께서 나사렛 회당에서 본격적인 공생애를 시작하며 선언하셨던 말씀이다.

"주의 성령이 내게 임하셨으니 이는 가난한 자에게 복음을 전하게 하시려고 내게 기름을 부으시고 나를 보내사 포로 된 자에게 자유를, 눈먼 자에게 다시 보게 함을 전파하며 눌린 자를 자유롭게 하고 주의 은혜의 해를 전파하게 하려 하심이라 하였더라"(눅 4:18-19).

예수께서 낭독하신 이 말씀은 이사야 61장 1절의 말씀이다. 그러고는 선언하셨다. "이 글이 오늘 너희 귀에 응하였느니라"(눅 4:21). 여기 보면 '포로 된 자' 란 '사탄의 포로 된 자' 를 뜻한다. 이 일을 위해 오셨으면 가버나움에서 거둔 승리에 만족하고 안주해서는 안 된다. 계속해서 정복해 나가야 한다. 그런데 사람들이 찾아와서 애원하고 자꾸 머물라고 붙들며 정신 없이 바쁘게 하면 우리는 자신도 모르게 내가 무엇 때문에 이 자리에 왔는지, 이곳에서의 나의 사명은 무엇인지 착각하고 순간 엉뚱한 것에 빠져 헤어 나오지 못한다. 그래서 로마서 12장 2절은 이렇게 말씀한다.

"너희는 이 세대를 본받지 말고 오직 마음을 새롭게 함으로 변화를 받아 하나님의 선하시고 기뻐하시고 온전하신 뜻이 무엇인지 분별하도록 하라."

우리가 이 땅을 살면서 힘써야 할 것은 정신 없이 바쁘게 몰아가는 세상 풍조 가운데 하나님의 선하시고 기뻐하시고 온전하신 뜻이 무엇인지 분별하는 것이다. 그런데 이를 분별하려면 우리 마음을 새롭게 함으로 변화를 받아야 하는데 이것은 우리 힘으로 할 수 있는 것이 아니다. 변화를 주시는 분의 보좌 앞으로 나아가야 한다. 여기 이 세대를 본받지 말라는 것은 이 세대가 강요하는 틀에 자신을 끼워 맞추지 말라는 뜻이다.[23] 자꾸 이 세대가 강요하는 틀에 나를 끼워 맞추다 보면 정신 없이 바빠지고, 세상의 물질과 가치만을 좇아 달려가게 된다.

이것에 얽매이지 않으려면 오직 마음을 새롭게 변화받아 분별해야 한다. 그렇다면 어떻게 우리 마음을 새롭게 하여 분별할 수 있는가? 그것은 바로 기도로서만 가능하다. 우리가 살아가면서 이런저런 분야에 깊은 고민이 생기면 어떻게 하는가? 그 분야의 인생 선배나 부모를 찾아가 마음을 털어놓는다. 이야기하면서 자신을 돌아보면 그 속에 있을 때는 전혀 보지 못했던 것이 보이기 시작하고, 무엇이 중요한지 명확하게 분별할 수 있게 된다. 이것이 바로 지혜로운 사람과의 만남이 주는 유익이다.

하나님은 지혜의 근본이시다. 날마다 정신 없이 살아가는 가운데서 누구도 방해하지 않는 조용한 이른 아침 주님께 나아와 나의 모든 것을 아뢰며 기도하기 시작하면, 바쁜 가운데서도 정말 중요한 것이 무엇인지 성령이 주시는 지혜로 분별하게 된다. 도저히 엄두가 나지 않던 일도 감당할 수 있는 길이 보이기 시작하고 용기를 내 하나둘씩 넉넉히 감당하게 된다. 여기서부터 은혜의 선순환이 일어나게 된다. 은혜가 나를 세우고 분별하게 하며 정말 집중해야 할 일에 집중하게 하면, 자연스럽게 좋은 열매를 거두게 되고 하나님께 영광을 돌리게 된다.

정말 중요한 것을 붙든 사람은 중요하지 않은 다른 것에 대해 '노'(No)라고 말할 줄 아는 사람이다. 우리나라 사람들은 '노'라고 말하는 것을 무척이나 힘들어한다. '아니오'라는 말을 들으면 인격적으로 모욕당했다고 생각하는 이가 많다. 그러고는 자존심 상해한다. 그래서 바로 앞의 사람에게는 '노'를 잘하지 못하고 보이지 않는 하나님께만 자꾸 '노'라고 한다. "하나님, 죄송합니다. 다음에 뵐게요." "하나님, 죄송합니다. 다음 기회에 할게요." 그럼 하나님은 강요하지 않으신다. 기다리신다. 정말 소중한 것은 우리에게 당장 그것을 하라고 목을 죄지 않는다. 기다려준다. 정말 중요하기 때문에 이것을 붙들고 나아가기까지 기다려준다. 그러나 자꾸 이것을 멀리하면 결국은 돌이킬 수 없는 후회스러운 결과를 맞이한다.

이와 반대로 중요하지 않은 것은 자꾸 이것을 지금 당장 하라고 우리를 보챈다. 스스로가 급하기만 하지 중요하지 않다는 것을 알기 때문에 이것을 눈치채기 전에 어서 하라고 다그치며 몰고 간다. 그렇게 서둘러 하고 나면 그다지 중요하지 않은 것에 우리의 시간과 물질을 허비하였음을 깨닫게 된다.

운동이 필요한 사람이 운동을 당장 하지 않는다고 하더라도 어느 정도는 괜찮다. 그러나 어느 정도 시간이 지나면 몸이 녹슬고 회복할 수 없을 정도로 악화하는 경우가 많다. 정말 중요한 것은 당장에 우리를 채근하지 않는다. 우리가 기도 가운데 우리 삶에 정말 중요한 것을 깨닫게 되면 그것을 가장 우선순위에 놓을 수 있어야 한다. 우선순위라는 것은 가장 중요한 것을 변하지 않는 상수로 놓고, 나머지를 변수로 놓는 것이다. 주님과 교제하는 시간, 새벽기도, 교제하며 예배하는 시간, 이것은 내가 어떤 일이 있어도 포기할 수 없다. 그러면 아침에 일을 시작하기 전에 반드시 할 것으로 고정된 시간을 확보해 두어야 한다. 그러면 나머지가 변수가 된다. 우리가 상수를 붙들고 변수의 문제를 맡기면 하나님은 변수를 조절할 수 있는 지혜와 능력을 주신다. 그래서 우리는 상수를 견고하게 붙들고 변수는 기도해야 한다.

한 청년이 주일에 예배를 드리러 가려는데 여자 친구에게 연락이 왔다. "오빠, 만나!" 그러면 조금 전까지만 해도 예배드리는 것이 우선순위였다가 갑자기 이것이 변수가 되고 여자 친구 만나는 것이 상수가 된다. 이럴 때는 어떻게 해야 할까? "나에게는 주님이 중요하거든. 만나서 함께 예배드리면 안 될까?" 상대에게 나의 우선순위를 알리고, 함께 이 소중한 것을 지키게 해달라고 요청해야 한다.

기도의 자리로 나올 수 있기를 바란다. 바쁠수록 기도하기 바란다. 정말 중요한 일이 많다고 느낄수록 주님의 말씀 앞에 나아와 성령의 임재 안에 온전히 분별하는 지혜를 구하라!

[9장 각주] ···

21) Cat Marnell, *How to Murder Your Life: A Memoir*, Simon & Schuster: New York, 2017.
22) 조엘 마커스, 「앵커바이블 마가복음 1: 1-8장」, 324쪽.
23) 양형주, 「평신도를 위한 쉬운 로마서」 개정2판 (서울: 브니엘, 2022).

관계의 걸림돌을
어루만지라

⁴⁰한 나병환자가 예수께 와서 꿇어 엎드려 간구하여 이르되 원하시면 저를 깨끗하게 하실 수 있나이다. ⁴¹예수께서 불쌍히 여기사 손을 내밀어 그에게 대시며 이르시되 내가 원하노니 깨끗함을 받으라 하시니 ⁴²곧 나병이 그 사람에게서 떠나가고 깨끗하여진지라. ⁴³곧 보내시며 엄히 경고하사 ⁴⁴이르시되 삼가 아무에게 아무 말도 하지 말고 가서 네 몸을 제사장에게 보이고 네가 깨끗하게 되었으니 모세가 명한 것을 드려 그들에게 입증하라 하셨더라. ⁴⁵그러나 그 사람이 나가서 이 일을 많이 전파하여 널리 퍼지게 하니 그러므로 예수께서 다시는 드러나게 동네에 들어가지 못하시고 오직 바깥 한적한 곳에 계셨으나 사방에서 사람들이 그에게로 나아오더라.

동물원에 가면 재미있는 형태의 동물이 많다. 그런데 우리는 동물의 겉모양만을 보고 그 동물을 판단하는 경우가 많다. 그중의 하나가 나무늘보다. 나무늘보는 한 시간에 열심히 가야 300m밖에 가지 못할 정도로 느리다. 그래서 늘보를 '자연계의 백수건달'이라고 부른다. 그렇게 느리다가는 금방 맹수들에게 잡아먹히고, 그렇다고 이렇다 할 공격도 잘하지 못한다. 워낙 느려서 진화론적으로 보면 나무늘보는 이미 멸종했어야 한다. 그래서 16세기 스페인의 한 탐험가는 나무늘보를 보고 "이렇게 못나고 쓸모 없는 동물을 본 적이 없다"라고 기록했고, 19세기 영국의 한 과학자는 이건 '잘못 설계된 생물'이라고 평가할 정도였다.[24]

그런데 오늘날 나무늘보는 수적으로 가장 풍부한 포유류 중 하나다. 알고 보니 나무늘보는 그 느림 속에 기가 막힌 보호 장치를 갖고 있었다. 나무늘보의 털가죽은 투명 망토 같은 기능이 있어 열대 우림에 숨어 있으면 거의 발견하기가 불가능하다. 또 워낙 느릿느릿 움직이다 보니 하늘에서 독수리와 같은 맹수가 먹잇감을 찾을 때 늘 놓치고 지나간다. 토끼나 다람쥐같이 빠르게 움직이는 것은 낚아채도 워낙 느리게 가는 나무늘보는 낚아채지 못한다.

초원의 쓰레기 청소부로 짐승의 사체를 뜯어먹는 것으로 알려진 하이에나 또한 오해받는 짐승 중 하나다. 특히나 〈라이온 킹〉과 같은 영화에서 사자가 잡은 사냥감을 늘 훔쳐 먹는 것으로 알려져 있는데, 관찰하니 하이에나가 먹는 고기를 사자가 더 많이 훔쳐 먹는 것으로 나왔다. 하이에나는 사회성도 뛰어나 협업하여 문제를 해결하는 능력이 침팬지보다 낫고, 또 짐승의 사체를 처리하여 초원에 질병이 퍼지는 것을 도리어 막아주는 역할을 했다.

이런 새로운 사실을 접하다 보면 우리는 그동안 이런 동물들을 제대로 관찰도, 경험도 하지 않고서 그저 겉으로 보이는 모습으로 참 쉽게 판단했음을 알게 된다. 잘 모른 채로 미리 판단하는 것을 선입견(prejudice)이라 한다. 이런 선입견에는 대부분 타인의 판단이 개입한다. 여기서 타인이란 누구를 지칭하는가? 바로 나를 둘러싼 가족, 친구, 이웃, 공동체 등이다. 이런 관계의 울타리들이 자연스럽게 편견을 조장한다.

우리나라는 관계의 울타리가 상당히 견고한 편인데, 이것을 줄여서 흔히 '우리'라는 표현을 한다. 우리 집, 우리 가족, 우리 남편, 우리 아내, 우리 아들, 우리 딸 등 나와 관계된 모든 것에 '우리'를 붙인다. 그런데 이런 '우리'를 영어로 번역해서 말하면 외국인들은 고개를 갸우뚱한다. 내 집(my house)이 아니라 우리 집(our house)이다. 공동으로 함께 쓰는 기숙사나 유스호스텔도 아닌데 이런 말을 사용한다. 우리 남편(our husband), 우리 아내(our wife)는 더 재미 있다. 남편과 아내를 누구랑 공유하는가? 이는 우리도 모르게 나를 둘러싼 관계의 울타리 안에 작용하는 편견의 영향이 많이 있음을 보여준다. 이것이 굳어지면 고정관념이 되어 타인에 대한 강력한 편견과 차별의 힘으로 작용한다.

베트남 쌀국수를 가리켜 '퍼'(pho)라는 공식 이름이 있음에도 우리는 '쌀국수'라고 하지만 이탈리아 스파게티를 '이태리 밀국수'라고 하지 않고 꼭 '스파게티'나 '파스타'라는 이름을 갖다 붙인다. 왜 그럴까? 우리에게는 은연중에 베트남은 못 사는 나라, 이탈리아는 잘 사는 나라라는 고정관념이 있기 때문이다.[25] 그래서 그런지 재료가 비슷하게 들어가도 스파게티가 30~50% 이상 비싸다. 원래 쌀국수는 1880년대 중반에 베트남을 점령했던 프랑스군이 쇠고기 요리법을 전수하여 쇠고기를 쌀국수와 함께 먹으면서 오늘의 퍼가 되었다. '퍼'라는 이름도 프랑스어인 '프'에서 왔다. 이런 면에서 쌀국수 퍼는 베트남과 프랑스의 합작품이다. 그런데 우리는 이런 기원을 알려고도 하지 않는다. 그저 베트남에서 옛날부터 먹었겠지 하고 무시한다.

전에 서울의 한 대학원에 유학 온 베트남 학생이 있었다.[26] 이 학생은 어릴 때부터 베트남에서 발레를 꾸준히 배워왔다. 그래서 한국에 와서도 몸이 굳지 않도록 대학교 근처에 있는 발레학원에 등록했다. 강사의 한국말을 알아듣는 것이 서툴러서 동작을 제대로 하지 못하자 강사가 일본에서 왔냐고 물었다. 베트남에서 왔다고 대답했다. 그러자 강사는 비꼬는듯한 어투로 "아니, 베트남에서도 발레를 가르쳐요?"라고 반문했다. 내성적인 이 학생은 마음에 큰 상처를 받고 그날로 학원을 그만두었다.

강사는 왜 이런 말을 했을까? 베트남이라는 나라를 우습게 봤기 때문이다. 그런데 사실 베트남은 발레에 상당히 익숙하다. 먼저, 발레는 원래 이탈리아에서 시작해서 프랑스에서 완성된 무용이다. 러시아가 아니다. 그래서 발레에서 사용하는 용어들도 대부분 프랑스어다. 그런데 19세기 중반부터 베트남은 약 100년간 프랑스의 지배를 받으면서 아시아에서 프랑스 문화를 가장 많이 받아들인 나라가 되었다. 한국보다 훨씬 더 발레에 익숙한 나라인 것이다. 이처럼 우리는 자신도 모르게 스스로가 세운 편견으로 담을 쌓고 산다. 그래서 우리에게는 강력한 집단성과 함께 배타성이 있다.

그런데 지금부터 2천 년 전 유대인들에게는 이보다 훨씬 더 심한 편견과 차별이 있었다. 그것은 이들의 선민의식이었다. 유대인들은 이방인들과 구별된 거룩한 선민 공동체 안에 들어갔고, 그 안에서도 좋은 유대인과 나쁜 유대인을 구분 지었다. 이 구분의 기준이 무엇이냐? 바로 정결과 부정이다. 정결한 유대인은 부정한 유대인을 개 취급했다. 접촉조차도 피했다. 왜? 닿으면 그들의 부정이 자신들의 정결을 오염시킨다고 생각했기 때문이다. 이런 구별의 결과 정결한 무리 안에 든 사람들은 자신이 의인이라는 자부심이 매우 강력했다.

누가복음 18장에는 이런 편견과 차별의 뚜렷한 대조가 나온다. 당대의 의인이라 자부하던 바리새인이 성전에서 기도했는데, 그는 세리와 자신을 구별하여 따로 서서 다음과 같이 기도했다. "하나님이여 나는 다른 사람들 곧 토색, 불의, 간음을 하는 자들과 같지 아니하고 이 세리와도 같지 아니함을 감사하나이다. 나는 이레에 두 번씩 금식하고 또 소득의 십일조를 드리나이다"(눅 18:11-12). 반면 죄인으로 멸시받던 세리는 저 멀리 서서 감히 눈을 들어 하늘을 쳐다보지도 못하고, "하나님이여 불쌍히 여기소서. 나는 죄인이로소이다" 하고 기도했다.

본문에는 이렇게 자신을 죄인으로 볼뿐만 아니라 아예 사회에서 격리된 죄인 취급받던 나병환자가 등장한다. 우리가 일반적으로 아는 나병 하면 곧바로 한센병으로 이해한다. 한센병이란 흔히 살이 썩어들어가는 병이라고 알고 있다. 하지만 보다 엄밀하게 말하면 한센병은 살이 썩는 병이라기보다 감각이 마비되는 병이다. 촉감도 사라지고, 피부로 다가오는 아픔과 고통도 사라지고, 온도감각도 사라진다. 피부에서 모든 감각이 사라지면 어떻게 되는가? 상처를 상처인지도 모르고 살아간다. 예를 들어 구두를 새로 사서 신는다. 처음 신을 때 보면 어떻게 되는가? 가죽이 단단해서 발뒤꿈치 같은 곳에 보면 피부가 벌겋게 부어오르고, 벗겨져서 피가 난다. 정상적인 고통감각이 있는 사람은 발뒤꿈치에 연고를 바르고 반창고를 붙인다. 그러나 감각이 없는 사람은 피부가 계속 벗겨지도록 아무 고통도 느끼지 않고 그냥 살아간다. 피가 나고 나중에는 살이 푹 파이고, 곪아도 아무 고통을 모르는 것이다. 그러는 과정에서 살이 썩어간다.

하지만 본문에서 말하는 나병환자를 의미하는 원문을 살펴보면 이런 현대의 한센병과는 다른 병이다. '나병환자'(헬. 레프로스)는 헬라어 동사 '레페인'이라는 동사에서 왔는데 이것은 '피부가 벗겨지다'는 뜻이다. 이는 히브리어 '짜라아트'에서 왔는데, 이것 역시 피부가 비늘같이 되는 상태를 가리키는 말이다. 그래서 밀그롬(Milgrom)이라는 저명한 구약학자는 이 나병을 '비늘병'(scale disease)라고 명명했다.[27] 우리가 주변에서 쉽게 볼 수 있는 아토피 피부질환과 유사한 것으로 볼 수 있다. 아토피가 심한 경우 온몸이 하얀 비늘을 덮은 것과 같이 일어나서 피부가 간지럽고, 그 피부를 긁으면 비늘 같은 것이 떨어진다. 그리고 이것이 꽤 오랫동안 지속된다. 신명기 28장 27절에 따르면 피부병은 하나님께서 그의 백성이 죄를 범하여 내리는 저주 중 하나다.

이런 피부질환이 일어나면 구약 율법은 그 사람을 부정한 사람이

자 죄인으로 규정했다. 가려운 것도 힘든데 부정하다는 판정이 나면 사람들과 격리되어 살아야 했다. 왜? 그의 부정함이 접촉을 통해 다른 이들에게 옮겨갈 수 있기 때문이다. 그는 제사장이 공식적으로 완전히 나았음을 선포하기 전까지는 동족들로부터 수많은 차별의 시선을 견뎌내며 살아야 했다. 만약 이 나병이 오랫동안 지속되면 그 사람의 생업이 흔들린다. 사람들은 그 사람이 계속해서 나병으로 고생하면 그가 분명 하나님 앞에 어떤 큰 죄를 지어서 그렇게 되었다고 생각하기 시작한다. 이런 차별의 시선이 계속되면 나병환자 본인도 영적으로 육적으로 힘든 상태가 된다.

오랜 세월 자신의 부정함으로 인해 많은 고생을 했던 본문의 나병환자는 예수님의 소식을 듣고 예수님께 나아온다.

"한 나병환자가 예수께 와서 꿇어 엎드려 간구하여 이르되 원하시면 저를 깨끗하게 하실 수 있나이다"(막 1:40).

여기 나병환자의 동작을 설명하는 일련의 동사들이 나온다. "꿇어" "엎드려" "간구했다." 지금까지 마가복음에 등장한 사람 중에서 가장 간절하게 예수님께 요청한다. 단어 하나하나에 애절함이 들어 있다. 지금 이 나병환자는 어떻게든 고통스러운 상황에서 벗어나기를 간구했다. 그는 병 자체만으로 고통받고 있는 것이 아니었다. 이 병으로 유발된 온갖 관계의 단절이 더 고통스러웠다. 하나님은 자신에게 저주를 내리시고, 사람들은 외면한다. 얼마나 힘들겠는가? 지금 그가 구하는 것은 이 질병은 물론이거니와 이 질병으로 야기된 고통스러운 관계의 걸림돌을 치워주시고 회복시켜 주시기를 구한 것이다. 이런 나병환자를 보신 예수님은 어떻게 반응하시는가?

> "예수께서 불쌍히 여기사 손을 내밀어 그에게 대시며 이르시되 내가 원하노니 깨끗함을 받으라 하시니"(막 1:41).

예수께서는 그를 불쌍히 여기셨다. 여기 '불쌍히 여기다'(헬. 스플랑크뉘조마이)는 '창자'를 뜻하는 어근 '스플랑크'에서 왔다. 흔히 '창자가 끊어지는 것 같다'라고 하지 않는가? 예수님은 이 병자의 아픔을 마치 속에 있는 창자가 끊어지는 듯 깊이 공감하셨다.

일부 서방 사본들에는 불쌍히 여긴다는 표현에 '스플랑크뉘조마이' 대신 '분노하다' 또는 '분히 여기다'는 뜻을 가진 '오르기테이스'라는 단어가 사용되기도 하였다. 종합하면 예수님은 이 나병환자를 긍휼히 여기시는 동시에 이 나병환자 상태에 대하여 분노하셨다. 이 분노는 이스라엘 백성이 소유했던 거룩한 선민이라는 자부심이 가장 큰 배타성의 장벽이 되어 한 사람의 인생을 너무나도 고통스럽게 몰아간 것에 대한 분노다. 이 분노에 대한 예수님의 처방은 무엇인가?

먼저, 손을 내미셨다. 말하기 이전에 손부터 내미셨다. 그리고 그의 몸에 주님의 손을 터치하셨다. 이것은 상당히 충격적이고 도발적인 행동이다. 왜냐하면 율법은 나병환자에게 손을 대거나 접촉하는 것을 금하기 때문이다. 만약 접촉이 있으면 그의 부정함이 자신에게도 옮겨져 같이 부정해진다. 죄와 부정은 다른 이에게 손을 대면 전가된다는 일종의 오염의 신학이 유대인들에게 있었다. 제물을 가져와 제물에 안수하면 내 죄가 전가되지 않는가? 그런데 예수님이 나병환자에게 손을 댄다는 것은 그의 죄와 부정을 온몸으로 스스로 전가 당하신다는 뜻이다.

그러면서 예수님은 나병환자를 향한 하나님의 뜻을 선포하신다. "내가 원하노니 깨끗함을 받으라!" 누가 원하는가? 주님이 원하신다. 치유받아 깨끗하고 자유롭게 되길 원하신다. 내가 원하노라! 이렇게 나병으로 고통당하고, 또 이로 인하여 주변 사람들과의 관계가 끊어지고 생업이 위협받는 것은 하나님의 뜻이 아니다(렘 29:11 참조). 그러자 어떻게 되는가?

"곧 나병이 그 사람에게서 떠나가고 깨끗하여진지라"(막 1:42).

그런데 예수님은 여기서 그치지 않으셨다.

"곧 보내시며 엄히 경고하사 이르시되 삼가 아무에게 아무 말도 하지 말고 가서 네 몸을 제사장에게 보이고 네가 깨끗하게 되었으니 모세가 명한 것을 드려 그들에게 입증하라 하셨더라"(막 1:43-44).

왜 아무에게 아무 말도 하지 말라고 하셨을까? 그것은 이 병자의 기이한 치유가 소문이 나면 차별의 근거가 되는 율법 문제로 인해 유대 지도자들이 예수님을 오해할 수 있었기 때문이다. 실제로 유대인들은 이 사건 이후로 예수님의 사역으로 몰려들었고, 율법의 걸림돌을 파격적으로 제거하시는 예수님의 사역에 반감을 갖기 시작했다 (막 2:6-7 참조). 더 나아가 예수를 죽이려고까지 한다(막 3:6).

율법 시스템 아래 질서를 유지하던 유대의 지도자들은 율법을 뛰어넘는 예수 그리스도를 아직 받아들일 준비가 되지 않았다. 이런 오해의 소지를 막기 위해 예수님은 나병환자에게 자신의 치유사역에 대해 말하지 말도록 당부하셨다. 만약 나병환자가 치유됨을 이야기하고 다니면 분명히 사람들이 어떻게 치유되었냐고 물어볼 것이다. 그러면 예수께서 부정한 자신의 몸에 손을 댐으로 치유하셨다고 대답할 것이고, 이것은 분명 당시에 많은 논쟁을 일으켰을 것이다. 이것이 자칫 문제가 되면 나병환자의 치유가 기존의 성전 시스템 아래 완전한 치유로 선언받는 데 지장이 될 수 있다.

따라서 예수께서는 엄히 경고하시며 이 일을 말하지 말도록 하시고 가서 그의 몸을 제사장에게 보이고 모세의 율법에서 정한 예물을 드리고 제의적으로 정결함을 공식적으로 인정받으라고 말씀하신다. 레위기 14장에 보면 나병은 혼자 낫고 끝나는 것이 아니라 제사장에게 와서 완전히 치유되었음을 확인받고 예물을 바쳐 제사드린 후 유대 사회에 다시 편입되도록 규정한다. 제사장에게 정결함을 선언받으면 누구도 다시는 그를 정죄할 수 없다.

지금 예수님이 지향하시는 치유의 궁극이 무엇인가? 그동안 그가 당했던 차별과 멸시의 원인을 치유하고 제거하심으로 온전한 사회적 회복으로까지 이르기를 원하셨다. 율법으로 인해 막힌 차별의 담, 멸시의 담, 오해의 담을 제거하신 것이다. 이렇게 하신 것은 그 나병환자도 하나님의 사랑받는 자녀요, 하나님의 존귀한 보석과 같은 존재로 여기셨기 때문이다. 예수님은 사람들이 경멸하고 피하는 나병이라는 걸림돌을 자신이 부정하게 오염되는 여부와 상관 없이 직접 어루만지시고 그 부정을 자신의 몸으로 받으시고 선언하신다. "내가 원하노니 깨끗함을 받으라!" 이러한 예수님의 사역은 그가 장차 십자가에서 이루실 사역을 반영한다.

"이제는 전에 멀리 있던 너희가 그리스도 예수 안에서 그리스도의 피로 가까워졌느니라. 그는 우리의 화평이신지라 둘로 하나를 만드사 원수 된 것 곧 중간에 막힌 담을 자기 육체로 허시고 법조문으로 된 계명의 율법을 폐하셨으니 이는 이 둘로 자기 안에서 한 새 사람을 지어 화평하게 하시고"(엡 2:13-15).

예수님이 하실 사역은 담을 허무는 사역이다. 율법으로 인한 사람 사이의 차별과 멸시의 담을 자신의 피와 살의 찢김으로 온몸에 담당하여 허무신 것이다. 이렇게 볼 때 본문에 나타난 예수님의 사역은 다음과 같은 단계로 정리할 수 있다.

첫째, 예수께서는 나병환자를 불쌍히 여기셨다. 깊은 공감으로 끌어안으셨다. 여기에서 공감은 하나님 아버지의 마음으로 공감하고 끌어안는 것이다.
둘째, 어루만지셨다. 모두가 꺼리는 그것을 피하지 않고, 기꺼이 어루만지고 위로하셨다.
셋째, 그를 향한 하나님의 뜻을 선포하시며 치유하셨다. "내가 원하노니 깨끗함을 받으라!"

넷째, 사회적 차별과 단절로부터 온전히 회복시키셨다. "제사장
에게 가서 네 몸을 보이라!"

이것은 우리의 사역이 되어야 한다. 주변에 보면 이따금 정말 우
리도 모르게 차별당하고 소외되고 관계의 냉대로 인해 고통받는 이
들이 있다. 일반 사람의 시선으로 보면 어쩌면 이런 이들은 이해하기
어려운 사람, 때로 피하고 싶은 사람일 수 있다. 그러나 우리가 하나
님 아버지의 마음으로 그를 깊이 공감하고 끌어안을 때 예수님이 하
셨던 치유의 역사가 일어날 것이다. 기꺼이 그의 연약함을 어루만져
줄 수 있기를 바란다. 그리고 회복을 위해 함께 도와야 한다. 더 나아
가 다른 이들과 정상적인 관계를 잘 맺어갈 수 있도록 도와야 한다.
우리에게는 우리도 모르게 배어 있는 차별의 정서가 은연중에 깊이
깔려 있다.

우리가 용기 있게 주님의 손과 입술이 되어 그들에게 나아갈 때
우리 또한 이렇게 어루만지고 치유하시는 주님의 은혜가 임할 것이
다. 내 주변에 이런저런 관계의 걸림돌로 고통당하는 이들이 있지 않
은가? 긍휼히 여기는 마음으로 기꺼이 나아가 위로하고 만져주도록
하자.

[10장 각주] ···

24) 루시 쿡, 조은영 역, 「오해의 동물원」(서울: 곰출판, 2018).

25) 장한업, 「차별의 언어」(서울: 글담출판사, 2018), 198-201쪽.

26) 위의 책, 24-25쪽.

27) Jacob Milgrom, *Leviticus 1-16 Anchor Yale Bible Commentary*(Doubleday: New Haven, 1991), p.768.

당신은
잊혀지지 않았다

¹수일 후에 예수께서 다시 가버나움에 들어가시니 집에 계시다는 소문이 들린지라. ²많은 사람이 모여서 문 앞까지도 들어설 자리가 없게 되었는데 예수께서 그들에게 도를 말씀하시더니 ³사람들이 한 중풍병자를 네 사람에게 메워 가지고 예수께로 올새 ⁴무리들 때문에 예수께 데려갈 수 없으므로 그 계신 곳의 지붕을 뜯어 구멍을 내고 중풍병자가 누운 상을 달아 내리니 ⁵예수께서 그들의 믿음을 보시고 중풍병자에게 이르시되 작은 자야 네 죄 사함을 받았느니라 하시니 ⁶어떤 서기관들이 거기 앉아서 마음에 생각하기를 ⁷이 사람이 어찌 이렇게 말하는가. 신성 모독이로다. 오직 하나님 한 분 외에는 누가 능히 죄를 사하겠느냐. ⁸그들이 속으로 이렇게 생각하는 줄을 예수께서 곧

중심에 아시고 이르시되 어찌하여 이것을 마음에 생각하느냐. [9]중풍병자에게 네 죄 사함을 받았느니라 하는 말과 일어나 네 상을 가지고 걸어가라 하는 말 중에서 어느 것이 쉽겠느냐. [10]그러나 인자가 땅에서 죄를 사하는 권세가 있는 줄을 너희로 알게 하려 하노라 하시고 중풍병자에게 말씀하시되 [11]내가 네게 이르노니 일어나 네 상을 가지고 집으로 가라 하시니 [12]그가 일어나 곧 상을 가지고 모든 사람 앞에서 나가거늘 그들이 다 놀라 하나님께 영광을 돌리며 이르되 우리가 이런 일을 도무지 보지 못하였다 하더라.

2018년 7월 27일, 경기도 오산의 미 공군기지에는 미군 의장대와 병사들이 긴장 가운데 수송기 한 대를 기다리고 있었다. 이 수송기는 북한 원산의 갈마 비행장을 출발해서 돌아오고 있었다. 어떻게 미군 비행기가 북한을 갔을까? 그것은 한국전쟁 당시 북한 지역에서 전사하거나 실종된 미군 유해 55구를 북한으로부터 되돌려 받아 송환하기 위해서였다. 미국과 북한이 핵 폐기에 합의하고 화해의 몸짓을 취할 때 북한이 제일 먼저 했던 조치 중 하나가 바로 미군의 전사자 유해를 되돌려주는 것이었다.

미군은 전세계 어디에 흩어져 있든지 반드시 자국의 실종된 군사의 유해를 본국으로 송환하는데 강한 집념을 보인다. 미국에는 아예 실종자를 확인하는 사령부가 있을 정도다. 전에도 미군의 합동 포로, 실종자 확인 사령부(JPAC) 요원들이 한 달 일정으로 한국 땅을 밟았던 적이 있었다.

이들은 매일같이 강원도 화천군 풍산리 야산 기슭에서 흙을 파고 채집을 하며 구슬땀을 흘렸다. 이 지역은 1951년 6월, 한국군과 유엔군이 중국 공산군의 공격에 대항해서 다시 북진할 때 맞닥뜨렸던 격전지다. 이때 미군은 미 9군단 예하의 7사단과 24사단이 싸웠다. 이때 워낙 전쟁이 격렬해서 수많은 사상자가 생겼다. 이 지역에 사는 주민들은 때로 사상자를 묻어주기도 했다. 그런데 이 마을 주민 한 사람이 자기 부친이 서너 구의 미군 유해를 산기슭에 묻어주셨다는 이야기를 기억하고 이것을 미군 측에 제보했다.

이 제보를 검토하고, 예비조사를 한 후에 미국에서는 발굴조사단 요원을 파견한 것이다. 이들이 이곳을 열심히 파헤치면서 부러진 미국제 만년필, 탄피, 그리고 탄환 몇 발, 그리고 2개의 뼛조각을 발견했다. 이런 유품들은 하와이 호놀룰루에 있는 JAPC본부로 보내져서 짧게는 2주에서 길게는 6개월까지 유전자 검사를 비롯한 신원확인 과정을 거친다. 미군의 포로 및 실종자 확인 사령부는 전사자 발굴 작업을 위해서 박사급 전문 인력 30명을 포함해서 18개의 발굴팀, 6개의 조사팀 등 모두 440명의 인원을 가동하고 있다.[28] 이들이 이토록 전사자를 찾으려고 애쓰는 이유는 무엇인가? 그것은 미군과 국민에게 조국은 결코 전사자를 잊지 않고, 반드시 그의 유해까지 찾아온다는 것을 알리기 위함이다. 그래서 이들이 작업하는 현장에는 JAPA 깃발을 꽂고 활동한다. 이 깃발에는 영어로 이렇게 적혀 있다. 전쟁포로, 실종자, "You are not forgotten!" 무슨 말인가? 직역하면 "당신은 잊혀지지 않았다" "조국은 여전히 당신을 기억한다"라는 뜻이다.

죽은 사람은 말이 없다. 누군가가 기억해주지 않으면 아무도 기억하지 않는다. 그래서 내가 죽더라도 누군가 기억해주는 사람이 있다는 것은 큰 힘과 위로가 된다. "You are not forgotten"(당신은 잊혀지지 않았다). 이 말은 그 어떤 말보다 가장 강력하게 군사들의 애국심을 고무시킨다. 우리는 산 사람도 잘 기억하지 못한다. 어느 기업의 광고에 이런 카피 문구가 있다. "2등은 아무도 기억하지 않는다." 우리나라 사람들은 1등에 유난히 집착한다. 세계 제일, 일류, 세계 최초, 세계 최고, 동양 최대 등등. 이러다 보니 최고 아니면 잘 기억나지도 않고, 또 기억하지도 않으려 한다.

본문에는 사람들 사이에 잊혀진 한 사람이 등장한다. 중풍병자다. 중풍병은 뇌혈관이 막혀 뇌신경 장애를 일으키고, 얼굴과 몸에 마비를 초래하며, 때로는 언어 장애 등의 후유증도 함께 나타난다. 본문에 등장하는 중풍병자는 이런 증세가 상당히 진전된 중증 환자였던 것 같다. 자기 힘으로는 몸을 움직일 수 없었고, 다른 사람의 도움을 받아야만 움직일 수 있는 사람이었다. 중풍병자를 가리키는 헬라어 '파라뤼튀코스'는 '마비된 사람'이란 뜻이다. 온몸이 마비되어 어디 가고 싶어도 가지 못하고, 사람도 마음대로 만날 수 없다. 그러다 보니 몸만이 아니라 마음도 마비되었다. 당시 중풍병자는 하나님 앞에 죄인으로 여겼다. 당시 유대인들은 중풍병은 죄로 인해 걸리는 병이라고 생각했다.

요한복음 9장에는 날 때부터 맹인 된 사람이 등장한다. 이때 제자들이 예수님께 묻는다. "이 사람이 맹인으로 난 것이 누구의 죄로 인함이니이까? 자기니이까? 그의 부모니이까?"(요 9:2). 이 말은 질병의 원인을 죄로 보는 당시 일반 유대인의 인식을 반영한다.

안 그래도 몸이 마비되어 괴로운데, 자기가 하나님 앞에 죄로 인해 벌을 받아 이렇게 되었다고 생각해보라. 그 충격과 마음의 어려움은 상당했을 것이다. 이런 생각은 중풍병자가 사람을 만나는 데 마음의 커다란 장애물로 작용한다. 자신감이 사라지고, 자존감이 바닥을 친다. 게다가 마비된 자기를 사람들이 보면 부정에 오염되지 않기 위해서라도 일부러 피해간다. 그래서 그 누구도 관심을 주지 않는다. 사람들 사이에서 점차 잊히는 것이다. 이때 중풍병자는 몸만 아니라 마음도 마비되기 시작한다.

우리 주변에도 몸만 아니라 마음까지도 마비되고 무감각해진 사람이 많다. 스스로 자신감이 없어 사람들을 만나고 싶은 마음도 없다. 거울을 봐도 나 자신이 초라하게 느껴진다. 옛날에 백설공주가 살던 때는 거울 보고 "거울아 거울아, 세상에서 누가 제일 예쁘니?" 하고 물어보면 대답해주는 거울이라도 있었는데, 지금은 이런 거울이 없다. 다 무관심하고 냉담하게 위아래로 쳐다보기만 한다. 그러다 우울증이 찾아온다. 우울증이 심해지면 영적 침체에 빠진다. 그리고 얼마 있지 않아 누구도 자기 같은 사람은 신경 쓰지 않는다는 비관적인 생각에 사로잡힌다. 왜? 난 별거 아니니까, 중풍병자니까 사람들 사이에서 이미 잊혔다고 생각한다. 이런 사람은 몸만 성할 뿐이지 마음은 이미 마비된 사람이다. 마음이 마비되어 나타나는 삶의 무력감이 삶 전반에 퍼져 있다. 육체의 중풍병이 영적 중풍병까지 초래하는 것이다.

본문에는 모두가 다 피하는 이 병자를 예수님께 데려오는 네 사람이 등장한다. 이들은 아마도 예수께 오기 전에 이미 예수님을 만난 사람들인 것 같다. 예수님의 말씀을 듣고, 기적을 목격하고, 감동과 은혜를 받아 큰 기쁨을 누리고 있었다. 본문 2절에는 예수께서 많은 사람에게 '도'를 말씀하셨다고 한다. '도'는 헬라어로 '로고스'다. 우리말로 하면 '바로 그 말씀'(the word)을 하셨다는 것이다. 이는 예수께서 공생애 사역을 시작하시며 선포했던 하나님 나라가 가까이 왔다는 말씀을 의미한다(막 1:14-15).

이들이 예수님의 말씀을 듣고 생각난 사람이 있었다. 오랫동안 알아 왔던, 그러나 할 수 있으면 피하려 했던 중풍병자 친구였다. 이들은 이 친구를 주님께 데려오기로 했다. 그래서 이 친구를 메워 가지고 예수님께 데려왔다(막 2:3). '메워 가지고'(헬. 아이로)는 '들어 올린다'는 의미와 함께 '죄를 속한다' '제거한다' '받아들인다' '용서한다'는 의미가 있다. 즉 이 네 친구가 중풍병자를 들어 올린다는 것은 물리적으로 이들을 들어 올린 것과 함께 이 친구를 예수님의 가르침대로 믿음으로 '받아들였다'는 의미다. 중풍병자는 자기는 잊혔다고 생각했는데, 예수님의 말씀이 친구들에게 역사하자 잊히지 않은 존재가 된 것이다. "You are not forgotten"(너는 잊혀지지 않았다). 이것도 감격스러운데, 이제 이 친구들은 중풍병자가 누운 침상을 통째로 들고 예수님께 데려간다. 무슨 말인가? '너는 우리에게도 잊히지 않았지만, 하나님께도 너는 여전히 잊히지 않았다'는 뜻이다.

그래서 친구들은 중풍병자 친구의 침상을 들고 예수님이 계신 곳으로 간다. 아마도 가버나움에서 전에 계셨던 베드로의 집으로 추정된다. 당시 하나님의 말씀이 선포되는 집은 흔히 회당이라고 불렀다. '회당'(헬. 시나고게, 영어. synagogue)은 헬라어 동사 '시나고'에서 왔다. '시나고'는 모인다는 뜻이다. 지금 사람들이 예수님이 계신 집에 '시나고' 하고 있다. 무슨 말인가? 이곳이 바로 '교회'였다. 지금 예수님은 원형적인 형태의 교회에서 사람들에게 말씀을 가르치고 계셨다. 그런데 이 친구들은 중풍병자를 예수님께 데려갈 수 없었다. 사람이 너무 많이 몰려들어서다. 4절에 '무리를 인하여' 예수께 데려갈 수 없다고 한다. 사람들이 예수님 말씀을 들으려고 엄청나게 몰려 있었다. 그런데 이 무리가 예수님의 말씀 듣느라고 중풍병자가 옆에 왔는지 관심을 기울이지 않았다. 길을 내주려는 배려도 없었다. 옆 사람은 신경 쓸 여유 없이 자기에만 집중하고 있었다. 더구나 중풍병자는 죄인이었다. 감히 죄인이 예수님께 직접 나아간다는 것은 말도 되지 않는 일이다.

교회는 죄인이 살아나고 회복되는 곳이다. 그러나 정작 사람들에게 잊혔던 중풍병자가 들어가려고 하니 들어가지 못하고 있다. 죄인이 오면 누구라도 달려가서 "You are not forgotten", 당신은 잊히지 않았다고 말하며 깃발을 휘날리고 크게 환영해야 하는데, 오히려 그렇게 해야 할 많은 사람이 걸림돌이 된다. 생명을 살려야 할 교회가 오히려 걸림돌이 되는 것이다.

이런 가치가 뒤집히는 현상이 교회에까지 일어나고 있다. 교회는 영혼이 회복되고 죄인이 환영받고 살아나는 곳이다.

"You are not forgotten!"

"당신은 잊혀지지 않았습니다!"

"하나님은 당신을 잊지 않았습니다!"

"우리도 당신을 잊지 않았습니다!"

이래야 하는데, 교회는 누구도 관심 가져주지 않아 싸늘하고 냉대하는 분위기가 되었다. 죄인들이 환영받을 집에 정작 죄인이 없다. 교회에 많은 사람이 모이지만, 나와 예배드리는 옆 사람이 누군지 잘 모른다. 그저 나 하나만 교회에 와서 말씀 듣고 은혜받고 가면 된다. 어떤 면에서 좀 비인간적이다. 교회가 공동체가 아니라 극장이 되어 간다. 교회는 하나님을 아버지로 고백하는 믿음의 형제자매들이 함께 모인 대가족이어야 한다. 성도는 혈액형도 J형으로 다 같다. J는 예수님(Jesus)을 뜻하는 이니셜이다. 우리는 예수님의 피로 같은 형제자매가 되었다.

기억할 것은 이런 무관심과 냉대로 인해 오늘도 마음과 몸이 마비되어 외면받고 그 안으로 들어가지 못하는 이들이 생길 수 있다는 것이다. 신앙이 없는 사람들이 종종 예수님을 만나기 전에 시험에 드는 경우가 있다. 바로 집 앞에 모인 사람들 때문이다. 그리스도인은 사랑이 많다고 하는데 누구 하나 나에게 다가와 인사하지 않는다. 인사하지 않는 것은 괜찮다. 그런데 이상한 눈으로 위아래로 째려본다. 이웃을 전도하기 위해 열심히 사랑을 베풀고 교회에 초대했는데, 이런 예기치 못한 장벽에 넘어져 시험에 든다. 본문의 중풍병자도 무리로 인해 예수님이 계신 집 문턱을 넘지 못하고 좌절할 위기에 처한다.

이럴 때 우리는 어떻게 해야 하는가? 직접 예수님께 연결해주어야 한다. 중풍병자를 이끌고 왔던 친구들은 중풍병자가 집 앞에 모인 사람들로 인해 더는 들어가지 못하자 새로운 방법을 시도한다. 그것은 친구를 곧바로 예수님께 데려가는 것이다.

"무리들 때문에 예수께 데려갈 수 없으므로 그 계신 곳의 지붕을 뜯어 구멍을 내고 중풍병자가 누운 상을 달아 내리니"(막 2:4).

당시 지붕은 나무 같은 것으로 골격을 만들고 그 위를 흙과 짚, 풀잎으로 엮어 덮는 경우가 많았다. 그래서 지붕을 뜯는 것이 그렇게 힘들지 않았다. 그래서 친구들은 지붕을 뜯고 중풍병자를 공중에서 예수님께로 직접 내린다. 집에 들어갈 때는 사람들이 장벽이었다. 그러나 이제 예수님께 직접 수직적으로 나아가려고 할 때는 하늘과 예수님 사이에 있는 지붕이 장벽이었다. 이곳에 온 것이 중풍병자를 예수님께 연결해주기 위함이기에 친구들은 이들 앞에 가로막힌 장벽을 제거하는 혁신적인 돌파구를 마련한다. 하지만 이것을 제거하려면 상당한 민망함을 감수해야 한다. 생각해보라. 예수님 말씀하시는데, 위에서 같이 힘을 합쳐 "영차영차, 끙끙, 으라차차" 하면서 지붕을 부수고 뜯어내야 하지 않겠는가? 예수님이 말씀하시는데 위에서 흙부스러기 떨어지고 머리와 옷에 뿌옇게 쌓였을지 모른다. 다 뜯고 아래를 내려다볼 때 아래에서는 어떻게 했겠는가? 사람들이 다 깜짝 놀라 눈을 크게 뜨고 위를 보았을 것이다. 상당히 민망하다. 심지어 이 친구들은 지붕을 변상할 각오까지 해야 했다.

한편으로 이런 장벽은 절대 중풍병자 혼자의 힘으로는 제거할 수 없는 것이다. 친구들은 이 장벽을 함께 제거해주었다. 중풍병자 혼자라면 도저히 상상할 수 없는 일이다. 아마 사람들에게 압도되어 포기하고, 지붕에 올라가도 막힌 지붕을 보고 포기했을 것이다. 그러나 친구들은 이 모든 장벽을 최선을 다해 제거한다. "갈 수 있다. 힘내라. 네 앞에 지붕이 있어서 예수님을 만나기 어렵니? 없애줄게. 차가 없어서 예수님께 못 나가니? 내가 태워줄게." 이 친구들은 너나 할 것 없이 중풍병자와 예수님 사이에 가로막힌 장벽을 제거하는 데 큰 도움을 준다. 드디어 이 중풍병자는 예수님 앞에 나아갈 수 있게 된다.

"예수께서 그들의 믿음을 보시고 중풍병자에게 이르시되 작은 자야 네 죄 사함을 받았느니라 하시니"(막 2:5).

예수께서 먼저 보신 것은 중풍병자의 믿음이 아니라 친구들의 믿음이다. 어떤 믿음인가? 예수님께 나가는 데 방해가 되는 모든 걸림돌과 장벽의 경계를 넘는 믿음이다. 믿음이란 앞으로 나아갈 때 가로막는 장벽을 뛰어넘고자 하는 동기를 준다. 어떤 장벽인가? 사람의 장벽이다. 물리적인 지붕의 장벽이다. 그리고 마음의 장벽이다. 그런데 친구들의 마음에는 어떻게든 이 장벽을 넘어 예수님께만 가면 문제가 해결된다는 확신이 있었다. 그래서 할 수 있는 한 모든 장벽을 적극적으로 제거했다. 또 이들에게는 예수님이 고쳐주시고 이 병자를 받아주실 것이라는 믿음이 있었다. 이들은 예수님께 병자를 내리면서 아무 말도 하지 않았지만 이들의 행위는 예수님께 이미 많은 말을 하고 있었다. 이 중풍병자를 보고 예수님이 말씀하신다. "작은 자야 네 죄 사함을 받았느니라."

'작은 자'(헬. 테크논)는 '아이'를 가리킨다. 이는 집에서 아빠가 자녀를 향해 애정을 담아 부르는 다정다감한 호칭이다. 영어로 'Dear Child', 우리말로 '애야' 정도로 번역할 수 있다. 이 말에는 너 중풍병자는 잊힌 사람이 아니라 하나님의 기억된바 하나님의 소중한 자녀라는 메시지를 가슴에 각인시킨다. '애야.' 이 말 한마디에 예수님의 환대가 들어 있다. 환대하신 예수께서 말씀하신다. "네 죄 사함을 받았느니라"(Your sins are forgiven).

죄 사함을 받으면 하나님과 막혔던 관계가 다시 연결된다. 하나님의 용서가 선포되자 예수님은 자신의 이름으로 병자에게 치유를 선포하신다.

"내가 네게 이르노니 일어나 네 상을 가지고 집으로 가라"(막 2:11).

그러자 곧 상을 가지고 모든 사람 앞에서 나가고, 모든 사람은 놀라며 하나님께 영광을 돌리게 되었다(막 2:12). 중풍병자가 치유함을 받았다. 그러나 치유보다 더 중요하고 놀라운 일이 있다. 치유가 일어나기 전에 이 병자는 친구들에 의해 받아들여졌고, 또 예수님을 만나 하나님과의 관계가 회복되었고 그의 죄를 용서받았다.

여기서 예수님은 그 누구도 하지 못했던 치유의 역사를 베푸신다. 그것은 죄 사함과 치유를 함께 일으키신 것이다. 이는 중요한 점을 시사한다. 병자의 치유를 역으로 생각해보면 그는 어떤 계기로 인해 죄를 짓게 되었고, 그 죄의 여파로 인해 몸에 병이 왔다는 것이다. 주변에도 보면 몸에 병이 오기 전, 마음에 병이 먼저 오는 경우가 많다. 그리고 그 병 깊은 곳에는 죄의 영향력이 들어 있다. 이런 경우에는 병을 고쳐도 마음의 병이 고쳐지지 않아 또다시 아프고 병드는 경우가 많다. 그렇다면 죄의 영향력을 제거하고 고치는 것이 급선무다. 이렇게 볼 때 예수님의 치유는 전인적인 치유였다. 죄를 용서하시고 몸도 고치신 것이다. 잊혔던 그가 완전하게 회복된 것이다.

주변에도 가만히 둘러보면 그냥 잊고 지나치지만 기억해야 할 사람들이 있다. 죄의 영향력으로 마음에 병이 들어 신음하고 아파하고 힘들어하지만 애써 모른 척하고 외면하는 사람들이다. 이런 사람들은 말이 없다. 누구도 기억해주지 않기에 신음하는 가운데 그냥 잊혀간다.

첫째, 우리는 그런 이들을 외면하지 말고 먼저 다가가 예수님께 연결해주어야 한다. 이런 이들은 주변 친구들의 믿음으로 구원받아야 할 사람이다. 우리 중에 누구도 제 믿음으로 구원받을 사람이 많지 않다. 자신의 믿음으로 나오기에는 너무나도 장벽과 걸림돌이 많다. 어떻게 해야 하는가? 내가 나서서 장벽과 걸림돌을 제거해주어야 한다. 중풍병자는 자신의 믿음이 아닌 친구들의 믿음으로 구원받았음을 기억하라. 주변에 신음하는 마비된 친구와 이웃이 떠오르지 않는가? 다시 주님께 연결해주어야 하지 않겠는가? 지붕이 가로막고 있는가? 사람이 가로막고 있는가? 혹은 내가 염려하는 마음의 장벽이 있지 않은가? 우리가 그에게 소망을 갖고 주님 앞으로 인도하지 않으면 그는 누구의 믿음으로 구원받겠는가?

둘째, 주님을 만나러 누군가가 왔을 때 우리는 스스로 무관심한 군중이 되지 않도록 주의해야 한다. 옆 사람은 아파서 신음하며 낑낑거리는데, 너무나도 외로워 주님의 사랑을 기대하고 나왔는데, 나 혼자 예수님 말씀 듣고 가면 된다 생각하고 옆은 쳐다보지도 않는다. 그냥 못 본 체한다. 이 같은 무관심한 군중은 도리어 공동체의 독이다. 우리는 냉랭한 군중에서 벗어나 병자들의 친구처럼 누구라도 그리스도의 사랑으로 받아들이고 관심을 두고 환영해주어야 한다. 처음 보는 분인가? 인사하라. 환하게 웃으며 환영하고 따스하게 맞아주어라. 어떤 분은 "영혼은 미소를 짓는데, 얼굴에 나타나지 않네요"라고 한다. 그래선 안 된다. 미소가 얼굴에 나타나야 한다. 어떤 이는 잘 몰라서 인사를 선뜻 건네지 못한다. 하지만 인사라는 것은 그를 잘 몰라서 하는 것이다. 인사하면 속으로 '난 당신을 몰라요. 알고 싶어요' 라고 이렇게 메시지를 보내는 것이다. 이래야 마음이 열린다. 그럴 때 용기를 갖고 나온 심령들이 주님 앞에 새롭게 연결되는 역사가 일어날 것이다.

셋째, 혹 우리 중에 "나는 아무 쓸모 없어" "사는 것이 너무 힘들어" "난 왜 매일 이렇게 살아야 하지?" 하고 고민하며 그 마음이 세상에 시달리고, 하나님께 대하여 무뎌지는 이가 있는가? 기억하라. "You are not forgotten." 당신은 하나님께 잊혀지지 않았다. 중풍 병자를 보고 주님께서 하신 말씀을 기억하라. "소자야, 네 죄 사함을 받았느니라." 우리는 하나님께 기억된 바 되었다. 절대 잊혀지지 않았다. 이런 확신을 하고 나아갈 때 우리는 하나님의 아름다운 역사에 쓰임받는 귀한 교회가 될 것이다. 이런 하나님의 역사를 이루며 맛보며 나아가라.

[11장 각주] ···

28) 이영종, "'조국은 당신을 잊지 않는다' …하와이에서 날아온 이들", 중앙일보, 2009. 5. 20.

레위, 자리를 박차고
일어나다

¹³예수께서 다시 바닷가에 나가시매 큰 무리가 나왔거늘 예수께서 그들을 가르치시니라. ¹⁴또 지나가시다가 알패오의 아들 레위가 세관에 앉아 있는 것을 보시고 그에게 이르시되 나를 따르라 하시니 일어나 따르니라. ¹⁵그의 집에 앉아 잡수실 때에 많은 세리와 죄인들이 예수와 그의 제자들과 함께 앉았으니 이는 그러한 사람들이 많이 있어서 예수를 따름이러라. ¹⁶바리새인의 서기관들이 예수께서 죄인 및 세리들과 함께 잡수시는 것을 보고 그의 제자들에게 이르되 어찌하여 세리 및 죄인들과 함께 먹는가. ¹⁷예수께서 들으시고 그들에게 이르시되 건강한 자에게는 의사가 쓸데없고 병든 자에게라야 쓸 데 있느니라. 나는 의인을 부르러 온 것이 아니요 죄인을 부르러 왔노라 하시니라.

한 유튜브 영상에서 촬영자가 어느 흑인 소년에게 이름이 무엇이냐고 묻는다.[29] 그러자 소년은 자기 이름을 대답한다. "카자와자 콰꿍꽐라콰작 콰~악 자블라자." 너무 길고 특이한 이름에 촬영자는 "오 마이 갓!"을 연발하며 다시 묻는다. 그러자 소년이 또다시 대답한다. "카자와자 콰꿍꽐라 꽈작 콰~악 자블라자."

이것이 우리에겐 상당히 생소한 이름이지만 사실 그 이름을 부르는 가족들에게는 그 이름이 어색하지 않을 것이다. 이미 아주 익숙해졌고, 또 그 안에 담긴 뜻이 있기 때문이다. 우리나라에서 가장 긴 이름은 몇 자일까? '박하늘별님햇님보다사랑스러우리'로 총 15자다. 글자 수로 하면 앞에서 말한 '카자와자 콰꾸꽐라 꽈작 콰~악 자블라자'군과 같다.

우리나라에 지명은 어떨까? 강원도 정선에 있는 '안돌이 지돌이 다래미 한숨바우.'[30] '안돌이'는 바위를 안고서야 가까스로 지나가야 하는 길이라는 뜻이고, '지돌이'는 바위를 등지고 겨우 돌아가는 길이라는 뜻이며, '다래미'는 매달려가야 할 만큼 위험한 길이라는 뜻이고, '한숨바우'는 길을 다 지나고 나면 한숨이 나온다고 해서 붙은 이름이다. 이렇게 뜻을 생각하면 그 이름이 점점 입에 붙게 된다.

두 번째로 이름이 긴 지명은 대전 유성 학하동에 있는 '도야지둥그러죽은골'이다. '도야지'는 돼지고, '둥그러죽은골'이란, 너무 험해서 굴러서 죽은 골짜기라는 뜻이다. 즉 너무 험해서 돼지가 굴러 죽은 골짜기라는 뜻이다.

이렇게 긴 이름은 얼마나 익숙하게 우리 입에 붙느냐에 따라 어렵게 느껴지기도 하고 쉽게 느껴지기도 한다. 예를 들어 스타벅스에 가면 어느 정도 익숙한 분들은 메뉴가 21글자라도 능숙하게 할 수 있다. '카라멜 프라푸치노 그란데 사이즈 테이크 아웃 한 잔.'

이런 이야기를 하는 것은 성경에 관한 낯섦에 대해 설명하기 위해서다. 성경에 나오는 내용은 우리와 다른 문화권에 시간의 격차도 크다. 신약성경 복음서만 하더라도 2천 년 전 이스라엘에서 일어난 일이기에 생소하게 느껴지기 쉽다. 그러나 한 꺼풀 벗기고 좀 더 깊이 그 속의 내용을 이해하게 되면 이것이 바로 우리의 깊은 속을 꿰뚫는 하나님의 말씀임을 경험하게 될 것이다. 그래서 우리는 본문을 좀 더 깊이 관통하기 위해 당시의 문화적 지리적 배경을 찬찬히 살펴볼 필요가 있다.

본문에서 예수님은 갈릴리 호숫가 부근의 도시 가버나움을 지나가시며 한 사람을 발견하신다. 바로 알패오의 아들 레위다.

"또 지나가시다가 알패오의 아들 레위가 세관에 앉아 있는 것을 보시고 그에게 이르시되 나를 따르라 하시니 일어나 따르니라"(막 2:14).

언뜻 볼 때 그냥 예수님이 지나가다가 나를 따르라 하는 것 같지만, 한 꺼풀 벗기고 좀 더 깊이 들어가면 이것은 사실 엄청난 내용이다. 이를 이해하려면 먼저 레위라는 사람의 직업을 알아야 한다. 본문은 레위가 '세관에 앉아 있다'라고 소개한다. 세관은 영어성경에 'tax collector's booth'라고 되어 있다. 세금을 징수하는 작은 지역 출장소 정도가 된다. 여기 앉아 있다는 것은 레위의 직업이 세금 징수원(tax collector), 오늘로 하면 국세청에 근무하는 지역 사무실의 책임자 정도라는 것을 알 수 있다.

가버나움은 당시에 국경이 인접한 지역이었고, 또 소아시아와 이집트를 연결하는 커다란 무역로가 통하는 도시였다. 군사 도시이기도 했고, 또 동시에 상업과 무역이 발달한 도시여서 사람들의 왕래가 잦은 지역이었다. 이런 지역에서 세관이 된다는 것은 경제적인 측면에서 본다면 상당한 부를 축적할 수 있는 괜찮은 직업이었다. 세금의 수입원은 다양했고, 당시 세관은 다양한 세금을 걷었다. 주민세, 토지세, 소득세, 무역로를 통과할 때 받는 통과세, 마차가 통과하면 따로 받는 마차세, 마차 바퀴가 여섯 개면 특별하게 물리는 바퀴세, 심지어는 물고기 잡을 때 내는 물고기세 등이 있었다.

세무과에서 나왔다고 하면 기뻐하는 사람이 있는가? 국세청에서 세금조사 나왔다면 환희에 차 있는 사람이 있는가? 도리어 잔뜩 긴장할 것이다. 그 당시 세리에 대해서는 이와 같은 분위기가 더욱 심했다. 당시 이스라엘은 로마의 식민지였다. 로마는 이스라엘을 영역별로 나누어 세금을 거두어들이게 했는데, 이스라엘 사람을 세관으로 고용해 이 일을 하게 했다. 세관은 로마 정부가 요구하는 금액만 내면 나머지는 재량껏 수수료 수임으로 거두어들여 개인의 재산으로 축적할 수 있었다. 당시에는 부과액이 정해져 있지 않았다. 이는 세관이 마음대로 결정하는 일이었다. 옛날 일제 강점기에 앞잡이 노릇을 하던 이들이 일제 수탈을 대행할 때 중간에 가로채 자기 재산을 축적하는 예도 많았다. 많은 이가 이런 자들을 매국노로 여겼다. 이스라엘에서도 마찬가지였다. 백성들은 세관을 나라를 팔아먹고 동족의 피를 빨아먹는 거머리 같은 존재로 받아들였다.

그래서 유대인들은 세리를 죄인으로 여겼고 심지어는 하나님도 세리들을 버리셨다고 여겼다. 이방인 노예처럼 멸시하고 무시했다. 세리들은 종종 회당에서 쫓겨났고 재판에서 증인으로 나설 수 없었다. 돈은 많았지만 모두가 외면하고 누구 하나 가까이 다가오지 않는 왕따 인생이었다. 세리 정도는 아니더라도 금융위기 이후 미국 국민은 월가에서 일하는 금융맨들을 멸시하는 시선으로 바라보게 되었다. 전에는 명문대를 나와 고수익을 내는 사람들이라서 부러운 시선으로 바라봤었는데, 알고 보니 이들이 경제를 망치는 주범이었다는 생각이 들면서 많이 바뀌었다. 월가의 증권맨들이 세리처럼 취급받게 된 것이다.

이런 수모와 멸시에도 불구하고 본문에 나오는 세리 레위는 꿋꿋하게 세관의 자리를 지켰다. 그 이유가 무엇일까? 돈 때문이다. 세리는 꽤 많은 돈을 벌 수 있었다. 세리 레위는 돈맛을 아는 사람이었다. 돈이 주는 힘과 위안이 사람들의 멸시보다 더 가치 있다고 생각했다.

그런데 그랬던 레위가 예수님이 지나가시면서 그에게 "나를 따르라"고 말씀하시자 자기가 하던 일을 내팽개치고 기꺼이 예수님을 따라나섰다. 계속해서 많은 돈을 벌 수 있는 자리인데, 어떻게 예수님의 부르심에 모든 것을 다 내려놓고 따라나설 수 있을까?

그 이유를 추적하려면 세리처럼 돈에 대해 절대적인 가치를 부여하는 마음의 작동원리를 파악할 필요가 있다. 레위는 돈에 애착이 있는 사람이다. 사람에게 애착이란 다른 어떤 것과도 바꿀 수 없는 독특하고 강한 결속감이나 친밀감을 의미한다.[31] 원래 애착은 사람과 형성되는 것이 정상이다. 애착은 인간이 이 땅에 태어나서 부모와 처음 관계를 맺을 때부터 형성된다. 어린 아기일 때 아기는 부모에게 전적으로 의존하며 전적으로 자신이 이해받기를 요청하며 사랑을 갈구한다. 하지만 아기라도 원죄적 본성 가운데 자신의 안전과 안녕을 확보하기 위한 요구를 끊임 없이 하게 된다. 양육하는 부모는 아기의 요청에 부응하며 사랑과 애정을 쏟아붓지만 문제는 아기의 자기중심적인 요구를 항상 다 들어줄 수만은 없다는 점이다. 그래서 아기의 요청을 들어주지 않고 적절히 통제한다.

통제하는 방식은 먼저 박탈이다. 아기가 원하는 것을 주지 않고, 때로는 주었다가도 빼앗는다. 이때 아기는 자기가 신뢰하고 자기에게 애정을 주던 부모의 냉정하고 매몰찬 태도에 당황한다. 하지만 자기에게는 힘이 없다. 결국 그런 부모에게 적응하려고 수용과 애정을 구하면서 더 많은 애착 행동을 하게 된다.

이런 가운데 아기가 불안함을 느껴 더 강한 애착으로 고집을 부리고 부모를 힘들게 하면 이제 부모는 아기를 지배하기 시작한다. 자기 마음대로 하지 못하게 통제하는 것이다. 이럴 때 아기는 짜증과 분노와 욕구불만과 공포를 경험한다. 여기서 더 나아가면 부모는 아기를 경시한다. 아기는 자신을 가치 없는 존재로 경험한다.

이러한 부모에 대한 어린 아기의 반응은 처음에는 투쟁이다. 싸운다. 자기 의견을 관철시키려 하고 도발하려고 한다. 그러다 안 되면 두 번째로 도피한다. 시선을 피한다. 셋째는 억압이다. 자기의 분노를 억누른다. 그러다 어느 순간이 되면 과도하게 폭발하기 시작한다. 이런 요소들의 상호작용으로 사람은 어릴 때부터 어린이 시기와 청소년기를 거쳐 자아상을 확립하고, 기본적인 정서가 정착되며, 애착 욕구를 표현하는 양식을 정착시킨다.

어릴 때의 욕구가 잘 수용되고 적절하게 통제되면 건강한 자아상을 갖고 내면이 균형 잡힌 성인으로 자라날 것이다. 그러나 너무 많은 통제와 지배 가운데 자라나면 억울함과 분노가 자리 잡는다. 우리나라 사회를 분노 공화국이라고 하지 않는가? 우리 주변에 보면 우리를 통제하고 지배하려는 이들이 너무 많고, 또 이것에 억눌려 분노하는 이들이 너무 많다는 말이다. 억울한 이들이 너무 많다. 부모도 보면 엄한 부모가 많다. 그런 부모의 권위 아래 있다 보니 분노와 억울함을 품고 자란 자녀가 많다.

그런데 요즘은 좋은 부모가 되어야 한다는 압박이 사회적으로 있다. 가정이 중요하다고들 한다. 그래서 좋아져야 할 것 같은데 이게 몸에 배지 않았기 때문에 잘되지 않는다. 잘해주다가도 갑자기 돌변해서 분노하며 엄격해진다. 부모님이 좋을 때는 참 좋은데, 분노하고 지배하고 통제하고 멸시까지 하면서 오락가락할 때 자녀의 내면에는 끊임없는 불안이 자리 잡는다. 쉽게 말하면 부모님이 일관성이 없는 경우다. 사람은 무조건 사랑받고 인정받아야 하는데, 이것이 늘 온탕과 냉탕을 오락가락하니 분노하면서 불안에 사로잡힌다. 이러면 사회적으로 적응하는 데 어려움을 겪는다. 눈치를 발달시킨다. 그리고 심한 열등감에 사로잡힌다. 여기서 더 나아가 어릴 때 냉대와 멸시를 받고 자란 경우, 사람은 그 속에 늘 두려움과 무기력증과 허무감이 자리 잡고 있다.

이런 상황에서 돈맛을 보면 어떻겠는가? 돈은 내가 원하는 것을 다 들어준다. 하고 싶은 것을 다 할 수 있도록 해준다. 모든 상황을 통제하게 해준다. 돈이 많다고 하면 관심을 두고 찾아와 도와달라고 하는 이들이 끊임 없이 생긴다. 돈은 자기가 마치 대단한 사람인 것처럼 느끼게 해준다. 그래서 사람 만나면 일단 돈 자랑부터 한다. 그래야 눈을 크게 뜨고 관심을 두고 자기를 우러러 보아주기 때문이다. 이렇게 살다 보면 그 속에 어떤 확신이 자리 잡겠는가? "누가 뭐래도 역시 돈이 최고야!"

본문에 알패오의 아들로 소개되는 레위도 이런 패턴의 삶을 보여준다. 일단 세리장이었으니 그 지역에서 아마도 상당한 돈을 긁어모았을 것이다. 그런데 레위에 대해 특이한 점이 있다. 알패오의 아들로 소개되는 예수님의 제자가 레위만은 아니라는 것이다. 마태복음 10장 3절은 야고보와 다대오도 알패오의 아들로 소개한다.

"빌립과 바돌로매, 도마와 세리 마태, 알패오의 아들 야고보와 다대오."

여기 알패오의 아들은 야고보와 다대오로 소개된다. 그러면 레위는 어디 있을까? 마태복음 9장 9절을 보면 알 수 있다.

"예수께서 그곳을 떠나 지나가시다가 마태라 하는 사람이 세관에 앉아 있는 것을 보시고 이르시되 나를 따르라 하시니 일어나 따르니라."

이 구절은 본문 마가복음 2장 13절과 거의 똑같다. 단 이름만 레위가 마태로 바뀌어 있다. 이로써 종합해볼 수 있는 것은 예수님의 제자 중에 알패오의 아들이 셋이나 있다는 점이다. 그런데 마태복음 10장 3절은 그 구성에 많은 생각을 할 여지를 준다. 먼저 마태는 자신을 세리 마태라고 기록한다. 자신의 과거 직업을 적는다는 것은 자신의 죄 된 과거생활을 청산한다는 의미다. 그런데 자기 이름 다음에 바로 두 형제의 이름을 기록한다. 정말 과거를 참회하며 겸손하다면 오히려 두 형제 이름 다음에 자기 이름이 올 것도 같다. 게다가 두 형제 이름 앞에 자기 이름을 넣으면서 세리라고 밝히는 것은 좀 그렇지 않은가? 그런데 자신을 세리로 밝히면서 동시에 자기 형제들의 이름을 바로 뒤에 놓는다. 아직 마태의 속은 좀 복잡한 것 같다.

마태는 세리를 하면서 아마 집에서 수치스럽게 여기는 내놓은 자식일 가능성이 크다. 특이한 점은 여기 알패오 집안 형제가 셋이나 예수님을 따라나섰다는 것이다. 물론 예수님의 부르심에 따라갔겠지만 우리는 동시에 형제 셋이 모두 부모를 떠났다는 것에 대해 부모와의 애착관계를 한번 깊이 생각해볼 필요가 있다. 게다가 형제와의 관계에서 이름을 이런 식으로 배치한 것은 그 안에 은근히 서로에 대한 무관심과 동시에 경쟁심이 있었음을 짐작하게 한다.

이런 레위는 형제들과 어울리지 않았다. 함께 물고기를 잡던 베드로와 안드레, 또는 야고보와 그 형제 요한과는 달랐다. 레위가 어울리던 사람은 본문 15절에 등장한다.

"그의 집에 앉아 잡수실 때에 많은 세리와 죄인들이 예수와 그의 제자들과 함께 앉았으니 이는 그러한 사람들이 많이 있어서 예수를 따름이러라"(막 2:15).

레위 주변에는 그와 비슷한 처지의 많은 세리, 또 당시에 부정하다고 여겼던 여러 죄인이 함께 모여 있었다. 레위는 아마도 여기서 다른 세리들과 만나며 세금을 더 많이 징수하는 방법을 공유하고, 또 서로 모은 재산 자랑을 했을 가능성이 크다. 그러면서 재물로 인한 자부심과 동시에 좌절감도 경험하며 공허함을 느꼈을 것이다. 예수님이 지나가시는데 레위는 세관 자리에 앉아 있었다.

누가복음 19장에 나오는 삭개오는 어땠는가? 그는 세리장, 세리들의 우두머리였다. 국세청장급이다. 그런데 예수님 소문을 듣고 돌무화과나무 위로 올라가서 볼 정도로 적극적이었다(눅 19:1-4).

이와는 달리 마태는 그냥 누가 지나가나 우두커니 앉아 있었다. 여기서 우리는 마태의 무기력감과 허무감, 그리고 짙은 어둠을 볼 수 있다. 돈이 최고인 줄 알고 여기까지 왔는데 더 이상 돈이 주지 못하는 만족감과 의미, 보람에 대하여 당황하며 허무해하고 있었던 것이다. 더 나아가 무기력감과 허무감에 사로잡혀 있었다. 이런 어둠이 목구멍까지 차올라 있었다. 더 차면 이제 자살이라도 할 기세다.

예수께서 이런 레위 앞을 지나가셨다. 14절의 "지나가시다가"는 1장 16절의 "지나가시다"와 같은 '파레인'이란 헬라어 동사가 사용되었다. 이것은 단순한 지나감이 아닌 하나님의 임재가 나타남을 의미한다. 마치 하나님이 시내산에서 하나님의 얼굴을 구하던 모세에게 나타나셔서 그의 앞을 지나가셨던 것과 같다.

하나님의 임재는 신비한 힘이 있다. 그 임재 앞에 생업에 몰두하던 제자들이 고기잡이 그물과 배를 두고 예수님을 따라갔다. 예수님의 지나가심 앞에 제자들은 자신의 무력함과 연약함, 그리고 동시에 하나님의 강렬한 임재의 영광과 능력을 경험한다. 본문은 레위 마태와 예수님 사이에 있었던 일을 함축적으로 생략하고 있지만, 레위는 분명 예수님의 지나가심을 통해 강렬한 하나님의 임재를 경험했다. 그런데도 레위는 곧바로 일어나지 못했다. 그냥 앉아 있었다. 무기력감과 허무감이 자리를 떨치고 일어나지 못하게 막고 있었다. 이때 주님께서 이런 레위에게 말씀하신다.

"나를 따르라 하시니 일어나 따르니라"(막 2:14).

레위와 주님 사이에 어떤 대화가 더 오고 갔는지는 모르지만 레위는 이 한 마디 부름 앞에 자리를 박차고 일어났다. 자신이 붙들고 있던 재물의 힘과 세리라는 직업이 주는 안정감을 기꺼이 포기했다. 그는 이미 이것이 얼마나 헛된 환상을 주는지를 뼈저리게 경험하고 있었다. 그런데 그 자리에 참된 의미와 기쁨을 주시는 주님의 임재를 경험하자 순식간에 이 모든 것을 내려놓게 되었다. 14절 끝을 보라. "일어나 따르니라"고 말씀하지 않는가? 그 자리를 박차고 예수님을 따라갔다. 여기 '따라갔다'(헬. 아콜루테인)는 단어는 제자도를 의미하는 단어다. 예수님 제자로서의 삶을 시작했다는 말이다.

예수님은 이런 레위를 받아주시고 환영했다. 이렇게 레위가 자신의 삶을 박차고 일어나자 그동안 비교 대상이고 열등감의 근원이었던 동료들을 이제는 품을 힘이 생겼다. 그래서 레위는 모든 이를 예수님 앞으로 초대하여 함께 식사를 나눈다. 예수님이 식사를 하자 이를 보던 바리새인과 서기관들이 어찌하여 죄인들과 함께 식사하느냐고 힐난하며 묻는다(막 2:16). 그러자 예수께서 무엇이라 하시는가?

"예수께서 들으시고 그들에게 이르시되 건강한 자에게는 의사가 쓸데없고 병든 자에게라야 쓸 데 있느니라. 나는 의인을 부르러 온 것이 아니요 죄인을 부르러 왔노라 하시니라"(막 2:17).

예수께서는 이런 레위와 같은 이들을 초대하고 받아주시기 위해서 오셨다고 분명하게 선언하신다. 그리고 이 주님께서는 오늘날 우리도 초대하신다. 기쁨으로 담대하게 나아가길 바란다.

[12장 각주] ···

29) https://www.youtube.com/watch?v=Xiiix5OtERE
30) 신익수, "'호캉스'가 힘든 엉뚱한 까닭", 매일경제, 2018. 10. 20.
31) 노승수, 「핵심감정탐구」(서울: 세움북스, 2018), 52쪽.

은혜를
다루는 방식

[18]요한의 제자들과 바리새인들이 금식하고 있는지라. 사람들이 예수께 와서 말하되 요한의 제자들과 바리새인의 제자들은 금식하는데 어찌하여 당신의 제자들은 금식하지 아니하나이까. [19]예수께서 그들에게 이르시되 혼인 집 손님들이 신랑과 함께 있을 때에 금식할 수 있느냐. 신랑과 함께 있을 동안에는 금식할 수 없느니라. [20]그러나 신랑을 빼앗길 날이 이르리니 그날에는 금식할 것이니라. [21]생베 조각을 낡은 옷에 붙이는 자가 없나니 만일 그렇게 하면 기운 새 것이 낡은 그것을 당기어 해어짐이 더하게 되느니라. [22]새 포도주를 낡은 가죽 부대에 넣는 자가 없나니 만일 그렇게 하면 새 포도주가 부대를 터뜨려 포도주와 부대를 버리게 되리라. 오직 새 포도주는 새 부대에 넣느니라 하시니라.

아프리카에 가면 바오밥나무라는 것이 있다. 수명이 2천 년, 길게는 4천 년까지 간다고 한다. 현존하는 가장 오래된 바오밥나무의 수령이 4천 년이다. 이 나무는 크기가 엄청나게 크다. 바오밥나무가 다 자라면 높이가 20m, 둘레가 40m에 이른다. 성인 12~14명이 두 팔로 감싸야 할 정도로 크다.

이 바오밥나무는 생텍쥐페리의 소설 「어린 왕자」에도 등장한다. 「어린 왕자」에 나오는 바오밥나무는 씨앗이 별에 뿌리를 내리기 전에 뽑아버려야 하는 공공의 적이다. 왜냐하면 바오밥나무가 뿌리를 내리고 자라면 자칫 별이 나무 한 그루 때문에 산산 조각날 수 있기 때문이다. 그러나 아프리카의 바오밥나무는 아낌 없이 평생 나누어주는 친구다. 나무껍질은 밧줄과 낚싯줄로 쓰인다. 또 열매를 따서 과육을 빻아 둥글납작하게 펴서 말리면 몇 년씩 저장이 가능한 비상식량이 된다. 그런데 이 열매를 먹기가 처음에는 참 쉽지 않다. 가까이 가면 은행 냄새의 몇 배나 되는 아주 강한 악취가 나기 때문이다. 한여름에 재래식 화장실 냄새가 난다.

아프리카는 가난과 기근이 심하다. 전세계에서 구호 양식이 온다. 그런데 구호 양식은 보통 곡물 위주라서 비타민, 무기질, 단백질 같은 영양소의 결핍이 심하다. 그렇다고 딱히 다른 대체 식품을 아프리카에서 구하기도 쉽지 않다. 그래서 구호단체의 큰 고민 중 하나가 아프리카의 영양부족 문제였다.

그런데 학자들이 이 바오밥나무 열매의 영양을 분석해보고 깜짝 놀랐다.[32] 알고 보니 비타민C는 오렌지보다 여섯 배가 많았고, 칼슘은 우유의 두 배나 많이 들어 있었다. 거기에 비타민A, B, 인, 철분까지 가득 있었다. 게다가 열매 속 씨 안에는 단백질이 가득하고, 잎새 역시 무기질 덩어리라고 한다. 가난한 아프리카 사람들의 소박한 먹거리가 알고 보니 최고의 슈퍼푸드였던 것이다. 그래서 아프리카의 나라들은 발상을 새롭게 전환했다. 서양 구호물품으로만 연명할 것이 아니라 균형 있는 영향을 제공할 수 있는 바오밥나무를 활용하는 전략이다. 그래서 수많은 시행착오를 통해 마침내 바오밥 과수원을 가꾸는 데 성공했다. 여기서 나는 열매는 사람들을 먹여 살리는 데 톡톡히 기여할 뿐 아니라 일부는 유럽연합에 수출까지 한다고 한다. 주민들의 생계문제를 그동안 구호품에만 의지했던 것에서 완전히 아프리카의 자생력이라는 관점에서 새롭게 해결한 것이다.

이런 놀라운 식품이 곁에 있었는데 왜 그동안은 잘 모르고 있었을까? 그 이유는 무엇보다 바오밥나무에 너무 익숙했기 때문이다. 늘 주변에 흔하게 있고, 게다가 냄새도 고약하니 이것을 슈퍼푸드로 생각하기가 참 어려웠다. 이런 선입견들이 쌓이다 보면 이것은 이 지역의 지배적인 견해가 되고, 이 지역에 살다 보면 지배적인 견해에 붙들려 벗어날 생각을 하지 못하는 것이다.

이는 우리에게 새로운 통찰을 준다. 우리가 일상 속에 늘 하던 방식으로 문제를 풀어가려 하다 보면 해결책이 잘 보이지 않는 경우가 많다. 불편하고 거추장스럽게 느껴도 다른 새로운 방법이 없다는 선입견에 사로잡혀 그냥 안주하곤 한다. 사실 이것을 극복하려면 새로운 방식, 새로운 통찰로 접근해야 한다. 하지만 그렇게 하려다 보면 왜 당신만 다르게 하느냐고 불편해하며 주변에서 문제를 제기한다. 본문에는 세례 요한의 제자들과 바리새인들이 죄인들과 함께 식사하시는 예수님께 와서 문제를 제기한다.

> "요한의 제자들과 바리새인의 제자들은 금식하는데 어찌하여 당
> 신의 제자들은 금식하지 아니하나이까"(막 2:18).

당시 경건한 유대인들이라면 경건 행위의 필수 항목으로 여기는 금식을 종종 행했다. 누가복음 18장은 바리새인이 성전에 와서 하나님께 기도하는 내용을 소개한다.

> "바리새인은 서서 따로 기도하여 이르되 하나님이여 나는 다른 사
> 람들 곧 토색, 불의, 간음을 하는 자들과 같지 아니하고 이 세리
> 와도 같지 아니함을 감사하나이다. 나는 이레에 두 번씩 금식하
> 고 또 소득의 십일조를 드리나이다 하고"(눅 18:11-12).

여기서 바리새인은 자신이 이레에 두 번, 즉 일주일에 두 번씩 금식함에 감사하는 기도를 한다. 당시 바리새인들은 월요일과 목요일 정기적으로 금식하는 규례를 지켰다. 이들이 이렇게 금식했던 것에는 크게 두 가지 목적이 있다. 첫째, 정결함과 죄 사함을 위해서다. 유대인들은 당시 적어도 일 년에 한 번 이상은 금식했어야 했다.

> "너희는 영원히 이 규례를 지킬지니라. 일곱째 달 곧 그 달 십 일
> 에 너희는 스스로 괴롭게 하고 아무 일도 하지 말되 본토인이든
> 지 너희 중에 거류하는 거류민이든지 그리하라"(레 16:29).

7월 10일은 일 년에 한 번 있는 대속죄일을 일컫는다. 대속죄일은 일 년에 한 차례 이스라엘이 자신의 죄를 하나님 앞에 사죄하는 날이다. 이때 이스라엘 모두가 금식했다. "너희는 스스로 괴롭게 하라"는 말씀은 금식하라는 말씀이다. 먹지 않으면 괴롭다. 이스라엘 백성은 자신을 스스로 괴롭게 하려고 금식하며 마시지도 않고, 탄식하며 기도했다. 이 모든 것은 자기 죄를 슬퍼하며 괴로워하는 표현이었다. 그런데 바리새인들은 경건에 열심이 있다 보니 금식을 매주 두 차례씩 더 했다. 보통 월요일과 목요일에 두 차례 금식했는데, 이들은 사람들에게 이런 기준을 강요하고 있었다. 그리고 금식하는 자신을 특별히 더 경건하다고 여겼다.

그런데 당시 금식했던 풍습을 보면 온종일 하는 온전한 금식이 아니었다. 당시 금식은 해 뜨는 6시부터 해지는 저녁 6시까지만 했다. 그래서 저녁 6시까지 참고 있다가 저녁에 잔뜩 먹는 경우도 많았다. 그러면서 겉모습은 경건한 척하고 옷을 찢고 머리를 헝클이고 사람들 앞에 다녔다. 금식하는 것을 보여주며 자신의 경건을 과시하려는 의도가 다분하다. 이들은 적어도 경건하다고 하면 자기들같이 해야 마땅하다고 생각했다. 이들이 이렇게 금식에 몰두한 것은 이렇게 하여 자신들이 정결하게 되면 하나님의 구원을 앞당길 수 있다고 여겼기 때문이다.

그래서 이들이 금식했던 두 번째 목적은 유대민족의 구원이었다. 이들은 아직 로마의 통치 아래 신음하는 유대민족을 하나님께서 구원해주시기를 바랐고, 그러려면 이들은 자신들의 죄를 철저히 회개하고 하나님 앞에 정결하게 서야 했다. 그러면 하나님께서 이방인의 통치를 종식시킬 새로운 메시아를 보내셔서 이방 세력을 무너뜨리고 새로운 자유와 독립을 허락해주실 것으로 믿었다. 그래서 이들은 더욱 열심을 내며 일주일에 두 번씩 금식했다. 메시아의 오심을 선포하며 준비시켰던 세례 요한을 따랐던 제자들은 스승 세례 요한이 헤롯왕에 의해 잡혀서 감옥에 갇히자 스승이 선포했던 메시아의 오심이 앞당겨지고, 세상 제국이 무너지며, 유대민족이 해방되기를 바라는 마음으로 바리새인들과 함께 금식했을 것이다.

이런 바리새인들의 눈에 만약 예수께서 위대한 랍비이고 하나님의 나라를 기다리는 경건한 유대인이라면 로마 정권이 무너지고 이 세상이 회복될 때까지 마땅히 금식하며 준비해야 했다. 하나님의 구원역사를 고대하는 유대인이라면 마땅히 해야 할 금식을 안 한다는 것은 말도 안 된다고 생각했다. 이들은 그동안 놀라운 이적의 소문이 파다했던 메시아 예수를 따라다니며 관찰한 결과 여러 가지로 마음에 불편한 점이 있었다.

중풍병자를 고치시는 것은 좋았는데, 갑자기 "네 죄 사함을 받았느니라"(막 2:5)고 하며 죄 사함을 선포하신다. 아니, 하나님 한 분 외에는 누구도 사할 수 없는 죄를 어떻게 한 인간이 사할 수 있는가? 충격을 받았다. 그러더니 그가 당시에 죄인으로 멸시받던 세리 레위(마태)의 집에 가더니 더러운 죄인들과 식사를 하는 것이 아닌가? 그러더니 하는 말이 "나는 의인을 부르러 온 것이 아니요 죄인을 부르러 왔노라"(막 2:17)고 하신다. 메시아가 오시면 의인은 상을 주고 죄인은 심판하는 것이 마땅하다고 생각했다. 그런데 그동안 이들이 기대하고 알아 왔던 모든 선입견을 뒤엎고 있는 것이다.

너무도 놀라 예수와 그의 제자들을 좀 더 시간을 두고 살펴보니 이들이 금식하지 않는다는 것을 발견했다. 경건한 유대인이라면 마땅히 해야 할 금식을 왜 하지 않는 것일까? 그래서 다시 문제를 제기했다. "어찌하여… 금식하지 아니하나이까?"(막 2:18). '어찌하여'는 마땅히 해야 한다는 것을 전제하는 말이다. 그러자 이번에 돌아온 대답은 바리새인과 요한의 제자들이 갖고 있던 선입견에 대한 정면 도전이다.

"예수께서 그들에게 이르시되 혼인 집 손님들이 신랑과 함께 있을 때에 금식할 수 있느냐. 신랑과 함께 있을 동안에는 금식할 수 없느니라"(막 2:19).

예수님이 하시는 말씀이 무엇인가? 지금은 혼인 집에 잔치가 벌어지고 있고, 혼인 잔치의 주인공인 신랑과 함께 있는 때라는 것이다. 결혼식에 가서 피로연을 베풀고 맛있는 뷔페 음식을 차려놓았는데, 금식하는 사람이 있는가? 아니다. 어떻게든 맛있게 먹으며 축하하는 것이 마땅한 도리다. 금식할 수 없다. 지금은 혼인 잔치의 주인공인 신랑이 온 때이고 제자들은 이 신랑과 함께 있기에 금식할 수 없다는 것이다.

지금이 혼인 잔치할 때라는 것은 지금이 그동안 바리새인과 요한의 제자들이 그토록 금식하며 고대하던 하나님의 공의가 실현되는 때이고, 그토록 기다리던 메시아가 온 때이기에 지금 메시아가 온 것을 기뻐하며 즐거워해야지, 오신 주인공을 두고 더 기도해야 한다면서 금식해서는 안 된다는 것이다.

모두가 금식한다고 금식할 것이 아니다. 모두가 해야 한다고 하니 그냥 그렇게 하나보다 하고 따라가서도 안 된다. 지금은 이미 이곳에 오신 주님을 맞이하고 그분의 오심을 기뻐하며 그의 죄 사함의 은총을 맛보며 그와 함께하는 교제를 누리고 기뻐해야 하는 시간이다. 금식이 메시아의 오심을 앞당기기 위한 것이라면, 메시아가 오셨으면 금식을 멈추고 그분의 오심을 기뻐해야 마땅하다. 이것을 21절은 다음과 같이 설명한다.

"생베 조각을 낡은 옷에 붙이는 자가 없나니 만일 그렇게 하면 기운 새 것이 낡은 그것을 당기어 해어짐이 더하게 되느니라."

새로 짠 베 옷감을 오려 낡은 옷감에 붙이고 꿰매면 낡은 옷감이 견디지를 못하고 낡은 부분이 더 파헤쳐져 나중에 생베 조각과 함께 떨어져 나간다. 그래서 해어짐이 더해진다. 생베 조각은 새 옷에 붙여야 어울린다. 여기 '생베'(헬. 라쿠스)는 일반적인 '천'을 의미하며, 생베 조각은 새로운 천 조각을 말한다. 새로운 천 조각을 낡은 옷에 붙일 것이 아니라 새 옷에 붙여야 한다는 의미다. 이것을 메시지성경은 좀 더 실감 나게 번역하였다.

"멀쩡한 스카프를 잘라서 낡은 작업복에 대고 깁는 사람은 없다. 서로 어울리는 천을 찾게 마련이다"(메시지성경).

이는 새로운 메시아의 시대에는 기존의 낡은 율법의 관점으로 예수님을 평가하고 받아들이는 것이 아니라 새로운 관점으로 받아들여야 함을 의미한다. 새로운 생베 조각은 낡은 옷감에 그대로 댈 것이 아니라 새 옷감에 대어야 한다.

"새 포도주를 낡은 가죽 부대에 넣는 자가 없나니 만일 그렇게 하면 새 포도주가 부대를 터뜨려 포도주와 부대를 버리게 되리라. 오직 새 포도주는 새 부대에 넣느니라 하시니라"(막 2:22).

당시 포도주는 염소가죽의 가장자리를 방수되게 기운 가죽부대에 보관하곤 했다. 새 포도주를 가죽부대에 넣고 발효시키면 그 안에서 팽팽해졌다. 이때 가죽부대가 오래된 것이면 낡고 굳어져 있어 팽팽하게 불어 오르는 것을 견디지 못하고 찢어져 버린다. 새 포도주는 새 부대에 담아야 새 부대가 탄력성이 있고 부드러우면서도 질겨 오랫동안 보관할 수 있다.

이처럼 당시의 유대교의 종교 체계는 헌 가죽부대처럼 전통이나 규정에 얽매여 있었다. 예수님의 새로운 가르침을 받아들이기에 당시의 유대교는 너무 경직되어 있었다. 유대교의 경직된 틀로 예수님과 예수님의 가르침을 도저히 받아들일 수 없었다. 새로운 가르침에는 새로운 틀과 새로운 사고방식이 필요하다. 금식하고 율법을 지켜야 경건을 지킬 수 있고 구원을 얻을 수 있다는 사고방식으로는 죄인을 직접 찾아오셔서 용서하는 강물 같은 메시아의 은혜를 받아들일 수 없다. 새로운 은혜는 새로운 틀 안에 담아야 한다.

우리의 의식 속에는 이전의 낡은 가죽부대들이 상당히 견고하게 자리 잡고 있다. 우리는 새로운 것을 받아들이는 것을 좋아하는 것 같지만 그러면서도 상당히 불편해한다. 오늘날 우리 사회가 발돋움하는 데 여기저기서 규제개혁을 부르짖지만, 실질적으로는 규제개혁이 잘되지 않는다. 갈수록 규제가 더 많아진다.

규제라는 것이 무엇인가? 지금 있는 현 체제를 보호하고 더는 새로운 것들을 시도하지 못하도록 하는 장치다. 우리나라 사회는 지리적으로 오밀조밀하게 모여 있는 데다, 단일민족이다 보니 조금만 다르고 조금만 튀면 경계하는 눈빛으로 "쟤는 뭔데 저렇게 튀냐. 좀 못돼먹었다. 불편하다" 이런 식으로 본다. 그러다 보니 현 상태에서 자꾸 튀지 못하게 억누르려 하고, 그러다 보니 규제가 생긴다.

우리나라에 스마트폰이 처음 들어올 때도 그랬다. 미국에서 아이폰이 처음 나와 많은 관심을 받고 뜨거운 호응을 받았지만 정작 우리나라는 빗장을 닫고 몇 년간을 들여오지 않았다. 왜? 지금 있는 것으로 충분한데 괜히 이상한 것 들여왔다가는 안정적으로 운용되던 통신 생태계만 혼란해진다는 것이다. 결국 대세의 흐름을 막을 수 없어 할 수 없이 들여왔다. 지금 전세계는 4차 기술혁명 시대로 진입하고 있다. 기술이 혁명을 일으키면 이를 뒷받침할 생태계도 바뀌어야 한다. 새 술을 새 가죽부대에 담아야 새로운 생태계가 작동한다. 그런데 "이거 안 돼. 이렇게 하면 힘들어할 사람이 많아"라고 하면서 그냥 낡은 가죽부대에 담아버린다. 결국 가죽부대가 부글부글 끓다가 터져버리면 포도주도 버리고 가죽부대도 버린다.

이는 예수님을 받아들일 때 우리 삶의 생태계에서도 일어난다.

예수님이 새 생명의 능력이자 근원이기에 예수님의 생명을 담으려면 새로운 틀, 새로운 가치관, 새로운 가죽부대가 필요하다. 그래서 로마서 12장 2절은 "너희는… 마음을 새롭게 함으로 변화를 받으라"고 말씀한다. 마음가짐을 새롭게 해야 한다. 기존 생활에 예수님 한 분을 그냥 더 추가하는 것만으로 예수의 생명이 내 안에 제대로 일어날 수 없다는 것이다. 예수님을 내 삶에 모셔드리면 내 삶의 가죽부대를 바꾸어야 한다. 이것은 내 삶의 우선순위, 가치관, 삶의 방식 전체가 바뀌어야 한다는 것을 의미한다.[33)]

혼자 살다 결혼하면 혼자 살던 원룸으로는 안 된다. 같이 살 집을 마련해야 한다. 혼자 먹던 1인용 식탁과 그릇으로는 안 된다. 함께 먹을 밥그릇과 더 넓은 식탁을 준비해야 한다. 1인 가구 스타일을 같이 사는 삶의 모드로 바꾸어야 한다.

예수의 생명은 내 인생 전체를 변화시킬 놀라운 생명이다. 그렇다면 그 생명을 어떻게 하면 우리 삶에 더욱 풍성하게 담을 수 있을까를 깊이 고민해야 한다. 바리새인들은 자신들이 갖고 있던 선입견으로 예수님이 그들의 삶에 역사하시려는 것을 제한하려 했다. 예수님의 죄 용서를 100% 받아들일 수 없었다. 이들은 유대 사회에서 행하는 금식을 강요하고 있었다. 그러나 그런 틀로는 예수의 생명을 온전히 담을 수 없다. 우리는 예수의 생명을 억누르려고 강요하고 충돌하는 세상의 선입견을 분별하고 과감하게 깨뜨릴 수 있어야 한다.

예수의 생명을 받아들이면 이제 예수의 생명이 풍성할 수 있도록 내 삶을 재편해야 한다. 내 시간도, 내 삶의 우선순위도, 가치관도 새롭게 해야 한다. 그럴 때 예수 생명이 내 안에 약동하는 것을 경험할 수 있다. 지금 내 삶에는 예수님의 생명이 얼마나 풍성하게 거하는 가? 지금보다 더 풍성하게 거하려면 내 삶에 고정관념처럼 붙들었던 무엇을 내려놓아야 하는가? 시간과 물질의 우선순위를 점검해보라. 은혜는 아무렇게나 내버려 둬서는 안 된다. 은혜를 담는 그릇이 중요하다. 청정 수소 에너지를 담으려면 단단한 새로운 종류의 저장 장치가 필요하다. 마찬가지로 내 삶에 소중한 은혜를 담으려면 은혜를 담을 수 있는 새로운 그릇으로 바꾸어야 한다. 지금 나는 충만한 예수의 생명을 새로운 가죽부대에 담고 있는가? 우리 안에 더욱 충만하게 담을 수 있도록 하자.

[13장 각주]

32) 신예리, "[분수대] 바오밥", 중앙일보, 2009. 6. 2.
33) 양형주, 「평신도를 위한 쉬운 로마서」, 332-333쪽.

문제를 아는 성도
문제를 푸는 성도

²³안식일에 예수께서 밀밭 사이로 지나가실새 그의 제자들이 길을 열며 이삭을 자르니 ²⁴바리새인들이 예수께 말하되 보시오. 저들이 어찌하여 안식일에 하지 못할 일을 하나이까. ²⁵예수께서 이르시되 다윗이 자기와 및 함께 한 자들이 먹을 것이 없어 시장할 때에 한 일을 읽지 못하였느냐. ²⁶그가 아비아달 대제사장 때에 하나님의 전에 들어가서 제사장 외에는 먹어서는 안 되는 진설병을 먹고 함께 한 자들에게도 주지 아니하였느냐. ²⁷또 이르시되 안식일이 사람을 위하여 있는 것이요 사람이 안식일을 위하여 있는 것이 아니니 ²⁸이러므로 인자는 안식일에도 주인이니라.

¹예수께서 다시 회당에 들어가시니 한쪽 손 마른 사람이 거기 있는지

라. ²사람들이 예수를 고발하려 하여 안식일에 그 사람을 고치시는가 주시하고 있거늘 ³예수께서 손 마른 사람에게 이르시되 한가운데에 일어서라 하시고 ⁴그들에게 이르시되 안식일에 선을 행하는 것과 악을 행하는 것, 생명을 구하는 것과 죽이는 것, 어느 것이 옳으냐 하시니 그들이 잠잠하거늘 ⁵그들의 마음이 완악함을 탄식하사 노하심으로 그들을 둘러 보시고 그 사람에게 이르시되 네 손을 내밀라 하시니 내밀매 그 손이 회복되었더라. ⁶바리새인들이 나가서 곧 헤롯당과 함께 어떻게 하여 예수를 죽일까 의논하니라.

전에 청년사역을 할 때 인상적으로 보았던 책 하나가 있다. 「스타벅스 감성 마케팅」이란 책이다. 이 책은 우리나라에 커피전문점 스타벅스가 처음 들어와서 많은 인기를 끌 때 마케팅의 관점에서 분석한 책이다. 이 책을 쓴 김영한 작가는 우리나라 굴지의 전자회사를 다니다 나와서 마케팅을 전공하고 대학의 경영대학원에서 마케팅을 가르쳤을 뿐 아니라 대기업의 마케팅 종사자들에게 마케팅 교육을 했던 분이다. 이 분야의 책만 75권을 출간했다. 그랬던 그가 60세가 넘어가자 대학에서도 은퇴하고, 기업에서도 더는 찾아주지도 않고, 점점 모든 것이 하향곡선을 그렸다. 안 되겠다 싶어 모든 것을 정리하고 64세의 나이에 제주도에 내려가 새롭게 창업을 했다.

처음에는 산방산 부근의 경치 좋은 곳에 사진 스튜디오를 차렸다. 마케팅 전문가니 창업에 얼마나 자신감을 가졌겠는가? 그러나 얼마 가지 않아 망했다. 3개월 운영하는 동안 고객은 딱 한 커플, 수

입은 25만 원이 전부였다. 명색이 마케팅 전문가인 그가 생소한 제주도에서 완패한 것이다. 사업에 실패하고 며칠을 침대에서 일어나지 못했다.

그랬던 그가 다시 용기를 내 그 자리에 카페를 창업했다. 바닷가 근처이기에 2층을 완전히 통유리로 만들었다. 주변에서 태풍이 오면 다 날아간다고 말리는데 그러면 차별성이 없다고 비용을 더 들여 강화유리로 튼튼하게 시공했다. 덕분에 태풍이 와도 끄떡없었고, 이곳은 태풍이 몰아칠 때 태풍 치는 바다를 볼 수 있는 명소로 알려지며 사람들이 찾기 시작했다. 그러나 이것도 한계가 있었다. 얼마 지나지 않아 제주도에 유명한 카페가 우후죽순으로 생기기 시작했다. 어떻게 하면 차별화할 수 있을까? 고민하다 생각한 것이 원두를 수입만 할 것이 아니라 차라리 제주도에서 커피나무를 직접 키워보는 것이었다. 이번에도 주변에서 말렸다. 커피는 따뜻한 지역에서 자라고, 제대로 키우려면 적어도 최저기온이 15도 이상 되어야 가능하다.

하지만 김영한 씨는 수많은 책을 보고 공부하고 연구하여 마침내 커피나무 재배를 위한 전용 비닐하우스를 건립하고는, 지인들을 통해 전세계에 있는 커피 종자들을 공수받아 마침내 제주도에서 처음으로 커피나무 재배를 시작했다. 커피 종자를 심고 겨울을 나자 절반이 추위를 견디지 못하고 죽었다. 추위에도 강한 종자를 골라내 이 종자들을 중심으로 커피나무를 재배했다. 그렇게 5년 동안 커피나무가 잘 자랐는데, 어느 겨울에 제주도 날씨가 영하 6도 이하의 한파가 계속된 때가 있었다. 어떻게 손을 써봐야 하는데, 많은 남성이 걸린다는 전립선암에 걸려 수술하는 바람에 나무들을 돌보지 못하고 결국 많은 나무가 죽었다. 어떻게 할 것인가? 포기할 것인가?

그런데 이분은 여기서 포기하지 않았다. 생각의 방향을 바꾸었다. 이런 식으로 커피 원두를 충분히 재배하기가 쉽지 않다. 양도 적고. 그렇다면 어떻게 이 한계를 풀 것인가? 그래서 집중한 것이 커피 와인과 커피 코냑이었다. 수많은 규제와 법규의 제한이 있었는데, 이것을 하나하나 극복해 가며 마침내 커피농장을 세우고, 프리미엄 제품으로 커피 와인과 코냑을 생산하는 데 성공한 것이다. 그뿐만이 아니다. 제주도와 비슷한 화산섬이지만 기후는 커피를 재배하기에 훨씬 좋은 곳, 바로 하와이 코나에 있는 농장과 연결하여 이곳에서 고품질의 커피 와인과 코냑을 생산하기 위한 도약을 시작했다. 이런 숱한 시행착오를 얼마 전 「꿈이 있으면 늙지 않는다」는 제목으로 출간했다.[34]

대부분 사람은 문제를 만나면 문제를 지적하기만 하고 포기하고 물러난다. 그러나 김영한 작가는 다른 사람과 다른 점이 하나 있었다. 문제 앞에서 도망가지 않고 이를 온몸으로 부딪치며 치열하게 하나하나 풀어가기 시작했다는 점이다. 문제를 아는 것과 문제를 푸는 것은 전혀 다른 일이다. 문제를 아는 것은 어느 정도 지식과 명철한 판단력이 있으면 된다. 그러나 문제를 푸는 것은 온몸을 던져 씨름해야 가능한 일이다.

본문에는 연속되는 두 장면이 등장한다. 먼저는 예수님께서 안식일에 밀밭 사이로 지나가는데, 제자들이 허기를 채우기 위해 밀 이삭을 자르는 것을 보고 바리새인들이 문제를 제기하는 장면이다 (막 2:23-28). 두 번째는 예수님께서 안식일에 육신의 질병으로 고통당하는 사람을 보고 생명을 구하는 것과 죽이는 것 어떤 것이 옳으냐고 물으시고는 병자를 구해주시는 장면이다(막 3:1-6).

이 두 장면을 보면 바리새인들은 문제를 지적하지만 문제를 해결하지 못하는 반면 주님은 이들이 제기하는 문제를 해결해주신다. 문제에 대한 대안을 제시하는 것이다. 그렇다면 좀 더 구체적으로 바리새인들의 문제 제기의 내용을 살펴보자.

"바리새인들이 예수께 말하되 보시오. 저들이 어찌하여 안식일에 하지 못할 일을 하나이까"(막 2:24).

바리새인들이 문제 삼는 것은 예수님과 함께 있던 제자들이 '안식일에 하지 못할 일'을 한다는 것이다. 이는 구체적으로 이들이 다른 사람의 밭에 들어가서 밀을 꺾은 일을 말한다. 허락도 없이 밀을 꺾어 먹는 것이 잘못이라는 것이 아니다. 이런 일들은 구약 율법에 너그럽게 허락한 바 있다.

"네 이웃의 곡식밭에 들어갈 때에는 네가 손으로 그 이삭을 따도 되느니라. 그러나 네 이웃의 곡식밭에 낫을 대지는 말지니라"(신 23:25).

이웃의 곡식밭에 들어가서 손으로 이삭을 따라. 그러나 낫을 갖고 베어 먹지는 말아라. 손으로 따면 최소한의 허기를 면할 수 있다. 그러나 낫으로 베는 것은 다른 이의 수고로 맺은 열매를 탈취하는 것이다. 이처럼 구약 율법은 생존에 대한 최소한의 너그러움을 보여준다. 그렇다면 바리새인들이 문제 삼는 것은 무엇인가? 이런 일을 하필이면 안식일에 했다는 것이다. 안식일을 지키라는 계명은 십계명 제4계명으로 우리로 정신 없이 일의 노예가 되지 말고 참된 안식을 경험하라고 주신 날이다. 하나님도 천지창조를 마치시고 제7일째 안식하셨다. 하나님이 이날에는 아무 일도 하지 말라고 하셨다. 그렇게 말씀하신 이유가 무엇인가? 진정한 안식을 경험하라는 것이다.

그런데 바리새인들은 이런 안식일 노동 금지 조항을 구체적으로 발전시키기 시작해서 다양하고 복잡한 규정을 만들어 놓았다. 바리새인들은 안식일에 하지 말아야 할 행동 범주를 39가지로 나누어 놓았다. 예를 들면 안식일에는 하루에 1/2마일, 즉 800m 이상을 걸어가면 안 된다. 그 이상 걸으면 땀이 나기 때문에 그것은 안식일에 노동하는 것이고 안식을 범하는 것이다. 안식일에 빵을 굽거나 식사를 준비하는 것 또한 노동이기에 안식을 범하는 것이었다. 그래서 식사 준비를 하면 안 되고 그 전날 다 해놓아야 했다. 안식일에 낫을 대는 것, 또 밀을 자르는 것, 씨 뿌리는 것, 밀 까는 행위 등은 모두 안식일을 범하는 것이었다.

또 안식을 누리기 위해서 의사나 제사장은 의료행위, 치유행위를 해서는 안 된다. 물론 생명이 경각에 달릴 정도로 위태하면 응급조치를 해놓을 수는 있지만 내일 고쳐도 되는 병 같으면 고치면 안 되었다. 병을 고치는 것도 병이 더 나아지도록 진료하면 안 되고 나빠지는 것을 방지하는 정도만 해야 한다. 그래서 손가락을 칼에 베여 피가 많이 나면 반창고 같은 것으로 지혈만 해야지, 거기에 연고 같은 약을 바르는 것은 금지되었다. 연고를 바르면 노동이다. 이와 같은 원리로 안식일에 뼈가 부러지면 그냥 두어야 한다. 뼈가 부러져도 생명에 지장이 없기 때문이다. 다음날 고쳐도 상관 없으니 그날에는 의료행위를 하면 안 된다. 아프다고 냉온 찜질하면 안 된다. 노동이다. 찜질하다 땀나면? 노동이다. 안식일에 담벼락이 무너져 사람이 깔리면 어떻게 하는가? 그 사람이 살았는지 죽었는지 확인할 정도만 돌을 치워야지, 그 이상 무리하게 치우면 안 된다. 치우다 땀나면 노동이다. 만약 살았으면 어쩔 수 없이 꺼내주어야 하지만 죽었으면 이왕 죽었으니 다음날까지 그냥 두어야 한다. 돌 치우는 것이 큰 노동이기 때문이다.

이 모든 것이 안식일을 잘 지키기 위해 바리새인들이 세워놓은 안식일에 관한 모범답안이었다. 그러나 이들은 안식일에 대한 모범답안만 갖고 있었지, 실제로 안식일에 참 안식을 경험하지 못했다. 도리어 안식일을 지키나 안 지키나 눈이 뚫어지게 감시하느라 참된 안식을 경험하지 못하고, 그 내면은 정죄와 분노가 사로잡고 있었다. 안식이라는 인생의 문제 제기는 예리하게 잘해도, 안식의 문제를 직접 풀어내는 실력은 없었다. 예수님은 바리새인들의 문제 제기에 다윗의 사례를 들며 이렇게 답하신다.

"예수께서 이르시되 다윗이 자기와 및 함께 한 자들이 먹을 것이 없어 시장할 때에 한 일을 읽지 못하였느냐 그가 아비아달 대제사장 때에 하나님의 전에 들어가서 제사장 외에는 먹어서는 안 되는 진설병을 먹고 함께 한 자들에게도 주지 아니하였느냐"(막 2:25-26).

이 말씀은 다윗이 사울의 추격을 받아 도망가던 사무엘상 21장의 이야기를 배경으로 한다. 한밤중에 급작스럽게 도망가던 다윗은 너무나도 배가 고팠다. 그래서 성막이 있던 놉 지역으로 가서 그곳에서 제사장 아비아달의 아버지 아히멜렉에게 배가 고프니 먹을 것을 달라고 부탁한다. 그러자 아히멜렉은 하나님의 성소에 드리는 임재의 떡인 진설병을 드렸다가 기한이 되어 물려온 떡이 있는데 이것이라도 먹으라고 내준다. 다윗은 거기서 진설병을 먹고 허기를 면한 후에 다시 길을 떠난다. 예수께서는 제사장만 먹으라고 한 진설병이었지만, 사람이 배고파 쓰러져 가는 것을 외면하지 않고 이 떡을 주어 생명을 살리는 떡으로 쓰임받은 것에 주목하신 것이다.

이를 통해 예수께서 하시고자 하는 말씀은 무엇인가? 하나님의 계명은 사람을 살리고 문제를 해결하도록 주셨지, 도리어 사람을 통제하고 생명을 죽이고 문제 해결을 못 하도록 막는 쪽으로 주신 것이 아니라는 것이다. 그래서 다음과 같이 말씀하신다.

"또 이르시되 안식일이 사람을 위하여 있는 것이요 사람이 안식일을 위하여 있는 것이 아니니 이러므로 인자는 안식일에도 주인이니라"(막 2:27-28).

안식일은 사람을 위해 있는 것이다. 따라서 안식일에는 사람이 참된 안식을 경험하고, 다시 살아나는 쪽으로 가야 한다. 이에 대해 바리새인들은 분명 문제를 제기할 것이다. "아니, 도대체 무슨 권위로 감히 그런 말을?" 하지만 주께서는 "인자는 안식일에도 주인이니라"고 말씀하신다. 앞서 예수께서는 중풍병자의 죄를 사하시는 분으로 계시되었다(막 2:5). 여기서는 참된 안식을 주시는 주인임을 선포하신다.

예수께서 다시 회당에 들어가셨다(막 3:1). 그런데 회당에는 한쪽에 손 마른 사람이 있었다. '손 마른 사람'이란 손이 어떤 장애로 인해 오그라들거나 작아지거나 마비된 증상을 말한다. 그동안 얼마나 힘들었겠는가? 그런데 바리새인들은 손 마른 사람을 긍휼히 여기기는커녕 예수님이 어떻게 하는가 노려보고 있었다.

> "사람들이 예수를 고발하려 하여 안식일에 그 사람을 고치시는가 주시하고 있거늘"(막 3:2).

"주시하다"(헬. 파레테룬)는 단어는 "곁에서 또는 숨어서 기다린다"는 뜻이다. 예수님이 자신들이 지적하는 문제의 경계선을 넘어오면 가차 없이 정죄하려는 의도로 예의 주시하며 기다린다는 것이다. 이들은 안식일 규정을 어기면 율법에 따라 돌로 쳐 죽여야 한다고 생각했다. 오늘날도 보면 안식일을 율법적으로 해석하는 이단들이 있다. 이들은 일요일을 안식일로 지키는 것은 짐승의 표를 받는 것이니 지옥 간다고 주장한다.[35] 하지만 성경은 신약시대에 안식일과 할례와 같은 유대민족 고유의 정체성을 구별하는 규정들은 이미 그리스도 안에서 무효가 되었음을 분명히 밝힌다.

> "그러므로 먹고 마시는 것과 절기나 초하루나 안식일을 이유로 누

구든지 너희를 비판하지 못하게 하라"(골 2:16).

"그리스도 예수 안에서는 할례나 무할례나 효력이 없으되 사랑으로써 역사하는 믿음뿐이니라"(갈 5:6).

"온 율법은 네 이웃 사랑하기를 네 자신같이 하라 하신 한 말씀에서 이루어졌나니"(갈 5:14).

절대 이런 이단 사설에 미혹되지 않기를 바란다. 예수께서는 문제를 해결할 수 있는 능력은 없으면서 문제만 지적하는 바리새인들에게 물으신다.

"그들에게 이르시되 안식일에 선을 행하는 것과 악을 행하는 것, 생명을 구하는 것과 죽이는 것, 어느 것이 옳으냐 하시니 그들이 잠잠하거늘"(막 3:4).

어느 것이 옳을까? 안식일에 선을 행하는 것이 마땅하다. 손 마른 사람이 고통 중에 있지 않고 주님을 만나 참된 평안을 경험할 수 있도록 해야 한다. 어떻게든 생명을 구해야 한다. 하지만 바리새인들의 상태는 어떠한가? 자신들이 제기한 문제의 경계선을 한 발짝이라도 넘어오면 규정 위반이라고 불쾌해하고 불법으로 규정하려고 한다. 이런 마음을 본문은 '완악하다'고 한다.

"그들의 마음이 완악함을 탄식하사 노하심으로 그들을 둘러 보시고 그 사람에게 이르시되 네 손을 내밀라 하시니 내밀매 그 손이 회복되었더라"(막 3:5).

지금 예수님은 손 마른 사람의 손을 만지지 않으셨다. 일종의 치유행위나 축사행위를 하신 것도 아니다. 딱 한 마디 말씀만 하셨다. "네 손을 내밀라." 그래서 내밀었더니 치유가 된 것이다. 말씀으로만 치유하셨다. 바리새인의 기준에서 일이라고 할 만한 것을 전혀 행하지 않으셨다. 보통 사람 같으면 이것을 보고 이런 일은 하나님의 기적이고 능력이라고 고백하며, 하나님께 영광을 돌리지 않겠는가? 그런데 이들의 반응은 어떤가?

"바리새인들이 나가서 곧 헤롯당과 함께 어떻게 하여 예수를 죽일까 의논하니라"(막 3:6).

이 말씀을 누가복음은 바리새인들이 "노기가 가득했다"고 추가로 설명한다(눅 6:11). 아니, 손을 댄 것도 아니고 말씀으로 선포하신 것이 그대로 이루어진 것뿐인데 이것에 분노했다. 이들은 안식일에 예수님을 통해 일어나는 참된 안식의 회복을 전혀 누리지 못하고 있었다. 자신들이 세운 기준이 도그마가 되어 여기에서 벗어나느냐 아니냐만이 중요했다.

전에 군대 훈련소에서 한 부사관이 신병들을 모아놓고 훈련하고 있었다. 부사관은 소총을 들고 보여주면서 물어보았다.

"소총 개머리를 왜 호두나무로 만드는지 아는 사람?"

그러자 한 신병이 대답한다.

"다른 나무보다 단단하기 때문입니다."

"틀렸다."

그러자 다른 신병이 말한다.

"더 탄력이 있기 때문입니다."

"틀렸다."

"더 반들거리기 때문입니다."

그러자 의기양양하게 대답한다.

"너희들 정말 배워야 할 게 많구나. 호두나무를 사용하는 이유는 간단하다. 규정에 그렇게 적혀 있기 때문이다."

안식일 왜 일하면 안 되죠? 규정에 그렇게 적혀 있으니까! 바리새인들은 근본적인 원인을 따지지 않는다. 이렇게 되면 규정이 사람을 위해 있는 것이 아니라 사람이 규정을 위해 있게 된다. 문제를 푸는 사람은 이 순서를 뒤바꾸는 사람이다. 주님이 말씀하신다. 안식일은 사람을 위하여 있는 것이지 사람이 안식일을 위해 있는 것이 아니다.

다들 입으로는 정답을 외치는데, 실제 몸으로 그 문제를 푸는 사람이 없다. 이러다 입만 천국에 가는 것은 아닐까? 성도의 능력과 야성은 언제 생기는가? 문제 앞에서 직접 문제에 부닥치며 해결할 때 일어난다. 투덜거리고 비난하는 것은 이제 멈추어야 한다. 정죄하는 것도 이제는 멈추어야 한다. 우리의 부르심은 문제 앞에 바리새인처럼 규정만으로 다른 사람을 판단하는 것이 아니라 직접 그 문제를 해결하는 것이다. 문제에 뛰어들 수 있어야 한다. 덤벼들 수 있어야 한다.

아브라함을 보라. 하나님께서 그를 부르실 때 아무런 해결책이 보이지 않는 곳으로 부르셨다. 너는 고향 가족 아버지의 집을 떠나 내가 너에게 지시할 땅(the land that I will show you. NIV, NRSV)으로 가라(창 12:1). 보이지 않지만 순종하여 갈 때 그 속에 해결책이 보인다. 누가 옳은지 그른지 싸우는 것은 그만 멈추고 이제는 순종할 때다. 문제를 풀어야 할 때다. 어느 곳에서든지 우리로 인하여 문제가 해결되어야지 우리로 인하여 문제가 불거져서는 안 된다.

주께서 우리에게 해결할 능력을 주신다. "여호와와 그의 능력을 구할지어다. 그의 얼굴을 항상 구할지어다"(시 105:4). 어떤 문제 앞에서도 하나님께 지혜와 능력을 구하며 담대하게 싸워 이기는 성도 되길 축복한다. "주여, 나로 정답을 외치는 자가 되게 하지 마시고, 있는 곳에서 문제를 풀어내는 백성이 되게 하소서." 세상은 넓고 할 일은 많다. 담대하게 문제의 현장에서 담대히 승리하는 믿음의 자녀로 서자!

[14장 각주] ....

34) 김영한, 「꿈이 있으면 늙지 않는다: 평범한 시니어에서 잘나가는 CEO로 성장하는 25가지 비즈니스 법칙」(서울: 행복한북클럽, 2018).

35) 양형주, 「바이블 백신 2」(서울: 홍성사, 2019), 150-154쪽.

보이지 않는 손을
주목하라

⁷예수께서 제자들과 함께 바다로 물러가시니 갈릴리에서 큰 무리가 따르며 ⁸유대와 예루살렘과 이두매와 요단강 건너편과 또 두로와 시돈 근처에서 많은 무리가 그가 하신 큰 일을 듣고 나아오는지라. ⁹예수께서 무리가 에워싸 미는 것을 피하기 위하여 작은 배를 대기하도록 제자들에게 명하셨으니 ¹⁰이는 많은 사람을 고치셨으므로 병으로 고생하는 자들이 예수를 만지고자 하여 몰려왔음이더라. ¹¹더러운 귀신들도 어느 때든지 예수를 보면 그 앞에 엎드려 부르짖어 이르되 당신은 하나님의 아들이니이다 하니 ¹²예수께서 자기를 나타내지 말라고 많이 경고하시니라. ¹³또 산에 오르사 자기가 원하는 자들을 부르시니 나아온지라. ¹⁴이에 열둘을 세우셨으니 이는 자기와 함께 있게

하시고 또 보내사 전도도 하며 15귀신을 내쫓는 권능도 가지게 하려 하심이러라. 16이 열둘을 세우셨으니 시몬에게는 베드로란 이름을 더 하셨고 17또 세베대의 아들 야고보와 야고보의 형제 요한이니 이 둘 에게는 보아너게 곧 우레의 아들이란 이름을 더하셨으며 18또 안드레 와 빌립과 바돌로매와 마태와 도마와 알패오의 아들 야고보와 및 다 대오와 가나나인 시몬이며 19또 가룟 유다니 이는 예수를 판 자더라.

'보이지 않는 손'(invisible hand)이라는 개념은 원래 애덤 스미스의 「국부론」에 나오는 개념이다. 이것은 소비자의 수요와 생산자의 공급이 시장에서 만나 서로 간에 자유롭게 이익을 추구하다 보면 '보이지 않는 손'이 있어 합리적인 교환과 분배가 일어난다는 주장이다. 서로가 자기 이익을 추구할 때 보이지 않는 손이 적절한 균형을 유지해주는데, 여기서의 '보이지 않는 손'이란 시장에서 수요와 공급의 만남으로 형성되는 가격을 말한다.

하지만 애덤 스미스가 간과했던 또 다른 보이지 않는 손이 있었다. 그것은 생산자와 소비자가 자유로운 경제활동을 할 때 늘 그 곁에서 그를 돌보고 필요할 때 의지할 수 있는 아내, 어머니, 가족들의 보이지 않는 숨은 손길이다. 애덤 스미스가 전혀 고려하지 않았던 이 보이지 않는 가정의 숨은 손은 너무나도 익숙해서 간과하기 쉬운 것이지만, 기본적인 전제와도 같다. 그래서 카트리네 마르살이란 작가는 얼마 전 「잠깐, 애덤 스미스 씨, 저녁은 누가 차려줬어요?」라는 책에서 이 점을 콕 집어서 지적하고 있다.[36)]

본문에도 이런 보이지 않는 손들이 드러난다. 이것은 예수님의 사역이 점점 커가면서 일어나는 서로 다른 힘들의 충돌이다. 이런 힘들은 본문에서 여러 가지 동사로 표현된다.

먼저, 예수께서 바다, 곧 갈릴리 호수로 "물러가셨다"는 동사가 나온다(막 3:7). 물러가신 것은 바로 바리새인들이 헤롯당과 함께 예수님을 죽일 방법을 논의하는 것을 아셨기 때문이다(막 3:6). 예수께서 갈릴리 호수로 물러가시자 큰 무리가 예수님을 따르고 사방에서 수많은 사람이 예수님께 나아왔다.

"유대와 예루살렘과 이두매와 요단강 건너편과 또 두로와 시돈 근처에서 많은 무리가 그가 하신 큰 일을 듣고 나아오는지라"(막 3:8).

여기서 예루살렘은 유대 지역의 북단이고, 이두매는 남단 지역, 요단강 건너편은 유대 동쪽 지역, 두로와 시돈은 유대 서쪽 해안 지역이다. 예수님이 갈릴리에 오셨다는 소식을 듣고 동서남북 사방에서 구름같이 몰려들었다. 본문(7-12절)은 1장 14절부터 시작되었던 갈릴리에서의 초반부 사역을 마무리하는 단락이기도 하다. 예수께서 처음 사역을 시작하실 때는 미약했지만, 이제 초반부 사역의 끝부분이 되자 마치 물이 100℃에 도달하면 펄펄 끓는 것처럼 예수님 사역의 임계점(the critical point)이 찾아오며 사람들이 어마어마하게 몰려오기 시작했다.

예수님은 그를 죽이려는 바리새인들의 힘을 경계하며 물러가셨고, 백성들은 예수님에게서 구원의 희망을 발견하고 구름 떼같이 몰려왔다. 심지어 무리가 에워싸 예수님을 밀어제쳤을 정도였다(막 3:9). '에워싸 민다'(헬. 틀리베인)는 동사는 문자적으로는 '압박하다' '압력을 가하다'는 뜻이고, 은유적으로는 '탄압하다' '괴롭히다'는 뜻이다.

마가복음 13장 19절에 보면 "환난"이라는 단어가 나오는데, 헬라어 '틀리베인'에서 나온 '틀립시스'다. 이런 환난은 종말론적 '환난'을 가리킨다. 따라서 지금 예수님께서 수많은 사람에게 떠밀리는 것은 장차 성난 군중에 의해 십자가에 못 박히시는 고난의 예고편 같은 느낌을 준다. 사람들이 이렇게 예수님을 거칠게 떠밀며 압박하는 이유가 무엇인가?

"이는 많은 사람을 고치셨으므로 병으로 고생하는 자들이 예수를 만지고자 하여 몰려왔음이더라"(막 3:10).

병으로 고생하던 자들이 예수를 만지고자 몰려왔기 때문이다. 여기서 '고생한다'(헬. 에피피테인)는 단어는 '~위에'라는 뜻의 '에피'와 '떨어지다'는 뜻의 '피테인'이 결합된 단어다. 5층 건물에서 지나가던 사람 머리 위에 화분을 던지면 어떻게 되는가? 기절하거나 죽는다. 그만큼 위에서 떨어지는 것은 위험하다. 그래서 이 단어는 '공격하다' '습격하다'는 뜻이 있다. 병은 예고 없이 사람들을 습격한다. 즉 사람들이 이렇게 예수님을 거칠게 몰아가며 압박하는 이유는 질병의 습격 때문이었다. '병'(헬. 마스티가스)이란 문자적으로 '회초리'나 '채찍'을 의미하는데, 이것은 영적 세력이 사람을 회초리나 채찍으로 내려치는 것을 연상시킨다. 즉 여기서의 질병은 악한 영적 세력의 공격으로 보고 있다.

그런데 여기 또 다른 힘을 나타내는 동사가 나온다. 바로 11절 말씀이다.

"더러운 귀신들도 어느 때든지 예수를 보면 그 앞에 엎드려 부르짖어 이르되 당신은 하나님의 아들이니이다 하니"(막 3:11).

'귀신들'은 귀신 들린 사람들을 말한다. 여기에는 귀신 들려 질병을 앓고 있는 이들도 포함한다. 이들은 예수님 앞에 엎드렸다. 여기 '엎드렸다'(헬. 프로스핍테인)는 동사는 '앞으로'를 의미하는 '프로스'와 '떨어지다'를 의미하는 '핍테인'이 결합된 단어다. 귀신들이 예수님 앞으로 떨어지는 것이다. 이는 귀신 들린 이들이 예수님 앞에 무력하게 엎어지거나 아니면 그 권위 앞에 엎드려 경배하는 것을 의미한다.

이상으로 나타난 서로 다른 힘의 움직임을 살펴보라. 먼저, 예수님을 죽이려는 무리가 예수님을 죽이려고 논의한다(막 3:6). 그러자 예수님은 갈릴리로 물러난다(막 3:7). 그러자 수많은 무리가 예수님을 압박하고 괴롭힌다(막 3:8-9). 이들은 병마의 세력에 습격을 받았던 이들이다. 그러나 그 가운데 이들을 습격했던 병마들과 귀신들은 예수님 앞에 꼬꾸라진다(막 3:11). 이러한 힘들의 충돌 가운데 나타나는 것은 무엇인가? 바로 하나님 나라의 확장이다!

이런 힘의 습격과 하나님 나라의 확장 속에 팽팽한 긴장이 있다. 이런 사역의 구조가 성도에게 어떻게 나타나는가를 명료하게 보여주는 말씀이 있다. 바로 요한계시록 1장 9절 말씀이다.

"나 요한은 너희 형제요 예수의 환난과 나라와 참음에 동참하는 자라. 하나님의 말씀과 예수를 증언하였음으로 말미암아 밧모라 하는 섬에 있었더니."

여기 보면 사도 요한은 자신을 예수의 환난과 나라와 참음에 동참하는 자로 소개한다. 예수의 환난과 나라와 참음이라는 것은 직역하면 예수 안에 있는 환난과 나라와 인내에 동참하는 자라는 뜻이다.[37] 우리가 예수 안에 있다는 것은 그리스도 예수를 믿는 믿음 안에서 그와 함께 연합하여 거한다는 뜻이다. 그와 함께 거하면 예수께서 감당하셨던 일들에 동참하게 되는데, 그것이 바로 환난과 나라와 인내라는 것이다. 여기 환난은 이 시대에 복음을 증거하며 하나님의 나라가 확장되는 가운데 당하는 것이다. 참음은 이 복음이 확장되며 점점 커지는 환난 가운데 인내하는 것이다.

성경에서 성도의 인내는 자기 힘으로 이를 악다물고 참는 것이 아니다. 소망 중에 성령께서 주시는 힘으로 인내하는 것이다. 특이한 것은 여기 나라가 환난과 인내 사이에 있다는 점이다. 이것은 하나님의 나라가 확장되는 가운데 앞으로는 환난이 있고 뒤로는 성령 안에 견뎌내야 할 인내가 따라온다는 것이다.

지금 예수님께서 경험하시는 보이지 않는 힘들의 충돌이 바로 이

점을 잘 보여준다. 이렇게 점차 확장되는 하나님의 나라 가운데 이에 비례하여 커지는 억압과 습격의 힘이 예수님의 사역에 타격을 가하려고 한다. 이 땅에서 하나님의 새로운 통치가 임할 때, 성도들은 필연적으로 힘의 충돌을 경험하며, 고난과 참음이 따른다. 또한 이것이 바로 참된 하나님 백성의 특징이기도 하다. 이를 예수님은 다음과 같이 말씀하셨다.

> "의를 위하여 박해를 받은 자는 복이 있나니 천국이 그들의 것임이라"(마 5:10).

이 말씀은 의를 위해 핍박받아야 천국을 얻는다는 것이 아니라 의를 위해 박해받는 그 순간 그 삶이 하나님의 통치를 소유한 사람이라는 뜻이다. 천국을 누리는 성도라면 누구나 이런 의를 위한 핍박을 겪게 된다. 내가 예수님을 따르기에 고생스럽고 손해 보고 힘든 점이 있는가? 천국을 소유한 그의 나라를 소유한 천국 백성임을 확신하길 바란다. 그리고 환난과 인내로 둘러싸여 있는 이 천국을 그 어떤 것으로도 포기하지 말라!

이렇게 중차대한 힘의 충돌지점에서 예수님은 그동안 감당하셨던 사역에 새로운 변속을 시도한다. 그것은 이런 하나님 나라 운동에 함께할 제자들을 세우는 것이다.

> "또 산에 오르사 자기가 원하는 자들을 부르시니 나아온지라. 이에 열둘을 세우셨으니"(막 3:13-14).

이 장면은 모세가 시내산에 올라 열두 지파를 상징하는 기둥을 세우는 장면을 연상시킨다.

"모세가 여호와의 모든 말씀을 기록하고 이른 아침에 일어나 산 아래에 제단을 쌓고 이스라엘 열두 지파대로 열두 기둥을 세우고"(출 24:4).

본문에 '열둘을 세웠다'라고 할 때 '세웠다'(헬. 포이에오)는 동사는 '창조하다' '만들다'는 뜻이다(엡 2:10 참조). 여기서 예수님은 단순히 열두 제자를 세운 것이 아니라 하나님이 시내산에서 이스라엘 12지파를 새로운 하나님의 백성으로 세우신 것같이 하나님 나라의 새로운 언약 백성을 창조하는 모습을 의미한다. 이렇게 새롭게 지은 백성은 장차 예수님이 세우시는 하나님 나라에 동참하고 환난과 인내를 견뎌내며 그 나라를 확장할 이들이다. 본문은 예수께서 제자들을 세우신 것이 다음과 같은 목적임을 밝힌다.

"이는 자기와 함께 있게 하시고 또 보내사 전도도 하며 귀신을 내쫓는 권능도 가지게 하려 하심이러라"(막 3:14).

무엇보다 새로운 하나님 나라의 제자들은 예수님과 함께 거해야 한다. 이는 이들이 예수님과 친밀한 관계로 연합하며 그의 나라에 거하는 자들이어야 함을 의미한다. 예수님과 함께 깊이 거할 수 있기를 바란다. 직분을 맡은 이들일수록 예수님과 함께 거하는 시간을 많이 가지기를 바란다. 직분이 중차대할수록 환난이 많다. 직분이 중차대할수록 견뎌야 할 인내가 많다. 연말이 되어 이런저런 봉사의 자리, 많은 이가 기쁘게 감당하지만, '못 견디겠다' '못 참겠다'고 하는 이들도 있다. 하지만 기억하라. 나를 통해 하나님 나라가 확장되고 넓어지려 할수록 어려움이 많다. 우리가 처음 직분을 맡으면 얼마나 희망차고 용기 가득한가? 그런데 한두 번 환난에 치이면 그냥 나가떨어진다. 인내하고 견뎌야 하는데 주님과 함께 거하는 연합도 느슨해지고, 그러다 보니 견뎌내지 못한다. 결국 보이지 않는 이런저런 힘에 나가떨어진다. 따라서 우리는 먼저 주님 곁에 거하며 바짝 붙어 있어야 한다.

둘째로 제자들은 주님과 함께 거하며 복음을 전하기 위해 부름받았다. 주님과 함께 오래 거할수록 그분을 자랑하고 싶고, 그분에 대한 확신으로 가득하다. 이럴 때 우리는 확신 가운데 복음을 힘 있게 전할 수 있다.

셋째로 이렇게 퍼져가는 하나님 나라 가운데 찾아오는 환난을 이길 수 있는 영적 능력이 있어야 한다. 그래서 예수께서는 제자들에게 귀신을 내쫓는 권능을 주신다.

예수께서 세우신 열두 제자는 다음과 같다. 본문(막 3:16-19)에는 열두 제자의 이름이 소개된다. 특이한 것은 처음 세 제자에게는 다른 제자들과는 달리 별명이 붙여졌다는 것이다. 시몬에게는 베드로란 이름을 더하셨고, 야고보와 요한에게는 보아너게란 별명을 더하셨다(막 3:16). 보아너게는 우레 혹은 천둥의 아들이라는 뜻이다. 이 세 사람에게 별명이 붙은 것은 이들이 예수님의 열두 제자 중 특별한 지도자 그룹임을 암시한다.

이렇게 열두 명의 제자 가운데 세 사람에게 별명이 더해진 것은 종말에 세워질 새로운 이스라엘을 상징한다. 유대 전통에 따르면 이스라엘 백성의 종말적 회복을 예언한 구약 예언서를 보면 대선지서인 이사야, 예레미야, 에스겔 세 권과 나머지 열두 소선지서를 나눈다. 3+12의 구성이다. 이런 구성은 믿음의 조상인 아브라함, 이삭, 야곱 3대에 이어 야곱의 열두 아들을 상기시키기 위한 장치로 본다. 그래서 유대 광야에서 하나님의 종말을 대망하며 살았던 쿰란 공동체는 지도부를 12명으로 세우고 이중에서 특별히 3명의 핵심 그룹을 구성했다. 3+12인 것이다. 이런 면에서 예수께서 열두 제자를 세우시고 그 가운데 3명을 구성하신 것은 이들을 통해 종말론적 하나님 나라의 새로운 언약백성을 일으키기 위한 것임을 보여준다.

그럼 먼저 시몬의 새로운 이름, 베드로를 살펴보자. '베드로'(헬. 페트로스)는 '바위'란 뜻인데 이것은 이사야 전승을 반영한다.

"의를 따르며 여호와를 찾아 구하는 너희는 내게 들을지어다. 너희를 떠낸 반석과 너희를 파낸 우묵한 구덩이를 생각하여 보라. 너희의 조상 아브라함과 너희를 낳은 사라를 생각하여 보라. 아브라함이 혼자 있을 때에 내가 그를 부르고 그에게 복을 주어 창성하게 하였느니라"(사 51:1-2).

이 말씀을 보면 믿음의 조상 아브라함은 하나님의 백성에서 갈라져 나온, 파내진 바위라고 한다. 그런데 이사야 8장 14절을 보면 이 바위가 좀 불안하다.

> "그가 성소가 되시리라. 그러나 이스라엘의 두 집에는 걸림돌과 걸려 넘어지는 반석이 되실 것이며 예루살렘 주민에게는 함정과 올무가 되시리니."

바위라는 별명은 든든한 믿음의 반석과 신앙 선조의 아름다운 신앙유산을 계승하는 의미가 있지만 동시에 걸려 넘어지는 위험성도 포함하고 있다. 베드로는 하나님의 나라가 확장되는 가운데, 큰 환난을 겪었고, 결국 인내하지 못해 믿음을 저버리고 예수님을 모른다고 부인하는 데까지 이른다.

이런 위험성은 야고보와 요한이 갖는 '보아너게' 라는 별칭에서도 마찬가지다. 천둥의 아들이라고 하면 특별한 하늘의 권위를 가진 것처럼 느껴지지 않는가? 그러나 보아너게는 이들의 불같은 성격을 의미하는 동시에(막 3:17), 예수께서 십자가를 지기 위해 마셨던 고난의 잔을 이들도 마실 것을 암시하기도 한다. 야고보와 요한은 예루살렘으로 향하는 길 가운데 예수님께 하나는 주님 우편에, 다른 하나는 좌편에 앉게 해 달라고 부탁한다. 그러자 예수께서는 이들에게 너희가 내가 마시는 잔을 마실 것이라고 말씀하신다(막 10:38-39).

무슨 말인가? 제자들이 앞으로 예수님과 함께 하나님 나라를 이루어 갈 때 겪어야 할 환난, 고난이 있다는 것이다. 이것을 주님 안에서 인내하며 이겨나가야 함을 의미한다. 만약 이겨내지 못하면 어떻게 되는가? 가룟 유다 같은 사람이 나온다.

"또 가룟 유다니 이는 예수를 판 자더라"(막 3:19).

가룟이란 말은 '이스카리옷'을 우리 발음으로 표현한 것이다. 이는 당시 과격한 군사적 폭동과 혁명을 통해 로마의 압제에서 벗어나자고 주장했던 열심당원들을 가리킨다. 이들은 늘 품에 단도를 품고 다녔다. 여차하면 제국의 주요 인물이나 친로마적인 유대인들에게 다가가 유대 공동체 신앙을 위협하는 인물을 암살했는데, 이들이 품고 다녔던 단검을 '시카리'라고 했다. 가룟 유다는 하나님 나라에 온전히 머물지 않았다. 하나님 나라에 닥치는 환난을 부당한 것으로 여겼고, 급기야는 인내하기를 거부하고 칼로 뒤집어엎으려 했다.

지금 예수님께서 열두 제자를 세우신 것은 하나님의 나라를 이루어갈 때 이들이 작은 예수가 되어 있는 곳에서 하나님의 통치를 선포하고 그 안에 거하며, 그에게 닥쳐오는 환난과 핍박을 견뎌내고 인내하도록 부르신 것이다.

이런 부르심이 우리에게도 있다. 우리가 그분의 통치 안에 거하면서부터, 우리는 세상이 우리를 부당하게 대우하고 핍박하는 힘들을 서서히 경험할 것이다. 내가 더욱 온전히 주님의 뜻 안에 거하며 그분의 제자로 거하려고 할수록 이런 힘들을 강렬하게 느낄 것이다. 그러나 그럴수록 우리는 놀라운 역설을 경험하는데, 핍박당하는 우리를 통해 더욱 하나님의 통치와 능력이 강력하게 드러날 것이다. 보이지 않는 또 다른 힘이 우리를 붙드시고 견디게 하시고 인내하게 하시는 역사를 경험할 것이다. 환난 가운데 낙심하지 말기를 바란다. 예수님이 말씀하셨다.

"세상에서는 너희가 환난을 당하나 담대하라. 내가 세상을 이기었
노라"(요 16:33).

[15장 각주] ···

36) 까트리네 마르살, 김희정 역, 「잠깐 애덤 스미스씨, 저녁은 누가 차려줬어요?」(서울: 부
키, 2017), 90쪽.
37) 양형주, 「평신도를 위한 쉬운 요한계시록 1」(서울: 브니엘, 2020), 99-100쪽.

Section_*02*

후기
갈릴리
사역

관계를
리셋하라

²⁰집에 들어가시니 무리가 다시 모이므로 식사할 겨를도 없는지라. ²¹예수의 친족들이 듣고 그를 붙들러 나오니 이는 그가 미쳤다 함일 러라. ²²예루살렘에서 내려온 서기관들은 그가 바알세불이 지폈다 하며 또 귀신의 왕을 힘입어 귀신을 쫓아낸다 하니 ²³예수께서 그들을 불러다가 비유로 말씀하시되 사탄이 어찌 사탄을 쫓아낼 수 있느냐. ²⁴또 만일 나라가 스스로 분쟁하면 그 나라가 설 수 없고 ²⁵만일 집이 스스로 분쟁하면 그 집이 설 수 없고 ²⁶만일 사탄이 자기를 거슬러 일어나 분쟁하면 설 수 없고 망하느니라. ²⁷사람이 먼저 강한 자를 결박하지 않고는 그 강한 자의 집에 들어가 세간을 강탈하지 못하리니 결박한 후에야 그 집을 강탈하리라. ²⁸내가 진실로 너희에게 이르노니

*사람의 모든 죄와 모든 모독하는 일은 사하심을 얻되 ²⁹누구든지 성
령을 모독하는 자는 영원히 사하심을 얻지 못하고 영원한 죄가 되느
니라 하시니 ³⁰이는 그들이 말하기를 더러운 귀신이 들렸다 함이러
라. ³¹그때에 예수의 어머니와 동생들이 와서 밖에 서서 사람을 보내
어 예수를 부르니 ³²무리가 예수를 둘러앉았다가 여짜오되 보소서.
당신의 어머니와 동생들과 누이들이 밖에서 찾나이다. ³³대답하시되
누가 내 어머니이며 동생들이냐 하시고 ³⁴둘러앉은 자들을 보시며 이
르시되 내 어머니와 내 동생들을 보라. ³⁵누구든지 하나님의 뜻대로
행하는 자가 내 형제요 자매요 어머니이니라.*

요즘 우리 사회 저변에 흐르는 부정적 정서 기류 중 하나가
혐오다. 혐오란 말 그대로 '싫어하고 미워하는 것'이다.³⁸⁾ 문제는 미
워하는 것이 미워할 만한 행동을 해서 미운 것이 아니다. 나와 달라
서 밉다. 다른 것이 기분 나쁠 뿐만 아니라 밉다. 여기에는 상대방의
생각과 의견이 나와 같아야 한다는 암묵적인 의식이 전제되어 있다.
그래서 나와 다르면 다 쓰레기 같다고 생각한다. 다른 것일 뿐인데,
다르면 틀린 것이고, 틀린 것이면 얄밉고, 얄미우면 거의 미친 사람
취급한다.

요즘 신조어 중에 단어 끝에 '충'(蟲)이란 단어를 붙이는 것이 유
행이다. 충은 벌레 훼(虫)라는 글자를 세 개 합친 글자다. 충은 벌레
가 세 개 이상 붙어 있는 것이다. 얼마 전에 한 남성이 공적인 자리에
서 아이 엄마를 향하여 '맘충'이라고 했다가 엄마들의 큰 분노를 샀

다.[39] 맘충이란 자녀의 잘못에 대해 제지나 훈계를 하지 않고 내버려 두거나 협조하여 제삼자에게 불편함을 끼치는 엄마들을 비하하는 표현이다. 또 얼마 전에는 한 사회학자가 한국 남성에 대한 책을 썼는데, 이를 온라인 서점에서 이메일로 마케팅하면서 "어쩌면 그렇게 한(국)남(자)스럽니?"라는 카피 문구를 넣었다가 대한민국 남성들의 강한 분노를 샀다.[40] '한남스럽다'는 것은 한국 남자를 비하하는 표현으로 원래는 여기에 충을 붙여 '한남충'이라는 표현으로 종종 사용한다. 또 인터넷이나 오프라인에서 욕설을 일삼고 민폐를 끼치는 10대들을 가리켜서는 '급식충'이라고 한다. 학교 급식을 먹는 10대라는 의미를 비하하는 표현으로 사용한 것이다. 노년층은 틀니를 딱딱거린다고 해서 '틀딱충'이라 부른다.

사람들이 주변을 이렇게 비하하는 이유가 무엇일까? 건강한 관계를 설정하는 것에 어색하기 때문이다. 사랑은 오래 참고 온유하고 자기의 유익을 구하지 않는다고 했다. 만약 우리가 이런 방식으로 서로를 대하고 사랑한다면 이런 극한 혐오가 나오지 않을 것이다. 그렇다면 이렇게 극한 미움과 경멸의 표현을 사용하는 것은 무엇 때문일까? 그것은 우리가 사람의 인정과 지지를 받는 삶의 방식이 비난과 미움이기 때문이다. 내가 상대를 비하하고 미워하면 나를 인정하고 지지하는 사람들이 생겨난다. 상대를 미워함으로 인정을 얻고, 상대를 미워함으로 지지를 받는다. 상대를 미워함으로 나의 정체성을 세우고 나의 존재감을 확인하는 것이다. 정치인들이 정치하는 방식이 이렇지 않은가? 정치만이 아니다. 우리 사회에서 생존하는 방식이 어느덧 이런 부정적인 기류로 흘러가고 있다.

이런 기류는 기업에도 흐른다. 국내 굴지의 스마트폰 제조회사가 미국의 세계적인 스마트폰 회사의 제품을 비교하며 깎아내리는 영상을 올렸다. 경쟁회사의 제품을 깎아내리며 자신의 존재감을 부각하려는 전략이다. 이런 현상을 가리켜 영국의 저명한 철학자 버트런드 러셀(Bertrand Russell)은 이런 말을 했다.[41] "우리는 우리의 적을 증오하는 사람들을 사랑한다. 그러나 적이 사라지면 우리가 사랑하는 사람도 줄어들고 말 것이다."

미움과 경멸로 나의 존재감과 우월감을 확인하는 삶의 방식은 치명적이고 부정적인 관계 중독을 불러온다. 내가 미워하고 증오하고 경멸하는 그가 있어야 나의 존재감이 살아난다. 때론 그와 함께 있는 것이 고통스럽고 싫지만 그를 떠나지 못한다. 지나치게 요구하고 지나친 요구를 거절하지도 못한다. 때로는 강압하고 억압하고 불안과 공포를 조장하며 육체적인 학대와 금전적인 손해를 끼친다. 그러나 관계를 유지하기 위해 이 모든 부당함을 받아들인다. 이런 사람의 특징이 있다. 자존감이 극히 낮다는 것이다. 그래서 자기 존재감이 없다. 내가 있는 상태에서 사랑해야 하는데, 내가 없으니 나의 존재감을 확인할 방법이 없다. 그러니 부정적인 경멸과 비하를 통해 존재감을 확인하는 것이다.

본문은 예수께서 갈릴리 지역에서 제자들을 세우시고 본격적인 제2기 사역으로 들어가는 장면이다. 예수께서 몰려드는 사람들을 맞이하며 사역을 하고 계시는데, 예수님에 대한 부정적인 소문이 가족에게까지 들린다. 예수님이 제정신이 아니고 미쳤다는 소문이다. 당시 유대 사회에서 미쳤다는 것은 귀신 들렸다는 것을 의미한다. 이것보다 더 충격적인 소문도 있다. 지금 예수님이 귀신 들렸는데, 그냥 귀신이 아니라 귀신의 왕 바알세불이 들어와 있다는 것이다. 바알세불은 문자적으로 말하면 파리들의 대왕이란 뜻이다. 즉 왕 똥파리 귀신이 예수님께 들어와 있다는 것이다. 얼마나 충격적인 소식인가? 이런 예수님에 대한 비하와 경멸의 소식이 들리자 가족들은 예수님을 만나러 갈릴리 지역으로 몰려왔다. 당시 가족들은 나사렛 지역에 있었을 것이다. 나사렛에서 갈릴리 가버나움까지는 걸어서 하룻길 정도 된다. 갈 때 하루면 또 돌아올 때도 하루다. 적어도 2~3일은 예상하고 왔을 것이다. 그러니 이렇게 하룻길을 온 것은 일상을 뒤로할 정도로 마음을 단단히 먹고 온 것이다.

이것은 유대 사회가 가족 중심적이고, 가문의 수치에 대하여 상당히 민감하게 반응하는 문화였기도 했지만 본문의 흐름을 보면 예루살렘의 중앙 지도자들, 곧 서기관들이 가족들에게 일종의 무언 압박을 한 것으로도 보인다. 이런 흐름을 추측하게 하는 것이 본문에 나타난 샌드위치 구조다.

본문은 서두(20-21절)에 예수님의 가족이 예수님을 만나러 오는 장면과 후반부(31-35절)에 예수께서 참 가족이 무엇인가를 말씀하는 장면으로 둘러싸여 있다. 그러니까 전체를 감싸고 있는 것이 예수님의 진정한 가족에 관한 내용이다. 서두와 후반부 사이에는 마치 샌드위치 빵 사이에 있는 햄이나 치즈 등과 같이 예루살렘에서 내려온 서기관들이 예수를 모함하는 내용(22-30절)을 담고 있다. 이는 서로 다른 이야기들의 모음이 아니라 전체가 하나의 통일된 이야기다. 이런 구조는 앞뒤로 배치된 예수님의 가족 이야기에 서기관들의 모함이 영향을 끼치고 있음을 시사한다. 가족들이 압박감을 느낀 것으로 추론할 수 있는 표현이 예수의 친족들이 '듣고' 그를 '붙들러' 나왔다는 표현이다(21절). 여기 들은 것은 누구에게 들었는지 출처가 명확하지 않다. 아마도 주변 마을 사람들일 것이고, 또 서기관들일 것이다. '붙든다'(헬. 크라테사이)는 표현은 '체포한다' 강제로 구금한다'는 의미다. 마가복음에서 이 단어는 예수께서 겟세마네 동산에서 체포될 때 사용했던 단어다(막 14:44).

서기관들이 예수님을 미쳤다고 비하하고 더 나아가 그를 붙잡으려 한 이유는 무엇인가? 예수님은 사람의 생명을 살리고 귀신을 쫓아내신 놀라운 일을 행하신 분 아닌가? 그것은 예수께서 전통적으로 유대인이 알던 방식과 다르게 행동하셨기 때문이다. 안식일에 율법 규정에서 금지한 일을 하고 병자를 고치고 죄 용서를 선포했다. 서기관들은 예수를 통해 나타나는 하나님의 능력을 보지 못하고, 그동안 자신들이 붙들던 낡은 유대교 체제와 다른 점에만 주목하였다. 그래서 이런 예수님을 싫어하였고, 더 나아가 미워하였다. '극혐'이라고 하지 않는가? 극한 혐오 가운데 나아간 것이다. 이들은 이미 예수를 어떻게 죽일까 의논하는 단계까지 와 있었다(막 3:6). 이런 분위기 가운데 예루살렘에서 서기관들이 파견되었다.

"예루살렘에서 내려온 서기관들은 그가 바알세불이 지폈다 하며 또 귀신의 왕을 힘입어 귀신을 쫓아낸다 하니"(막 3:22).

여기 '내려왔다'는 표현은 예루살렘이 중앙이라는 상징적 의미가 있다. 지리적으로도 예루살렘은 해발 740m의 고산지대이기에 여기서 갈릴리 지역으로 내려온 것도 된다. 중앙에서 변방의 갈릴리로 내려온 서기관들은 예수를 향하여 고압적인 태도로 극한 혐오 표현을 쏟아낸다. '바알세불이 들렸다' '귀신의 왕, 파리대왕을 힘입어 귀신을 쫓아낸다' 등.

여기서 가족들의 다급함에 서기관들의 극한 혐오 발언들이 더해지면서 예수님을 잡아가려는 묘한 분위기가 형성된다. 이런 분위기가 점점 커지고 굳어지고 대세가 되면 예수님의 사역은 급기야 멈추게 될 것이다. 예수님의 사역이 제자들과 함께 본격적으로 꽃 피우려 할 때, 기존 유대 랍비의 가르침과 다르다는 이유로 예수님을 향한 미움과 혐오가 시작된 것이다. 이런 가운데 예수님은 어떻게 하시는가? 먼저, 예수님은 이들의 오해를 적극적으로 설명하신다.

"사탄이 어찌 사탄을 쫓아낼 수 있느냐. 또 만일 나라가 스스로 분쟁하면 그 나라가 설 수 없고 만일 집이 스스로 분쟁하면 그 집이 설 수 없고 만일 사탄이 자기를 거슬러 일어나 분쟁하면 설 수 없고 망하느니라"(막 3:23-26).

파리대왕이 자기 부하 똥파리를 쫓아내면 그 나라는 분쟁하고 갈라서는 것이다. 그럴 수 없다. 따라서 지금 일어나는 현상은 예수께서 사탄의 왕국에 침입해 귀신들의 대장인 파리대왕, 즉 사탄을 결박했기 때문에 가능한 일이라고 설명한다. 그랬기 때문에 귀신들이 쫓겨나갈 수 있는 것이다.

"사람이 먼저 강한 자를 결박하지 않고는 그 강한 자의 집에 들어가 세간을 강탈하지 못하리니 결박한 후에야 그 집을 강탈하리라"(막 3:27).

귀신들이 쫓겨나고 병자들이 치유되는 이유는 하나님의 아들 예수 그리스도가 사탄을 먼저 결박했기 때문에 가능한 일인 것이다. 예수님은 이 일이 이루어지는 것은 하나님 성령의 역사이기 때문에 이 역사를 사탄의 역사로 몰아 모독하지 말라고 말씀하신다.

"내가 진실로 너희에게 이르노니 사람의 모든 죄와 모든 모독하는 일은 사하심을 얻되 누구든지 성령을 모독하는 자는 영원히 사하심을 얻지 못하고 영원한 죄가 되느니라 하시니"(막 3:28-29).

생명을 주시는 성령의 역사를 모독하고 거부하면 거절하는 그에게는 생명의 역사가 일어날 수 없다. 반면 성령의 역사를 인정하면 그 사람 안에서는 변화와 회개의 역사가 일어난다. 주님을 만나게 된다. 그러나 그 속에서 이 모든 역사를 거부하고, 성령께서 내 안에 역사하시길 거부하면 그 변화의 손길이 내게 오지 않는다. 결국 사하심을 얻지 못하고 변화를 경험하지 못하게 된다.

이는 다른 한편으로 유대의 서기관들과 가족들에게 다름으로 인한 혐오와 미움을 거둘 것을 촉구하는 말씀이다. 다르다는 이유로 불편하다는 이유로 상대방을 비방하고 미워하면 그 관계 가운데 역사하는 성령을 경험하지 못한다. 기억하라. 성령은 관계를 타고 역사하신다. 그래서 어떤 신학자는 성령은 사이로 가시는 하나님(Go-between spirit)이라고 정의한 바 있다.[42] 성령은 하나님과 우리 사이에 역사하시고, 사람과 사람 사이를 하나 되게 하는 분이지만 자신을 드러내지 않고 하나님의 영광만을 드러내신다. 그래서 우리는 종종 잘 보이지 않는다는 이유로 성령을 거부하기 쉽다. 그 첫걸음이 상대를 틀린 사람으로 규정하고 미워하고 혐오하는 것이다.

예수께서 한창 이런 말씀을 하시는데 가족들이 와서 예수님을 부른다. 여기 '부른다'는 표현은 '현재형' 분사다. 동작의 반복을 나타내는 단어로, 그냥 한두 번 부른 것이 아니라 좀 집요하게 예수께서 나올 때까지 지속해서 불렀다. 어떻게든 예수님을 가족의 통제 안에 두려고 노력한 것이다. 가족들이 예수를 계속 부르는 소리를 듣던 무리가 예수께 말한다.

"무리가 예수를 둘러앉았다가 여짜오되 보소서. 당신의 어머니와 동생들과 누이들이 밖에서 찾나이다"(막 3:32).

'찾나이다'(헬. 제투신)는 계속해서 찾았다는 뜻이다. 그러자 예수께서 말씀하신다.

"대답하시되 누가 내 어머니이며 동생들이냐 하시고 둘러앉은 자들을 보시며 이르시되 내 어머니와 내 동생들을 보라. 누구든지 하나님의 뜻대로 행하는 자가 내 형제요 자매요 어머니이니라"(막 3:33-35).

지금 예수님은 가족의 정의를 새롭게 내린다. 누구든지 하나님의 뜻대로 행하는 자가 참된 가족이다. 여기서 가족을 의미하는 '형제와 자매'라는 말은 원래 참된 이스라엘의 선택받은 자손들을 의미하는 말이었다(시 22:22-23 참조).

지금 예수님은 기존에 알던 형제자매 관계를 새롭게 정의한다. 그것은 하나님의 영광을 위해 하나님의 뜻에 순종하며 살아가는 자가 형제요 자매요 어머니라는 것이다. 이들의 삶의 목적은 하나님 영광과 하나님 나라를 위한 것이다. 이런 하늘의 가족은 기존의 화석화된 유대교 안에서 혐오와 차별의 시선으로 예수를 바라보는 서기관들이나, 소문에 휩쓸려 예수를 끌어내리려는 친족과는 다르다. 하나님 나라의 새 가족은 하나님의 기쁘고 선하신 뜻을 적극적으로 순종함으로 하나님 나라를 만들어감으로 정체성을 세워가는 이들이다.

우리나라의 혐오 중독 현상을 분석하는 전문가들의 분석을 보면 우리나라가 이렇게 혐오가 만연하게 된 원인으로 비전 상실을 꼽는다. 이전에 우리나라 국민에게는 두 방향의 큰 비전이 있었다. 하나는 민주화였고 다른 하나는 산업화였다. 그런데 이런 것을 어느 정도 성취하고 나니 이제 달려갈 방향이 없다. 그러니 서로만 바라본다. 그러다 보면 결국 마음에 안 드는 것이 더 크게 보인다. 게다가 경제가 침체되고 암울해지니 상대방이 더 마음에 안 든다. 더 깎아내린다.

부부도 그렇다. 힘들 때일수록 함께 주님을 바라봐야 가정이 평안하게 달려갈 수 있다. 부부가 함께 이룰 하나님 나라의 비전을 보지 않으면 서로가 밉게 보이고, 마음에 안 들고, 비난하고, 경멸하기 시작한다. 지금 내 주변의 관계를 돌아보라. 어떤가? 이제는 그 관계를 재설정할 수 있기를 바란다. 함께 하나님 나라를 바라볼 수 있기를 바란다.

[16장 각주]

38) "혐오", 다음사전. dic.daum.net
39) 김미나, "혐오가 뒤덮은 세상", 국민일보, 2016. 10. 25.
40) 홍수민, "'어쩌면 그렇게 한남스럽니' 예스24 이메일에 줄탈퇴", 중앙일보, 2018. 12. 3.
41) 김성현, "[데스크에서] '혐오 중독' 사회", 조선일보, 2018. 12. 15.
42) J.V. Taylor, *The Go-between God: The Holy Spirit and the Christian Mission* (London: SCM Press, 1972).

씨 뿌리는 비유,
전모를 밝히다

----

¹예수께서 다시 바닷가에서 가르치시니 큰 무리가 모여들거늘 예수께서 바다에 떠 있는 배에 올라 앉으시고 온 무리는 바닷가 육지에 있더라. ²이에 예수께서 여러 가지를 비유로 가르치시니 그 가르치시는 중에 그들에게 이르시되 ³들으라. 씨를 뿌리는 자가 뿌리러 나가서 ⁴뿌릴새 더러는 길가에 떨어지매 새들이 와서 먹어 버렸고 ⁵더러는 흙이 얕은 돌밭에 떨어지매 흙이 깊지 아니하므로 곧 싹이 나오나 ⁶해가 돋은 후에 타서 뿌리가 없으므로 말랐고 ⁷더러는 가시떨기에 떨어지매 가시가 자라 기운을 막으므로 결실하지 못하였고 ⁸더러는 좋은 땅에 떨어지매 자라 무성하여 결실하였으니 삼십 배나 육십 배나 백 배가 되었느니라 하시고 ⁹또 이르시되 들을 귀 있는 자는 들으라 하시

니라. [10]예수께서 홀로 계실 때에 함께 한 사람들이 열두 제자와 더불어 그 비유들에 대하여 물으니 [11]이르시되 하나님 나라의 비밀을 너희에게는 주었으나 외인에게는 모든 것을 비유로 하나니 [12]이는 그들로 보기는 보아도 알지 못하며 듣기는 들어도 깨닫지 못하게 하여 돌이켜 죄 사함을 얻지 못하게 하려 함이라 하시고 [13]또 이르시되 너희가 이 비유를 알지 못할진대 어떻게 모든 비유를 알겠느냐. [14]뿌리는 자는 말씀을 뿌리는 것이라. [15]말씀이 길가에 뿌려졌다는 것은 이들을 가리킴이니 곧 말씀을 들었을 때에 사탄이 즉시 와서 그들에게 뿌려진 말씀을 빼앗는 것이요 [16]또 이와 같이 돌밭에 뿌려졌다는 것은 이들을 가리킴이니 곧 말씀을 들을 때에 즉시 기쁨으로 받으나 [17]그 속에 뿌리가 없어 잠깐 견디다가 말씀으로 인하여 환난이나 박해가 일어나는 때에는 곧 넘어지는 자요 [18]또 어떤 이는 가시떨기에 뿌려진 자니 이들은 말씀을 듣기는 하되 [19]세상의 염려와 재물의 유혹과 기타 욕심이 들어와 말씀을 막아 결실하지 못하게 되는 자요 [20]좋은 땅에 뿌려졌다는 것은 곧 말씀을 듣고 받아 삼십 배나 육십 배나 백 배의 결실을 하는 자니라.

우리에게 친숙한 라면이 미국 시장에서 승승장구하고 있다. 신라면만 하더라도 1년 전보다 매출이 무려 52%나 급증한 4,700만 달러를 기록했다. [43] 수출 초창기에는 LA에 있는 한인사회를 중심으로 라면이 판매되었지만, 이제는 미국의 백인과 흑인 등 주류 사회가 주로 찾는 월마트나 코스트코 같은 대형마트를 중심으로 성장세를 이어가고 있다. 월마트만 하더라도 미국 전역에 4,000개가 있는데, 이제는 전역에 공급되고 있다. 미국에 한국 라면이 본격적으로 진출한 것이 1994년이니까 약 25년 만에 현지 사회에 안착한 것이다. 이제 라면 맛에 길든 미국 사람들은 아마도 라면을 벗어나기가 좀처럼 쉽지 않을 것이다. 맛있고 중독성이 있기 때문이다. 라면 맛이 그렇게 매혹적이고 중독성이 있는 이유가 무엇인가? 바로 수프 맛 때문이다. 수프에 들어간 MSG의 감칠맛은 한 번 맛보면 잊을 수가 없다. 하지만 MSG가 건강에 그리 좋지 않다는 것은 많은 이에게 알려져 있다.

성경을 푸는 방식에도 이런 MSG 같은 방식이 있다. 바로 왜곡된 비유 풀이다. 이단들은 성경이 비유로 기록되었기에 비유로 풀어야 한다고 가르친다. 그들이 가르치는 방식으로 비유를 풀다 보면 모든 것이 딱딱 맞아떨어지는 것 같다. 물론 자세히 보면 틀리지만 겉으로 보면 딱 맞는 것 같다. 이들은 이런 방식으로 심지어 창세기도 비유로 기록된 것이라고 주장하며 창세기 비유 풀이를 주장한다.

하지만 성경을 보는 방법은 비유만 있는 것이 아니다. 이것은 도리어 성경을 편향되게 왜곡된 방식으로 보게 만든다. 성경을 제대로 풀어내려면 구약부터 신약까지 예수 그리스도를 중심으로 풀어야만 한다. 이것이 바로 예수께서 성경을 풀어가신 방식이다.

"이르시되 미련하고 선지자들이 말한 모든 것을 마음에 더디 믿는 자들이여 그리스도가 이런 고난을 받고 자기의 영광에 들어가야 할 것이 아니냐 하시고 이에 모세와 모든 선지자의 글로 시작하여 모든 성경에 쓴 바 자기에 관한 것을 자세히 설명하시니라"(눅 24:25-27).

예수께서는 엠마오로 가는 두 제자에게 모세, 모든 선지자의 글, 모든 성경이 다 자기에 관해 쓴 것임을 자세히 설명하셨다. 구약의 모든 성경을 통해 복음의 정수, 즉 그리스도의 십자가 죽음과 부활을 깨닫게 하신 것이다. 그동안은 감추었던 게, 이제 예수님의 부활로 비로소 제자들에게 계시 된 것이다. 이어지는 말씀은 이것을 잘 보여 준다.

"또 이르시되 내가 너희와 함께 있을 때에 너희에게 말한 바 곧 모세의 율법과 선지자의 글과 시편에 나를 가리켜 기록된 모든 것이 이루어져야 하리라 한 말이 이것이라 하시고 이에 그들의 마음을 열어 성경을 깨닫게 하시고 또 이르시되 이같이 그리스도가 고난을 받고 제삼일에 죽은 자 가운데서 살아날 것과 또 그의 이름으로 죄 사함을 받게 하는 회개가 예루살렘에서 시작하여 모든 족속에게 전파될 것이 기록되었으니 너희는 이 모든 일의 증인이라"(눅 24:44-48).

여기서도 모세의 율법(모세오경), 선지자의 글(예언서), 그리고 시편을 통해 예수 그리스도를 가리켜 기록된 모든 것이 이루어진 것을 깨닫게 하셨다. 이를 통해 예수 그리스도의 십자가 죽음과 부활, 그리고 죄 사함의 복음과 회개가 온 세상에 전파될 것을 말씀하신 것이다. 이렇게 구약과 신약을 예수 그리스도의 죽음과 부활, 그리고 이를 통해 시작된 하나님 나라의 복음 역사로 보는 것을 가리켜 '구속사적 해석' 또는 '그리스도 중심적 해석'이라고 한다.

그렇다면 비유는 무엇인가? '비유'(헬. 파라볼레)는 '~곁에'라는 헬라어 접두어 '파라'와 '던지다'는 동사인 '볼레'가 결합된 단어로, '곁에 둔다'는 뜻이다. 우리 속담에 낫 놓고 기역자도 모른다는 말이 있지 않은가? 기역자를 쉽게 설명하기 위해 낫을 곁에 두고 함께 설명하는 것이다. 그러니까 비유는 구속사를 통하여 성취된 하나님 나라를 쉽게 설명하기 위해 우리가 일상생활에 익숙한 것을 예로 들어 곁에 두고 설명하는 방식이다. 그러니 비유는 본래 쉬운 것이다. 딱들으면 무슨 뜻인지 곧바로 알 정도로 쉽다. 예수께서는 많은 비유로 사람들이 알아들을 수 있는 대로 가능한 한 쉽게 말씀을 가르치셨다(막 4:33). 이렇게 쉬운 비유이다 보니 예수님의 대적자들도 비유 말씀을 듣고는 "예수의 이 비유가 자기들을 기리켜 말씀하심인 줄 알고 잡고자" 할 정도였다(막 12:12).

본문의 씨 뿌리는 비유는 마가복음 4장 전체 비유를 이해하는 관문 역할을 한다. 이 비유를 이해하는 것이 다른 비유를 이해하는 열쇠가 된다. 그래서 예수께서는 "이 비유를 알지 못할진대 어떻게 모든 비유를 알겠느냐"(막 4:13)라고 반문하신다. 비유를 이해하는 데 걸리는 부분이 있다. 비유는 쉬운 것인데 문제는 이 비유를 보고 들어도 알지 못하고 깨닫지 못하는 일이 일어난다는 것이다.

"이르시되 하나님 나라의 비밀을 너희에게는 주었으나 외인에게는 모든 것을 비유로 하나니 이는 그들로 보기는 보아도 알지 못하며 듣기는 들어도 깨닫지 못하게 하여 돌이켜 죄 사함을 얻지 못하게 하려 함이라 하시고"(막 4:11-12).

여기서 너희에게는 주었으나 외인에게는 모든 것을 비유로 하신다는 말씀은, 예수님의 제자들과 예수님을 따르는 하나님 나라의 새로운 가족들에게 이 비유를 설명해주고 이들이 깨닫는 것을 허락하신다는 뜻이다. 그래서 마태복음은 "천국의 비밀을 아는 것이 너희에게는 허락되었으나"(마 13:11)라고 말씀한다. 반면 외인에게는 비유로만 말씀하신다. 깨닫는 것을 허락하신다는 것은 마가복음에서 제자들의 무지함과 충돌한다. 마가복음은 일관되게 제자들이 예수님의 말씀을 제대로 깨닫지 못함을 보도하기 때문이다.

"이는 제자들을 가르치시며 또 인자가 사람들의 손에 넘겨져 죽임을 당하고 죽은 지 삼 일만에 살아나리라는 것을 말씀하셨기 때문이더라. 그러나 제자들은 이 말씀을 깨닫지 못하고 묻기도 두려워하더라"(막 9:31-32).

"이 말을 너희 귀에 담아 두라. 인자가 장차 사람들의 손에 넘겨지리라 하시되 그들이 이 말씀을 알지 못하니 이는 그들로 깨닫지 못하게 숨긴 바 되었음이라. 또 그들은 이 말씀을 묻기도 두려워하더라"(눅 9:44-45).

제자들은 아직 온전히 깨닫지 못했다. 그렇다면 제자들에게는 언제 깨닫는 것이 허락될까? 누가복음 끝부분에서 살펴본 것처럼 예수 그리스도께서 부활하신 후부터 본격적으로 깨닫는 것이 허락된다.

> "죽은 자 가운데서 살아나신 후에야 제자들이 이 말씀하신 것을 기억하고 성경과 예수께서 하신 말씀을 믿었더라"(요 2:22).

본문 11절 말씀 후반부에 보면 예수님께서 외인들에게는 모든 것을 비유로 '하나니'(헬. 기노마이)라고 말씀한다. 이는 직역하면 '비유가 되었다'(become), 또는 '비유로 다가왔다'(come)라는 뜻이다. 비유가 되었다는 것은 비유로 들렸다는 뜻이다. 이것을 새번역 성경은 "모든 것이 수수께끼로 들린다"고 번역했다. 비유가 수수께끼로 들리면 결국 그들이 보기는 보아도 알지 못하며, 듣기는 들어도 깨닫지 못하고 결국은 돌이켜 죄 사함을 얻지 못하는 결과를 초래한다(12절). 결국 예수의 비유 말씀이 외부인들에게 끼치는 최종적인 결과는 죄 사함을 받지 못하고 하나님 나라를 소유하지 못하는 것이다. 이는 비유 안에 담긴 메시지의 핵심에 바로 우리의 죄 사함의 메시지가 포함되어 있음을 의미한다. 다음을 보라.

> "인자가 온 것은 섬김을 받으려 함이 아니라 도리어 섬기려 하고 자기 목숨을 많은 사람의 대속물로 주려 함이니라"(막 10:45).

죄 사함의 역사는 자기 목숨을 많은 사람의 대속물로 주는 것과 연관 있는데, 이것은 곧 예수 그리스도의 십자가를 의미한다. 외인들이 죄 사함을 얻지 못하는 것은 무슨 이유 때문일까? 이것에 대해서는 바로 앞장에서 언급한 바 있다. 바로 성령을 모독하는 죄 때문이다. 예루살렘에서 내려온 서기관들은 예수님을 향하여 바알세불, 곧 똥파리 대왕이라고 조롱했다. 이것은 예수 그리스도를 통해 나타나는 하나님의 구속사를 거부하는 것이다. 이들은 예수님을 죽이려고 논의도 했다(막 3:6). 이 정도 상태에서는 예수께서 말씀하시는 하나님 나라의 기쁜 복음의 소식이 그저 재미있는 비유 이야기 정도로 그치게 되고 죄 사함과 하나님 나라를 소유하는 것에는 미치지 못하게 된다.

그래서 예수님은 이 비유가 바로 "하나님 나라의 비밀"(막 4:11)이라고 말씀한다. 이 비밀은 당장에는 감추어져 있다. 하지만 나중에 예수께서 부활하시면 모든 이들에게 폭로될 것이다.

> "나의 복음과 예수 그리스도를 전파함은 영세 전부터 감추어졌다
> 가 이제는 나타내신 바 되었으며 영원하신 하나님의 명을 따라
> 선지자들의 글로 말미암아 모든 민족이 믿어 순종하게 하시려고
> 알게 하신 바 그 신비의 계시를 따라 된 것이니"(롬 16:25-26).

여기 보면 복음은 영세 전부터 감추어졌다가 이제는 나타내신 바 되었다. 폭로되었다. 이것은 신비의 계시를 따라 된 것이라고 한다. '계시'(revelation)란 드러난 것, 폭로된 것이란 뜻이다.[44]

그렇다면 우리는 "보기는 보아도 알지 못하며 듣기는 들어도 깨

닫지 못하게 하여 죄 사함을 얻지 못하게 하려 함이라"(막 4:12)는 말씀을 예수 그리스도를 통하여 성취되고 폭로된 복음의 관점에서 이해해야 한다.

개역개정 성경으로 12절 서두 부분에 보면 난하주 'ㄱ'이 있다. 이는 12절 말씀이 구약성경 이사야 6장 9~10절을 인용한 말씀임을 가리킨다. 즉 예수의 비유 말씀이 이사야 말씀을 성취하는 사건이 된 것이다. 이사야 말씀은 마가복음에서 예수 그리스도 복음의 시작부터 성취됐다. 마가복음 1장 2절에서는 이사야 40장 3절의 "외치는 자의 소리여 이르되 너희는 광야에서 여호와의 길을 예비하라. 사막에서 우리 하나님의 대로를 평탄하게 하라"는 말씀이 세례 요한을 통해 이루어짐을 말씀한다. 본문은 마가복음에서 이사야 말씀의 두 번째 성취로 등장한다. 이사야 6장 9~10절은 다음과 같다.

"여호와께서 이르시되 가서 이 백성에게 이르기를 너희가 듣기는 들어도 깨닫지 못할 것이요 보기는 보아도 알지 못하리라 하여 이 백성의 마음을 둔하게 하며 그들의 귀가 막히고 그들의 눈이 감기게 하라. 염려하건대 그들이 눈으로 보고 귀로 듣고 마음으로 깨닫고 다시 돌아와 고침을 받을까 하노라 하시기로."

중요한 것은 이어지는 11절 말씀이다. 하나님 말씀을 들은 이사야가 묻는다. "주여 어느 때까지니이까?" 그러자 하나님께서는 이 성읍이 황폐하여 초토화되고, 사람들이 포로로 끌려갈 것이고(사 6:12), 그중의 10분의 1, 조금 남은 이들이 있을지라도 아직 때가 되지 않았는데, 이것은 이 땅의 그루터기가 될 거룩한 씨가 나타날 때라고 말씀한다(사 6:13).

'거룩한 씨'는 단수다. 즉 한 사람이 될 것을 말한다. 그런데 씨 바로 앞에 정관사가 있어 '그 거룩한 씨'가 나타날 때까지 듣기는 들어도 깨닫지 못하고 보기는 보아도 알지 못하여 회개하지 못할 것이라고 말씀한다. 그렇다면 여기서 '그 거룩한 씨'는 누구인가? 이사야 9장 6절은 그가 '한 아기'로 올 것을 예고한다. 그의 이름이 기묘자, 모사, 전능하신 하나님, 영존하시는 아버지, 평강의 왕이라는 놀라운 말씀을 한다. 또 그가 다윗의 후손으로 오셔서 그 나라를 굳게 세우고 영원히 통치하실 것을 말씀한다(사 9:7). 이사야 11장 1절에는 그 거룩한 씨가 다윗의 아버지인 이새의 줄기이고, 거기서 한 싹이 나오고 뿌리에서 가지가 결실할 것을 예고한다. 누구인가? 곧 예수 그리스도를 말한다. 그때가 되면 만민이, 열방이 주께 돌아올 것이다(사 11:10). 이 말씀을 성취하려고 예수께서는 비유 말씀을 마치고, 이방인이 사는 지역인 거라사로 이동한다(막 5장). 이처럼 씨 뿌리는 비유는 이사야의 비전을 갖고 보아야 하나님의 구속사를 통하여 이루어질 하나님 나라 복음의 비밀이 열린다.

본문에 등장하는 땅들을 보라. 길가, 돌밭, 가시떨기, 또 좋은 밭에 떨어지지 않는가? 주목할 것은 본문 비유의 말씀에 씨 뿌리는 것이 순차적으로 뿌려진 것이 아니라 동시에 뿌려졌다는 점이다. 그래서 뿌릴새 더러는 길가에 떨어지고(막 4:4), 더러는 흙이 얇은 돌밭에 떨어지고(막 4:5), 더러는 가시떨기에(막 4:6), 더러는 좋은 땅에(막 4:8) 떨어졌다고 한다. 이것은 씨 뿌리는 자가 동시에 흩뿌렸는데 서로 다른 곳에 떨어진 것을 설명한다.

이는 지금 예수님이 하나님 나라의 복음을 선포하고 있는데, 말씀을 듣는 이들 중에는 길가에 뿌려지는 사람들, 돌밭에, 가시떨기에 뿌려지는 강퍅한 외인들이 있는가 하면 정말 그 말씀이 잘 뿌리내려 열매 맺어가고 있는 사람들이 있음을 나타낸다. 따라서 여기 길가, 돌밭, 가시떨기는 하나님 나라의 복음 말씀이 선포되어도 이를 누리고 살 수 없을 정도로 사탄에 종노릇 하는 타락한 땅인 이 세상을 비유로 나타낸 것이다. 여기서 세상은 타락한 피조세계 전체를 말한다. 그런데 그 가운데 이 말씀을 가난한 마음으로 겸손한 마음으로 믿음으로 받아들이고, 죄 사함을 받아 예수 생명을 힘입어 살아가는 사람들은 놀라운 복음의 열매를 30배, 60배, 100배에 이르게 거둘 것이다. 당시 농산물의 소출은 많아야 10배였다. 그런데 30배, 60배, 100배는 사람의 노력을 초월하는, 위로부터 주어지는 놀라운 열매를 말한다. 이 황폐한 세상에서 예수 그리스도를 거부하지 않고 믿음으로 받아 죄 사함을 얻은 사람들은 세상에서 맛볼 수 없는 놀라운 생명을 경험한다. 이것은 타락한 현 세상에서 경험할 수 없는 생명이다. 이 생명은 다가오는 하나님의 나라에서 온전히 맛볼 오는 시대의 생명, 곧 영생이라고 한다.

물론 이 복음의 말씀은 마음 빗장을 열어젖히려 한다. 그러나 어떤 사람은 그 속에 깊이 뿌리를 내리지 못하고, 조금만 어려운 일이 있으면 걸려 넘어진다. 어떤 이는 조금 어려운 일이 생기면 '내가 교회 나가서 그런가?' 하는 엉뚱한 생각을 한다. 왜 이런 생각을 할까? 생명의 말씀이 아직 뿌리를 깊이 내리지 못했기 때문이다. 이런 이들은 뿌리가 없어 잠깐 견디다 말씀으로 인해 환난과 박해가 일어나는 때 넘어진다(막 4:17). 기억하라. 생명의 말씀이 있으면 박해가 있다. 견딜 수 있기를 바란다. 또 어떤 이는 세상의 염려, 돈 유혹, 여러 가지 욕심이 들어와 영생의 복음을 온전히 받아들이기를 거부한다.

요컨대 씨 뿌리는 비유는 구약에서 예언된 예수 그리스도를 통해 선포될 하나님 나라의 비밀을 말씀하는 것이다. 그리고 이 비밀은 예수 그리스도의 부활 후에 우리에게 온전히 주어진다. 이 복음을 믿으면 구원을 얻고, 이 황폐하고 삭막한 세상에서 놀라운 열매를 거두기 시작한다. 주님이 오신 것은 바로 이 하나님 나라의 비밀을, 놀라운 새 시대의 생명을 주시기 위해서다. 이 세상이 보기는 보아도 보지 못하고, 듣기는 들어도 알 수 없는 영생을 소유하고 풍성한 열매를 맺어 30, 60, 100배의 소출을 거두는 황홀한 은혜를 맛보도록 하자.

[17장 각주] ···

43) 김재후, "美 중산층, 신라면에 맛들이기 시작했다", 한국경제, 2018. 12. 18.
44) 양형주, 「바이블 백신 I」, 44-45쪽.

무엇을 듣는가

²¹또 그들에게 이르시되 사람이 등불을 가져오는 것은 말 아래에나 평상 아래에 두려 함이냐 등경 위에 두려 함이 아니냐 ²²드러내려 하지 않고는 숨긴 것이 없고 나타내려 하지 않고는 감추인 것이 없느니라 ²³들을 귀 있는 자는 들으라 ²⁴또 이르시되 너희가 무엇을 듣는가 스스로 삼가라 너희의 헤아리는 그 헤아림으로 너희가 헤아림을 받을 것이며 더 받으리니 ²⁵있는 자는 받을 것이요 없는 자는 그 있는 것까지도 빼앗기리라

요즘 커피 매장에서는 테이크아웃 잔, 곧 일회용 컵 사용을

가능한 자제하려고 한다. 물론 정부 시책에 따라 일회용품을 줄이기 위해서이기도 하지만, 이것은 우리의 건강을 위해서도 바람직하다. 얼마 전 한양대학교 생명과학과 계명찬 교수가 출간한 「화학물질의 습격」이란 책에 보면 우리가 알고 있는 일회용 종이컵이 사실 종이컵이 아님을 지적하고 있다.[45] 정확하게 말하면 종이 틀로 된 플라스틱 컵이다. 컵 내부에 반들반들하게 빛나는 것이 '저밀도 폴리에틸렌'으로 코팅한 것이다. 종이 용기에 살짝 플라스틱을 입힌 것이다. 그런데 여기에 뜨거운 물을 붓고 이것을 현미경으로 관찰하면 내부 코팅이 벗겨진다.

한두 번이야 괜찮겠지만 이런 것이 꾸준히 인체에 쌓이면 부정적인 영향력을 발휘하기 시작한다. 가임 여성들의 불임률이 늘어나고 남성들의 정자 개체수가 이전 세대보다 많이 떨어진다. 또 호르몬과 관계된 유방암, 자궁암, 전립선암, 갑상선암 등의 발병에 영향을 미치게 된다. 안 그러려면 늘 스테인리스나 유리로 된 텀블러를 가지고 다니는 것이 좋다.

'어이쿠, 이거 어떻게 하지?' 하는 생각이 들지 모르겠다. 하지만 이는 한 예에 불과하다. 우리가 살아가며 접하는 화학물질이 1억 3,700만 종이고, 하루 동안 많게는 200여 종의 화학물질에 노출된다. 대표적인 것이 영수증이다. 영수증은 감열지에 비스페놀 A를 코팅한 것이다. 동사무소나 은행의 대기표, 기차표, 영화표가 다 이런 재질이다. 이것이 손에 빠르게 흡수된다. 우리는 이미 많은 플라스틱의 영향력 안에 갇혀 살고 있다.

이처럼 우리가 먹는 것, 또 우리가 접촉하고 만지는 것들이 우리 건강에 영향을 끼친다. 그래서 우리가 만지고 접촉하는 것, 또 먹고 마시는 것에 주의해야 한다. 그런데 이에 못지않게 우리가 주의해야 할 것이 있다. 그것은 바로 우리가 듣는 것이다.

본문 23절은 "들을 귀 있는 자는 들으라"고 선언한다. 그러면서 24절에는 "너희가 무엇을 듣는가 스스로 삼가라"고 말씀한다. 우리의 인격과 성품은 내가 듣는 것으로 형성된다. 내가 들어왔던 바가 나를 만드는 것이다. 내가 가진 가치관, 내가 가진 인생철학, 가만히 살펴보면 내가 이전에 들었던 것으로 형성된 것임을 알 수 있다. 우리는 들으면 영향을 받게 되어 있다. 사람은 소리에 반응하는 존재이기 때문이다. 하나님은 온 세상을 말씀으로 창조하셨고, 우리에게 말씀이 육신이 되어 오셨다. 그것은 우리 인생이 제대로 된 바른 말씀을 들어야 하나님이 기뻐하시는 생을 살아갈 수 있기 때문이다.

우리는 종종 인생의 길을 착실하게 걷다가 누가 지나가면서 한번 했던 말로 흔들리고 거기에 휘둘려 고생하는 경우가 있다. 열심히 미래를 준비하다가, 누군가 옆에서 툭 던진 말이 마음에 파장을 일으키고 거기에 휘둘려 1~2년, 때로는 10년을 헛되이 보내다가 돌아오곤 한다. 우리는 듣는 것을 매우 주의해야 한다.

예수님은 '무엇을' 듣는가 스스로 삼가라고 한다. '어떻게 듣는가'가 아니다. 듣는 방법이나 태도도 중요하지만 그것보다는 듣는 내용, 듣는 소스 자체를 분별하는 것이 중요하다고 말씀한다. 전에 극동방송국에 갔다가 한 피디분이 이런 말을 하는 것을 들었다. "목사님, 방송국에 이따금 이상한 항의 전화가 올 때가 있어요. 그래서 어디서 그런 이야기를 들었냐고 하면 유튜브에서 들었다고 해요. 유튜브도 제대로 분별해 듣지 않으면 신앙이 이상해지는 것 같아요."
내 마음에 확 당기는 것은 영적 화학조미료(MSG)인 경우가 많다. 너무 입맛에 맞는 것은 조심해야 한다. 우리는 조금 딱딱하고 유익한 것을 들어야 한다.

우리는 우리가 듣는 것을 제대로 분별할 수 있어야 하는데, 특별히 하나님 나라와 관련해서는 이런 분별력이 더욱 필요하다. 본문(21-25절)은 씨 뿌리는 비유(1-20절)와 또 다른 두 개의 씨 뿌리는 비유들(26-32절) 사이에 있다. 이 씨 뿌리는 비유의 말씀은 하나님 나라가 도래하고 있음을 말하는 것인데, 하나님 나라의 비밀이 도래할 때 우리는 듣는 것을 주의해야 한다는 것이다. 그래야 이 나라를 빼앗기지 않고, 이 나라를 견고히 붙들고 열매를 맺을 수 있기 때문이다.

"또 그들에게 이르시되 사람이 등불을 가져오는 것은 말 아래에나 평상 아래에 두려 함이냐. 등경 위에 두려 함이 아니냐"(막 4:21).

사람이 등불을 가져오는 것은 등경, 등 받침 위에 두어 많은 사람에게 빛을 밝게 비추게 하기 위해서다. 등불을 말 아래나 평상 아래 두려는 것이 아니다. 여기서 '말'(헬. 모디온)은 약 9ℓ 정도 들어가는 곡식을 담는 그릇이다. 등불을 켜서 말 아래 또는 그 안에 둔다. 그러면 어떻게 될까? 등불이 제대로 비추지 못해 어두울 것이다. 평상은 잠자는 침대나 식탁 같은 것을 말한다. 등불을 켜면 이것들 위에 두어야 하는데, 아래에 둔다. 침대 아래에 두면 밝지 못하다. 예수님이 물어보신다. "등불을 말 아래나 평상 아래 두느냐, 아니면 등경 위에 두느냐?"

여기 등불을 '가져온다' (헬. 에르코마이)는 것은 직역하면 등불이 '온다'가 된다. 이 동사는 하나님 나라의 도래를 설명할 때 종종 사용하는 단어다. 흥미로운 것은 '등불' (헬. 뤼크노스)이라는 단어가 말씀을 의미하는 헬라어 로고스와 유사하다는 점이다. 이것을 언어 유희(word play)라고 한다. 발음을 통해 이와 유사한 발음이 나는 연관된 다른 심상을 떠올리도록 한 것이다. 여기서는 예수님이 뿌리는 하나님 나라의 말씀이 이 세상을 비추는 빛이 되실 것임을 암시하는 심상이 들어 있다. '말씀이 빛'이라는 것은 요한복음에 잘 나타난다 (요 1:4-5,9,14). 말씀이 빛이라는 것은 구약성경에서부터 왔다.

"주의 말씀은 내 발에 등이요 내 길에 빛이니이다"(시 119:105).

이렇게 볼 때 사람이 등불을 가져오는 것은 예수 그리스도께서 이 세상에 하나님 나라의 말씀을 가져오는 것을 상징한다. 그런데 이렇게 말씀을 가져오는 것은 말 아래 숨겨두려는 것이 아니라 드러내게 하려는 것이다. 그래서 다음과 같이 말씀한다.

"드러내려 하지 않고는 숨긴 것이 없고 나타내려 하지 않고는 감추인 것이 없느니라"(막 4:22).

표현이 좀 어렵다. 이것을 '새번역 성경'은 이렇게 번역한다. "숨겨 둔 것은 드러나고, 감추어 둔 것은 나타나기 마련이다." 이 등불이 지금은 숨겨둔 비밀처럼 보이지만, 언젠가 반드시 밝게 드러날 날이 온다는 것이다. 그렇다면 여기 '숨긴 것' 이란 무엇인가? 바로 "하나님 나라의 비밀"(막 4:11)이다. 이 비밀은 예수 그리스도가 십자가에 죽으시고 부활하실 때까지는 감추어진 비밀이 될 것이다. 하지만 그리스도께서 부활하고 나면 세상에 온전히 드러날 것이다.

엉뚱한 세상의 관점으로 이 말씀을 들으면 말씀이 제대로 열매 맺지 못한다. 이것이 바리새인과 서기관들이 예수님의 말씀을 듣고도 이해하지 못한 채 예수님을 미워했던 이유다. 또 이것이 바로 예수께서 자신이 하나님의 참된 아들임을 말하지 못하도록 귀신에게 연달아 침묵 명령을 내리신 이유다(막 1:25, 3:12). 천국 비밀은 예수 그리스도의 십자가를 통해서만 제대로 드러날 수 있기 때문이다. 이것을 온전히 이해하지 못하면 천국 비밀을 제대로 깨달을 수 없다.

한편 예수님이 하나님의 아들 되심을 끊임 없이 비밀에 부치신 것은, 그가 당시 하나님의 아들(son of god)로 숭배받던 로마 황제와는 다른 하나님의 아들(the Son of God)임을 구별하기 위해서다. 로마제국의 통치자가 세상의 권력과 힘을 자랑하는, 그러나 죽음 앞에 무력한 신의 아들이라면 예수 그리스도는 하늘과 땅의 모든 권력과 힘을 포기하고 무력하게 되신, 그러나 죽음의 권세를 이기고 살아나신 분이다. 이 비밀이 언제 제대로 폭로되는가? 바로 십자가 아래에서다.

"예수를 향하여 섰던 백부장이 그렇게 숨지심을 보고 이르되 이 사람은 진실로 하나님의 아들이었도다 하더라"(막 15:39).

'그렇게 숨지심' 이란 십자가에 달려 돌아가심을 말한다. 이때 어떤 일이 일어나는가? 성소 휘장이 위로부터 아래까지 찢어져 둘이 된다(막 15:38). 이 비밀은 결국 예수 그리스도의 십자가와 부활로 우리에게 폭로되어 우리에게 주어지기에 이르렀다. 우리는 이 땅을 살아가며 이 땅에 임하는 천국의 삶, 영생을 맛보며 살아가기 위해 주님이 주시는 이 말씀을 잘 들어야 한다. 이 천국 복음의 말씀을 제대로 들어야 살아나고 열매를 맺는다.

그런데 천국 복음의 말씀을 들으려고 하면 자꾸 다른 소리가 들려오기 쉽다. 환난의 소리, 박해의 소리다(막 4:17). 이 소리는 "무슨 예수냐? 뭘 그런 걸 믿냐?"고 하며 우리를 흔들려고 한다. 또 '염려의 소리' '재물 욕심 소리' 가 들린다(막 4:19).

요즘 혼밥, 혼술에 이어 새롭게 떠오르는 흐름이 있다. 바로 혼테크다. 우리나라에 1인 가구 비율이 늘면서 생긴 흐름이다. 국내 1인 가구 비율이 점점 높아지고 있다. 전국 평균이 29.8%, 대전만 하더라도 전국 평균보다 3% 정도가 많은 32.6%다(2019년 기준). 그러다 보니 미래에 대한 두려움, 노후 준비에 대한 두려움들이 생기기 시작한다. 그래서 요즘 혼자 사는 데 돈이 필요하니 돈을 모으라고 조언하는 책이 많이 나온다. 「혼자 사는데 돈이라도 있어야지」 「결혼은 모르겠고 돈은 모으고 싶어」 등과 같은 책이 그것인데, 일종의 불안 마케팅이다. 여기에 너무 몰두하다 보면 19절 말씀처럼 세상의 염려와 재물의 유혹과 욕심이 들어와 말씀을 막아 결실하지 못하게 된다.

이렇게 잘못된 말을 들으면 우리는 그것이 초래할 결과를 진지하게 생각해야 한다.

"또 이르시되 너희가 무엇을 듣는가 스스로 삼가라. 너희의 헤아리는 그 헤아림으로 너희가 헤아림을 받을 것이며 더 받으리니" (막 4:24).

우리가 헤아리는 헤아림을 받을 것이고 더 받을 것이다. 더 받는다는 것은 더 많이 더해질 것이라는 뜻이다. 더해진다는 것은 우리가 천국 비밀을 소유하고 있을 때 여기에 더 많은 열매가 더해질 것이라는 뜻이다.

"있는 자는 받을 것이요 없는 자는 그 있는 것까지도 빼앗기리라" (막 4:25).

있는 자는 30, 60, 100배의 열매를 거둔다. 그러나 이 비밀을 소유하지 못하고 빼앗긴 자는 있는 것도 빼앗길 것이라. 그렇다면 우리는 하나님을 향하여 열매 맺을 말씀을 잘 들어야 한다. 이제는 우리에게 폭로된 예수 그리스도의 하나님 아들 되심과 십자가에 죽으심과 부활을 굳건히 붙들고 하나님의 나라를 맛보며 살아야 한다.

귀를 솔깃하게 하는 것을 주의하길 바란다. 솔깃한 것은 욕심에 끌리기 때문이다. 말씀 듣는 자리를 빼앗기지 말기를 바란다. 이 말씀으로 열매 맺어야 하고, 이 말씀으로 살아나야 한다.

그런데 여기서 우리가 생각해야 할 것이 있다. 그것은 우리 가정에는 듣는 것을 선택할 수 없는, 들을 수밖에 없는 사람이 있다는 것이다. 바로 우리 자녀들이다. 우리는 자녀들에게 무차별적으로 말하게 되고, 우리 자녀는 상당 부분 내가 쏟는 말에 바로 영향을 받고 그 내면을 형성한다. 그래서 우리는 자녀의 가슴에 하나님 나라와 복음의 말씀을 날마다 삶을 통해 심어주어야 한다. 자녀의 가슴에 하나님 나라의 소망으로 가득 찬 이야기하기를 축원한다. 어떤 이는 어릴 때부터 명문대에 가라고 귀에 못이 박히도록 이야기한다. 그러다 나중에 그렇게 하지 못하면 평생 실패자라는 의식에 시달리게 된다.

따라서 우리는 우리가 욕심으로 하는 말을 매우 조심해야 한다. 내가 아무렇지도 않게 뱉은 말 한마디가 상대방에게 큰 영향을 줄 수 있기 때문이다. 우리는 종종 성급하게 다그칠 때 하지 말아야 할 말을 하는 경우가 많다.

얼마 전, 「나는 천천히 아빠가 되었다」라는 책이 나와 화재다. 두 딸을 잘 키워서 하나는 줄리어드 음대에서 8년간 장학생으로 공부하고 미국 신시내티 음대 교수가 되고, 다른 하나는 가수를 하다가, 로스쿨을 마치고 변호사가 되어 국제중재법원 뉴욕지부 부의장으로 활동을 한다. 사교육으로 치열한 대치동에 살면서, 그 흔한 학원도 한 번 보내지 않고 아이를 키운 아빠의 이야기다. 아빠의 교육철학은 '방목'이다. 부모가 가진 사회적 편견을 노출하지 않도록 애썼다. "그 길은 힘드니 가지 마라" "먹고살기 힘드니 하지 마라" "공부해라" 등의 이야기를 일절 하지 않고, 좋은지 싫은지 경험해 본 다음에 판단하도록 했다.

부모 입에서 이런 욕심의 소리가 나가지 않으려면 말하고 싶어도 참아야 하지 않겠는가? 저자는 그래서 아이를 믿고 기다리기로 했으면 속이 썩어 문드러지더라도 기다려보라고 한다. 조바심을 내고 성과에 집착하다 보면 아이가 잘못될 확률이 높아진다. 그래서 아빠는 딸이 가수 한다고 하면 열심히 도와주고, 또 가수 하다가 그만두고 다시 새로운 공부를 한다고 하니 "그럼 아빠가 무엇을 도와줄까?" 하고 물으며 도와주었다고 한다. 핵심은 나의 편견과 욕심과 선입견으로 아이의 인생을 좌우하지 않겠다는 것이다. 그냥 둔다.

할 수 있겠는가? 어렵다. 이처럼 우리 마음에는 하나님 나라의 비밀이 싹트기 어려운 여건이 많다. 가만히 돌아보라. 지금 내가 내 자녀에게, 내 가족에게 하는 말은 어디서 들은 말인가? 어디에선가 듣지 않고는 이 말을 할 수 없다. 내가 하는 말이 늘 바로 하나님 나라의 비밀이 되도록 하라.

[18장 각주] ....

45) 계명찬, 『화학물질의 습격』(서울: Korea.com, 2018), 200-203쪽.

기다림

²⁶또 이르시되 하나님의 나라는 사람이 씨를 땅에 뿌림과 같으니 ²⁷그가 밤낮 자고 깨고 하는 중에 씨가 나서 자라되 어떻게 그리 되는지를 알지 못하느니라. ²⁸땅이 스스로 열매를 맺되 처음에는 싹이요 다음에는 이삭이요 그다음에는 이삭에 충실한 곡식이라. ²⁹열매가 익으면 곧 낫을 대나니 이는 추수 때가 이르렀음이라. ³⁰또 이르시되 우리가 하나님의 나라를 어떻게 비교하며 또 무슨 비유로 나타낼까. ³¹겨자씨 한 알과 같으니 땅에 심길 때에는 땅 위의 모든 씨보다 작은 것이로되 ³²심긴 후에는 자라서 모든 풀보다 커지며 큰 가지를 내나니 공중의 새들이 그 그늘에 깃들일 만큼 되느니라. ³³예수께서 이러한 많은 비유로 그들이 알아들을 수 있는 대로 말씀을 가르치시되 ³⁴비

유가 아니면 말씀하지 아니하시고 다만 혼자 계실 때에 그 제자들에게 모든 것을 해석하시더라.

새해가 되면 자녀를 초등학교에 보내는 엄마들은 걱정이 많다. 그중의 많은 고민이 '어떻게 공부를 시켜야 하나?' '영어 공부는 언제부터 시켜야 하나?' '학원은 보내야 하나?' 하는 것들이다. 이런 고민에 대해 도움이 되는 책이 두 권 있다. 「백점 아들 육식동물 아빠」와 「엄마 반성문」이라는 제목의 책이다.

먼저, 「백점 아들 육식동물 아빠」라는 책은 아빠를 육식동물이라고 표현했다.[46] 이는 '아들을 못 잡아먹어서 안달하는 아빠' 라는 뜻이다. 이런 아빠를 '헬리콥터 아빠' 라고도 한다. 헬리콥터처럼 자식 주변을 맴돌며 일거수일투족을 챙기는 아빠다. 아들은 어릴 때부터 똘똘했다. 만 두 살이 되기도 전인 생후 21개월부터 소리 내서 책을 읽기 시작했다. 초등학교 때는 중학교 3학년 수학까지 선행학습을 마쳤고, 중학교 2학년 때 국내 최연소 토플 만점자가 되었으며, 고등학교 1학년 때 미국 대입시험인 ACT 만점을 받았다. 일간지와 여성지가 앞다투어 이 사건을 보도할 정도였다. 아빠는 아들을 미국 대학으로 유학을 보냈다. 얼마나 자랑스러웠겠는가?

그런데 대학을 졸업하고 아들이 군 복무를 위해 한국에 돌아왔는데, 아들의 상태가 좀 이상했다. 아들이 말을 계속 더듬고 있었고, 사람과 눈도 마주치지 못했다. 이게 어떻게 된 것인가 싶어 병원에 가서 진찰을 받았다. 진찰 결과는 우울증과 대인기피증이었다. 아빠는 충격을 받았다. 더 충격적인 것은 이런 증세의 주요 원인 제공자가 바로 아빠라는 사실이다. 어릴 때부터 아빠는 아들을 스파르타식으로 공부시켰다. 초등학생인 아들에게 중학교 선행학습을 엄격하게 시켰고, 매일 학원에 다녀오면 집에서 토플 문제집을 하루에 50페이지씩 풀게 하였으며, 유학 가서도 매일 이메일과 전화로 매 순간 원격으로 아들을 제어했다. 그러는 중에도 아들에게 칭찬은커녕 매번 다그치기만 했다.

결국 아들은 아빠의 계속되는 비난과 책망에 자신의 존재를 잃어버리고 아빠의 엄격함에 속이 망가지고 있었다. 아빠는 '아, 지금까지 내가 한 것이 아들을 위한 것이 아니라 내 야망을 위해 한 것이구나!' 하는 것을 깨달았다. 그러고는 이제부터 아들이 하고 싶은 일을 하며 살라고 놓아주고 아들의 선택을 100% 지지하는 아빠로 바뀌었다. 그 아들은 지금 무엇을 할까? 인디밴드에서 드럼을 친다. 그리고 영어학원에서 시간제 강사로 생활비를 번다. 그런데 이런 생활을 하는 아들은 그 어느 때보다 행복하다고 한다. 이런 경험을 바탕으로 이 아빠가 「백점 아들 육식동물 아빠」라는 책을 낸 것이다.

이와 유사한 엄마 이야기도 있다. 이 엄마는 학교 교사였다. 엄마는 명문대학교 사범대학을 수석으로 졸업한 뒤 각종 연수에서 1등을 휩쓸었고, 맡은 반마다 성적 우수반을 만든 엄마다.[47] 이런 엄마니 자녀를 어떻게 키웠겠는가? 이 엄마에게는 남매가 있었는데, 전교 1, 2등을 휩쓸었고, 전교회장 출신에 전교 임원을 도맡았다. 이런 식으로만 가면 명문대 진학은 문제없을 것 같았다. 그런데 어느 날, 고등학교 3학년 아들이 폭탄선언을 했다. "엄마, 저 자퇴할래요." 그러더니 자퇴했다. 이것을 본 고등학교 2학년 딸도 따라서 자퇴했다. 매사에 완벽주의였던 엄마가 얼마나 기가 막혔겠는가? 아이들을 닦달했다. 그러자 아이들이 엄마만 보면 짐승처럼 변하고 엄마를 미워하고 증오했다. 이후 남매는 1년 반 동안 방 안에 틀어박혀 방 창문을 모두 신문지로 붙이고는 누구와도 접촉하지 않고, 날마다 게임과 폭력물에 파묻혀 살았다. 발레를 하던 딸은 점점 살이 쪄서 83kg까지 불었다.

아이들이 갑자기 왜 이렇게 변했을까? 그동안 계속되던 엄마의 강요와 지나친 간섭에 아이들이 더는 견딜 수 없었기 때문이다. 이 아이들은 늘 엄마의 감시와 잔소리 속에 살았다. "너 엄마가 뭐라고 했어! 엄마가 도착하기 전까지 숙제 다 해놓으라고 했어, 안 했어? 많긴 뭐가 많아? 그리고 뭐가 어려워? 너 놀았지? 딴짓했지?" 아이들이 "죄송해요"라고 하면 "너, 엄마가 제일 듣기 싫은 말이 뭔지 알아? 바로 죄송하다는 말이야. 죄송하다고 말할 짓은 하지 말라고 했지? 얼른 들어가! 6시까지 숙제 못 끝내면 저녁밥 못 먹을 줄 알아!" 라고 버럭 소리를 질렀다. 지시와 명령, 확인과 질책이 대화의 전부였다. 이것이 속으로 곪다가 마침내 터지고 만 것이다.

어느 날, 방문을 걸어 잠근 아들이 아직도 사태를 파악하지 못하고 자신을 다그치는 엄마를 참다못해 구석에 몰아놓고 고래고래 소리 질렀다. "내가 이러고 있는 것, 당신 때문이야! 그동안 당신이 나에게 어떤 짓을 했는지 알아? 숨 막혀 죽을 것 같아. 이게 사는 거냐고!" 이 말에 엄마는 충격을 받았다. 결국 엄마는 이 모든 상황을 되돌아보며 「엄마 반성문」이란 책을 썼다.[48] 나중에 이 아들이 엄마에게 책을 선물했다. 제목이 「내려놓음」이었다. 그래도 별로 변화가 없자 이번에는 다른 책을 선물했다. 제목은 「더 내려놓음」이었다. 이제 아들을 못 믿고 불안해서 붙잡지 말고 좀 내려놓아 달라는 간절한 뜻을 전했다. 「엄마 반성문」 겉표지에는 이런 카피 문구가 쓰여 있다. "나는 부모가 아니라 감시자였다. 아이를 살린 건 인정, 존중, 지지, 칭찬이었다." 그 엄마는 지금 코칭 전문가가 되었다. 코치가 주로 하는 것이 무엇인가? 인정, 존중, 지지, 칭찬이다.

우리가 자녀를 이렇게 다그치고 몰아가는 것은 내려놓지 못해서다. 전에 한국교원단체 총연합회에서 전국의 초, 중등학생 1,941명을 대상으로 설문 조사한 결과 마음에 가장 상처가 되는 말 1위가 "너는 왜 그 모양(꼴)이니?"였다. 무슨 말인가? '너는 내 기준에 못 미친다'는 것이다. 이 말과 관련된 흔한 말이 "너는 도대체 어떻게 된 아이가, 도대체 뭐 하느라고 이제 오는 거야?" "맨날, 언제나, 한 번도, 항상, 어째, 왜?" 이런 말들이 들어간다. 더 나아가 경멸하는 말들이 있지 않은가? "얼씨구~ 잘~ 해봐라. 한심하다 한심해. 나도 지쳤다. 이젠 이렇게 하는 것도 지겹다. 이게 네 탓이지 내 탓이냐?" 이런 말들은 자녀를 자기 마음대로 바꾸려는 시도들이다. 반면 자녀들이 제일 좋아하는 말은 무엇인가? "기운 내! 할 수 있어!"와 같은 말이다. 믿고 지지해주며, 참아주고 기다려주는 말이다.

하나님은 우리를 닦달하고 무시하거나 도대체 왜 그 모양이냐고 비난하지 않으신다. 그분은 우리를 늘 인자한 눈길로 바라보고 기다려주신다. 우리는 참 기다려주지 못한다. 내가 낳은 자녀라고 내 마음대로 할 수 있다고 종종 착각한다. 이런 면에서 본문의 씨 뿌리는 비유는 의미심장하다.

"또 이르시되 하나님의 나라는 사람이 씨를 땅에 뿌림과 같으니 그가 밤낮 자고 깨고 하는 중에 씨가 나서 자라되 어떻게 그리 되는지를 알지 못하느니라"(막 4:26-27).

농부가 땅에 씨를 뿌렸다. 씨를 뿌리는 것은 농부의 역할이다. 그런데 씨가 자라나는 것은 농부의 역할이 아니다. 날이 지나며 싹이 트고 자라나는데 이것은 그 씨가 가진 생명력으로 자라나는 것이다. 농부가 하는 역할은 무엇인가? 씨가 그 생명력을 온전히 잘 키울 수 있도록 환경을 조성해주는 것이다. 어떻게 싹이 트고 자라는지는 사실 농부는 잘 모른다. 이것은 생명의 신비에 속한 것이다.

"땅이 스스로 열매를 맺되 처음에는 싹이요 다음에는 이삭이요 그 다음에는 이삭에 충실한 곡식이라"(막 4:28).

땅이 어떻게 열매를 맺는가? '스스로' 맺는다! '스스로'란 농부의 노력과 수고가 배제된 하나님의 주권과 은혜를 강조하는 표현이다. 하나님이 하신다. 그리고 때가 되니 충실한 곡식으로 나온다.

"열매가 익으면 곧 낫을 대나니 이는 추수 때가 이르렀음이라"(막 4:29).

열매는 하나님이 익게 하시는 것이다. 여기 낫을 대고 추수한다는 것은 하나님 나라가 온전히 이루어질 때를 말한다. 하나님이 자라게 하시고 열매를 맺게 하신다. 그런데도 우리는 불안해한다. 우리는 자녀가 믿음으로 잘 자라고, 하나님을 경외하고 하나님의 말씀 앞에 잘 서도록 환경을 잘 조성해주면 된다. 여경지근, 곧 여호와를 경외하는 것이 지식의 근본임을 몸에 새겨주면 된다. 자녀의 가슴에 하나님의 말씀이 새겨져 이 말씀이 그 아이의 인생을 통해 자라도록 해주어야 한다.

한편 이 말씀은 실질적인 하나님 나라의 확장에 관한 말씀이기도 하다. 중국이 1949년 공산혁명으로 기독교 말살정책을 펼 때 중국을 탈출했던 선교사들은 걱정을 많이 했다. 그동안 뿌렸던 복음의 씨앗이 열매도 맺기 전에 다 사라질 것으로 생각했기 때문이다. 특히 1966년부터 약 10년에 걸쳐 진행했던 문화 대혁명 때는 기독교의 씨가 마를 것으로 예상했다. 그런데 40년이 지난 지금 중국의 기독교는 폭발적으로 성장해서 1억 명에 가까운 기독교 인구를 갖게 되었다. 안타깝게도 지금 다시 중국 공산당 정권이 교회를 파괴하고 억압해서 또 다른 위기가 시작되고 있다. 이러한 현상을 보고 수많은 서방의 선교학자와 전문가들이 선교는 선교사들과 선교본부의 전략과 파송으로 되는 것이 아니라 하나님이 행하시는 '하나님의 선교'(Mission Dei)라는 사실을 확인하였다.

북한도 그렇지 않은가? 어느 목사님이 평양에 갈 기회가 있었는데, 한 성도가 조용히 오더니 악수하면서 손에 조용히 십자가를 긋고 사라지더라는 간증을 했다. 숨어 있는 지하 교인이었다. 하나님의 말씀이 뿌려져 조용히 싹이 나고 자라 가는 신비로운 역사를 경험하는 순간이었다. 우리는 이 씨앗이 스스로 자라나는 힘을 결코 과소평가

해서는 안 된다. 본문은 이를 겨자씨 비유로 설명한다.

> (하나님의 나라는)"겨자씨 한 알과 같으니 땅에 심길 때에는 땅
> 위의 모든 씨보다 작은 것이로되 심긴 후에는 자라서 모든 풀보
> 다 커지며 큰 가지를 내나니 공중의 새들이 그 그늘에 깃들일 만
> 큼 되느니라"(막 4:31-32).

하나님의 말씀이 겨자씨 한 알같이 작지만, 이것이 생명력을 온
전히 발현하여 자라면 모든 풀보다 커져 큰 가지를 내고 공중의 새들
이 그 그늘에 깃들일 만큼 된다는 것이다.

이단들은 이 비유를 씨, 밭, 나무, 새라고 하면서 이상하게 비유
를 푼다. 나무는 사람이고, 새는 영이라고 한다. 나무가 사람인 이유
는, 요한복음 15장 1절에 예수님이 포도나무라고 했기 때문에 나무
는 사람이라는 것이다. 그러면서 나무를 사람으로 빗댄 성경 구절을
다 끌어온다(사 5:7, 55:12, 겔 31:3). 그런데 나무는 사람일 수도 있
고, 민족일 수도 있고, 왕일 수도 있다. 다 상징하는 바가 다르다. 또
새를 영이라고 한다. 왜? 예수님께서 성령받을 때 성령이 비둘기같
이 임하셨기 때문이란다(막 1:10). 그러면서 이와 유사한 구절들을
끌어온다(마 13:4, 눅 8:12, 계 18:2, 19:17). 하지만 '비둘기같이' 임
한 것은 성령이 비둘기, 곧 새라는 말이 아니다. 이것은 비둘기 '같
은' 순결한 모양으로, 아니면 비둘기가 '깃들이는 것처럼' 묘사하는
일종의 비유적 표현이다. "당신의 입술은 앵두 같습니다"라고 하면
입술은 곧 앵두라는 말인가? 아니다. 앵두의 빨간 색깔처럼 입술이

빨갛다는 것을 비유적으로 묘사한 것이다.

A는 B와 같다는 것은 A는 B라는 말이 아니다. 그런데 이단은 이런 식으로 이 둘을 같은 것으로 푼다. 그래서 나무에 새가 깃들이면 새는 영이므로, 사람에게 하나님의 성령, 곧 영이 임하는 '신인합일'이라는 기괴한 교리를 주장한다. 신인합일하면 교주의 육체에 하나님의 영이 임해서 신인합일하고 죽지 않는다고 한다.[49] 마찬가지로 비진리, 거짓 목자에게는 악령, 까마귀같이 가증한 새가 임하여 나쁜 나무, 나쁜 목자가 된다고 한다. 이들이 이렇게 하는 것은 교회를 이분법적으로 나누어 좋은 나무(자기네 이단 단체)에 속했는지 나쁜 나무(기성교회)에 속했는지 가르면서 성도들에게 기존 교회를 불신하게 하려는 악한 의도가 깔려 있다.

주목할 것은 나무에 새가 깃들이는 심상은 구약의 심상에서 가지고 온 것이다.

"주 여호와께서 이같이 말씀하시되 내가 백향목 꼭대기에서 높은 가지를 꺾어다가 심으리라. 내가 그 높은 새 가지 끝에서 연한 가지를 꺾어 높고 우뚝 솟은 산에 심되 이스라엘 높은 산에 심으리니 그 가지가 무성하고 열매를 맺어서 아름다운 백향목이 될 것이요 각종 새가 그 아래에 깃들이며 그 가지 그늘에 살리라"(겔 17:22-23).

여기서 백향목 가지를 심는다는 것은 다윗 왕의 회복된 통치를 심을 것이라는 말이다. 이는 장차 메시아 예수를 통하여 시작될 하나님 나라를 말한다. 이것이 자라면 모든 새가 그 아래 깃들어 살게 될 것인데, 이는 그 당시 고대 근동에서 범세계적인 제국을 묘사하는 데 흔히 사용된 우주적 나무(cosmic tree) 심상과 유사하다. 강력한 제국의 통치 아래 모든 이방 백성이 깃들어 산다는 뜻이다. 앗수르 제국이 그랬고, 바벨론이 그랬고, 페르시아, 로마가 그랬다. 따라서 여기 각종 새는 온 열방의 이방 백성들을 빗댄 것이다. 결국 이런 강력한 통치의 시작이 모든 씨보다 작아 보이는 하나님의 말씀으로 시작하여 온 열방을 불러모으는 놀라운 역사를 이룬다는 뜻이다.

이 어마어마한 역사는 하나님이 이루실 역사다. 우리는 하나님의 역사하심을 기대하며 기다릴 수 있는 은혜가 있어야 한다. 그래서 로마서는 성도로 "소망 중에 즐거워하라"(롬 12:12)고 말씀한다. 아직 이루어지지 않았지만, 하나님의 일하심을 신뢰하며 인내 가운데 즐겁게 기다린다는 것이다.

하나님의 능력 있는 손길을 신뢰하는가? 그렇다면 우리가 절대 주의해야 할 것이 있다. 충조평판(충고, 조언, 평가, 판단)이다. 이것이 그 사람을 변화시키고 발전시키는 데 하나도 도움이 되지 않는다. 특히 힘들고 고통스러워하는 이에게 이런 것을 던지는 것은 비수를 꽂는 것과 같다. 그런데 우리는 이런 것에 너무나 익숙하다. 잘 아는 충고 조언 어떤 것들이 있는가?

그런 생각은 잊어. 너한테 좋을 게 하나도 없어.
그럴수록 네가 더 열심히 하고 배우려는 자세를 가져야지.
네가 너무 예민해서 그런 거 아니니? 긍정적으로 마음을 먹어봐.
그건 네가 기도를 안 해서 그래.

아직 회개하지 않은 죄가 있어서 그래.

나름대로 생각해서 해주는 말이지만 들을수록 불편하고 마음이 어렵다. 우리는 누군가가 힘들 때, 또 내가 기다리다 도저히 못 참겠으면 이러한 '충조평판'을 가차 없이 날린다. 그리고 뒤에 이런 말을 붙인다. 상대방이 힘들어할 때는 도리어 공감해주고 그의 마음 상태를 물어야 한다. "저런, 마음이 아주 힘들었구나. 지금 마음이 어때?"

우리는 하나님의 일하심을 신뢰하며 그를 인정하고 긍정해주고 안아주어야 한다. 그렇지 않고는 내가 조급해서 견디지 못한다. 하나님이 그를 향한 계획을 갖고 계심을 신뢰하는가? 그럼 하나님께 그를 맡기라. 기도하라. 하나님은 우리의 기다림을 통해 어쩜, 아니 분명 우리가 할 수 있는 것보다 더 놀랍고 위대한 일들을 이루실 것이다. 겨자씨가 왜 자라지 않나 안달하지 말라. 말씀이 제대로 심겼으면 역사를 이루실 것이다. 다른 이들을 보며 비교하지 말고, 세상을 보지 말고 우리 시선을 오직 하나님께 돌려 큰일을 이루실 하나님을 바라보며 나아가라.

[19장 각주] ···

46) 최준영, 「백점 아들 육식동물 아빠」(서울: 조윤커뮤니케이션, 2018).
47) 김민희, "나는 엄마가 아니라 원수였습니다", 주간조선, 2017. 9. 10.
48) 이유남, 「엄마반성문」(서울: 덴스토리, 2017).
49) 양형주, 「바이블 백신 1」, 230-234쪽.

풍랑 가운데 희망을 붙들 수 있는가

³⁵그날 저물 때에 제자들에게 이르시되 우리가 저편으로 건너가자 하시니 ³⁶그들이 무리를 떠나 예수를 배에 계신 그대로 모시고 가매 다른 배들도 함께 하더니 ³⁷큰 광풍이 일어나며 물결이 배에 부딪쳐 들어와 배에 가득하게 되었더라. ³⁸예수께서는 고물에서 베개를 베고 주무시더니 제자들이 깨우며 이르되 선생님이여 우리가 죽게 된 것을 돌보지 아니하시나이까 하니 ³⁹예수께서 깨어 바람을 꾸짖으시며 바다더러 이르시되 잠잠하라. 고요하라 하시니 바람이 그치고 아주 잔잔하여지더라. ⁴⁰이에 제자들에게 이르시되 어찌하여 이렇게 무서워하느냐. 너희가 어찌 믿음이 없느냐 하시니 ⁴¹그들이 심히 두려워하여 서로 말하되 그가 누구이기에 바람과 바다도 순종하는가 하였더라.

기네스북에 세계 최연소로 요트 세계 일주에 성공한 사람으로 기록된 이가 있다. 미국의 잭 선더랜드다. 그가 16세에 시작해서 13개월 2일 만에 요트로 세계 일주에 성공해서 17세에 성공한 것으로 기록되었다.[50] 그가 탄 요트는 불과 11m짜리였다. 이 기간에 선더랜드는 태평양, 인도양, 대서양을 가로지르며 적도를 두 차례나 건너기도 했다. 요트 하나로 세계여행을 한다면 얼마나 낭만적이고 멋질까? 그러나 여행 과정을 들어보면 결코 낭만적이지 않다. 항해 중 강풍을 만나 돛대가 부서지고, 풍랑과 싸우느라 60시간을 잠 한숨 자지 못하고 버틸 때도 있었다. 바다에서 풍랑이 일면 수십 미터나 되는 파도가 일어나 배를 뒤집을 때도 있다. 그런 가운데 배를 유지하는 것은 엄청난 긴장을 필요로 하는 싸움이다.

또 인도양에서는 해적을 만나 쫓겨 다니며 애를 태운 적도 있다. 선더랜드의 표현대로 인생에서 가장 긴 1시간 30분을 보내기도 했다. 또한 항해하는 13개월 동안 배가 수도 없이 부서졌다. 그럴 때면 선더랜드는 배 기술자인 아버지에게 위성전화로 연락을 취했다. 그러면 아들이 전세계 어디 있든지 간에 아버지가 그곳으로 날아가 아들의 배를 수리해주었다. 아버지가 배를 수리하면 아들은 또 여행을 시작하고, 부서지면 또 여행을 잠시 멈추고 아버지께 연락하기를 반복했다. 이런 아버지의 전폭적인 지원이 없었더라면 여행은 얼마 가지 못해 실패했을 것이다.

우리가 사는 생은 푸른 망망대해를 건너는 것과 같다. 어떤 때는 바다가 잠잠하고 고요하고 아름다울 때도 있지만, 어떨 때는 전혀 예상치 못한 강풍과 파도가 넘실거리며 우리 생을 위협할 때도 있다. 수 없이 파도에 파선할 때도 있다. 다시 수리가 필요할 때도 있다. 우리 생은 기쁨과 슬픔, 감사와 탄식이라는 실로 마치 옷감의 씨줄과 날줄처럼 우리 인생을 가로 세로로 섬세하고도 촘촘하게 짠 것과 같다.

전에 미국 하버드 의대 정신과에서 하버드 대학교 남학생 268명을 대상으로 인생 종적연구를 시행한 바 있다.[51] 종적연구란 젊은 대학생 시절부터 죽을 때까지 이들의 인생이 어떻게 전개되는가를 끝까지 추적해서 연구하는 것이다. 이 연구를 주도했던 베일런트 교수는 여러 사람의 인생을 들여다보면서 "과학의 잣대도 숨을 죽일 수밖에 없을 정도로 삶은 미묘하고 복잡하다는 것을 확인했다"고 평했다.

인생의 항해에는 우리가 예상치 못한 여러 가지 일이 많이 일어난다. 어떤 일이 일어나는가를 아는 것은 우리 능력을 벗어난다. 이것은 우리가 조절할 수 없다. 그러나 이런 일이 일어날 때 우리가 어떻게 반응할 것인가는 우리가 선택할 수 있다. 풍랑 가운데서도 어떤 사람은 얼마 버텨보지도 못하고 그냥 좌절한다. 반면 어떤 사람은 풍랑 가운데, 절망 가운데서도 여전히 희망을 붙들고 끝까지 주어진 인생의 항해를 계속하는 사람이 있다. 그렇다면 우리가 직면해야 할 질문은 이것이다. 풍랑 한가운데서도 나는 여전히 희망을 붙들 수 있는가?

본문은 예수께서 제자들과 함께 갈릴리 호수를 건너가며 뜻하지 않게 마주한 풍랑을 다루시는 장면을 보도한다. 갈릴리 호수는 그 지형이 독특하다. 호수가 해수면보다 209m 정도 아래에 있다. 반면 주변은 높은 산악지형으로 둘러싸여 있다. 길이는 둘레가 53km, 직경 거리가 남북으로 21km, 동서로 11km이고 수심이 깊다. 평균 수심은

26m, 가장 깊은 곳은 43m나 된다. 그러니 해수면 아래의 온도와 산악지형 주변의 온도 차가 심하다. 또 육지를 휩쓸고 지나가는 바람이 산등성이를 타고 호수로 내려오면서 강력한 돌풍을 일으킨다. 특히 겨울철 우기 때가 되면 이 지역의 기상이 불안정해지면서 광풍이 불고 사나운 파도가 몰아친다. 이때 부는 파도가 얼마나 거센지 호수 주변의 비교적 안전한 주차장까지 덮칠 정도다.

"그날 저물 때에 제자들에게 이르시되 우리가 저편으로 건너가자 하시니"(막 4:35).

'그날'이 언제인가? 바로 앞에 씨 뿌리는 비유를 가르치신 날이다. 그날은 온종일 비유로 하나님 나라의 비밀을 가르치셨다. 그리고 날이 저물자 예수께서는 제자들에게 우리가 '저편'으로 가자고 재촉한다. '저편'이란 바다 건너편 거라사 지방을 가리킨다(막 5:1). 거라사는 이방인의 땅이었다. 예수님께서는 자신이 가르치셨던 겨자씨의 비유가 어떻게 현실 속에 구현되는지 보여주시려 한다. 하나님 나라의 복음을 그 지역에도 전파하여 어떻게 주변 지역의 이방인들도 하나님 나라 안에 깃들 수 있는가를 나타내려 하는 것이다. 그런데 뜻하지 않은 문제가 생겼다. 호수 한가운데서 큰 광풍을 맞이한 것이다. 하나님 나라가 퍼져나가 열방의 새가 깃들이려 하는데 거대한 난관이 닥쳤다.

"큰 광풍이 일어나며 물결이 배에 부딪쳐 들어와 배에 가득하게 딤었더라. 예수께서는 고물에서 베개를 베고 주무시더니 제자들이 깨우며 이르되 선생님이여 우리가 죽게 된 것을 돌보지 아니하시나이까 하니"(막 4:37-38).

큰 광풍이 일어나 물결이 배에 들어왔다. 조금 들어온 정도가 아니다. 배에 가득하게 되었다. 이러다가는 배가 가라앉게 생겼다. 1986년 갈릴리 호수에서 예수님 당시의 것으로 추정되는 고깃배의 선체가 손상되지 않은 채로 발견된 적이 있었다. 그 당시에 사용하던 전형적인 고기잡이배였다. 길이가 약 8m, 폭이 약 2.3m, 그리고 높이가 1.4m였다. 배의 앞뒤 부분에는 갑판이 깔려 있었고 뒷부분은 고물이 있었을 것으로 추정되는데, 고물은 방향을 잡는 키를 조정하는 조타수가 있는 비바람을 피할 작은 공간이었다.

어마어마한 광풍과 파도가 넘실거리는 가운데 예수께서는 고물에서 베개를 베고 주무셨다. 그러자 제자들이 와서 깨우며 말한다. "선생님이여 우리가 죽게 된 것을 돌보지 아니하시나이까."

이는 요나 이야기와 유사한 부분이 있다. 요나는 니느웨에 복음을 전하라는 이방인 선교의 부름을 받고 배에 오른다. 요나는 배 밑층에서 깊은 잠에 빠졌고, 밖에서는 거대한 풍랑이 배를 삼킬 지경까지 되었다. 제자들이 예수님을 깨운 것처럼 요나도 배의 선장이 깨운다.

그러나 요나의 이야기와는 주요한 차이점이 있다. 먼저, 요나는 하나님이 가라고 하신 것에 불순종해서 반대 방향으로 갔다. 둘째, 요나는 선장에게 혹시 하나님이 구원하실지 모르니 기도하라는 부탁을 받는다. 그러나 예수님은 제자들에게 죽게 된 자신을 구원해 달라는 요청을 직접 받는다. 셋째, 요나는 자신이 물에 빠짐으로 파도가 잠잠하게 되었지만, 예수님은 말씀으로 파도를 잔잔하게 하셨다.

예수님은 왜 주무셨을까? 피곤하셨기 때문이다. 예수님은 하나님 이셨지만 동시에 인성을 가진 사람이라서 인간 육체의 연약함을 온전히 경험하고 계셨다. 동시에 예수님이 주무시는 모습은 전능하신 하나님의 주권을 보여주는 신비로운 방식이기도 하다.

> "여호와의 팔이여 깨소서. 깨소서. 능력을 베푸소서. 옛날 옛시대에 깨신 것같이 하소서. 라합을 저미시고 용을 찌르신 이가 어찌 주가 아니시며 바다를, 넓고 깊은 물을 말리시고 바다 깊은 곳에 길을 내어 구속받은 자들을 건너게 하신 이가 어찌 주가 아니시니이까"(사 51:9-10).

'여호와의 팔'은 하나님의 능력 있는 손을 의미한다. 이는 능력의 하나님을 깨우기 위해 이사야가 부르는 것이다. 하나님을 어떻게 기억하며 깨우는가? 바다에 있는 용을 찌르시고 바다의 강력한 힘을 무력화시키는 분으로 기억한다. 용은 히브리어 '타닌'으로 바다를 휘젓고 다니는 혼돈과 공허의 세력인 '리워야단'으로 알려져 있다. 이사야 선지자는 사방에 위기의 파도가 넘실거리는 상황에서 바다의 세력을 무력화시키는 능력의 하나님께 간절히 기도하며 하나님이 깨어나도록, 일어나시도록 기도하고 있다. 시편에는 이처럼 하나님을 깨우는 간절한 탄원들이 있다.

"주여 깨소서 어찌하여 주무시나이까. 일어나시고 우리를 영원히
버리지 마소서"(시 44:23).

여기서도 하나님을 깨운다. 어찌하여 주무시나이까? 일어나시고
우리를 영원히 버리지 마소서! 본문에서 제자들이 문제를 제기한 것
과 비슷하다. 제자들이 무엇이라 하는가? "선생님이여 우리가 죽게
된 것을 돌보지 아니하시나이까."

여기서 궁금증이 생긴다. 이스라엘을 지키시는 하나님은 졸지도
아니하시고 주무시지도 않는다고 하셨는데(시 121:4), 하나님이 주무
신다는 것은 무슨 말인가? 서로 충돌하는 것처럼 보인다. 하나님이
주무신다는 것은 일종의 비유적인 표현이다. 이는 전능하신 하나님
의 주권을 드러내는 표현이다. 세상의 그 어떤 무시무시한 세력도 하
나님의 숙면을 방해할 자격이 없다는 것이다. 잠자는 사자의 코털을
건드리는 것과 같다. 누가 감히 사자의 코털을 건드리겠는가?

하지만 하나님의 백성은 이 땅에서 고난을 겪는다. 이 고난은 감
히 하나님께는 어찌할 수 없지만, 이 땅을 살아가는 그의 백성에게는
날마다 마주해야 하는 힘겨운 현실이다. 그래서 대적들은 감히 하나
님을 깨울 수 없지만, 하나님의 백성은 하나님을 깨울 수 있다. 그래
서 하나님의 백성들은 날마다 하나님을 흔들어 깨워야 한다. 그래서
예수님 당시 레위인들은 매일 하나님께 다음의 시편을 암송하며 기
도했다.

"주여 깨소서. 어찌하여 주무시나이까. 일어나시고 우리를 영원히

버리지 마소서. 어찌하여 주의 얼굴을 가리시고 우리의 고난과 압제를 잊으시나이까"(시 44:23-24).

그래서 이들을 '깨우는 자들'(the wakers)이라 불렀을 정도다. 하나님이 깨어나셔서 바다를 꾸짖기만 하시면 물이 마르고 길이 난다.

창세기에서부터 바다는 혼돈과 공허의 세력이었다. 하나님은 세상을 뒤덮고 있는 바다를 가르고 궁창을 만드시고, 물을 한 곳으로 모으시고 땅이 드러나게 하시며 세상을 만드셨다. 세상을 뒤덮은 혼돈의 바다를 한 곳으로 모아 제한시키셨다. 출애굽기에서 하나님은 이스라엘을 출애굽시키며 그들을 가로막던 혼돈과 공허의 세력인 홍해 바다를 가르시고 바닷물을 말리셨다. 그래서 하나님은 바다를 잠잠하게 하시는 하나님이다(시 89:9, 93:3-4, 107:29).

자, 이렇게 볼 때 지금 예수님께서 배 위에 주무시며 갈릴리 건너편에 복음을 전하러 가시는 것은 전능하신 하나님이 그의 복음을 전하러 친히 가시는 왕의 행차와 같다. 그런데 이 왕의 행차 앞에 혼돈과 공허의 세력인 사탄은 왕의 진입을 어떻게든 방해하려 한다. 왜? 자신들이 장악한 거라사 지역까지 오면 자신들이 이곳에 오랫동안 구축해 놓았던 모든 견고한 진지들이 무너져 내리기 때문이다. 그래서 방해하려 한다. 풍랑을 넘어선 미친 풍랑 곧 광풍을 일으키며 예수님과 제자들을 위협한다. 제자들은 이 위협 앞에 벌벌 떤다. 공포에 질린다. 그러나 단 한 분, 하나님의 아들 예수 그리스도는 이 모든 위협에도 아랑곳하지 않고 주무신다.

무술 영화에 보면 주점에서 밥을 먹다가 시비가 붙어 서로 싸우고 기물을 부수면 사람들은 다 무서워서 피하지만 고수는 그냥 자기가 먹던 음식을 차분하게 다 먹고 있다. 싸우던 사람이 기분 나빠서, "야, 넌 뭐라고 여기서 앉아 밥을 먹냐?" 그러면서 덤비면 몇 초 후에 뺑 나가떨어진다. 그것도 단 일격에.

그러니까 지금 고물에서 주무시는 주님은 전능하신 하나님의 모습을 고스란히 드러내고 있다. 이럴 때 제자들은 속히 예수님을 깨워야 한다. 예수님이 깨자 어떻게 하시는가?

"예수께서 깨어 바람을 꾸짖으시며 바다더러 이르시되 잠잠하라 고요하라 하시니 바람이 그치고 아주 잔잔하여지더라"(막 4:39).

예수께서 바람을 꾸짖으셨다. 시편 104편 7절은 "주께서 꾸짖으시니 물은 도망하며…"라고 말씀한다. 결국 전능하신 예수님이 한번 꾸짖으시면 꼼짝 못 할 광풍에 불과하다.

"큰 광풍"(막 4:37)은 앞에 '크다'는 표현이 헬라어로 '메갈레'다. 여기서 메가톤이란 말이 나왔다. 메가톤급 광풍이다. 그런데 이 메가톤급 광풍이 예수님의 꾸짖음으로 '아주 잔잔하여'졌다. 흥미로운 것은 여기서 '아주'라는 표현도 헬라어로 '메갈레'다. 광풍이 메가톤급으로 제자들을 위협하는 것 같았는데, 주님께서 말씀하시자 메가톤급으로 조용해졌다. 이것은 예수님의 말씀이 메가톤급 말씀이었기 때문이다. 큰 광풍을 꾸짖으신 후, 예수님이 제자들에게 말한다.

"이에 제자들에게 이르시되 어찌하여 이렇게 무서워하느냐. 너희가 어찌 믿음이 없느냐 하시니"(막 4:40).

어찌하여 이렇게 무서워하느냐? 어찌 믿음이 없느냐? 이 말씀은 지금 옆에 계신 분이 전능하신 하나님이라는 것을 좀 보고 믿으라는 것이다. 풍랑은 감히 엄습할 수도 없다. 그러니까 지금 예수님이 촉구하시는 것은 무엇인가? 예수님을 바로 알라는 것이다. 이것은 제자들에게 큰 충격으로 다가왔다.

"그들이 심히 두려워하여 서로 말하되 그가 누구이기에 바람과 바다도 순종하는가 하였더라"(막 4:41).

예수님에게서 전능하신 하나님의 신성을 보았다. 심히 두려워했다. 여기 '심히'라는 단어도 헬라어로 '메갈레'다. 하나님의 강력한 임재 앞에 느끼는 두려움이다. 이것 또한 메가톤급 두려움이다. 그래서 마가복음에는 세 가지 '메갈레', 곧 메가톤급 풍랑, 메가톤급 고요함, 메가톤급 두려움이 등장한다.

이런 메가톤급의 강력한 힘들 사이에서 중심을 잡아주는 것은 예수 그리스도를 누구로 알고 고백하느냐 하는 것이다. 이것이 바로 서야만 비유로 가르쳐주신 한 알의 겨자씨가 생명력 있게 온 세상으로 퍼져가는 하나님 나라의 비밀을 깨달을 수 있다.

제자들이 "그가 누구이기에…"라고 감탄한 것처럼 그가 누구인가를 바로 아는 것이 메가톤급 두려움 앞에서 우리가 압도되지 않고 살아나는 길이다. 예수님 당시의 유대인들은 하나님께서 정하신 마지막 때가 되면 하늘과 땅이 그의 메시아에게 복종할 것으로 믿고 있었다.[52] 이제 이 마지막 시대가 예수 그리스로부터 시작되었다.

이제 세상의 혼돈과 공허를 장악하던 사탄은 흔들리고 있다. 가버나움 회당에서부터 시작된 예수님의 사역으로 귀신들이 쫓겨나고, 또 바다에서 패배하고 잠잠해졌다. 이렇게 물러간 사탄의 세력은 이제 예수님이 건너가서 사역하실 거라사 지역에서 또다시 나타나 예수님을 공격할 것이다. 이런 것 보면 사탄은 참 집요하다. 한 번 물러간다고 끝나지 않는다. 집요하게 계속 물고 늘어진다. 예수님은 하나님의 권세 있는 말씀으로 사탄을 제압하고 내쫓지만, 아직 결정타를 날릴 최후의 한 방은 날리지 않으셨다. 그 한 방은 십자가에서 일어날 것이다. 그리고 이로써 아직 '그가 누구이기에'라는 질문을 던지며 예수님이 누구인지 제대로 깨닫지 못하고, 그가 가르치는 하나님 나라의 비밀을 제대로 깨닫지 못하던 사람들에게 결정적인 폭로가 일어날 것이다(막 15:39 참조).

기억할 것은 예수님의 이 길에 제자만이 아니라 예수를 따르는 다른 배들도 함께했다는 사실이다(막 4:36). 이것은 풍랑 한가운데로의 여행이 열두 제자만이 아니라 예수님을 따르는 그의 성도와 교회도 포함되었음을 의미한다. 지금도 예수님을 따르는 성도의 삶에 이런 메가톤급 풍랑이 닥쳐온다. 이런 가운데 우리가 할 일은 무엇인가? 사실 이런 풍랑에서 우리가 할 수 있는 것은 별로 없다. 버티기도 버거울 뿐 아니라 자칫하다간 풍랑에 휩쓸린다. 우리가 할 것은 주무시는 주님을 깨우는 것이다. 주님이 왜 주무시는가? 피곤하셔서? 아니다. 전능하신 주권자이기 때문이다. 저 풍랑이 감히 주님을 건드릴 수 없으니까, 그의 믿음 없는 백성들을 흔들려는 것이다. 그렇다면 우리는 시편 44편의 기도처럼 주님을 깨워야 한다. 오직 풍랑 가운데 희망은 주님을 깨우는 데 있다.

"주여 깨소서. 어찌하여 주무시나이까. 일어나시고 우리를 영원히 버리지 마소서. 어찌하여 주의 얼굴을 가리시고 우리의 고난과 압제를 잊으시나이까"(시 44:23-24).

이런 기도가 우리의 기도가 될 수 있기를 소망한다.

[20장 각주] ···

50) 이영미, "11m 요트로 13개월간 14만 5000km…美 17세 소년, 최연소 세계 단독일주", 조선일보, 2009. 7. 17.
51) 조지 베일런트, 이덕남 역, 「행복의 조건」(서울: 프런티어, 2010).
52) 쿰란문서, 4Q 521.

군대, 물러가다

¹예수께서 바다 건너편 거라사인의 지방에 이르러 ²배에서 나오시매 곧 더러운 귀신 들린 사람이 무덤 사이에서 나와 예수를 만나니라. ³그 사람은 무덤 사이에 거처하는데 이제는 아무도 그를 쇠사슬로도 맬 수 없게 되었으니 ⁴이는 여러 번 고랑과 쇠사슬에 매였어도 쇠사슬을 끊고 고랑을 깨뜨렸음이러라. 그리하여 아무도 그를 제어할 힘이 없는지라. ⁵밤낮 무덤 사이에서나 산에서나 늘 소리 지르며 돌로 자기의 몸을 해치고 있었더라. ⁶그가 멀리서 예수를 보고 달려와 절하며 ⁷큰 소리로 부르짖어 이르되 지극히 높으신 하나님의 아들 예수여 나와 당신이 무슨 상관이 있나이까 원하건대 하나님 앞에 맹세하고 나를 괴롭히지 마옵소서 하니 ⁸이는 예수께서 이미 그에게 이르시기를 더

러운 귀신아 그 사람에게서 나오라 하셨음이라. ⁹이에 물으시되 네 이름이 무엇이냐 이르되 내 이름은 군대니 우리가 많음이니이다 하고 ¹⁰자기를 그 지방에서 내보내지 마시기를 간구하더니 ¹¹마침 거기 돼지의 큰 떼가 산 곁에서 먹고 있는지라. ¹²이에 간구하여 이르되 우리를 돼지에게로 보내어 들어가게 하소서 하니 ¹³허락하신대 더러운 귀신들이 나와서 돼지에게로 들어가매 거의 이천 마리 되는 떼가 바다를 향하여 비탈로 내리달아 바다에서 몰사하거늘 ¹⁴치던 자들이 도망하여 읍내와 여러 마을에 말하니 사람들이 어떻게 되었는지를 보러 와서 ¹⁵예수께 이르러 그 귀신 들렸던 자 곧 군대 귀신 지폈던 자가 옷을 입고 정신이 온전하여 앉은 것을 보고 두려워하더라. ¹⁶이에 귀신 들렸던 자가 당한 것과 돼지의 일을 본 자들이 그들에게 알리매 ¹⁷그들이 예수께 그 지방에서 떠나시기를 간구하더라. ¹⁸예수께서 배에 오르실 때에 귀신 들렸던 사람이 함께 있기를 간구하였으나 ¹⁹허락하지 아니하시고 그에게 이르시되 집으로 돌아가 주께서 네게 어떻게 큰 일을 행하사 너를 불쌍히 여기신 것을 네 가족에게 알리라 하시니 ²⁰그가 가서 예수께서 자기에게 어떻게 큰 일 행하셨는지를 데가볼리에 전파하니 모든 사람이 놀랍게 여기더라.

2018년 마블사에서 제작하고 톰 하디가 주연한 슈퍼히어로 영화 〈베놈〉은 슈퍼히어로 영화치고 독특한 소재를 다루었다. 외계행성에서 온 심비오트라는 물질이 사람 속에 들어가 그를 숙주 삼아 기괴한 괴물의 모습으로 변신하여 강력한 힘을 발휘하는 이야기다. 이 괴물의 이름이 치명적인 독이란 뜻의 '베놈'(Venom)이다. 외계행성에서 온 심비오트는 처음에는 자기 몸에 맞는 사람 숙주를 찾아다닌다. 한 사람 속에 들어가 기생해보고, 그 숙주가 자기에게 맞지 않으면 그의 에너지를 다 흡수하고 다른 사람에게로 옮겨간다. 계속해서 사람들을 옮겨 다니던 심비오트는 마침내 주인공 에디 부룩의 몸에 들어가서는 제대로 자리를 잡고 기생하기 시작한다. 에디 부룩이 심비오트가 기생하기에 알맞은 숙주였다. 여기서부터 외계 생명체 심비오트가 사람 속에 들어가 사는 기괴한 동거가 시작된다. 이런 존재는 사람일까? 외계 생명체일까? 영화 끝에 정체를 묻는 악당의 질문에 주인공은 이렇게 대답한다. "우리가 베놈이다"(We are venom).

본문에는 이런 베놈 같은 존재가 등장한다. 이방 거라사 지역에 사는 더러운 귀신 들린 사람이다. 겉모양은 사람이지만 도저히 정상적인 사람이라고 할 수 없었다. 그 사람은 무덤 사이에서 거하다 배를 타고 건너오신 예수님을 만났다(막 5:2). 본문은 그의 상태를 다음과 같이 보도한다.

"그 사람은 무덤 사이에 거처하는데 이제는 아무도 그를 쇠사슬로도 맬 수 없게 되었으니 이는 여러 번 고랑과 쇠사슬에 매였어도 쇠사슬을 끊고 고랑을 깨뜨렸음이러라. 그리하여 아무도 그를 제어할 힘이 없는지라"(막 5:3-4).

이 사람이 '무덤'(헬. 므네메이온) 사이에 살고 있었다. 우리는 무덤 하면 흔히 둥그렇게 쌓아 올린 무덤을 생각할 수 있지만, 팔레스타인 지역의 무덤은 자연 동굴이나 석회암을 깎아서 묘실을 만들었다. 지금도 유대 평지로 알려진 쉐펠라 지역에 가면 묘실의 흔적이 많이 남아 있다. 가족 묘실의 경우, 여러 구의 시신을 안치할 수 있게 되어 있다. 그러니까 무덤은 들어가서 살 수도 있는 다소 넉넉한 공간을 갖고 있었다.

그러나 죽은 자의 시신과 함께 있는 것은 제의적으로 부정한 것이다. 본문에 '더러운 귀신'이라고 할 때 '더러운'(헬. 아카르토스)이란 단어는 제의적으로 정결하지 않고, 부정하다는 뜻을 갖는다. 이 귀신 들린 사람은 묘실 안에 들어가 시체들과 함께 잤다. 신명기는 "주문을 외우는 사람과 귀신을 불러모으는 사람과 박수와 혼백에게 물어보는 사람을 너희 가운데 용납하지 말라"고 말씀한다(신 18:11). 탈무드는 이 구절에 대해 이 사람은 묘지에서 밤을 보내기 때문에 부정한 영이 그 안에 머물러 그로 인해 미래를 예언할 수 있다고 설명한다. 이렇게 볼 때 이 더러운 귀신 들린 사람은 귀신을 의지해서 미래를 예언하던 무당이나 귀신의 힘을 의지해서 초월적인 능력을 발휘하던 마법사였을 가능성이 크다.

처음에는 귀신의 힘을 자기가 통제할 수 있다고 생각했다. 그러나 가면 갈수록 귀신이 통제되지 않는다. 점점 그를 사로잡는다. 결국에는 그의 전 인격이 귀신의 세력에 사로잡혀 자기 정체성을 잃어버릴 정도까지 된다. 마을 사람들은 이렇게 된 그를 힘으로 제어하려 했지만 그 어떤 힘으로도 이 귀신 들린 사람을 제어할 수 없었다.

사람들은 그를 여러 번 완력으로 제어하여 고랑과 쇠사슬로 매어

놓았다. 하지만 그럴 때마다 그는 쇠사슬을 끊어버렸고, 쇠고랑을 깨뜨렸다. "쇠사슬을 끊고 고랑을 깨뜨렸다"(막 5:4)는 구절은, 원래 수동태 형태로 표현되어 있다. 직역하면 "쇠사슬이 그에 의해 끊어져 버리고, 고랑이 부서져 버렸다"이다. 왜 굳이 어색한 수동형을 사용하였을까? 그것은 끊어버리고 부수는 것이 귀신 들린 사람의 자의에 의해서 한 것이 아님을 강조하기 위함이다. 자기도 모르는 어떤 강력한 외부의 힘이 끊고 부수는 역사를 하는 것을 무기력하게 당한 것이다. 악마의 수동태라고 할 수 있다. 하나님의 역사가 감추어져 수동태로 나타나는 것을 신적 수동태라고 한다면, 이렇게 자기도 모르게 쇠사슬이 끊어지고 고랑이 깨지는 역사는 악마의 수동태. 이렇게 악마에 사로잡힌 이 사람은 긍정적인 삶의 에너지와 희망을 잃어버린 채, 자기도 통제할 수 없는 강력한 힘에 사로잡혀 자기를 파괴하고 있었다.

"밤낮 무덤 사이에서나 산에서나 늘 소리 지르며 돌로 자기의 몸을 해치고 있었더라"(막 5:5).

이 장면은 엘리야 선지자가 갈멜산에서 바알과 아세라 선지자 850명과 싸우던 장면을 연상하게 한다. 이들은 바알과 아세라가 응답하지 않으니까 응답해달라고 부르짖으며 칼과 창으로 자기 몸을 자해했다(왕상 18:28). 이런 모습은 우상에게 기도하는 모습이다.

우리는 미래의 불안과 염려를 기도 제목으로 바꾸어 하나님께 가지고 나아가야 한다. 성경은 아무것도 염려하지 말고 오직 모든 일에 기도와 간구로 하나님께 아뢰라고 말씀한다(빌 4:6). 그렇지 않으면 우리는 불안해서 자신도 모르게 무엇인가 초월적인 힘에 기대려한다.

정치인은 선거를 몇 달 앞두고 조상들의 묘소를 명당으로 옮기기도 한다. 물론 그렇게 한다고 당선되는 것은 아니다. 또 해마다 선거철이 되면 용하다는 역술인에게는 몇 달 치 예약이 미리 찰 정도로 정치인들이 문전성시를 이룬다. 일제 강점기에는 일본이 우리나라의 신령한 기운을 막는다고 전국 산천에 수백 개의 쇠말뚝을 박아놓았다. 그래서 어떤 이는 이것을 알고 쇠말뚝 뽑는 것을 사명으로 생각하고 전국에 쇠말뚝을 찾으러 돌아다닌다. 이 사람이 25년간 전국에서 뽑아 놓은 것만 280개고, 이것 좀 뽑아달라고 제보받고 기다리고 있는 것이 아직 50개 이상 된다고 한다.[53] 세계 2차 세계대전 당시 히틀러 주변에는 유명한 역술인이 5명이나 있었다고 한다.[54] 이런 것 보면 사람이 자기 운명을 개척하고 꾸려가는 것 같지만, 자꾸 엉뚱한 것에 물어보고 의지하고 기댄다. 특히 세상의 권세를 잡은 사람들은 그 위에 공중의 권세 잡은 세력의 영향을 많이 받기 쉽다.

자꾸만 영향을 받다 보면 이성적인 생각이 마비된다. 귀신의 말만 들으려 한다. 그러다 감정도 마비된다. 기뻐해야 할 것에 기뻐하지 않고, 마음 아파해야 할 것에 아파하지 않고, 회개해야 할 것을 회개하지 않고, 감사해야 할 것을 감사하지 않는다. 감정이 조절되지 않는다. 그래서 기뻐해야 할 일에 도리어 분노하고, 슬퍼해야 할 일에 무정하고 냉랭하다. 여기서 더 나아가 의지까지 병들어 마비된다. 하고 싶어도 내 의지로 되지 않는다. 대표적인 경우가 중독이다. 중독되면 의지가 마비된다. 의지가 마비되면 스스로 선택을 포기한다. 스스로 선택을 포기하면 무엇인가 나를 사로잡는 다른 외부의 힘과 영향력에 그냥 휩쓸려 간다. 이때 우리는 무엇이 우리를 이렇게 몰고 가는가를 잘 분별해야 한다. 정신을 번쩍 차려야 한다. 나를 움직이는 힘은 무엇인가?

본문의 거라사 광인은 이런 것보다 훨씬 심한 상태다. 자신의 지, 정, 의가 완전히 사로잡혀 있었다. 그런데 그에게 놀라운 반전이 일어났다. 그것은 바로 하나님의 아들 예수 그리스도가 그를 찾아오신 것이었다. 그렇게 울부짖으며 누구도 오지 못하게 위협했던 마귀는 예수님을 멀리서 보자마자 예수님께 달려왔다.

"그가 멀리서 예수를 보고 달려와 절하며 큰 소리로 부르짖어 이르되 지극히 높으신 하나님의 아들 예수여 나와 당신이 무슨 상관이 있나이까. 원하건대 하나님 앞에 맹세하고 나를 괴롭히지 마옵소서"(막 5:6-7).

왜 마귀는 숨지 않고 멀리서 예수님을 보고 달려와서 절했을까? 세상의 진정한 통치자와 주권자가 누구인 줄 알았기 때문이다. 마귀는 자신보다 강력한 권세 앞에 꼼짝 못 한다. 그래서 하늘과 땅의 모든 권세를 가진 하나님의 아들이 그 땅에 오자 곧바로 와서 스스로 절하며 간청한다.

마귀는 큰 소리로 어찌하여 이방 지역으로 오셨냐고, 이곳을 장악한 나와는 아직 상관없는 분이 아니냐고 예수님께 묻는다. 아직 이곳에는 하나님의 나라가 임하지 않았으니 이곳에서 자신이 활동할수 있게 해달라고 간청한다. 자신을 괴롭게 하지 말아 달라는 것은종말적 심판을 내리지 말아 달라는 의미다(계 20:10 참조). 마귀는예수께 자신을 심판으로 멸망시키지 말아 달라고 자비를 구하고 있다. 하지만 그런 자신은 거라사 광인에게 전혀 자비를 베풀지 않고,그의 인생을 옥죄고 파멸시켰다. 마귀도 내로남불을 알았다. 그러자예수님이 묻는다.

> "이에 물으시되 네 이름이 무엇이냐. 이르되 내 이름은 군대니 우
> 리가 많음이니이다"(막 5:9).

예수께서 이름을 물으시는 이유가 무엇인가? 이름을 말하면 정체가 드러나게 되고, 정체가 드러난 마귀는 무력해진다. 더는 힘을 쓸수가 없다. 거짓말과 사기를 치던 사람의 정체가 드러나면 그 정체를드러낸 사람 앞에 더 이상 꼼짝할 수 없는 것과 마찬가지다.

마귀의 대답이 놀랍다. 자신의 이름을 '군대'라고 밝히기 때문이다. 난하주 1번을 보면 군대는 헬라어 레기온으로 로마 군대의 여단규모의 군대를 말한다. 로마 군대 여단을 군단이라고 한다. 당시 로마 군단 병력은 최대 5~6천 명으로 구성되지만, 이런 경우는 드물고보통 평균 3,600명 정도였고, 이보다 적은 경우는 2천 명 정도로도군단 병력을 구성했다.

마귀의 이름이 군단이라면 이는 마귀 한둘이 아니라 많은 악령이이 사람 속에서 역사하고 있음을 의미한다. 그러니 누구의 힘으로도

통제가 되지 않고 사망의 기운이 가득한 무덤에서 살고 있었던 것이다. 하지만 어마어마한 군단 규모의 마귀들도 예수님이 그 땅에 임재하자 벌벌 떨고 예수님의 권위 앞에 꼼짝하지 못한다. 자신의 정체를 밝힌 귀신은 예수님께 싹싹 빈다.

"자기를 그 지방에서 내보내지 마시기를 간구하더니"(막 5:10).

원문에는 '많이'(헬. 폴라)라는 단어가 들어가 있다. 마귀는 예수님께 제발 내보내지 말아 달라고 계속해서 손발이 닳도록 싹싹 빌고 있는 것이다. '간구하다'(헬. 파레칼레이)는 동사는 미완료형으로 동작의 반복을 나타낸다.

마귀들은 예수의 권세 앞에 감히 대항할 수 없음을 안다. 그래서 "제발 이 지역에서 내보내지 마시고 대신 우리를 돼지에게로 보내어 들어가게 해 달라"고 부탁한다(막 5:12). 지금 마귀가 하려는 것은 무엇인가? 영화 〈베놈〉처럼 숙주를 옮기려는 것이다. 인간 숙주에서 돼지 숙주로 옮겨가는 것이다. 대신 이 지역은 떠나지 않고 돼지 가운데 역사하겠다는 것이다. 마귀가 얼마나 집요한가? 그러나 이것은 다급한 마귀의 무지한 요청이다. 예수께서 허락하시자 어떻게 되는가?

"허락하신대 더러운 귀신들이 나와서 돼지에게로 들어가매 거의 이천 마리 되는 떼가 바다를 향하여 비탈로 내리달아 바다에서 몰사하거늘"(막 5:13).

군단을 형성한 마귀들이 자기와 숫자가 얼추 비슷한 돼지들에게 들어갔는데 어떻게 됐는가? 숙주가 맞지 않는다. 들어가니까 돼지가 거부반응을 일으키며 비탈길로 내려가 다 호수 속에 뛰어들어 몰사했다. 수영할 틈도 없이 막 몰려드니 서로 얽히고설켜 죽었다. 사람은 그래도 마귀의 광기를 어느 정도 제어할 수 있는 지정의가 있다. 그래서 군대가 들어와도 비록 그 사람은 황폐하게 망가졌지만, 그 군대를 수용할 만한 역량이 되는 것 같다. 하지만, 돼지는 지정의가 없다. 본능에 따라 행한다. 마귀들이 자신들의 광기를 주체하지 못하고 돼지 떼에 들어가니 돼지가 군대 귀신의 광기를 주체하지 못하고 본성의 광기를 최대치로 발휘하여 모두 갈릴리 호수에 뛰어든 것이다. 마귀는 돼지를 통제하지 못했다. 지정의가 없고 본능만 있기 때문이다. 결국 마귀는 새로운 보금자리일 뻔했던 숙주 돼지 떼에 들어가 돼지를 제어하여 기생하는 데 실패하고 바다에 빠지게 하였다. 결국 무모한 시도가 대실패로 끝나는 바람에 그 땅의 영향력을 상실하고 만다. 자기를 그 지방에서 내보내지 말기를 간구했는데(막 5:10), 마귀의 소원대로 허락하셨더니 결국 그 지역에서 참혹한 패배를 경험한 것이다.

그런데 여기서 우리는 마귀 군단이 돼지에게로 들어간다는 말에 무엇인가 섬뜩한 느낌이 든다. 왜냐하면 당시 이 지역에 주둔하던 로마 제20군단의 문양이 돼지였기 때문이다. 정확하게 말하면 야생 수퇘지다. 로마 군단의 깃발에 이 돼지의 문양이 있었고, 로마 군단의 방패에도 이 돼지 문양이 있었다. 옆의 그림을 참조하라.

이렇게 보면 마귀의 세력과 당시 팔레스타인을 지배하던 로마 군

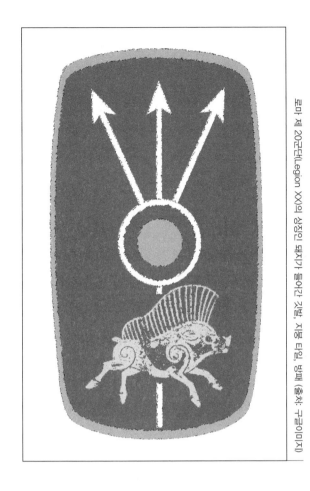

단의 광기 어린 지배가 모종의 연관성이 있음을 을 알 수 있다. 마귀가 배후에 조종하던 돼지 떼는 로마 군단의 배후에 역사하는 영성에 커다란 영향력을 행사하는 공중 권세다. 로마 군단은 거라사 지역의 사람들에게 돼지 문양으로 각인되었다. 이 지역에는 로마의 돼지들이 들어와 있다고 생각했다. 돼지가 그 마음에 들어와 있는 것이다.

정말 저 로마 돼지가 밉고 싫고 쫓아냈으면 좋겠는데, 누가 이 돼지를 백성의 마음에서 또 그 땅에서 몰아낼 수 있는가? 바로 참된 희망은 예수 그리스도밖에 없다. 하지만 돼지 배후에 역사했던 참된 영적 실체인 마귀들이 궤멸되자 마을 사람들은 두려워했다.

"예수께 이르러 그 귀신 들렸던 자 곧 군대 귀신 지폈던 자가 옷을 입고 정신이 온전하여 앉은 것을 보고 두려워하더라. 이에 귀신 들렸던 자가 당한 것과 돼지의 일을 본 자들이 그들에게 알리매 그들이 예수께 그 지방에서 떠나시기를 간구하더라"(막 5:16-17).

이 섬뜩한 장면을 보고 사람들은 예수님께 이 지방에서 떠나기를 간구했다. 거라사를 장악했던 마귀의 세력을 몰아내자 사람들은 그 지역에 예수님을 모셔 들이는 대신 누구도 자신을 다스리지 않기를 원했던 것이다. 이런 모습에 대해 예수님은 마태복음 12장에 다음과 같이 말씀하신다.

"더러운 귀신이 사람에게서 나갔을 때에 물 없는 곳으로 다니며 쉬기를 구하되 쉴 곳을 얻지 못하고 이에 이르되 내가 나온 내 집으로 돌아가리라 하고 와 보니 그 집이 비고 청소되고 수리되었거늘 이에 가서 저보다 더 악한 귀신 일곱을 데리고 들어가서 거하니 그 사람의 나중 형편이 전보다 더욱 심하게 되느니라. 이 악한 세대가 또한 이렇게 되리라"(마 12:43-45).

지금 거라사 사람들이 하는 반응이 깨끗하게 수리되어 빈집이 된 사람과 너무나도 닮아 있다. 이들은 자신의 빈 집에 예수님을 주인으로 초대하지 않았다. 다른 주인을 배제하고 자신들이 주인이 되어 다스리고 싶어 했다. 이대로 가다가는 마귀가 다시 이 마을로 들어올 때 속수무책으로 당할 가능성이 크다. 그렇다면 예수님의 이 지역에서의 사역은 실패한 것인가? 주목할 것은 예수께서 귀신 들렸던 그 사람을 복음의 선교사로 세우셨다는 사실이다.

"예수께서 배에 오르실 때에 귀신 들렸던 사람이 함께 있기를 간구하였으나 허락하지 아니하시고 그에게 이르시되 집으로 돌아가 주께서 네게 어떻게 큰 일을 행하사 너를 불쌍히 여기신 것을 네 가족에게 알리라 하시니 그가 가서 예수께서 자기에게 어떻게 큰 일 행하셨는지를 데가볼리에 전파하니 모든 사람이 놀랍게 여기더라"(막 5:18-20).

데가볼리 지역의 모든 사람이 놀랍게 여긴다는 것은 이 사람이 전하는 복음에 충격을 받고 생명의 변화가 시작되었다는 것이다. 데가볼리 지역에 시작되는 복음의 역사는 앞서 예수께서 말씀하신 겨자씨 한 알의 비유와 같다(막 4:31-32 참조).

예수께서 군대 귀신을 쫓아낸 것은 그 마을에 놀라운 반전이었다. 그러나 마귀가 돼지 떼에 들어가고 사람들은 다시 예수님을 쫓아내려 한다. 이는 또 다른 반전이다. 그런데 예수님은 겨자씨 한 알을 남겨두어 그곳에 복음의 씨가 사방에 뿌려지게 하셨다. 박해와 거부가운데서도 하나님 나라의 확장은 멈출 수가 없다. 이것이 세 번째 반전이다.

우리가 싸워야 할 영적 싸움의 영역은 어디 있는가? 나도 모르게 세상 풍조에 휩싸이고 세상 논리에 동의하여 예수님의 다스림을 거부하거나 피하거나 도망 다니지는 않는가? 내 마음 나도 모르게 휩쓸릴 정도도 놔두지 말라. 다시 정신 차려야 한다.

어떤 자매가 직장에 있는 한 사람이 미워지기 시작했다. 자꾸 그 마음을 품고 미워하다가 안 되겠다, 미워하지 말아야지 하고 생각하게 되었다. 그러나 다음날 가서 그 사람 얼굴만 보면 다시 속에서 분노가 울컥하고 솟아오름을 경험했다. 밤낮 기도하며 그 마음을 회개하며 용서하고 사랑하려고 노력했지만 도저히 되지를 않았다. 그러기를 3년이나 계속했다. 그래서 어느 목사님과 상담을 했다.

목사님이 물어보았다.

"그 미워하는 생각은 자매에게서 온 것인가요? 자매는 그 생각을 원하세요?"

그러자 황급히 부인했다.

"아니요. 목사님, 제가 이 생각을 버리려고 얼마나 노력했는데요."

"그러면 이 마음은 하나님이 주신 것일까요?"

"아니요, 그럴 리가 없어요."

"음…. 그러면 자매가 원하지 않고, 하나님도 원하시지 않는다면 누가 준 것일까요?"

순간 이 자매는 깜짝 놀랐다. 악한 영의 충동을 새롭게 분별했기 때문이다. 그래서 이 자매는 담대하게 공중 권세 잡은 세력을 대적했다. "예수의 이름으로 명하노니 떠나가라!"

　다음날부터 놀라운 경험을 했다. 3년 동안 울컥하고 솟아오르던 미움이 사라지고, 그 직장 상사가 너무나도 측은하고 사랑스럽게 보이는 경험을 하게 된 것이다. 우리의 싸움은 눈에 보이는 혈과 육만이 아니다. 눈을 들어 우리를 대적하는 공중 권세 잡은 세력과 담대하게 싸워 승리하며 아름다운 열매 맺어가는 성도로 서자.

[21장 각주] ···

53) 소윤하, "[Why] 금강산에 일제가 박은 쇠말뚝 뽑는 게 마지막 희망", 조선일보, 2009. 5. 23.
54) 강인선, "[만물상] 정치인과 역술인", 조선일보, 2007. 7. 9.

은혜는 승자독식의
----------------------------- 논리를 극복한다

²¹예수께서 배를 타시고 다시 맞은편으로 건너가시니 큰 무리가 그에게로 모이거늘 이에 바닷가에 계시더니 ²²회당장 중의 하나인 야이로라 하는 이가 와서 예수를 보고 발아래 엎드리어 ²³간곡히 구하여 이르되 내 어린 딸이 죽게 되었사오니 오셔서 그 위에 손을 얹으사 그로 구원을 받아 살게 하소서 하거늘 ²⁴이에 그와 함께 가실새 큰 무리가 따라가며 에워싸 밀더라. ²⁵열두 해를 혈루증으로 앓아 온 한 여자가 있어 ²⁶많은 의사에게 많은 괴로움을 받았고 가진 것도 다 허비하였으되 아무 효험이 없고 도리어 더 중하여졌던 차에 ²⁷예수의 소문을 듣고 무리 가운데 끼어 뒤로 와서 그의 옷에 손을 대니 ²⁸이는 내가 그의 옷에만 손을 대어도 구원을 받으리라 생각함일러라. ²⁹이에 그

의 혈루 근원이 곧 마르매 병이 나은 줄을 몸에 깨달으니라. ³⁰예수께서 그 능력이 자기에게서 나간 줄을 곧 스스로 아시고 무리 가운데서 돌이켜 말씀하시되 누가 내 옷에 손을 대었느냐 하시니 ³¹제자들이 여짜오되 무리가 에워싸 미는 것을 보시며 누가 내게 손을 대었느냐 물으시나이까 하되 ³²예수께서 이 일 행한 여자를 보려고 둘러 보시니 ³³여자가 자기에게 이루어진 일을 알고 두려워하여 떨며 와서 그 앞에 엎드려 모든 사실을 여쭈니 ³⁴예수께서 이르시되 딸아 네 믿음이 너를 구원하였으니 평안히 가라. 네 병에서 놓여 건강할지어다. ³⁵아직 예수께서 말씀하실 때에 회당장의 집에서 사람들이 와서 회당장에게 이르되 당신의 딸이 죽었나이다. 어찌하여 선생을 더 괴롭게 하나이까. ³⁶예수께서 그 하는 말을 곁에서 들으시고 회당장에게 이르시되 두려워하지 말고 믿기만 하라 하시고 ³⁷베드로와 야고보와 야고보의 형제 요한 외에 아무도 따라옴을 허락하지 아니하시고 ³⁸회당장의 집에 함께 가사 떠드는 것과 사람들이 울며 심히 통곡함을 보시고 ³⁹들어가서 그들에게 이르시되 너희가 어찌하여 떠들며 우느냐. 이 아이가 죽은 것이 아니라 잔다 하시니 ⁴⁰그들이 비웃더라. 예수께서 그들을 다 내보내신 후에 아이의 부모와 또 자기와 함께 한 자들을 데리시고 아이 있는 곳에 들어가사 ⁴¹그 아이의 손을 잡고 이르시되 달리다굼 하시니 번역하면 곧 내가 네게 말하노니 소녀야 일어나라 하심이라. ⁴²소녀가 곧 일어나서 걸으니 나이가 열두 살이라. 사람들이 곧 크게 놀라고 놀라거늘 ⁴³예수께서 이 일을 아무도 알지 못하게 하고 그들을 많이 경계하시고 이에 소녀에게 먹을 것을 주라 하시니라.

종합편성 채널 드라마 가운데 최고의 시청률을 기록했던 것이 JTBC에서 제작한 〈스카이 캐슬〉이다. 이 드라마는 한때 시청률이 무려 24.5%에 육박할 정도로 많은 관심을 받았다. 스카이 캐슬은 대한민국 상위 0.1%가 모여 사는 고급 주택단지의 이름이다. 여기에는 대학병원 의사들과 로스쿨 교수 등 사회의 명망 있는 엘리트들이 모여 산다. 여기 있는 부모들은 어떻게 해서든 자기 자녀들을 명문대에 보내고 사회 최고의 엘리트로 키우려는 열망으로 자녀들을 가혹하게 몰아간다. 이 드라마에서 로스쿨 교수인 차 교수는 아버지에 반항하는 아들을 향해 자신이 아끼는 피라미드 모형을 보여주면서 피라미드 같은 이 세상에서는 위치가 중요하다고 말한다. '밑바닥에 있으면 짓눌리는 거고, 정상에 있으면 누리는 것'이라고 한다.[55] 할 수 있는 한 최고의 자리에 올라가려는 우리나라 상류사회, 아니 우리나라 전 국민의 상류 지향 욕망을 적나라하게 묘사했다.

이런 사회에서는 살아남기 위해 누구도 신뢰하지 않고 각자 알아서 살길을 찾아 나서야 하는 각자도생의 생존 방식을 취한다. 이런 분위기는 더욱더 치열해질 전망이다. 왜냐하면 이제 우리나라뿐 아니라 전세계가 팽창시대의 종언을 고하고 수축사회로 접어들기 때문이다. 증권계의 미래학자로 평가받는 홍성국 전 미래에셋 대표가 이런 미래의 전망과 분석을 담아 「수축사회」란 책을 냈다.[56] 팽창시대는 인구도 늘고 젊은 세대도 늘고 계속해서 수요가 팽창하고 공급이 수요를 따라가지 못했다. 그런데 기술혁명과 금융위기가 시작되면서 시대가 수축되기 시작한다. 팽창시대와 수축사회시대의 중간 지점에 있는 것이 제로섬 사회다. 제로섬 게임이란 말을 들어보았을 것이다.

상대방의 손실이 곧 나의 이익이 되는 것이다. 그런데 이랬던 제로섬도 수축시대로 들어가면서 정상적으로 작동하지 않고 전반적으로 위축되고 수축되어 가는 더 심각한 시대가 오고 있다.

우리는 그동안 한정된 것을 차지하기 위해 치열하게 싸우고 이기고 밀어내는 데 익숙한 승자독식의 삶의 방식을 살아왔다. 우리가 이렇게 독하게 나의 경쟁자와 적을 밀어내는 이유는 무엇 때문일까? 그것은 두려움 때문이다. 다른 이들이 제한된 기회, 제한된 자리, 제한된 자원을 차지하면 내 것은 없다는 두려움이 있다. 그리고 그 두려움 너머에는 이 기회를 잡지 못하면 내 인생은 끝장이라는 위기의식과 공포가 자리하고 있다. 그래서 아직 조금이라도 기회가 있을 때 다른 사람을 짓밟고, 차라리 그의 눈에서 피눈물을 쏟게 하는 것이 낫다.

본문에는 이러한 분위기가 감지되고 있다. 본문은 예수께서 가다라 지방에서 다시 가버나움으로 돌아오시면서 시작된다. 수많은 사람이 예수님을 보기 위해 모여드는데 그중에 회당장 야이로가 예수님을 찾아와 예수님의 발아래 엎드린다. 당시 회당장은 유대인이 예배드리고 말씀을 배웠던 신앙의 중심지인 회당을 관리하고 또 예배 인도를 책임 맡았던 사람이다. 여기 회당장 중 하나라고 되어 있는 것은 이런 일을 하는 회당장이 몇 명이 있었음을 말해준다. 지금도 가버나움에는 당시에 있었던 가버나움 회당터가 남아 있다. 본당이 200명 정도 들어가는 대형 회당이었고, 그 옆에도 회당만 한 크기의 부속건물이 딸려 있었다. 회당장들은 율법이 적힌 두루마리를 관리하고 필사하고는 했는데, 당시 두루마리는 무척 비싼 것이었다. 회당장은 경건한 유대인 가운데 명망 있고 존경받는 사람을 선출했는데, 야이로가 바로 이런 사람이었다. 본문에는 구체적으로 나오지는 않지만 회당장이라는 사실 자체로 그는 사람들의 존경을 받는 경건한 사람이었다.

예수님은 당시 커다란 센세이션을 일으키신 선지자요 랍비(선생)였지만, 바리새인과 서기관들은 예수님을 경계하고 있었다. 이런 분위기에서 회당장의 신분이라면 예수님과 어느 정도 거리를 두는 것이 현명한 처신이었을 것이다. 그런데 본문의 회당장은 예수님이 오시자마자 체면 불구하고 예수님 발 앞에 넙죽 엎드린다. 왜 그랬을까? 바로 딸 때문이다.

"간곡히 구하여 이르되 내 어린 딸이 죽게 되었사오니 오셔서 그 위에 손을 얹으사 그로 구원을 받아 살게 하소서 하거늘"(막 5:23).

회당장 야이로가 지금 예수님께 간청하는 이유는 자신의 사랑하는 딸이 죽게 되었기 때문이다. '죽게 되었사오니'는 문자적으로 '종말을 소유하고 있으니'로 번역할 수 있다. 종말을 소유한다는 것은 죽음의 끝 지점에 와 있다는 것이다. 딸의 목숨이 경각에 달려 있다. 그래서 그는 예수께 간곡히 간청한다. '야이로'라는 이름의 뜻은 히브리어 '야이르'에서 온 것으로, '그가 밝히신다', 또는 '그가 깨우신다' 정도가 된다. 야이로는 이름 그대로 예수님을 초대하여 구원의 빛을 밝히도록 간청하고 마침내 예수께서 그의 딸을 고치러 간다. 그런데 고치러 가는 길이 복잡하다. 이미 많은 사람이 예수님 주변으로

가버나움 회당터와 우측의 부속건물 터, 그 앞에는 가버나움 마을의 집터들이 있다. ⓒ양형주

몰려왔기 때문에 이들을 헤치고 회당장의 집으로 가셔야 했다.

　그런데 중간에 누군가가 이 복잡한 상황을 이용해서 슬쩍 새치기 하여 예수님의 치유 능력을 가로챈다. 이 다급할 때 은혜를 새치기한 다. 도대체 누구일까? 본문은 이렇게 소개한다.

　"열두 해를 혈루증으로 앓아 온 한 여자가 있어 많은 의사에게 많 은 괴로움을 받았고 가진 것도 다 허비하였으되 아무 효험이 없고 도 리어 더 중하여졌던 차에"(막 5:25-26).

　'혈루증'이라는 것은 부인과 질병을 말한다. 계속해서 하혈과 좋 지 않은 분비물이 나온다. 이것이 12년간 계속되었다면 이 여인은 정 말 많이 힘들고 지쳤을 것이다. 피가 모자라 얼굴이 백지장처럼 하얗게 되었을지 모르겠다. 이 질병은 여인의 일상생활을 괴롭히는 고질적이고 힘든 병이었다. 그래서 많은 의사를 찾아다니며 치료하려 했지만, 도리어 치료하는 과정이 너무나도 괴로웠는데 차도는 하나도 없었다. 그래도 실낱같은 희망을 품고 이런 무익한 치료에 가진 재산을 다 사용했지만, 효과는커녕 병이 더 심해졌고 건강은 더더욱 악화되었다.

그러던 차에 예수님 소문을 들었다. 어떻게든 이분을 만나고 싶었다. 하지만 수많은 군중에 둘러싸여 있는 예수님을 만난다는 것이 만만치 않았다. 그래서 무리가 바글바글한 틈에 끼어 예수님 뒤쪽으로 갔다. 많은 사람이 보는 앞에서 예수께 '예수님 제가 이렇게 몸이 아프니 고쳐주세요' 이렇게 요청하기가 참 어려웠다. 왜냐하면 율법 규정에 따르면 여인이 하혈하거나 유출병이 있으면 부정한 몸이 되어서 사람들과 격리되어야 했기 때문이다.

특히 유대인들은 여인이 정기적으로 생리하는 것을 하와의 죄로 인한 저주로 간주하여 하혈하는 동안은 부정함이 주변으로 전염되지 않도록 격리시켰다. 이 기간에 하나님의 사람이 손을 얹고 치유하려 해도 부정한 사람에게 접촉했기에 그 능력이 제대로 일어나지 않고 무효화된다고 믿었다. 그런데 이 여인은 하혈이 멈추지 않기에 평생 격리되어 살아야 했다. 부정한 동안에 감히 예수님께 고쳐달라고 말할 용기가 없었고, 또 능력이 있더라도 자신이 부정한 상태이기에 자칫 그 능력이 무력화될 수도 있었다. 그래서 이 여인은 모험을 감행하기로 한다. 몰래 가서 뒤에서 예수님의 옷 가에 손만 살짝 대는 것이다. 여기 옷은 유대 남자들이 차고 다녔던 옷 옆에 나온 술을 의미한다. 아무것도 할 수 없을 때조차라도 믿음의 한 걸음을 떼는 용기를 갖기 바란다. 조용히 뒤로 가서 손이라도 대라.

"예수의 소문을 듣고 무리 가운데 끼어 뒤로 와서 그의 옷에 손을 대니 이는 내가 그의 옷에만 손을 대어도 구원을 받으리라 생각함일러라"(막 5:27-28).

사람들 앞에 나설 용기는 없었다. 그러나 예수님의 옷자락을 만지고자 하는 믿음이 있었다. 옷자락을 만지자 어떤 일이 벌어졌을까? 그녀는 몸이 강건하게 치료된 것을 온몸을 느끼고 깨달았다.

"이에 그의 혈루 근원이 곧 마르매 병이 나은 줄을 몸에 깨달으니라"(막 5:29).

조용히 왔다가 살짝 대고 싹 나았다. 사실 이렇게 와서 만진 것도 엄청난 모험을 감수하는 일이었다. 그랬으니 이제 조용히 사라질 일만 남았다. 워낙 사람들이 많이 에워싸고 있어서, 나 하나 그냥 조용히 사라진다고 예수님이 신경 쓰지도 못하리라 생각했다. 그런데, 예수께는 그것이 아니었다. 이 여인이 믿음으로 예수님의 옷자락에 손을 대었을 때, 그 믿음의 터치를 아셨다.

"예수께서 그 능력이 자기에게서 나간 줄을 곧 스스로 아시고 무리 가운데서 돌이켜 말씀하시되 누가 내 옷에 손을 대었느냐 하시니"(막 5:30).

예수님이 이 말씀을 하시자 제자들은 어안이 벙벙했다. 지금 사방에서 예수님을 에워싸 밀고 있는데 누가 손을 대었느냐는 것은 무의미한 질문이었다.

"제자들이 여짜오되 무리가 에워싸 미는 것을 보시며 누가 내게
손을 대었느냐 물으시나이까 하되"(막 5:31).

제자들의 속마음은 이러했을 것이다. '아니, 선생님! 지금 무리가 이렇게 에워싸고 떠밀고 있는데, 누가 손을 대었냐니요. 모두 다 대었지요.' 그러자 32절은 이렇게 말씀한다.

"예수께서 이 일 행한 여자를 보려고 둘러보시니."

예수님은 이렇게 능력이 빠져나가게 한 사람이 여인인 것을 아셨다. 그러니까 이 여인을 정확하게 아시고, 어디 있나 확인하려 하신 것이다. 한편 이렇게 하시는 예수님을 바라보는 회당장은 어떤 마음이었을까? 자기 딸이 죽기 직전인데, 누가 내 몸에 손대었냐고 예수께서 멈추시니 그 마음이 상당히 다급했을 것이다. 아마도 이렇게 말하고 싶은 심정이었을 것이다. '예수님, 누가 은혜를 새치기한 모양인데 너무 신경 쓰지 마시고 그냥 서둘러 가시지요.'
그런데 예수님은 거기 서서 누가 그랬냐고 확인하기 위해 그것도

여인이 그랬다고 하면서 주변을 둘러보며 찾고 계시는 것이다. 우리처럼 빨리빨리 문화와 승자독식의 논리에 익숙한 사람들은 예수님의 이런 태도가 이해가 안 간다. '지금 빨리 가서 치유해주시지 않으면 내 딸은 죽고 그러면 기회고 뭐고 다 날아간다' 이런 생각이 우리에게는 있다. 은혜받는 것도 제로섬 게임 논리다. 못 받으면 죽는다.

다른 한편으로 예수님은 왜 이 여인을 찾으셨을까? 뭐가 그렇게 중요하다고 이 여인을 애타게 찾으셨을까? 이 모습은 마치 역대하 16장 9절을 생각나게 한다.

"여호와의 눈은 온 땅을 두루 감찰하사 전심으로 자기에게 향하는 자들을 위하여 능력을 베푸시나니"(대하 16:9).

하나님은 전심으로 자기에게 향하는 자들을 찾으신다. 그리고 능력을 베푸신다. 그런데 예수님은 지금 막 전심으로 자기에게 향하는 한 여인을 찾으셨다. 이 여인이 얼마나 전심으로 예수님께 향했던지, 예수님이 허락할 시간도 없이 예수님의 능력이 나갔다. 그러니 어찌 예수님이 관심을 두지 않겠는가? 예수님이 더 나아가지 않고 무리가 주변에서 에워싸 밀어도 자꾸만 주위를 둘러보시니 마침내 이 여인이 숨을 수 없어 두려워 떨면서 예수님께 사실을 말씀드린다(막 5:33). 그러자 예수께서 무엇이라 하는가?

"예수께서 이르시되 딸아 네 믿음이 너를 구원하였으니 평안히 가라. 네 병에서 놓여 건강할지어다"(막 5:34).

이 말씀은 초대교회 때 세례 공식 구문으로 사용되었던 표현이다. 이 고백은 이 여인이 혼자만 갖고 있던 믿음을 공동체 앞에 고백하고 인정받음으로 신앙 공동체 안에 들어오게 되었다는 것을 의미한다. 여기서 우리는 예수님이 멈추어 선 중요한 이유를 발견할 수 있다. 그녀의 신앙을 공적으로 인증받고, 또 믿음의 공동체 안에서 신앙을 지도받는 것이다. 신앙생활은 혼자 하는 것이 아니다. 그럴 것 같으면 산에 가서 홀로 주님을 찾으면 된다. 그러나 주님은 우리의 신앙생활에서 믿음의 행동이 공적으로 인증받고, 또 공동체의 인도를 따라야 함을 말씀한다. 신앙생활은 지도받아야 한다. 나 믿고 싶은 대로, 행하고 싶은 대로 행하고 끝이 아니다. 공동체의 인증을 받고 지도를 받아야 한다. 이 여인은 두렵고 떨리는 마음으로 그 인증을 받았다. 이것이 이 여인 개인의 삶에서는 너무나도 중요한 부분이기에 예수님은 멈추어 서셨다.

그런데 문제가 있다. 이러는 동안 회당장의 딸은 죽어간다. 아니나 다를까?

"아직 예수께서 말씀하실 때에 회당장의 집에서 사람들이 와서 회당장에게 이르되 당신의 딸이 죽었나이다. 어찌하여 선생을 더 괴롭게 하나이까"(막 5:35).

집에 거의 다 도착했는데 안에서 통곡소리가 나온다. 당시 유대 사회는 사람이 죽으면 슬픔을 충분히 표현할 수 있도록 전문 울음꾼이 왔다. 피리를 불면서 "아이고 아이고" 하며 통곡한다. 이제 끝났다는 것이다. 우리 같으면 열두 해 혈루증 앓던 여인을 원망하고 비난할 것이다. '아니, 당신이 뭐라고 죽어가는 우리 딸을 살리러 가는 예수님을 막아? 꼭 그렇게 해서 내 눈에 피눈물을 흘리도록 만들어야겠어?' 그런데 예수님은 이 모든 탄식과 절망을 들으시고 무엇이라고 하시는가?

"예수께서 그 하는 말을 곁에서 들으시고 회당장에게 이르시되 두려워하지 말고 믿기만 하라 하시고"(막 5:36).

"두려워하지 말고 믿기만 하라!" 예수님은 회당장의 두려움을 아셨다. 승자독식 논리로 생각할 때 찾아올 두려움과 자괴감, 실패감이 어떤 것인지 아셨다. 그래서 두려워 말라고 한다. 예수께서는 가장 신뢰하는 제자 베드로, 야고보, 요한만을 데리고 그 소녀가 안치된 곳에 들어가신다. 그리고 말씀하신다.

"그 아이의 손을 잡고 이르시되 달리다굼 하시니 번역하면 곧 내가 네게 말하노니 소녀야 일어나라 하심이라"(막 5:41).

'달리다굼!' '쿰' 하면 '일어나라!' 이런 뜻이다. 소녀야 일어나라! 그러자 일어난다. 놀라운 일이 일어난다. 승자독식의 논리로는 끝나고 아파해야 할 일인데, 여기서 더 풍성한 기적이 일어난다. 여기서 하나님 나라의 중요한 특징이 나타난다. 하나님 나라는 제로섬 원리가 아니라는 사실이다. 하나님의 나라는 누군가가 차지하면 다른 사람은 차지 못하는 것이 아니다. 누군가가 차지하도록 내주고 나누어도 더 풍성한 은혜를 경험한다는 사실이다.

예수 그리스도를 믿는 우리는 주께서 주시는 복을 주변으로 흘러넘치게 할 수 있다. 우리는 당장 조금만 손해 보더라도 흥분하며 난리를 친다. 큰일 난 것처럼 얼굴을 붉힌다. 그러나 기억하라. 하나님 나라는 나누고 나누어도 고갈되거나 위축되지 않는다. 오히려 더 풍성해지고 커진다. 우리는 제로섬의 논리를 이런 은혜의 논리로 극복해야 한다. 이 확신이 충만할 때 내 눈에서 피눈물이 나오지 않고, 다른 이의 눈에서도 피눈물을 흘리지 않게 할 수 있다. 은혜만이 승자독식의 논리를 극복할 수 있다. 그런 성도로 세워질 수 있기를 기대하며 기도하자.

[22장 각주] ···

55) 유주현, "사교육으로 대물림한 'SKY캐슬' …거기서 행복하십니까?", 중앙SUNDAY, 2019. 1. 26-27쪽.
56) 홍성국, 「수축사회: 성장 신화를 버려야 미래가 보인다」(서울: 메디치미디어, 2018).

새롭게
뿌리내리라

¹예수께서 거기를 떠나사 고향으로 가시니 제자들도 따르니라. ²안식일이 되어 회당에서 가르치시니 많은 사람이 듣고 놀라 이르되 이 사람이 어디서 이런 것을 얻었느냐. 이 사람이 받은 지혜와 그 손으로 이루어지는 이런 권능이 어찌됨이냐. ³이 사람이 마리아의 아들 목수가 아니냐. 야고보와 요셉과 유다와 시몬의 형제가 아니냐. 그 누이들이 우리와 함께 여기 있지 아니하냐 하고 예수를 배척한지라. ⁴예수께서 그들에게 이르시되 선지자가 자기 고향과 자기 친척과 자기 집 외에서는 존경을 받지 못함이 없느니라 하시며 ⁵거기서는 아무 권능도 행하실 수 없어 다만 소수의 병자에게 안수하여 고치실 뿐이었고 ⁶그들이 믿지 않음을 이상히 여기셨더라.

민족의 명절 설 연휴는 설렘과 스트레스가 교차하는 기간이다. 한 설문조사에 따르면 20대부터 50대 성인 중 평균 82.2%가 설날 때문에 스트레스를 받는다고 응답했다. 특히 요즘 들어 청년들에게는 더더욱 그렇다. 취업이 점점 어려워지면서 취업을 준비하는 기간이 2~3년, 또는 그 이상 길어지는 것이 새로운 뉴 노멀(new normal) 트렌드가 되어 가고 있다. 게다가 결혼연령도 점점 높아지고, 결혼하지 않는 비혼 추세도 늘고 있다. 명절에 절대 하지 말아야 할 금기어가 있다. "결혼 언제 할래?" "취업 언제 할래?"와 같은 개인적인 질문이다. 오랜만에 만나 궁금해서 묻지만 본인은 이런 질문을 받으면 차라리 어디론가 숨고 싶을 만큼 스트레스를 느낀다.

서울대 정치외교학부의 김영민 교수는 명절에 가족들이 집요하게 물어보는 질문에 대해서 흥미로운 칼럼을 남겼다.[57] 불편한 질문에 대해 적절하게 얼버무리고 넘기려 하지만, 가족들이 집요하게 물어보면 이들이 평소에 생각하지 못했던 근본적인 질문을 던져보라는 것이다. 당숙이 "너 언제 취직할 거니?"라고 물으면 "곧 하겠죠, 뭐" 하고 얼버무리지 말고 "당숙, 취직이란 무엇인가요?"라고 대답해보라는 것이다. 그 질문을 받고 당숙이 멋쩍어하면서 "설날이라 일부러 관심 두고 물어보는 거야"라고 하면 "설날이란 무엇인가요?"라고 답해보라는 것이다. 엄마가 "너 대체 결혼할 거니 말 거니?"라고 다그치면 "결혼이 무엇인가요?"라고 대답해보라. 엄마가 "얘가 제정신인가?"라고 하면 "제정신이란 무엇인가요?"라고 정색하며 물어보라고 한다. 아이가 없는 부부가 어른들을 찾아뵈었는데, 아버지가 "손주라도 한 명 안겨다오" 그러면 "후손이란 무엇인가요?"라고 대답하고, "늘 그막에 외로워서 그런단다" 그러면 "외로움이란 무엇인가요?"하고 답해보라. "애야, 가족끼리 이런 이야기도 못 하니?"라고 하면 "가족이란 무엇인가요?"라고 물어보라는 것이다. 이 칼럼에 많은 젊은이가 열광했다. 왜 그런가? 이전부터 당연하게 생각하고 받아들였던 것을 근본부터 재정립해보라는 신선한 충격을 주었기 때문이다.

본문에서 예수께서는 그동안의 갈릴리 주변부 사역을 마무리하고 이제 고향으로 돌아가신다. 그동안 예수께서는 이 지역에서 어마어마한 센세이션을 일으키셨다. 각종 병든 사람을 치유하고 귀신을 내쫓았다. 심지어는 가버나움 건너편 거라사 지역의 귀신들도 내쫓았는데, 쫓겨난 귀신들이 단체로 돼지 떼에 들어가 몰살하는 사건도 일어났다. 거라사에서 돌아오신 직후에는 가버나움 지역의 존경받던 회당장 야이로의 죽은 딸을 살리기까지 하셨다. 갈릴리 일대의 귀신이 내쫓기고 하나님 나라가 임했다. 이 엄청난 역사를 뒤로하고 이제 예수님께서는 고향 나사렛으로 돌아가신다. 도보로 하룻길 정도 걸리는 거리였다. 요즘 말로는 '금의환향'(錦衣還鄉) 하시는 것이다. 예수께서는 안식일에 곧바로 회당에 들어가신다.

"안식일이 되어 회당에서 가르치시니 많은 사람이 듣고 놀라 이르되 이 사람이 어디서 이런 것을 얻었느냐. 이 사람이 받은 지혜와 그 손으로 이루어지는 이런 권능이 어찌됨이냐"(막 6:2).

어릴 때부터 늘 예배드리던 바로 그 회당에서 마침내 하나님의 말씀을 선포하셨다. 병든 사람에게 안수하자 치유의 능력이 나타났다. 이 놀라운 장면을 보고 회당에서 예배드리던 사람들이 깜짝 놀라 이 사람이 어디서 이런 것을 얻었느냐고 한다. '놀랐다'(헬. 에크플레소)는 말은 마가복음에서 긍정적인 의미로 사용되는 동사다(막 1:22 참조).

이 말은 지금 예수님에게서 나타나는 하나님의 말씀과 능력이 사람에게서 나오는 것이 아니라 하나님에게서 나오는 것임을 고백하는 말이다(막 7:37 참조). 나사렛 사람들은 예수님의 이런 말씀, 이런 능력의 치유는 분명 사람에게서 올 수 없고 영적인 것에서 기원한 것이 틀림없음을 알았다. 그래서 예수님께서 가르치시는 말씀이 누군가로부터 '받은 지혜'라고 한다. 또 예수님이 행하시는 기적을 가리켜 '그 손으로 이루어지는 권능'이라고 한다. '이루어진다'는 수동형으로 은밀하게 역사하는 초자연적 신적 손길을 가리키는 신적 수동태의 표현이다.

이 정도의 인식까지 이르렀으면 "이것은 하나님의 능력임에 틀림없어"라고 인정해야 하지 않겠는가? 그런데 고향 사람들은 예수의 말씀과 치유에 나타나는 하나님의 지혜와 능력을 거부하고 배척한다.

"이 사람이 마리아의 아들 목수가 아니냐. 야고보와 요셉과 유다와 시몬의 형제가 아니냐. 그 누이들이 우리와 함께 여기 있지 아니하냐 하고 예수를 배척한지라"(막 6:3).

이들이 예수님을 향해서 하는 말이 무엇인가? 한마디로 어릴 때부터 알던 그 예수 아니냐는 것이다.

우리가 종종 착각하는 것이 있다. 그것은 내가 옛날에 알던 사람이 지금도 동일한 그 사람이라는 것이다. 하지만 사람은 변한다. 과학계에 종사하는 한 사람이 있는데, 그의 아내가 예술가였다. 일상의 사물을 재료로 작품을 만드는 사람이었다. 전시회를 열어서 친구가 관람하러 갔다. 그런데 그 작품 중에는 오래된 연애편지를 활용해서 만든 것도 있었다. 이 편지는 예술가 아내의 남편이 한창 연애 시절에 써서 보냈던 연애편지였다. 심장이 멈출 정도로 느끼한 문장으로 충만하였다. 친구가 며칠 뒤 예술가의 남편을 만나서 이 편지가 정말 네가 쓴 편지냐고 물었다. 그러자 평소 감정의 기복 없이 늘 차분하던 이 친구가, 자기도 오랜만에 보고 큰 충격을 받았다고 했다. 왜 그렇게 느끼한 표현을 썼냐고 하자 그는 흥분하며 "그 편지를 쓰던 때의 나와 지금의 나는 다른 사람이야, 내가 왜 그랬냐고 묻지 마!" 하고 괴성을 지르더니 벌떡 일어나 친구를 할퀴었다. 지금의 자신과 너무나도 다른 모습에 자신도 당황한 것이다.

우리가 명절에 친척들을 만나지만, 이제는 좀 낯설게 보는 연습이 필요하다. 내가 알던 익숙한 코흘리개 어린이가 아니다. 그동안 나름의 영역에서 열심히 최선을 다해 달려온 어엿한 성인이고 전문가다. 달라진 서로의 모습에 좀 더 주목해야 한다. 예수님 고향의 마을 사람들은 어릴 때의 예수님, 그리고 예수님의 형제자매들만을 기억하고, 그 과거 기억의 틀로 예수님을 이해하려고 했다. 주목할 것은 예수님을 부르는 호칭이다.

"이 사람이 마리아의 아들 목수가 아니냐"(막 6:3).

공식적으로 하면 요셉의 아들이다. 그런데 여기서는 요셉이 아닌 '마리아의 아들'이라고 부른다. 분문 1절에는 예수께서 고향으로 왔다고 진술하는데, '고향'은 헬라어로 '파트리스'로, 그 어근이 '파테르'(father) 곧 아버지에서 왔다. 즉 고향으로 왔다는 것은 아버지의 땅으로 온 것이다. 그런데 이 아버지의 땅에 온 예수님을 향하여 마을 사람들은 아버지의 이름이 아닌, 어머니의 이름으로 부른 것이다. 이것은 몇 가지 가능성을 암시한다.

첫째, 예수님의 아버지 요셉이 당시에 일찍 세상을 떠났을 가능성이다. 그래서 예수님을 요셉의 아들이 아닌 마리아의 아들이라 불렀다.

둘째, 그런데도 예수님께서는 다윗의 직계 후손인 육신의 아버지가 있었고, 당시에는 이런 상황, 곧 아버지가 일찍 죽은 상황에서도 그 사람을 아버지의 아들로 부르지 어머니의 아들로는 좀처럼 부르지 않았다.

셋째, 이런 관례와 반하게 예수님을 마리아의 아들이라고 부르는 것은 예수님을 향해 얕보고 낮추어 보는 의도가 깔려 있기 때문이다. 유대인들이 쓴 랍비 문서에 보면 주후 70년 예루살렘을 무너뜨린 디도(Titus) 장군을 가리켜 '베스파시안의 아내의 아들'이라는 칭호를 사용하는데, 이것은 디도 장군을 경멸하는 칭호로 부르기 위한 것이었다. 이렇게 볼 때 예수님을 굳이 당시의 환경에서 마리아의 아들이라고 부르는 것은 예수님을 낮추어 부르는 태도가 있었음을 알 수 있다.

넷째, 그러나 이 모든 상황을 통해 예수님을 '마리아의 아들'로

부르는 것은 예수님이 성령의 능력으로 태어난 하나님의 아들임을 드러내려는 하나님의 섭리이다.

성령의 능력으로 태어난 하나님의 아들이 드러내시는 지혜와 능력에 나사렛 사람들은 깜짝 놀라 어안이 벙벙해졌다. 분명 이것이 사람에게서 온 것이 아니라 초월적인 무엇인가로부터 온 능력임을 알아챘다. 하지만 어릴 적 코흘리개 시절에 알고 지내던 소년 예수 아닌가? 게다가 그 형제들도 다 여기 살고 있다. 결국 마을 사람들은 예수를 배척했다. 왜? 이들의 결론은 이 능력이 초월적인 것은 맞지만 하나님에게서 온 것은 아니라는 것이다. 만약 하나님께로부터 온 것임을 인정하면 예수를 선지자로, 더 나아가 하나님의 메시아로 영접해야 한다. 이것은 당황스러운 일이다. 결국 어릴 때부터 알았던 예수가 그럴 리 없다고 결론 내렸다.

여기서 우리는 사람 안에 잠재된 교묘한 통제 욕구, 권력 지향 욕구를 볼 수 있다. 만난 지 오래되었어도 한 번 삼촌은 영원한 삼촌이다. 한 번 시누이는 영원한 시누이다. 그동안 연락도 안 하고 잊고 지냈다가도 명절이 되어 다 모이면 그 안에 위계질서와 권력 서열이 명확해진다. 누가 전을 부치고, 누가 고기를 굽느냐로 서열을 세운다. 그동안 인정받지 못하고 눌렸던 사람이 오래된 관계를 다시 확인하며 이를 통해 억눌린 권위와 원기를 회복한다.

마을 사람들은 예수를 어릴 때 알던 소년 예수로 규정하고, 예수를 자기들의 권위 아래 두고 싶어 했다. 이런 상태에서 그가 가진 권위가 하나님의 권위와 능력이라는 것을 인정하는 것은 힘든 일이다. 그러니 어떻게 하는가? 결국 능력의 출처를 하나님이 아닌 엉뚱한

다른 것에 둔다. 결국 예수님을 배척하기에 이른다(막 6:3).

'배척한다'(헬. 스칸달리조)는 단어는 '걸려 넘어뜨리다' '시험에 들게 한다'는 뜻이다. 이런 모습은 앞서 영적 권위 구조의 최상층에 있던 예루살렘에서 온 서기관들이 했던 반응과 유사하다. 이들은 좀 더 노골적으로 말한다.

"예루살렘에서 내려온 서기관들은 그가 바알세불이 지폈다 하며 또 귀신의 왕을 힘입어 귀신을 쫓아낸다 하니"(막 3:22).

마을 사람들은 결국 예수께서 행하신 놀라운 일을 하나님의 능력으로 돌리기를 거부했다. 이런 배척 앞에 예수께서 말씀하신다.

"예수께서 그들에게 이르시되 선지자가 자기 고향과 자기 친척과 자기 집 외에서는 존경을 받지 못함이 없느니라 하시며"(막 6:4).

선지자는 자기 고향과 친척들에게 존경받지 못한다. 대표적인 선지자로 예레미야가 있다. 예레미야는 하나님의 말씀을 이스라엘에 눈물로 전하며 호소하였지만, 배척당하고 감옥에 갇혔다. 그러나 이들의 배척은 도리어 예수님이야 말로 진정 하나님이 보낸 메시아임을 말씀하는 것이다. 이들의 배척과 불신앙으로 인해 예수님은 이곳에서 더는 많은 능력을 베푸실 수 없었다.

"거기서는 아무 권능도 행하실 수 없어 다만 소수의 병자에게 안수하여 고치실 뿐이었고 그들이 믿지 않음을 이상히 여기셨더라"
(막 6:5-6).

예수님의 능력은 사람의 믿음과 함께 나타났다. 그래서 예수께서
는 치유하기 전에 물으셨다. "내가 이 일을 할 줄을 네가 믿느냐?" 이
물음에 믿음으로 반응하는 이들은 놀라운 치유의 능력을 경험하였
다. 하지만 본문에서는 모두 믿지 않고 배척한다. 그러니 소수의 믿
는 이들에게만 안수하여 고치실 뿐이었다. 예수께서는 이런 고향 마
을 사람들의 불신앙을 이상히 여기셨다. '이상히 여기다'(헬. 에타우
마조)는 '놀라워하다'는 뜻이다. 마을 사람들은 예수님의 능력에 놀
라고, 예수님은 이들의 배척에 놀라셨다. 이렇게 나타나는 능력과 말
씀도 믿지 않는다니 정말 놀라운 일 아닌가?

그리 대단하지도 않은 과거의 권력구조에서 온 관계에 집착하다
보면 우리는 하나님의 능력과 일하심을 자신도 모르게 닫아버리기 쉽
다. 스탠퍼드 대학 후버 연구소에서 사람의 행복과 의미 있는 삶에 관
해서 연구하는 에밀리 스미스라는 분이 있다. 지식 컨퍼런스인 TED
에서도 탁월한 강의로 큰 명성을 얻고 있는데, 얼마 전 그의 강의 내
용을 심도 있게 설명한 「어떻게 나답게 살 것인가」라는 책을 냈다.[58]
여기서 에밀리 스미스는 우리 인생을 보다 생기 있고 의미 있게 만드
는 중요한 요소 네 가지를 말한다.

친밀한 유대감을 바탕으로 나를 지지해주는 공동체, 반드시 내가
해야 할 일이라고 느끼게 하는 소명, 내 인생의 이야기를 새롭게 써
내려갈 수 있는 스토리텔링, 그리고 나를 뛰어넘는 초월적인 힘이다.

가만히 살펴보면 이게 다 우리가 믿음생활을 하면서 누리고 느끼며 사는 것들이다. 신앙의 공동체 안에 이 중요한 요소들이 다 들어 있다. 믿음의 공동체가 있고, 내게 하나님의 영광을 위하여 살라고 주신 소명과 목적이 있으며, 나를 뛰어넘는 초월적인 주님이 계시다. 그런데 의미 있는 삶을 좌지우지할 수 있는 매우 중요한 요소인 스토리텔링에 대해서는 우리가 좀 약하다.

나사렛 사람들도 그렇다. 그들에게도 공동체가 있었고, 하나님 백성 이스라엘로서 소명이 있었고, 위로부터 부어지는 하나님의 능력과 지혜가 있었다. 그런데 이것을 받아들이고 이것에 기초하여 하나님이 행하시는 일들을 다시 해석하고 이야기하는 스토리텔링 능력이 모자랐다. 예수님을 통하여 나타난 하나님의 지혜와 구원의 역사를 놀라워하며 서로 간증하고 이야기해야 하는데, 이것이 멈추었다. 마을 사람들의 새로운 스토리텔링을 가로막는 이유는 바로 과거의 권력구조에 따른 관계 설정 때문이었다. 과거의 힘, 과거의 권력, 과거의 경험과 같은 것들을 추억하고 붙들다 보니 새롭게 펼쳐지는 하나님의 역사에 깊이 있게 빠져들지 못하는 것이다.

새롭게 교회에 등록하는 이에게 하는 이야기가 있다. "이제 우리 교회 교인이 되어야 합니다. 이전 것은 잊으세요. 여기에서 새로운 방식에 마음을 열고 다가가세요." 그런데 어떤 이는 몸은 여기 있는데, 가진 스토리는 예전에 다른 곳에서 신앙생활을 하던 스토리를 그대로 가진 경우가 있다. 그래서 이전에 하던 대로 교회만 오면 목양실에 찾아가 건의한다. "예전에 있던 교회에서는 이렇게 했는데요, 왜 우리는 이렇게 합니까? 이전에 있던 대로 해야 합니다." 예전에 있던 공동체에서의 스토리텔링 구조가 그대로다. 이것을 내려놓지 않으면 하나님이 이곳에서 하시는 새로운 역사를 받아들일 수 없고 만끽할 수도 없다. 이제는 과거의 것들을 겸손하게 내려놓고 마음을 열고 하나님 역사의 스토리를 다시 써가야 한다.

명절에 가족을 만나서도 마찬가지다. 예전에 가졌던 권력관계, 코흘리개 시절부터 세워왔던 서열에 따른 스토리텔링의 진행에 빠져들지 말라. 우리의 스토리텔링이 과거에만 머무르면 더는 미래를 향한 발전이 없다. 서로의 삶 가운데 하나님이 행하신 일들을 듣고, 감사하고 기뻐하라. 그러지 않고 "내가 너 어릴 때부터 봤는데 그럴 줄 알았다" "빨리 결혼해야지" "빨리 직장 잡고 사람 구실 해야지" 이런 말을 하면 관계가 심하게 뒤틀릴 수 있다. 이런 과거에 얽매인 관계는 하나님이 가족과 친척을 통해 허락하실 능력과 일들을 제대로 펼칠 수 없다. 소수만이 그 역사를 경험할 뿐이다. 따라서 가족이 함께 모이면 하나님의 일하심에 집중하고 미래를 향해 전진하라. 하나님이 하실 새로운 이야기를 나누어라. 하나님이 하실 일에 기반하여 가족의 스토리를 '리텔링'(retelling)해야 한다. 그렇게 하여 자신과 일가친척, 가족 가운데 일하실 하나님의 역사가 새롭게 써내려지기를 바란다.

[23장 각주] ··

57) 김영민, "[사유와 성찰] '추석이 무엇인가' 되물어라", 경향신문, 2018. 9. 22.
58) 에밀리 에스파하니 스미스, 김영역 역, 「어떻게 나답게 살 것인가」(서울: 알에이치코리아, 2019).

Section_03

갈릴리
외부로의
사역

더 큰 꿈,
더 담대한 시도

⁶이에 모든 촌에 두루 다니시며 가르치시더라. ⁷열두 제자를 부르사 둘씩 둘씩 보내시며 더러운 귀신을 제어하는 권능을 주시고 ⁸명하시되 여행을 위하여 지팡이 외에는 양식이나 배낭이나 전대의 돈이나 아무것도 가지지 말며 ⁹신만 신고 두 벌 옷도 입지 말라 하시고 ¹⁰또 이르시되 어디서든지 누구의 집에 들어가거든 그곳을 떠나기까지 거기 유하라. ¹¹어느 곳에서든지 너희를 영접하지 아니하고 너희 말을 듣지도 아니하거든 거기서 나갈 때에 발아래 먼지를 떨어버려 그들에게 증거를 삼으라 하시니 ¹²제자들이 나가서 회개하라 전파하고 ¹³많은 귀신을 쫓아내며 많은 병자에게 기름을 발라 고치더라.

1950년대 미국의 항공 여객기 시장은 더글라스사가 주름잡고 있었다.[59] 프로펠러 엔진을 장착한 DC-3 여객기가 더글라스사의 대표적인 제품이었다. 반면 오늘날 항공기 시장의 강자로 군림하는 보잉사의 경우 당시 상당한 위기 가운데 있었다. 그 당시 보잉사는 주로 군용 폭격기를 전문으로 제작하는 회사였다. 4발 프로펠러 엔진을 갖고 2차 세계대전과 한국 전쟁을 주름잡던 B-29 폭격기와 B-52 폭격기 등은 당시 보잉사의 대표적인 항공기였다. 특히 B-52 폭격기는 처음으로 제트엔진을 사용했던 제트 폭격기였다. 하지만 2차 세계대전이 끝난 후 보잉사의 사세는 급격히 기울고 있었다. 당시 보잉사 매출의 80%가 미 공군에서 일어났는데, 전쟁이 끝나자 보잉사는 5만 1천 명이었던 종업원을 7천5백 명으로 감축하기에 이르렀다. 당시 보잉은 상업용 항공기 시장에 몇 번이나 뛰어들었다가 여러 번 실패한 경험이 있었다. 처절한 실패 가운데 보잉은 패배감과 두려움에 위축되어 있었다.

그러나 이들의 패기와 도전정신은 죽지 않았다. 이런 정신은 군용기를 제작했던 경험에서 쌓인 회사의 무형자산이었다. 군이 전쟁에서 이기기 위해 요구했던 불가능해 보였던 항공기 성능의 한계를 불도저 같은 도전정신으로 돌파해왔기 때문이다. 이들은 당시 최근 제작했던 B-52 폭격기의 경험을 바탕으로 제트 여객기 시장에 다시 도전했다. 사실 그때까지만 해도 제트 여객기 시장은 전혀 형성되어 있지 않았다. '여객기'라고 하면 당시 여객기의 대다수를 차지했던 프로펠러 엔진을 장착한 더글라스 여객기를 떠올렸다. 생각해보라. 비행기라곤 폭격기밖에 만들어 보지 못했고, 계속해서 도전했던 상용항공기 시장에서는 늘 더글라스에게 밀려 실패했고, 매출은 곤두박질치고 있었다. 이런 상황에서 더 큰 꿈을 향해 담대히 도전할 수 있을까?

주목할 점은 이런 상황에서 보잉은 더 큰 꿈을 향해 담대히 시도했다는 사실이다. 그 당시에 존재하지도 않았던 제트 여객기 시장에 도전한 것이다. 여객기 프로젝트명을 보잉 707로 명명하고 그동안 축적했던 회사의 모든 역량을 전사적으로 총동원했다. 보잉사의 이런 담대한 도전으로 마침내 세계 최초로 제트 여객기 시대가 시작되었다. 이후 보잉사는 이를 바탕으로 B-727을 제작했다. B-727은 고객사의 요구를 그대로 반영한 혁신적인 제품이었다. 먼저 제트 추진력을 혁신적으로 향상해 이착륙을 위한 활주 길이를 단축시켰다. 또 한 열에 좌석 6개를 놓을 수 있도록 혁신적으로 폭을 넓혔고, 뉴욕에서 마이애미까지의 거리를 논스톱으로 날 수 있게 했다. 이런 성과는 보잉이 군용기를 만들며 늘 비행기의 한계 성능에 도전했던 경험을 바탕으로 이룰 수 있었다. 이런 역량을 바탕으로 마침내 보잉사는 1965년 회사의 모든 역량을 총동원하여 B-747 개발에 착수하기에 이른다. 이러는 사이 더글라스사는 제트여객기에 대해 확신하지 못하고 머뭇머뭇하다 쇠락을 거듭하여 결국 1997년 보잉에 인수되기에 이른다.

우리가 나름대로 잘 해왔다고 생각했던 것들이 타격을 받을 때가 있다. 자신이 생각할 때는 정말 괜찮은데, 다른 이들은 이것을 잘 인정해주지 않는다. 호응이 없다. 때로는 우리 자신이 너무 탁월하게 잘해도, 주변에서 이것을 기분 나쁘게 보고 깎아내릴 때도 있다. 특히 우리 사회에서는 너무 잘나가도 억울하게 어려움을 당할 때가 있다. 그런데 이럴 때 한 번 타격을 입고 꺾이면 다시 일어나기가 좀처럼 쉽지 않다.

본문에 나오는 예수님도 그랬다. 갈릴리에서 시작했던 하나님 나라 운동은 많은 사람에게 어마어마한 충격을 주었다. 하나님의 나라가 능력으로 갈릴리 지역에 임하자 열광하는 사람도 있었지만, 반대로 이런 예수님을 미워하고 시기하고 심지어는 귀신의 왕 바알세불을 힘입어 사역한다고 비하하는 이들도 있었다.

바로 앞 6장에서 예수님은 가버나움의 회당장 야이로의 죽은 딸을 살린 직후 고향으로 돌아가셔서 복음을 전파하고 사역하셨다(막 6:1-6b). 그런데 여기서 고향 사람들의 냉담한 반응에 충격을 받으셨다. 이를 6절에서는 "그들이 믿지 않음을 이상히 여기셨더라"고 진술한다. 여기서 '이상히 여겼다'(헬. 타우마조)는 단어는 '깜짝 놀라다'(amaze, wonder)에 해당한다. 예수께서 사람들의 불신앙에 충격을 받으신 것이다. 하늘의 놀라운 능력을 보고 하늘의 지혜를 듣고도, 고향 사람들은 예수님의 능력이 하나님이 아닌 이상한 영에 의해 이루어진다고 생각하였다.

마가복음에서 그동안 예수께서 갈릴리에서 행하신 사역을 보면 크게 두 단계로 나뉜다. 먼저, 예수께서 주로 홀로 갈릴리 지역을 다니며 사역하신 것이다(막 1:14-3:12). 둘째, 그러다가 점점 예수님을 따르는 사람들이 생겨나자 열두 제자를 세우시고 예수님이 충격을 받기 전까지 계속해서 이들을 데리고 다니셨다(막 3:13-6:6a). 제자들에게 놀라운 기적과 심지어는 죽은 소녀가 살아나는 것(막 5:41-

42)까지 보여주고 고향으로 왔는데, 고향 사람들이 예수의 능력은 귀신이 준 것이라고 냉소하며 도통 믿지를 않는다.

주목할 점은 예수께서 이런 충격과 놀람 뒤에도 사역을 멈추지 않으셨다는 사실이다. 물론 언뜻 볼 때 예수님은 마을 사람들의 냉대와 불신앙으로 한 발짝 물러나신 것처럼 보인다. 그런데 여기서부터 사역의 새로운 세 번째 전환이 일어난다. 그동안은 먼저 예수님이 혼자 사역하시다가 열두 제자를 세우시고 함께 다니셨다면, 이제 사람들의 냉대 이후 예수님은 자신과 같은 제자를 둘씩 짝지어 갈릴리 주변 마을 구석구석으로 동시에 보내신 것이다. 예수께서 혼자 사역하는 것에 비해 여섯 배의 확산 효과가 있도록 하신 것이다.

제자들을 짝을 지어 파송하시는 것이 담대한 시도인 이유가 있다. 그것은 이 기사가 갖추고 있는 샌드위치 구조에 들어 있다. 본문은 6b~13절까지 제자들이 갈릴리 마을로 파송되는 기사를 보도하고 있는데, 이것이 30절로 이어진다.

"제자들이 나가며 회개하라 전파하고, 많은 귀신을 쫓아내며 많은 병자에게 기름을 발라 고치더라. …사도들이 예수께 모여 자기들이 행한 것과 가르친 것을 낱낱이 고하니"(막 6:12-13,30).

그렇다면 13절과 30절 사이에는 어떤 이야기가 들어 있을까? 세례 요한의 죽음에 관한 이야기다(막 6:14-29). 마가복음에서 세례 요한의 체포와 죽음에 대한 암시는 앞서 처음 부분에 언급한 바 있다.

"요한이 잡힌 후 예수께서 갈릴리에 오셔서 하나님의 복음을 전파하여"(막 1:14).

요한은 광야에서 외치는 소리로 예수님이 오실 길을 앞서 준비했지만 사명을 감당하다 붙잡혀 감옥에 갇히게 되었다. 이는 세례 요한이 죽음의 위기에 처해 있음을 암시한다. 세례 요한이 그의 삶을 통해 예수께서 가실 길을 예고하는 것이기도 하다. 본문에서 제자들이 예수님을 대신하여 파송되어 가는 사역의 길 이야기 사이(막 6:14-29)에 세례 요한이 죽임을 당하는 이야기가 들어 있는 것은, 열두 제자들이 가야 할 길이 세례 요한과 같은 순교의 길임을 암시한다. 이는 열두 제자들이 예수님을 대신하여 복음 사역을 감당하다 보면 예수님처럼 가족과 친척들로부터 배척당하는 것은 물론이거니와 고난을 겪고 붙잡히고 심지어는 죽음에 처할 수 있다는 것을 의미한다(막 8:34, 10:29-30 참조). 예수께서는 자신을 불신하고 거부하는 이스라엘을 위하여 자신의 제자를 사방으로 파송하며 더욱 담대하고 위험천만한 사역을 전개하는 것이다.

이를 위해 예수님은 제자들에게 구체적인 지침을 주신다. 첫째, 둘씩 짝을 지어 가는 것이다.

"열두 제자를 부르사 둘씩 둘씩 보내시며"(막 6:7).

왜 둘씩 짝을 지어 보내실까? 혼자 가는 것보다 둘이 가는 것이 훨씬 안전한 이유도 있다. 하지만 여기에는 훨씬 더 중요한 이유가 있다. 두 사람의 증언은 법적 효력이 발휘되기 때문이다. 둘이 가는 것은 제자들이 예수님의 공식적인 대리인들임을 나타내고, 이들이 하는 말이 진실되고 적법하다는 것을 드러낸다. 신명기는 두 사람의 법적 증언에 대해 다음과 같이 말씀한다.

"사람의 모든 악에 관하여 또한 모든 죄에 관하여는 한 증인으로만 정할 것이 아니요 두 증인의 입으로나 또는 세 증인의 입으로 그 사건을 확정할 것이며"(신 19:15).

재판의 법적 효력을 나타내려면 적어도 두세 증인의 입이 일치해야 한다. 이런 면에서 둘씩 짝지어 증거하는 복음 증인들의 증언에는 복음이 죄인을 구원하는 하나님의 사법적 효력이 발휘된다.

둘째, 예수님은 제자들 증언의 진실됨을 말로만이 아니라 능력으로도 나타내게 하셨다. 그래서 '더러운 귀신을 제어하는 권능'을 주셨다(막 6:7). 여기 '권능'(헬. 엑수시아)은 출처(from)를 나타내는 접두어 '에크'와 본질(essence), 존재(being)를 의미하는 '우시아'가 결합된 단어다. 그러니까 권능은 존재의 본질로부터 흘러나오는 것이다. 이것을 영어성경에서는 '권위'(authority)로 번역한다. 귀신을 내쫓는 권위는 예수님의 존재로부터 흘러나왔던 것인데, 예수님으로부터 이 권위를 위임받은 제자들에게도 같은 능력이 흘러나오게 되었다.

그래서 마가복음 3장은 예수께서 제자를 부르신 이유를 소개하며 가장 먼저, 자기와 함께 있게 하기 위해서라고 말씀한다(막 3:14).

주님과 함께하면 주님으로부터 흘러오는 권세가 흘러나온다. 요한일서는 이를 다음과 같이 말씀한다. "자녀들아 너희는 하나님께 속하였고 또 그들을 이기었나니 이는 너희 안에 계신 이가 세상에 있는 자보다 크심이라"(요일 4:4). 우리 안에 우리와 함께 계신 주님으로 인하여 성도는 권세를 얻는다. 예전의 복음성가 가사처럼 '예수님 권세가 내 권세'가 되는 것이다. 이 권세로 귀신을 내쫓는다. 제자들이 가는 곳에 귀신의 권세가 물러간다는 것은 예수의 권세가 그곳에 임하여 공중 권세 잡은 사탄의 권세가 물러가고 하나님 나라가 임하기 시작한다는 뜻이다.

제자들의 사역은 예수님이 하신 사역과 같은 사역이다. 사탄의 권세가 물러가지만, 이와 동시에 예수님이 당했던 것 못지않은 반대와 냉대, 심지어는 살해의 위협에 시달릴 것이다. 이는 나중에 사도행전에서 자세히 소개된다. 하지만 사탄의 왕국을 무너뜨리고 하나님의 나라를 세워가는 생명의 길이기에 예수님은 더 큰 꿈을 품고 담대하게 제자들을 그 현장으로 내보낸다.

그렇다면 제자들은 이런 상황에서 어떻게 나아가야 할까? 그 행동지침이 바로 8~10절 말씀이다.

"명하시되 여행을 위하여 지팡이 외에는 양식이나 배낭이나 전대의 돈이나 아무것도 가지지 말며 신만 신고 두 벌 옷도 입지 말라 하시고 또 이르시되 어디서든지 누구의 집에 들어가거든 그곳을 떠나기까지 거기 유하라."

여기서 예수님이 요구하는 것은 최소한의 짐을 챙겨 떠나는 것이다. 지팡이 외에는 아무것도, 심지어는 돈도 챙기지 말고 떠나라고 하신다. 지팡이는 험악한 지형을 걸을 때 유용한 보조 도구다. 또 야생 동물을 만날 때 자신을 지키는 호신용 도구이기도 하다. 양식도, 여벌의 신도, 전대의 돈도 두 벌 옷도 있으면 좋겠지만 가져갈 것이 아니다.

'전대의 돈'은 허리춤에 띠를 매어 여기에 동전을 꿰어 넣을 수 있도록 한 것을 말한다. 전대에는 그렇게 많지 않은 소액의 구리 동전들을 넣었다. 이는 여행할 때 급하게 필요한 것을 사도록 하기 위한 것이다.

'신만 신고'라는 것은 신발을 동여매고 있으라는 뜻인데, 언제든지 떠날 채비를 하라는 의미다. 군대의 비상대기 5분전투대기조와 같이 여차하면 곧바로 떠날 준비를 하라는 것이다.

또 '두 벌의 옷을 입지 말라'고 하신다. 여기서 '옷' (헬. 키톤)은 일종의 속옷을 말한다. 당시에는 겉옷과 속옷을 입었는데, 야간에 추울 때는 몸을 따뜻하게 하려고 옷을 두 벌로 끼어 입기도 했다.

'어디에 가든지 그곳에서 떠날 때까지 머물라'는 것은 머물기에 더 좋은 조건의 집에서 오라고 했다고 한번 머문 곳을 쉽게 떠나지 말고 자족하며 있으라는 것이다.

이런 명령들은 이스라엘 백성의 광야 생활과 밀접한 관련이 있다. 하나님은 이스라엘 백성의 광야생활 동안 이들을 어떻게 보호하고 인도하셨는지 다음과 같이 말씀한다.

"이 사십 년 동안에 네 의복이 해어지지 아니하였고 네 발이 부르트지 아니하였느니라"(신 8:4).

"주께서 사십 년 동안 너희를 광야에서 인도하게 하셨거니와 너희 몸의 옷이 낡아지지 아니하였고 너희 발의 신이 해어지지 아니하였으며 너희에게 떡도 먹지 못하며 포도주나 독주를 마시지 못하게 하셨음은 주는 너희의 하나님 여호와이신 줄을 알게 하려 하심이니라"(신 29:5-6).

생존의 조건이 결여된 광야에서 이스라엘 백성들은 하나님의 특별한 은혜 가운데 양식이 없어도 만나와 메추라기로 살았다. 배낭에 음식을 쟁여 놓지 않아도 날마다 일용할 양식을 공급받았다. 전대의 돈이 없어도 필요한 것이 넉넉했다. 40년의 광야생활 동안 이스라엘은 의복이 해어지지 않았고, 신발이 닳아 발이 부르트지 않는 놀라운 은혜를 체험했다. 하나님은 40년 동안 낮에는 구름기둥으로 땡볕을 막아주시고 밤에는 불기둥으로 따뜻하게 보호해주셨다.

예수님이 제자들에게 이런 이스라엘의 광야생활 지침과 같은 말씀을 하시는 것은 이제 제자들을 박해의 위협이 존재하고 생존이 버거운 일종의 광야로 보내신다는 말씀이다. 광야로 가야 만나를 먹을 수 있고, 광야에 가야 구름기둥과 불기둥을 경험한다. 놀라운 하나님의 영광이 바로 그곳에 있다. 의복이 해어지고 양식이 떨어지고 신발이 해어지면 큰일 날 것 같은데, 놀랍게도 그곳에서 하나님의 보호하심과 공급하심을 경험한다. 그래서 주님은 이런 것 고민하지 말고,

아무것도 소유하지 말고 오직 주님만을 소유하고 의지하여 광야로 나가라고 하신다. 광야에 가면 그곳에서 기다리는 하나님의 풍성한 공급하심이 있다. 기적이 일어난다. 그래서 주님은 더 큰 꿈, 더 담대한 시도를 위하여 제자들을 핍박과 고난이 있는 생존의 조건이 모자란 광야로 내보내신다.

예수님은 "누구의 집에 들어가거든 그곳을 떠나기까지 거기 유하라"(막 6:10)고 하신다. 이스라엘 백성은 광야를 지나며 조금만 힘들면 차라리 애굽이 낫다고, 애굽으로 돌아가겠다고 불평했다. 하나님은 이런 이들의 불평을 불신앙으로 여기셨다. 그래서 주님은 제자들에게도 복음 현장에서 너희를 초대하는 이가 있으면 다른 곳과 비교하지 말고 그곳에 예비하신 하나님의 은혜를 기대하며 머물라고 하신다(마 6:24-34 참조).

제자들이 예수님의 말씀에 순종하여 영적 광야와 같은 황무한 복음 전파의 현장으로 나아갔다.

"제자들이 나가서 회개하라 전파하고 많은 귀신을 쫓아내며 많은 병자에게 기름을 발라 고치더라"(막 6:12-13).

제자들은 영적 광야를 지나감으로 또 다른 작은 예수로 복제가 되어 주님이 잠시 멈추신 그 지점에서 더욱 넓은 지경으로 복음 전파를 시작하였다.

우리 삶의 경로가 꺾일 때가 있다. 나는 최선을 다했지만 주변 사람이 그런 나를 오해하고 미워하며 배척하고 따돌린다. 이럴 때 주님께서는 우리로 담대하게 광야로 나아가라고 초대하신다. 이곳은 또 다른 반대와 환난이 기다리고 있는 곳이지만 동시에 하나님의 능력을 가장 강력하게 경험할 수 있는 복음의 현장이기도 하다. 많은 반대가 있고 냉대가 있지만 바로 그곳에서 하나님의 놀라운 기적과 공급하심을 경험한다.

예수께서는 부활 승천하시며 광야에서 복음을 전파하는 일을 우리에게 위탁하셨다. 예수님의 지상사역이 멈춘 그 지점에서부터 시작하여, 우리로 더 크고 담대한 시도를 하라는 주님의 초대이다. 광야로 들어가는 것을 겁먹지 말라. 주님만 의지하며 나아갈 때 우리는 반드시 광야에서 하나님의 영광을 보게 될 것이다.

[24장 각주]

59) 짐 콜린스 외, 워튼포럼 역, 「성공하는 기업들의 8가지 습관」(서울: 김영사, 1996), 135-138쪽.

누구의 울림을
따를 것인가

¹⁴이에 예수의 이름이 드러난지라. 헤롯 왕이 듣고 이르되 이는 세례 요한이 죽은 자 가운데서 살아났도다. 그러므로 이런 능력이 그 속에서 일어나느니라 하고 ¹⁵어떤 이는 그가 엘리야라 하고 또 어떤 이는 그가 선지자니 옛 선지자 중의 하나와 같다 하되 ¹⁶헤롯은 듣고 이르되 내가 목 벤 요한 그가 살아났다 하더라. ¹⁷전에 헤롯이 자기가 동생 빌립의 아내 헤로디아에게 장가 든 고로 이 여자를 위하여 사람을 보내어 요한을 잡아 옥에 가두었으니 ¹⁸이는 요한이 헤롯에게 말하되 동생의 아내를 취한 것이 옳지 않다 하였음이라. ¹⁹헤로디아가 요한을 원수로 여겨 죽이고자 하였으되 하지 못한 것은 ²⁰헤롯이 요한을 의롭고 거룩한 사람으로 알고 두려워하여 보호하며 또 그의 말을 들

을 때에 크게 번민을 하면서도 달갑게 들음이러라. [21]마침 기회가 좋은 날이 왔으니 곧 헤롯이 자기 생일에 대신들과 천부장들과 갈릴리의 귀인들로 더불어 잔치할새 [22]헤로디아의 딸이 친히 들어와 춤을 추어 헤롯과 그와 함께 앉은 자들을 기쁘게 한지라. 왕이 그 소녀에게 이르되 무엇이든지 네가 원하는 것을 내게 구하라 내가 주리라 하고 [23]또 맹세하기를 무엇이든지 네가 내게 구하면 내 나라의 절반까지라도 주리라 하거늘 [24]그가 나가서 그 어머니에게 말하되 내가 무엇을 구하리이까. 그 어머니가 이르되 세례 요한의 머리를 구하라 하니 [25]그가 곧 왕에게 급히 들어가 구하여 이르되 세례 요한의 머리를 소반에 얹어 곧 내게 주기를 원하옵나이다 하니 [26]왕이 심히 근심하나 자기가 맹세한 것과 그 앉은 자들로 인하여 그를 거절할 수 없는지라. [27]왕이 곧 시위병 하나를 보내어 요한의 머리를 가져오라 명하니 그 사람이 나가 옥에서 요한을 목 베어 [28]그 머리를 소반에 얹어다가 소녀에게 주니 소녀가 이것을 그 어머니에게 주니라. [29]요한의 제자들이 듣고 와서 시체를 가져다가 장사하니라.

1940년 7월 미국 워싱턴 주 타코마 해협에 길이 1,810m, 약 1.8km 길이의 멋진 현수교가 세워졌다. 이 현수교가 완공될 당시 사람들은 세상에서 가장 아름다운 다리라고 격찬했다. 게다가 이 다리는 당시 미국 엔지니어링 기술의 자존심이라고 불릴 만큼 최신의 공법이 동원되어 얇고 가벼우면서도 내구성이 튼튼하게 건설되었다. 타코마 다리는 시속 190㎞의 강풍에도 끄떡 없이 견딜 수 있도록 설

계됐다. 하지만 이 다리는 완공된 지 4개월 만인 그해 11월 7일 오전 11시 시속 60km의 산들바람에 의해 붕괴된다. 시속 190km의 강풍에도 견딜 정도로 튼튼하다고 자부하던 다리가 완공된 지 불과 수개월 만에 맥 없이 무너진 것이다.

다리가 무너지자 미국 전역에서 내로라하는 공법 전문가들이 동원되어 조사에 나섰다. 도대체 무엇 때문에 무너졌는가? 조사 결과 붕괴의 원인은 강풍이 아니고 진동에 의한 공명 때문이었음이 드러났다. 다리가 무너지기 전, 다리가 흔들리는 모습을 촬영한 영상자료를 보니 다리가 마치 엿가락처럼 휘청거리며 파동을 그리는 것이 관찰되었다. 세상에 존재하는 모든 물체는 저마다 고유한 진동수를 갖고 있다. 그런데 이 진동수가 외부에서 가해지는 진동수와 일치하게 되면 진폭이 갑자기 증가한다. 이렇게 진동수가 일치하게 되는 현상을 공명이라고 한다. 공명이 계속해서 반복되면 아무리 강한 물체라 해도 결국 파괴될 수밖에 없는 엄청난 위력이 발생한다. 보통은 다리의 공명 파동과 바람의 파동 주파수는 서로 달라 웬만한 바람이 불어도 끄떡 없다. 그런데 신공법으로 건설한 다리는 예상치 못하게 이 두 주파수가 맞아 함께 공명을 일으킨 것이다. 이것은 영적으로도 심오한 의미가 있다.

하나님이 말씀으로 세상을 창조하실 때, 온 세상은 하나님의 소리, 하나님의 말씀에 반응하여 생겨났다. 그래서 이 세상은 하나님의 말씀에 반응하고 순종하는 고유한 진동 주파수가 있다. 이것은 사람도 마찬가지다. 사람은 하나님의 말씀에 공진하는 주파수를 갖고 있다. 이 주파수가 제대로 맞아 내 존재 전체가 그 말씀에 전율하고 진동하는 경험을 하면 우리 삶에 커다란 변화를 체험한다. 이때서야 우리는 비로소 "아! 하나님 말씀의 주파수에 맞추어 살 때 사람 된 본분과 사명을 감당하며 살아갈 수 있구나" 하는 것을 깨닫게 된다. 그런 면에서 '사람이 떡으로만 사는 것이 아니라 하나님의 입으로부터 나오는 모든 말씀으로 사는 존재'라고 하신 예수님의 말씀(마 4:4, 참조 신 8:3)은 시사하는 바가 크다. 그래서 복 있는 사람은 악인들의 꾀를 따르지 않고, 죄인들의 길에 서지 않고, 오직 여호와의 율법을 즐거워하여 그 율법을 주야로 묵상하는 사람이다(시 1:1-2). 늘 하나님의 말씀이 내 안에 공명하도록 하는 사람이다.

이런 면에서 우리는 이른 아침에 일어날 때 내면의 주파수 관리를 잘해야 한다. 한 심리연구에 따르면 아침에 일어나 부정적인 뉴스를 3분 동안 시청한 사람의 경우 그로부터 6~8시간이 지난 후 불행함을 느낄 가능성이 약 30%나 증가한다고 한다.[60] 이런 면에서 아침 뉴스를 매일 시청하는 습관은 하루 동안의 열정, 에너지, 관계를 망치는 알약을 꼬박꼬박 챙겨 먹는 것과 같다. 아침에 일어나자마자 핸드폰으로 뉴스 보는 것을 주의해야 한다. 아침에 우리 시선을 끌어 조회수를 높이려는 것들은 대부분 자극적인 기사들이다.

아침에는 하나님 말씀을 진동시켜야 한다. 이런 면에서 하버드대학의 긍정심리학자 숀 아처는 우리 마음에 부정적인 뉴스와 악한 진동들이 들어오지 않도록 심리적으로 감정적 해자를 만들어야 한다고 권고한다.[61] 해자가 무엇인가? 유럽의 성에 가면 적군들이 쳐들어오지 않도록 둘레에 판 깊은 인공연못이다. 성에서 다리를 내려주어야 들어올 수 있다. 프랑스 파리에서 약 4시간 정도 서쪽으로 차를 타고 가면 난공불락의 성으로 알려진 몽생미셸이 있다. 영화 라푼젤에 공주가 살던 아름다운 성의 배경이 되기도 한 곳이다. 몽생미셸은 섬이다. 밀물 때가 되면 섬이 온통 바닷물로 잠겨있어서 적군이 공격할 수가 없다. 그러다 물이 빠지면 뭍이 드러나는데 그렇게 되어도 바닷물이 고여 주변에 폭이 약 14m나 되는 천연 해자가 형성되어 공격하기가 참 어렵다. 이렇게 되면 성을 안전하게 지킬 수 있다.

이런 든든한 감정적 해자가 필요한 사람이 본문에 등장한다. 바로 분봉왕 헤롯이다. 그는 예수님이 태어났을 때 유대 땅을 통치하던 헤롯 대왕의 아들로 갈릴리와 베뢰아 지역만을 다스렸던 분봉왕이다. 분봉왕이란 영어로 '테트라크'(tetrarch)인데 이는 4분의 1을 다스리는 통치자라는 뜻이다. 로마는 헤롯 대왕 사후 이 지역을 네 개로 나눠서 헤롯의 아들들에게 통치하도록 나누어주었는데, 그중 하나가 분봉왕 헤롯이고, 또 다른 왕이 헤롯의 이복동생인 빌립이다. 본문에 등장하는 헤롯을 헤롯 안디바, 또는 헤롯 안티파스라고 한다. 그런데 본문은 분봉왕 헤롯의 마음 상태가 상당히 불안함을 진술한다.

"헤롯이 요한을 의롭고 거룩한 사람으로 알고 두려워하여 보호하며 또 그의 말을 들을 때에 크게 번민을 하면서도 달갑게 들음이러라"(막 6:20).

세례 요한이 하나님의 말씀을 선포하자 달갑게 듣는다. 그런데 그 말씀이 헤롯에게 선포될 때 큰 번민도 일어난다. 번민이 일어난다는 것은 그의 마음이 악한 소리에 파동을 일으키는 데 익숙하고 그에 따라 사는 것에 익숙했기 때문에 일어나는 현상이다. 사실 하나님의 말씀을 듣고 달게 느껴지고 옳게 느껴질 때는 결단하고 따라가야 한다. 그런데 괴로워하기만 할 뿐 변화를 위한 결단이 일어나지는 않는다.

헤롯이 괴로워하는 이유가 무엇인가? 바로 그가 행한 간음죄 때문이다. 세례 요한은 바로 이 점을 지적했다.

"이는 요한이 헤롯에게 말하되 동생의 아내를 취한 것이 옳지 않다 하였음이라"(막 6:18).

헤롯왕은 자기 이복동생인 빌립에게 놀러 갔다가 그의 아내 헤로디아를 보고 정욕을 품었다. 그리고 마침내 헤로디아를 빼앗아 자기 아내로 삼고 말았다. 안티바스는 아라비아 나바테아 왕국의 아레타스 4세의 딸과 결혼을 했었다. 그런데 이 딸의 미모가 그다지 마음에 들지 않았던 모양이다. 역사에 기록된 헤롯 안티파스의 이혼 사유는 부인이 '못생겼다'는 것이었다. 그래서 이혼하고 새 부인 헤로디아를 맞아들였다. 헤로디아는 원래 헤롯 안티바스의 이복형이었던 아리스토 블루스의 딸이었다. 막장 드라마 수준이다. 헤롯의 이런 행위는 율법이 일찍이 죄로 규정한 행위였고, 하나님의 법 앞에서 심판받아야 할 커다란 죄악이었다.

"누구든지 그의 형제의 아내를 데리고 살면 더러운 일이라. 그가 그의 형제의 하체를 범함이니 그들에게 자식이 없으리라"(레 20:21).

선지자는 왕이 하나님의 말씀대로 통치할 것을 선포하고 안내하는 사람이다. 마땅히 선포해야 할 하나님의 뜻을 선포했다. 헤롯이 이 말씀 앞에 번민했다는 것은 그 내면에 아직 하나님의 거룩한 말씀이 공명할 여지가 있다는 것이다. 반면 헤로디아는 그렇지 않았다.

"헤로디아가 요한을 원수로 여겨 죽이고자 하였으되 하지 못한 것은"(막 6:19).

헤로디아는 원수로 여겨 죽이고자 하였다. 하나님의 말씀이 전혀 공명되지 않는 악한 여인이었던 것이다. 헤롯은 지금 두 소리 사이에 끼어 있다. 헤로디아는 "여보, 저런 인간을 가만둬요? 죽이세요, 죽여버려요!"라고 외쳤고, 다른 한편 세례 요한은 "왕이시여, 회개하십시오! 하나님이 심판하십니다!"라고 외쳤다.

자기 안에 두 소리가 섞여 울리면 무척이나 혼란스럽고 고뇌가 일어난다. 심할 경우 미쳐간다. 사실 이럴 때 필요한 것은 헤로디아의 소리에서 빠져나오는 것이다. 나를 죄악에 빠지게 하고 번민을 일으키게 한 소리를 경계하고 단절할 필요가 있다. 그래야 내 속에서 깨어나는 양심의 소리를 들을 수 있고, 하나님의 음성에 제대로 반응할 수 있다. 큰 결단을 해야 할수록, 주변 소리에 거리를 두고 하나님 앞에 서야 한다. 내가 두 울림 사이에서 갈팡질팡하면 악한 소리가 우리를 가만두지 않는다.

"마침 기회가 좋은 날이 왔으니 곧 헤롯이 자기 생일에 대신들과 천부장들과 갈릴리의 귀인들로 더불어 잔치할새"(막 6:21).

'기회가 좋은 날이 왔으니'는 다른 말로 하면 '헤로디아를 위한 기회의 날이 왔다'는 뜻이다.[62] 이 말은 헤로디아가 어떻게 하면 세례 요한이 헤롯왕에게 보내는 고뇌의 울림을 끊어버릴 수 있을까를 호시탐탐 노려왔다는 것이다. 그녀는 헤롯 안에 울리는 거룩한 소리를 완전히 차단할 기회를 노렸다.

일단 이 소리를 차단하려면 외부의 자극을 통해 내면의 소리를 마비시켜야 한다. 그런 면에서 우리는 외부의 자극을 주의해야 한다. 악한 세력은 어떻게 우리를 자극하는가? 강렬한 시각적 자극을 통해 청각의 감각을 마비시키는 것이다.

"헤로디아의 딸이 친히 들어와 춤을 추어 헤롯과 그와 함께 앉은 자들을 기쁘게 한지라 왕이 그 소녀에게 이르되 무엇이든지 네가 원하는 것을 내게 구하라 내가 주리라 하고"(막 6:22).

헤로디아의 딸이 들어와 춤을 추었다. 그녀의 이름은 살로메로 알려졌다. 아니, 일국의 공주가 모든 사람 앞에서 춤을 추다니 다소 당황스럽지 않은가? 게다가 여기 이 춤으로 헤롯과 그와 함께 앉은 자들을 기쁘게 했다는 표현이 심상치 않다. '기쁘게 했다'(헬. 아레스코)는 동사는 70인역 헬라어 성경에서 흔히 성적인 흥미를 유발하거나 만족시킨다는 뜻으로 사용된다. 다른 말로 하면 지금 헤로디아의 딸이 춘 춤은 성적으로 자극하고 흥분시키는 춤이라는 말이다. 상당히 관능적인 춤이었다.

아일랜드 태생의 저명한 문학가인 오스카 와일드가 쓴 소설 「살로메」에 보면 살로메가 춘 춤은 일곱 베일의 춤으로 알려졌다.[63] '일곱 베일'이라고 하면 무엇인가 신비로운 것 같지 않은가? 그런데 상당히 자극적인 춤이다. 말 그대로 살로메가 겉에 속이 환히 비치는 천 7개를 둘둘 감고 와서 음악이 절정에 이를 때까지 하나씩 벗어 내리며 추는 춤이다. '딴 따라 딴~ 딴다라 딴~ 쫙~' 주변의 신하들과 예루살렘의 귀족들, 로마 장군들이 화들짝 놀란다. '딴딴 따라라라 딴딴딴단…. 쫙~' 더 눈이 커지고 놀란다. 점점 하나씩 베일이 벗겨지고, 그러다가 최고 절정에 이르러서는 마지막 남은 베일을 그냥 확 벗어버린다! 일국의 공주가 이렇게 춤을 추어 왕을 기쁘게 했다면 이 공주는 완전히 정신없는 공주다. 사실 이 공주는 엄마가 시키는 짓을 아무 생각 없이 좋든 나쁘든 그냥 행했다. 살로메 공주는 자기 내면의 울림이 없었다. 엄마의 악한 울림을 그대로 공명했을 뿐이다. 자기 울림이 없으면 아무 생각 없이 악한 울림을 그대로 반영하며 따라 사는 좀비 같은 인생이 된다. 헤롯이 이 살로메의 춤에 마음을 완전히 빼앗겼다. 자기 의붓딸의 춤에 이렇게 홀린다는 것도 참 기가 막힐 일 아닌? 그러더니 뭐라고 하는가?

"무엇이든지 네가 원하는 것을 내게 구하라 내가 주리라 하고 또 맹세하기를 무엇이든지 네가 내게 구하면 내 나라의 절반까지라도 주리라 하거늘"(막 6:22-23).

지금 헤롯의 내면은 성(性), 권력, 재물욕이 충만한 상태가 되었다. 성적으로 자극받으니 의붓딸의 마음을 사려고 뭐든지 줄게 내게 구하라고 하지 않는가? 이것을 허세라고 한다. 권세에 악이 들어가면 그 권세는 허세가 된다. 반면 권세에 진리가 들어가면 진정한 권위 심지어는 사탄까지 내쫓을 수 있는 '엑수시아'가 된다. 성도는 이 허세에 속지 말아야 한다. 세상의 허풍에 속지 말아야 한다.

헤롯이 호탕하게 "내 나라의 절반까지라도 주리라"고 했지만 사실 헤롯 안티파스는 조그만 갈릴리 지역을 다스리는 분봉왕에 불과했다. 그리고 그를 분봉왕으로 임명한 것은 로마제국의 황제였다. 나라를 자기 마음대로 반으로 쪼개서 준다? 이것은 할 수도 없고 말도 되지 않는 허세였다. 성적 욕망을 자극받으니까 순간 자기가 감당할 수 없는 허황된 말을 내뱉은 것이다. 그러자 내면의 울림이 없는 살로메는 어떻게 하는가? 악의 화신인 엄마한테 쪼르르 달려가 묻는다. "엄마, 무엇을 달라고 할까요?" 그러자 엄마가 하는 말이 충격이다.

"그가 나가서 그 어머니에게 말하되 내가 무엇을 구하리이까. 그 어머니가 이르되 세례 요한의 머리를 구하라 하니"(막 6:24).

얼마나 끔찍한가? 하지만 아무 생각 없는 이 딸은 엄마의 부탁대로 가서 당돌하게 머리를 달라고 한다. 그것도 구체적으로 이렇게 말한다.

"그가 곧 왕에게 급히 들어가 구하여 이르되 세례 요한의 머리를 소반에 얹어 곧 내게 주기를 원하옵나이다 하니"(막 6:25).

"아바마마, 세례 요한의 머리를 잘라서 접시에 담아주세요." 완전 엽기녀다. 지금 자기가 어떤 끔찍한 일을 저지르는지 전혀 생각이 없다.

한편 거룩한 울림과 욕망과 탐욕의 울림 사이에서 갈팡질팡하던 헤롯은 그만 허를 찔렸다. 자기 욕망을 이용해 결국 거룩한 울림을 제거하려는 헤로디아의 계략에 허를 찔리고 만 것이다.

"왕이 심히 근심하나 자기가 맹세한 것과 그 앉은 자들로 인하여 그를 거절할 수 없는지라"(막 6:26).

왕은 자기 안에 거룩한 공명을 울렸던 선지자를 죽여야 한다는 생각에 근심하고 있었다. 그러면 안 된다는 울림이 아직 왕을 괴롭히고 있었다. 그러나 이 울림을 짓누르며 무시하는 또 다른 울림이 있었다. 그것은 자기 체면과 주변 사람들의 울림이었다. 그래도 '내가 왕인데' 하는 체면의식에 회개하지 못했고 돌이키지 못했다. 게다가 자기를 보고 있던 주변 사람들의 체면 때문에 내면의 거룩한 울림을 짓밟고 말았다.

결국 헤롯은 시위병을 시켜 세례 요한을 처형하고 그 목을 베어 머리를 소반에 얹어 살로메에게 주고 만다(막 6:28). 거룩한 울림을 잃어버린 헤롯왕은 훗날 많은 어려움을 겪는다. 먼저는 나바테아 왕국의 통치자 아레타스 4세가 자기 딸을 버린 헤롯에게 전쟁을 걸어온다. 헤롯은 거의 죽을 뻔하다가 로마에 긴급 구조요청을 하고, 로마의 개입으로 겨우 살아난다. 그러다 훗날에는 왕위에서 쫓겨나 죽게 된다.

지금 나는 어떤 울림을 따라 살아가고 있는가? 매일 아침, 내 존재를 울리는 소리는 무엇인가? 이제는 밤에 자기 전, 그리고 아침에 일어나 세상의 울림을 끊고 주님 앞에 나오라. 그분의 음성에 귀 기울이고 그분을 찬양하라. 거룩한 울림이 우리 평생을 이끌어 가도록 하라.

[25장 각주]

60) 숀 아처, 박세연 역, 「빅 포텐셜」(서울: 청림출판, 2019), 193쪽.
61) 위의 책, 191-199쪽.
62) 조엘 마커스, 「앵커바이블 마가복음 1: 1-8장」, 664쪽.
63) 오스카 와일드, 이한이 역, 「살로메」(서울: 소와다리, 2019).

너희가
먹을 것을 주라

³⁰사도들이 예수께 모여 자기들이 행한 것과 가르친 것을 낱낱이 고하니 ³¹이르시되 너희는 따로 한적한 곳에 가서 잠깐 쉬어라 하시니 이는 오고 가는 사람이 많아 음식 먹을 겨를도 없음이라. ³²이에 배를 타고 따로 한적한 곳에 갈새 ³³그들이 가는 것을 보고 많은 사람이 그들인 줄 안지라. 모든 고을로부터 도보로 그곳에 달려와 그들보다 먼저 갔더라. ³⁴예수께서 나오사 큰 무리를 보시고 그 목자 없는 양 같음으로 인하여 불쌍히 여기사 이에 여러 가지로 가르치시더라. ³⁵때가 저물어가매 제자들이 예수께 나아와 여짜오되 이곳은 빈 들이요 날도 저물어가니 ³⁶무리를 보내어 두루 촌과 마을로 가서 무엇을 사 먹게 하옵소서. ³⁷대답하여 이르시되 너희가 먹을 것을 주라 하시니 여

짜오되 우리가 가서 이백 데나리온의 떡을 사다 먹이리이까. [38]이르시되 너희에게 떡 몇 개나 있는지 가서 보라 하시니 알아보고 이르되 떡 다섯 개와 물고기 두 마리가 있더이다 하거늘 [39]제자들에게 명하사 그 모든 사람으로 떼를 지어 푸른 잔디 위에 앉게 하시니 [40]떼로 백 명씩 또는 오십 명씩 앉은지라. [41]예수께서 떡 다섯 개와 물고기 두 마리를 가지사 하늘을 우러러 축사하시고 떡을 떼어 제자들에게 주어 사람들에게 나누어주게 하시고 또 물고기 두 마리도 모든 사람에게 나누시매 [42]다 배불리 먹고 [43]남은 떡 조각과 물고기를 열두 바구니에 차게 거두었으며 [44]떡을 먹은 남자는 오천 명이었더라.

본문은 예수께서 행하신 오병이어의 기적을 소개한다. '오병이어'(五瓶二魚)는 말 그대로 떡 다섯 개와 물고기 두 마리로 무려 장정만 5천 명을 먹이신 기적이다. 많은 이가 '예수님의 좋은 말씀은 내가 믿겠는데 이것은 도저히 상식적으로 이해가 가지 않는 이야기야'라고 생각한다. 우리는 상식적인 이해를 뛰어넘는 사건을 기적이라 한다.

일찍이 영국의 경험론 철학자인 데이비드 흄은 기적을 가리켜 '자연법을 위반하는 것'이라고 정의하면서, 자연법은 위반될 수 없는 원리라고 말했다.[64] 자연법은 위반될 수 없는 원리이기에 자연법을 벗어나는 사건은 일어날 수 없고 그러니 마땅히 기적도 일어날 수 없다는 것이다. 사실 기적을 믿지 않는 많은 이들에게 이런 전제가 들어 있다.

하지만 이런 흄의 기적에 관한 주장을 가만히 살펴보면 자연법은 위반될 수 없고, 자연법을 위반하는 어떤 기적도 허용해서는 안 되며, 따라서 일상사에 자연법을 거스르는 행위는 허용될 수 없다는 주장이 된다. 흄의 주장에 따르면 사과는 만유인력의 법칙에 따라 땅에 떨어져야 한다. 땅에 떨어지지 않는 것을 허용하지 않는다. 그러나 인격이 있는 사람은 종종 이런 자연법칙을 거스른다. 떨어질 때쯤 떨어지기 전 먼저 사과를 따 먹는다. 인격적인 행위가 자연법칙에 개입하는 것이다. 또 사과가 떨어지는 것을 보면 사과를 받아서 바닥에까지 부딪치지 않도록 한다. 이건 자연법칙을 거스르는 인격적 존재의 개입행위다. 인격적 존재가 자연법칙에 개입하는 이유는 인격이 추구하는 목적 때문이다. 하지만 흄은 주장하는 논리 구조상 누군가가 이 법칙에 개입하는 것을 허용하지 않는다.

이렇게 볼 때 좀 더 건강하고 균형 잡힌 사고를 위해서는 기적을 좀 더 폭넓게 정의할 필요가 있다. 기적은 사건이 발생한 시공간 속에서 자연적인 원인에 의해 산출될 수 없는 사건이다.[65] 자연적인 원인으로는 산출될 수 없다면 이는 새로운 전제를 내포하는데, 기적은 시공간 내의 자연적 원인이 아닌 초월적 원인의 개입으로는 가능한 사건이다.

성경은 하나님은 영이라고 말한다(요 4:24). 영(靈)은 자연법칙을 초월하는 존재이기에 시공간에서 물리적으로 포착할 수 없다. 그러나 그 영이신 하나님이 온 세상을 만드시고 이 세상이 질서 정연하게 움직이게 하셨다. 또 하나님은 자연법칙을 만드셔서 이 세상을 돌아가게 하실 뿐만 아니라 지금도 이 세상을 통치하시며 이 세상과 우리 삶에 적극적으로 개입하신다. 사람이란 존재도 육체만 있는 것이 아니라 그 속에 영혼이 있다. 그래서 사람은 자연법칙만으로는 설명되지 않는 부분이 있다. 그래서 사람의 인생에 영이신 하나님의 개입을 종종 경험한다. 그분의 능력으로 우리를 놀랍게 인도하신다. 불가능한 육신의 질병을 기적적으로 치유하신다. 절망 가운데 있는 우리 심령을 회복시키신다. 초월적인 방법으로 인도하고 붙들어주신다. 이런 놀라운 일은 하나님이 개입하기에 가능한 것이다. 사람의 생명을 다루는 의사도 정말 중요한 순간에는 기도한다. 하나님의 개입이 없으면 살아나기 어렵다는 것을 시인한다. 우리 삶은 아직 이 세상의 시공간 안에 있는 자연법칙만이 아닌 영적 존재의 결정적인 개입이 필요하다.

우리 삶이 기적의 연속인 이유가 무엇인가? 그것은 성자 예수께서 '세상 끝날까지 우리와 함께하겠다'라고 약속하셨기 때문이다(마 28:20). 성도는 바로 하나님의 이 초자연적 개입하심을 믿고 신뢰하고 경험하는 사람이다.

만약 우리가 영이신 하나님의 초자연적인 개입하심을 인정한다면 우리는 오병이어의 기적을 기꺼이 받아들일 수 있다. 하나님의 초자연적인 개입은 종종 은밀하게 감지되는 경우가 많다. 본문도 찬찬히 살펴보면 '아니, 언제 어떻게 기적을 일으키신 거야?' '떡이 도대체 어디서 자꾸 나오는 거야?' 하는 생각이 든다. 이런 기적이 초자연적 존재의 개입이라면 당연히 떡이 자꾸 늘어나는 기적도 초자연적 존재인 성자 예수에게서 나와야 한다. 그것을 은밀하게 감지할 수 있는 표현이 41절이다.

"예수께서 떡 다섯 개와 물고기 두 마리를 가지사 하늘을 우러러 축사하시고 떡을 떼어 제자들에게 주어 사람들에게 나누어 주게 하시고 또 물고기 두 마리도 모든 사람에게 나누시매."

제자들에게 떡을 '주어'(헬. 에이두)라는 표현은 '내준다'(헬. 디도미)는 동사의 미완료 형태다. 이는 동작이 아직 끝나지 않은 채로 계속되는 것을 의미한다. 이 의미를 살려 좀 더 구체적으로 풀어 번역하면 다음과 같다. "예수께서 떡을 떼어 '계속해서' 제자들에게 나눠 주시며 이것으로 사람들에게 나누어 주라고 하셨다." 물고기 두 마리도 그처럼 하셨다. 여기서 '물고기'(헬. 옵사리온)는 소금을 뿌려 말린, 조미 건조한 물고기를 말한다. 예수님은 계속해서 떡과 물고기를 나누어주시고 제자들은 이것을 부지런히 날랐다. 빵을 떼어 주시면 가서 사람들에게 나누어주고, 또 주시면 또 가서 나누어주고, 갔다 오면 어느새 예수께서 또 떡을 떼어 놓으셨다. 예수께서 떡 떼는 것은 보았는데 그게 어떻게 자꾸 불어나 떼어지는지 자세히 못 보았을 가능성이 크다. 중요한 것은 예수께서 이 기적에 분명하게 개입하셨다는 것이다. 그러면 기적은 일어난다.

그런데 성경은 항상 기적을 기적 자체로 보도하지 않는다. 기적을 가리키는 또 다른 표현이 '표적'(헬. 세메이온, sign)이다. 표적은 이렇게 초자연적 개입을 하시는 예수 그리스도가 과연 어떤 분인가를 함의하는(signify) 일종의 표지판 역할을 하는 것이다. 기적은 인격적 존재의 목적이 있는 개입이기에, 기적에는 개입하는 존재의 인격이 묻어 나오기 마련이다. 그렇다면 예수께서 오병이어의 기적을 행하는 이유와 동기는 무엇일까? 예수님은 왜 이런 엄청난 기적을 광야에서 행하셨을까?

> "예수께서 나오사 큰 무리를 보시고 그 목자 없는 양 같음으로 인하여 불쌍히 여기사 이에 여러 가지로 가르치시더라"(막 6:34).

예수께는 자기에게 나아오는 큰 무리를 보시고 이들이 '목자 없는 양 같음'으로 인하여 불쌍히 여기셨다. '목자 없는 양들을 향하여 긍휼히 여기는 마음', 이것이 오병이어의 근본적인 동기다. '불쌍히 여겼다'(헬. 스플랑크뉘조마이)는 단어의 어근이 되는 '스플랑크'는 창자를 의미한다. 이것을 동사 형태로 하여 '창자가 끊어질 듯 아파했다'는 뜻을 갖는다. 예수께서는 왜 이렇게 아파하셨을까? 이스라엘 백성이 목자 없는 양같이 되지 않기를 바랐던 것은 일찍이 이스라엘 백성이 광야를 통과하며 모세가 하나님께 드렸던 간절한 기도 제목이기도 했다.

> "여호와, 모든 육체의 생명의 하나님이시여 원하건대 한 사람을 이 회중 위에 세워서 그로 그들 앞에 출입하며 그들을 인도하여 출입하게 하사 여호와의 회중이 목자 없는 양과 같이 되지 않게 하옵소서"(민 27:16-17).

"여호와의 백성이 목자 없는 양과 같이 되지 않게 하옵소서!" 이것이 그 옛날 모세가 하나님께 드렸던 간절한 기도 제목이었다. 하지만 이스라엘은 언약을 배반하고 하나님을 떠나 목자 없는 양과 같이 유리 방황하였다.

> "주 여호와의 말씀에 내가 나의 삶을 두고 맹세하노라. 내 양 떼가 노략 거리가 되고 모든 들짐승의 밥이 된 것은 목자가 없기 때문 이라. 내 목자들이 내 양을 찾지 아니하고 자기만 먹이고 내 양 떼를 먹이지 아니하였도다"(겔 34:8).

그러니까 지금 예수님은 목자의 마음으로 이들을 불쌍히 여겨 기적을 베푸신 것이다. 모세의 간구가 아직 실현되지 않았고, 이들은 여전히 유리 방황하는 양들이었다. 이들을 향해 예수님이 베푸신 것은 오병이어의 기적만이 아니었다. 예수께서는 이들에게 절실히 필요한 하나님의 말씀도 여러 가지로 가르치셨다(막 6:34). 말씀은 이들에게 영혼의 양식이었다.

백성들은 영적 허기를 예수님의 여러 가지 말씀으로 채웠다. 이들은 해질 때까지 그곳을 떠날 줄 모르며 예수님의 말씀에 귀 기울였다. 해가 지면 저녁 식사 때가 된다. 그래서 제자들이 예수님께 말씀드린다.

> "때가 저물어가매 제자들이 예수께 나아와 여짜오되 이곳은 빈 들이요 날도 저물어가니 무리를 보내어 두루 촌과 마을로 가서 무엇을 사 먹게 하옵소서"(막 6:35-36).

현실적인 제언이다. 갈릴리 부근의 벳새다 들판은 지금도 그렇지만 인가가 없었다. 하지만 예수께서는 제자들에게 당황스러운 제안을 하신다.

"대답하여 이르시되 너희가 먹을 것을 주라 하시니 여짜오되 우리가 가서 이백 데나리온의 떡을 사다 먹이리이까"(막 6:37).

'너희가'는 강조형의 표현이다. 이 말씀은 자칫하면 이렇게 들릴 수도 있다. "이 많은 사람은 너희 제자들이 다 몰고 왔잖아, 그러니 너희가 책임져!" 부분적으로는 이렇게 큰 무리가 온 것은 예수께서 둘씩 짝을 지어 갈릴리 곳곳에서 예수님의 사역을 감당하게 하셨기 때문이기도 하다(막 6:7,30 참조).

우리가 참 난감해하는 것이 책임지는 것이다. 책임 한번 잘못 졌다가는 목 날아간다. 그래서 제자들은 책임질 일을 회피하려 한다. "주님, 이 사람들 다 먹으려면 이백 데나리온의 떡이 필요한데요, 사 올 수도 없고 불가능합니다!"(막 6:37 참조) 이백 데나리온은 얼마나 할까? 한 데나리온이 하루 임금이다. 이것을 약 10만 원씩 200으로 계산하면 이 백 데나리온은 오늘날 우리 돈으로 약 2천만 원이다. 식비로 2천만 원이 나가야 한다는 것이다. 제자들이 당황할 만도 하다. 그런데 지금 예수께서 "너희가 먹을 것을 주어라"라고 말씀하시는 것은 제자들의 손을 통해 생명의 양식이 내려지는 역사를 이루려는 것이다.

예수께서 이 갈릴리 들판에서 베푸시는 기적은 표적이다. 그렇다면 예수께서 창자가 끊어질 듯 아파하는 긍휼의 마음으로 오병이어의 기적을 통해 이들에게 보여주시려고 했던 것은 무엇이었을까?

먼저, 예수께서 사람들에게 떼를 지어 '푸른 잔디' 위에 앉게 하셨다는 표현에 주목할 필요가 있다(막 6:39). 푸른 잔디가 자라는 것은 이때가 봄철임을 암시한다. 여름이 되면 다 말라서 누런 황금들판이 된다. 요한복음은 이때를 유월절 가까운 때로 진술한다(요 6:4). 유월절은 출애굽 때 이스라엘 백성의 집 문설주에 어린 양의 피를 발라 죽음의 천사가 애굽을 덮칠 때 보호받게 한 날이다. 이스라엘 백성은 이때 하나님의 보호를 받으며 각 가정에서 유월절 만찬을 벌였다. 이는 누룩을 넣지 않은 무교병과 쓴 나물을 먹으며 하나님의 구원 역사를 기억하는 만찬이다.

둘째, '떼를 지어' 앉게 하셨다고 하는 말씀이 헬라어로 '심포지아 심포지아'이다. '심포지아'가 연속적으로 두 번 사용되었다. 사람들이 심포지아를 이루어 심포지아 별로 앉게 했다는 말이다. '심포지아'는 토론회, 연회, 만찬, 향연 등의 뜻을 가진 '심포지엄'(symposium)의 어원이 되는 말이기도 하다. 심포지엄은 연회, 만찬, 향연이라는 뜻이다. 학술대회나 강연 행사를 심포지엄이라고도 한다. 지식의 향연. 다양한 지식을 배불리 먹을 수 있는 자리다. 어떤 심포지엄은 이때 강연과 함께 정식 만찬을 제공한다. 그래서 음식을 함께 먹으며 심포지엄을 즐긴다.

셋째, '앉게 했다'(헬. 아나클리나이)는 말도 주목할 필요가 있다. 이는 '기대어 앉다, 기대어 눕다'는 뜻을 갖는다. 유대인은 집에서 만찬을 즐길 때 기대어 비스듬히 누워 식사한다(막 2:15 참조). 그래서 사도 요한도 유월절 만찬 때 '예수의 품에 의지하여 누워' 식사했다고 나오지 않는가?(요 13:23).

그러니까 지금 여기 광야에 있는 사람들은 포로수용소에서 배급을 기다리는 사람처럼 쪼그려 앉아 음식 나오기만을 기다리는 사람들이 아니라 심포지엄을 가질 자세로 완만히 경사가 진 들판에 기대어 앉아 믿음의 친교를 나누는 정찬에 참여하고 있다. 이는 출애굽 백성의 광야에서의 정찬을 떠오르게 한다. 광야에서 사람들이 '떼로 백 명씩 또는 오십 명씩 앉았다' (막 6:40)는 것은 이스라엘이 출애굽하여 광야에서 열두 지파를 중심으로 그 안에 천부장, 백부장, 오십부장으로 조직되던 것과 유사한 구조로 조직되어 있음을 보여준다. 이런 모습을 여기서는 '떼' (헬. 프라시아)라고 표현한다.

헬라어 '프라시아' 는 '화단' 이란 뜻이다. 이 단어는 쿰란 공동체와 같은 종말을 사모하는 공동체에서, 마지막 때 광야에서 기적적으로 싹을 틔우는 하나님이 심으신 화단, 새롭게 된 이스라엘 공동체를 뜻하는 전문적인 용어였다.[66] 그저 평범한 많은 무리였던 이들이 유월절 만찬을 위한 심포지아로 부름받고 다시 하나님의 종말적 새로운 생명의 공동체인 프라시아로 바뀌는 것이다.

지금 예수께서는 이스라엘을 광야에서 불러 모세를 통해 먹이고 세우셨던 역사를 이제 다시 자신을 통해 새롭게 일으키고 있다. 왜? 이들이 아직 목자 없는 양과 같았기 때문이다. 이제 예수님께서 새로운 출애굽, 새로운 유월절 만찬의 역사를 일으키며, 이들에게 진정한 목자를 따라가는 공동체를 세울 것을 보여준다.

예전 광야에서는 하나님이 직접 역사하셨다. 하늘에서 만나를 내리셨다. 그런데 그때와 지금이 차이가 있다. 그것은 예수께서 직접 하늘에서 만나를 내리는 것이 아니라 제자들이 가진 것을 취하셔서 이것을 축사하시고 다시 제자들의 손을 통해 기적이 베풀어지기를 원하신 것이다. 예수께서는 성만찬을 하실 때도 이렇게 하시면서 '이것이 너희를 위해 주는 나의 몸'이라고 말씀하셨다. 지금 예수님께서 하시는 성만찬의 의식은, 제자들이 가져온 떡이 나누어져 다른 이들의 생명을 살리기 위해 쓰임받을 것을 암시한다. 제자들도 예수께서 그러셨던 것처럼 자기 십자가를 지고 자신을 내주며 쓰임받을 것이다. 중요한 것은 지금 예수님이 취하신 떡은 제자들이 가져온 떡이고, 축사 후 다시 돌려받은 떡이라는 것이다.

여기 제자들이 예수님께 가져온 것이 떡 다섯 덩이와 물고기 두 마리다. 둘이 합쳐 7이라는 완전수를 이룬다. 특히 떡 다섯 덩이는 모세가 베풀었던 모세오경을 상징적으로 반영한다. 마태복음에 나오는 5개의 설교문은 모세오경을 대치하는 새로운 생명의 양식이다. 여기서는 이 다섯 덩어리의 떡을 취해서 이스라엘 백성에게 나누어 주신다.

이렇게 먹고 열두 광주리에 남았다. 열두 광주리는 이스라엘 12지파를 의미하는데, 이것은 예수님을 통해서 세워진 새로운 이스라엘에 제자들을 통해 계속해서 나누어줄 생명의 양식을 남기셨다는 것을 의미한다. 예전 광야에서 '만나'는 그날 먹으면 끝이었다. 남겨두면 안 되었다. 남겨두면 상했다. 그런데 이번에는 이 떡을 남기셨다. 제자들의 손을 통해 나누어준 이 양식을 더 남겨두어 계속해서 필요로 하는 이들에게 더 나누어주도록 하셨다.

인도 콜카타에서 평생 빈민을 위해 헌신한 마더 테레사는 이런 말을 했다. "하나님은 손이 없으십니다. 다만 우리의 손을 가지고 계실 뿐입니다." 이 일로 우리를 부르셨다. 지금 내가 가진 것을 그분께 가져오라고 요구하신다. 작고 부족하지만 드려보라. 주께서 취하시고 축사하셔서 다시 떼어 우리에게 주실 것이다. 이때 기적이 일어난다. 내 것을 드린다고 기적이 일어나는 것이 아니라 주께서 떼어주신 것을 다시 나눌 때 기적이 일어난다. 주께 귀하게 드리길 바란다.

때로 우리는 우리 것을 주님께 드리는 것에 대해 너무 냉소적이고 부정적이다. 보잘것없는 이것으로 무엇을 이루겠는가? 자신이 없다. 그러나 주님의 손에 붙들려 축사하신 바 되어 다시 우리에게 나누어주실 때 여기서 기적이 일어난다. 주님의 손에 붙들린 바 되는 것이 중요하다. 주께 다시 받은 것을 나누길 바란다. 주님의 축복과 사랑의 나눔이 일어날 것이다. 부족한 우리 손을 통해 놀라운 역사를 맛보길 바란다.

[26장 각주] ···

64) 리 스트로벨, 윤종석 역, 「기적인가 우연인가」(서울: 두란노, 2018), 121쪽.
65) 리 스트로벨, 윤종석 역, 「특종! 믿음 사건」(서울: 두란노, 2001), 73쪽.
66) 조엘 마커스, 「앵커바이블 마가복음 1: 1-8장」, 703쪽.

풍랑 속으로
지나가시는 예수님

⁴⁵예수께서 즉시 제자들을 재촉하사 자기가 무리를 보내는 동안에 배 타고 앞서 건너편 벳새다로 가게 하시고 ⁴⁶무리를 작별하신 후에 기도하러 산으로 가시니라. ⁴⁷저물매 배는 바다 가운데 있고 예수께서는 홀로 뭍에 계시다가 ⁴⁸바람이 거스르므로 제자들이 힘겹게 노 젓는 것을 보시고 밤 사경쯤에 바다 위로 걸어서 그들에게 오사 지나가려고 하시매 ⁴⁹제자들이 그가 바다 위로 걸어 오심을 보고 유령인가 하여 소리 지르니 ⁵⁰그들이 다 예수를 보고 놀람이라. 이에 예수께서 곧 그들에게 말씀하여 이르시되 안심하라. 내니 두려워하지 말라 하시고 ⁵¹배에 올라 그들에게 가시니 바람이 그치는지라. 제자들이 마음에 심히 놀라니 ⁵²이는 그들이 그 떡 떼시던 일을 깨닫지 못하고 도

리어 그 마음이 둔하여졌음이러라. ⁵³건너가 게네사렛 땅에 이르러 대고 ⁵⁴배에서 내리니 사람들이 곧 예수신 줄을 알고 ⁵⁵그 온 지방으로 달려 돌아다니며 예수께서 어디 계시다는 말을 듣는 대로 병든 자를 침상째로 메고 나아오니 ⁵⁶아무 데나 예수께서 들어가시는 지방이나 도시나 마을에서 병자를 시장에 두고 예수께 그의 옷 가에라도 손을 대게 하시기를 간구하니 손을 대는 자는 다 성함을 얻으니라.

       평생 무소유를 주장하고 실천했던 법정 스님이 평생 버리지 못한 욕심이 하나 있었다고 한다. 그것은 '깨끗한 빈방'에 대한 욕심이다. 이것을 문화심리학자인 김정운 교수는 '공간 욕심'이라고 규정한다.⁶⁷ 공간은 우리 생각과 마음을 새롭게 해 준다. 그렇다면 깨끗한 빈 방은 무엇인가? 무소유의 정체성을 강화시켜주는 공간이 되는 것이다. 이처럼 내가 어떤 공간에 있느냐에 따라 내 생각과 마음가짐이 달라진다. 그래서 내가 있는 공간은 곧 나의 정체성(identity)을 형성한다.

    다윗은 평생 갖고자 했던 '공간 욕심'이 있었다. 그것은 시편 84편에서 말씀하는 것처럼 하나님의 집에 거하고자 하는 욕심이다.

"만군의 여호와여 주의 장막이 어찌 그리 사랑스러운지요. 내 영혼이 여호와의 궁정을 사모하여 쇠약함이여 내 마음과 육체가 살아 계시는 하나님께 부르짖나이다. 나의 왕, 나의 하나님, 만군의 여호와여 주의 제단에서 참새도 제 집을 얻고 제비도 새끼 둘 보금자리를 얻었나이다. …주의 궁정에서의 한 날이 다른 곳에서의 천 날보다 나은즉 악인의 장막에 사는 것보다 내 하나님의 성전 문지기로 있는 것이 좋사오니"(시 84:1-3,10).

사람이 머물고자 하는 공간에 있지 않으면 어떻게 되는가? 스트레스가 발생한다. 힘들다. 아예 내가 머물 공간을 점령당하면 어떻게 되는가? 분노가 치민다. 우리나라 차량 운전자들, 특히 남성들, 끼어들기를 하려면 절대 안 비켜주려고 한다. 차를 타고 가다가 갑자기 나의 공간에 누군가 확 끼어드는 것은 나의 존재감을 확 짓밟는 것과 같은 느낌을 받기 때문이다. 그래서 갑자기 클랙슨을 과도하게 빵! 울리고, 라이트를 깜박이고, 창문을 열고 "야, 인마!" 그랬다가 "어? 집사님…. 안녕하세요" 하고 얼굴을 붉힌 채 어색하게 웃고 조용히 지나간다.

본문에는 공간의 급격한 전환이 일어난다. 오병이어가 일어났던 들판에서, 예수께서는 홀로 산으로 가시고, 제자들은 갈릴리 호수 한가운데로, 그리고 그곳에 풍랑이 일어나자 예수께서 풍랑이 일어나는 혼란스러운 공간으로 찾아오신다.

"예수께서 즉시 제자들을 재촉하사 자기가 무리를 보내는 동안에 배 타고 앞서 건너편 벳새다로 가게 하시고"(막 6:45).

예수께서는 상당히 다급하게 제자들을 몰아가신다. 여기 '재촉하사'(헬. 아낭카조)는 '억지로 ~하게 하다' '강제하다'라는 뜻이다.

'강요하다'를 의미하는 영어 단어인 'compel'과 같다. 왜 강제로 제자들을 떠나게 몰아가실까? 조금 전까지 이곳은 오병이어의 기적이 일어났던 놀라운 현장이었다. 이를 체험했던 사람들은 출애굽 광야 세대가 경험했던 하늘 만나를 체험한 것과 같았다. 그런데 이런 기적 이후 사람들 마음에 욕심이 일어나기 시작했다. 요한복음은 이를 다음과 같이 진술한다.

"그러므로 예수께서 그들이 와서 자기를 억지로 붙들어 임금으로 삼으려는 줄 아시고 다시 혼자 산으로 떠나 가시니라"(요 6:15).

사람들이 예수님을 억지로 붙들어 자기들이 바라는 왕으로 삼길 원했던 것이다. 은혜와 기적의 공간이 탐욕과 우상의 공간으로 바뀌려 한 것이다. 이런 분위기에서는 제자들도 예수님을 오해하기 쉽다. 우리 죄를 위하여 십자가를 지시는 하나님의 아들이 아니라 우리의 욕망을 이루어주는 요술램프의 지니 같은 존재로 착각할 수 있는 것이다. 자칫하면 출애굽 백성의 정체성을 잃어버릴 수 있다. 그래서 예수님은 제자들을 배에 태워 재빨리 이곳을 떠나 갈릴리 호수 건너편의 벳새다로 가라고 재촉하셨다. 이후 예수님은 어떻게 하셨는가?

"무리를 작별하신 후에 기도하러 산으로 가시니라"(막 6:46).

예수님은 기도하러 산으로 가셨다. 마치 모세가 하나님의 영광이 머무는 시내산에 올라 하나님의 위엄 있고 영광스러운 임재로 들어갔던 것처럼 예수께서도 산에 올라가서 하나님의 임재 앞으로 나아가셨다. 특별히 예수님의 이 기도는 앞으로 장차 다가올 십자가, 곧 세상 죄를 지고 가는 하나님의 어린 양이 되어 진정한 섬김의 왕이 되기 위한 기도이다.

그런데 제자들의 공간에 문제가 생겼다. 호수에 바람이 거스르고 점점 풍랑이 거세지는 것이다. 우리는 오병이어의 기적이 일어난 곳이 '푸른 잔디'가 있는 들판이라는 것에 주목했었다(막 6:39). 이때는 유월절 전이고 시기적으로는 2~3월쯤 될 것이다. 오늘날도 이때쯤 이스라엘 날씨를 확인해보면 연일 계속 비바람이 몰아친다. 비바람이 불 때 갈릴리 호수의 풍랑은 매우 거세다. 일단 호수가 위치한 곳이 해수면에서 200m 낮고, 게다가 주변이 300m 이상의 산들로 둘러싸여 있어서 분지 아래로 불어오는 바람이 거세다. 그러다 보니 온도차와 기압 차이로 인해 돌풍이 불고, 집채만 한 파도가 일어나 주변 해변을 휩쓸기도 한다.

이런 강한 풍랑 속에 제자들은 풍랑을 헤쳐나가느라 고생하고 있었다. 본문은 "바람이 거스르므로 제자들이 힘겹게 노를 저었다"고 한다(막 6:48). '힘겹다'(헬. 바사니제인)는 단어는 '환난이나 고문을 당한다'는 뜻이다. 이들은 풍랑을 만나 뜻하지 않은 환난과 고문을 당하고 있었던 것이다.

이 와중에 제자들은 어떤 생각을 하고 있을까? 상당히 당황했을 것이다. 조금 전에 예수님의 말씀대로 순종했더니 오병이어의 기적을 경험하지 않았는가? 그런데 또다시 말씀대로 순종했더니 풍랑이 이들을 가로막고 고문을 가한다. 어떻게 이런 일이 일어날 수 있을까? 사실 우리가 신앙생활 하면서 당황할 때가 바로 이때다. 여기까지 오는 데는 하나님의 선한 인도하심에 대한 분명한 확신이 있었다. 크고 작은 사인이 있었고, 때로는 주님이 막 재촉하듯 강력한 마음의 감동을 주셔서 여기까지 왔다. 그런데 이곳에 와서 보니 풍랑이 거스르고 무엇 하나 하려고 해도 너무나도 힘들다. 정말 제자들처럼 힘겹게 노 젓는 상황이 벌어진다. 왜 주님께서는 우리를 새로운 공간으로 재촉하시고, 그곳에서 풍랑을 거스르는 어려움을 주시는가?

이런 것 보면 주님께서 우리를 새로운 공간으로 인도하실 때, 그 공간은 형통함과 평강만 있는 것이 아님을 알 수 있다. 때로 고난과 어려움이 기다릴 수 있다. 그러나 오늘 본문을 가만히 살펴보면 주님께서는 제자들이 씨름하는 갈릴리 호수를 결코 모른 척하지 않고 계셨다. 주께서 보내셨기에 예수께서는 이 상황을 기도 가운데서도 주시하고 계셨다.

"바람이 거스르므로 제자들이 힘겹게 노 젓는 것을 보시고"(막 6:48).

저 멀리 산 위에 계셨지만 주께서는 제자들이 고생하는 것을 보셨다. 이때가 밤 사경쯤, 곧 새벽 3시부터 6시까지다. 팔레스타인은 거의 6시에 해가 뜨기 때문에, 아마 이때는 해뜨기 전 엄청나게 어두컴컴한 때였을 것이다. 주께서 이 상황을 보신다는 것은 이 모든 상황을 꿰뚫어 보시는 초자연적인 시선으로 힘겹게 노를 저으며 어떻게든 앞으로 나아가려는 제자들의 곤경을 간파하셨음을 의미한다.

이를 보신 예수께서 어떻게 하시는가?

"밤 사경쯤에 바다 위로 걸어서 그들에게 오사 지나가려고 하시
매"(막 6:48).

제자들에게 당황스럽고 고통스러운 공간인 바다 위로 걸어오셔
서 이들을 지나가려 하시다. 바다 위로 걸어오신다는 것은 예수께서
이 혼돈과 공허의 세력이 날뛰는 이 공간 무대를 능히 장악하실 수
있고 압도하실 수 있는 능력 있는 분임을 의미한다. 이 표현은 출애
굽기와 밀접한 관련이 있는 표현이다. 구약성경은 하나님께서 홍해
바다를 가르고 이스라엘을 구원하신 사건을 표현할 때 '바다 위로
걸어왔다' 는 표현을 사용한다.

"주의 길이 바다에 있었고 주의 곧은 길이 큰 물에 있었으나 주의
발자취를 알 수 없었나이다"(시 77:19).

여기 '바다에' 는 히브리 전치사 '브' 가 사용되었는데 '안에' (in),
또는 '위에' (upon, on)의 뜻을 가지며, 여기서는 '위에' (on)의 의미
다. 왜냐하면 바로 '주의 발자취' (footprint)가 나오기 때문이다. 하
나님이 이스라엘에 출애굽 역사를 일으켜 구원하실 때 바다 위의 길
로 걸어오셨는데, 바다가 물이라서 발자국이 남지 않았다는 것이다.
하나님이 뒤쫓아오는 애굽 군대로부터 바다를 가르고 이스라엘에 구
원의 기적을 일으키신 때가 언제인가? 새벽이다(출 14:24). 새벽은

언제인가? 동이 터오는 시간이다. 어둠이 물러가고 여명이 밝아오는 때다. 이때는 어둠이 가장 깊었다가 약화되는 시기이다. 어둠의 세력이 땅에 대한 지배력을 상실하기 시작하는 시간이다. 그래서 시편 기자는 "새벽에 하나님이 도우시리로다"라고 노래한다(시 46:5). 이처럼 예수께서도 '밤 사경쯤' 제자들의 고난을 보시고 이들을 찾아오신다(막 6:48). 사경은 3시부터 6시로 어둠이 가장 깊었다가 물러가고 서서히 동이 터오는 때다.

이렇게 볼 때 지금 예수님께서는 제자들을 또 다른 출애굽 백성의 정체성을 경험하게 하고 인도하는 것이다. 어둠 가운데 임한 풍랑의 세력은 어둠의 공중 권세 잡은 사탄의 세력이 제자들을 공격하러 일으켰는지, 아니면 자연적인 기상현상에 의한 재난인지 본문은 침묵한다. 분명한 것은 제자들은 이로 인해 고난을 겪고 있었고, 주님은 이것을 절대 외면하지 않고 혼돈과 공허의 세력인 바다의 풍랑을 밟고 제자들에게 오셨다는 것이다.

그런데 주님의 오심이 특별하다. 주님은 제자들에게 오셔서 이들을 '지나가려'고 하셨다(막 6:48). 예수님의 지나가심, 어디서 기억나지 않는가? 마가복음 1장 16절에는 예수께서 갈릴리 해변으로 '지나가시다가' 베드로와 안드레를 부르셨다. 여기 '지나가는' 것은 하나님의 특별한 임재를 나타내는 표현이다.

출애굽기 34장에 보면 모세가 하나님께 요청한다. "하나님, 원컨대 주의 영광을 내게 보이소서!" 이에 하나님께서 모세를 시내산 앞으로 나오라고 하신다. 그리고 구름 가운데 강림하시며 모세 앞을 '지나가신다.' 그러면서 "여호와라. 여호와라. 자비롭고 은혜롭고 노하기를 더디 하고 인자와 진실이 많은 하나님이라"고 하신다(출 34:6). 여기 '지나가시는' 것은 은혜롭고 자비로우신 하나님의 특별한 임재를 나타내는 표현이다. 주목할 것은 여기 하나님이 자신을 '여호와라 여호와라' 하고 소개하는 부분이다. '여호와' 라는 이름은 히브리어 하야 동사에서 왔는데 이것은 영어로 하면 1인칭 'Be' 동사에 해당한다. 이것을 성경은 'I AM' 이라 번역한다. 그런데 히브리 동사에는 시제가 없다. 그래서 여호와는 'I AM WHO I WAS' 'I AM WHO I AM' 'I AM WHO I WILL BE' 로 해석할 수 있다. '나는 스스로 있는 자라' '나는 스스로 있되 어제도 있었고, 지금도 있고, 장차 있을 자다' 이런 표현이다.

본문에서 예수께서는 제자들 앞을 지나시며 무엇이라 하시는가.

"그들이 다 예수를 보고 놀람이라. 이에 예수께서 곧 그들에게 말씀하여 이르시되 안심하라. 내니 두려워하지 말라 하시고"(막 6:50).

'내니' 는 헬라어 '에고 에이미' (I AM)이다. 지금 예수님은 이스라엘을 출애굽시키고 홍해를 가르시고, 구름기둥과 불기둥으로 백성과 함께하시며, 광야에서 만나로 먹이신 바로 그 하나님임을 보여주는 것이다.

이렇게 풍랑으로 오실 때 우리가 해야 할 것이 무엇인가? 두려움에 압도되어 평안을 잃어버리지 않는 것이다. 우리가 두려움을 이겨야 할 이유가 무엇인가? 이 풍랑과 고난이 주님이 모르는 고난이 아니라 알고 계시고 지금 보고 계시는 고난이기 때문이다. 나를 붙드는 이 강력한 어둠과 고난의 세력이 발악하지만, 이제 '안심하라, 두려워 말라'고 말씀하시는 순간부터 어둠의 세력은 힘을 잃고 물러갈 것이다. 그리고 우리가 씨름하며 고생하는 배에 올라타실 것이다. 하지만 우리는 종종 두려움에 사로잡혀 완전히 얼어버려서, 예수님을 어서 오시라고 초대할 용기도, 결단도 생기지 않는다. 예수께서 풍랑으로 지나가시다 어떻게 하시는가?

"배에 올라 그들에게 가시니 바람이 그치는지라"(막 6:50).

그동안 바람은 주님이 오실 때도 멈추지 않고 계속해서 불어왔다. 그러나 예수께서 배에 올라오실 때 멈추었다. 그러면 우리는 어떻게 해야 하는가? "주님, 그냥 지나가지 마시고 이 상황을 아시고 보고 계시오니 어서 오시옵소서" 하고 요청해야 한다. 우리 인생의 배에 찾아오시는 그분을 붙들어 올라타시도록 해야 한다.

이것을 보여주는 또 다른 사건이 바로 이후에 등장하는 게네사렛 땅에서의 치유사건이다. 예수께서 게네사렛 땅에 오셔서 여러 지역을 지나가셨다. 주께서 지나가실 때 사람들이 어떻게 했는가? 두려움과 불신앙으로 그냥 지나가시게 했는가? 아니다. 지나가시는 주님을 꼭 붙들었다. 병자를 침상째 들고 올 정도였다.

"아무 데나 예수께서 들어가시는 지방이나 도시나 마을에서 병자를 시장(市場)에 두고 예수께 그의 옷가에라도 손을 대게 하시기를 간구하니 손을 대는 자는 다 성함을 얻으니라"(막 6:56).

절대 그냥 지나가게 하지 않았다. 하다못해 예수님 옷가에라도 손을 대도록 간구했다. 여기 옷가라는 표현은 새번역에 '옷 술'로 되어 있다. 이것은 당시 유대인 남자들이 옷 허리춤 네 귀퉁이에 길게 늘어뜨린 술 장식을 말한다. 이것을 '찌찌요트'라고 한다. 여기에라도 손을 대도록 간구했다는 것은 예수님을 절대 그대로 가게 하실 수 없고, 어떻게든 그분의 흔적이라도 붙잡겠다는 간절한 요청이다.

우리 삶을 되돌아보자. 성도의 인생길이 광야를 지나는 과정이라면 광야 같은 인생길은 만나의 기적도 있고, 때로 홍해 앞에 맞닥뜨린 위기일 수도 있음을 우리는 기억해야 한다. 조금 전까지 황홀하게 하늘 만나의 기적을 경험했어도 어느덧 나도 모르게 홍해를 마주할 수 있고, 풍랑을 거스르며 힘겹게 노 저어 나아갈 수 있다. 중요한 것은 풍랑이 얼마나 힘들까, 내가 언제까지 이러고 있어야 할까가 아니다. 어떻게 여기까지 왔는지는 잘 모르지만, 중요한 것은 우리 주님께서 기도하고 계시고, 보고 계시고, 알고 계신다는 사실이다.

주님이 절대 그대로 계시지 않는다. 어둠이 힘을 잃고 무력해지는 새벽에 우리를 구하기 위해 그 거센 파도를 발로 밟고 우리에게 오신다. 혼돈과 공허, 고난과 현기증 나는 내 삶의 무질서하고 지저분하고 숨 막히는 공간으로 오신다. 그리고 이 공간을 그분의 놀라운 임재로 지나가신다. "안심하라, 내니 두려워하지 말라!" 그분의 음성을 듣기 바란다. 그래야 우리는 공간에 압도되지 않고 이 힘겨운 공간 안으로 찾아오신 주님으로 인해 하나님 백성의 정체성을 굳게 지켜 나아갈 수 있다. 그냥 지나가시게 하지 말라. 그분을 붙들라. 꼭 붙들어야 한다! '배 안으로 오시라고, 내 삶의 깊숙한 곳으로 들어오시라고, 우리 가정의 깊숙한 곳에, 이 나라 이 민족 위에 오셔서 간섭해 달라'고 기도해야 한다. 이때 혼돈과 무질서가 지배하던 삶의 공간에 주님이 지나가시고 어둠이 물러가고 치유의 능력과 평안을 맛보게 될 것이다.

[27장 각주] ···

67) 김정운, "[김정운의 麗水漫漫] 천국에서는 '바닷가 해 지는 이야기'만 한다!", 조선일보, 2019. 2. 27.

아름다운 전통이 살아나게 하라

¹바리새인들과 또 서기관 중 몇이 예루살렘에서 와서 예수께 모여들었다가 ²그의 제자 중 몇 사람이 부정한 손 곧 씻지 아니한 손으로 떡 먹는 것을 보았더라. ³(바리새인들과 모든 유대인들은 장로들의 전통을 지키어 손을 잘 씻지 않고서는 음식을 먹지 아니하며 ⁴또 시장에서 돌아와서도 물을 뿌리지 않고서는 먹지 아니하며 그 외에도 여러 가지를 지키어 오는 것이 있으니 잔과 주발과 놋그릇을 씻음이러라) ⁵이에 바리새인들과 서기관들이 예수께 묻되 어찌하여 당신의 제자들은 장로들의 전통을 준행하지 아니하고 부정한 손으로 떡을 먹나이까. ⁶이르시되 이사야가 너희 외식하는 자에 대하여 잘 예언하였도다. 기록하였으되 이 백성이 입술로는 나를 공경하되 마음은 내게서

멀도다. ⁷사람의 계명으로 교훈을 삼아 가르치니 나를 헛되이 경배하는도다 하였느니라. ⁸너희가 하나님의 계명은 버리고 사람의 전통을 지키느니라. ⁹또 이르시되 너희가 너희 전통을 지키려고 하나님의 계명을 잘 저버리는도다. ¹⁰모세는 네 부모를 공경하라 하고 또 아버지나 어머니를 모욕하는 자는 죽임을 당하리라 하였거늘 ¹¹너희는 이르되 사람이 아버지에게나 어머니에게나 말하기를 내가 드려 유익하게 할 것이 고르반 곧 하나님께 드림이 되었다고 하기만 하면 그만이라 하고 ¹²자기 아버지나 어머니에게 다시 아무것도 하여 드리기를 허락하지 아니하여 ¹³너희가 전한 전통으로 하나님의 말씀을 폐하며 또 이 같은 일을 많이 행하느니라 하시고.

이스라엘 국립 박물관 맞은편에 있는 예루살렘 바이블 랜드 박물관은 엘리 보로스키(Dr. Elie Borowski) 박사가 평생에 걸쳐 모은 다양한 역사 유물을 기증하여 전시해 놓았다. 고대시대부터 이스라엘의 형성사와 제국의 통치 역사를 한눈에 파악할 수 있도록 했는데, 들어가는 박물관 입구에는 엘리 박사가 남긴 잠언이 다음과 같이 적혀 있다. "인류의 미래는 과거에 뿌리박고 있다. 우리는 오직 우리의 과거 역사를 온전히 이해함을 통해서만 더 나은 미래를 세워갈 수 있다." 우리는 과거는 빨리 잊는다. 현재에 더는 도움이 되지 못한다고 생각하기 때문이다. 하지만, 더 나은 미래는 우리의 과거를 기억하고 여기서부터 제대로 배우고 깨닫는 데서 출발한다. 그래야만 과거의 시행착오에 다시 빠지지 않고 더 나은 미래를 위하여 전진할 수 있다. 그래서 우리는 과거를 기억하고 역사를 되새기고, 우리에게 주어진 소중한 유산과 전통을 잊지 말아야 한다.

하나님께서 이스라엘 백성을 출애굽시키시고 가나안 땅으로 들어가게 하실 때 신신당부하신 것이 있다. 그것은 여호와 하나님께서 이스라엘 백성에게 행하신 일들을 잊지 말고 기억하라는 것이다. 기억을 위해 하나님이 주신 선물이 있다. 바로 절기와 제사 규례들이다. 절기가 무엇인가? 하나님의 구원역사를 기억하기 위한 형식이다. 출애굽의 역사를 잊지 않고 기념하기 위해 유대력으로 매년 정월 보름에 유월절과 무교절을 지킨다. 하나님이 약속의 땅에서 첫 소산 주심을 기억하고 감사하며 초실절, 곧 오순절을 지킨다. 또 하나님이 광야생활 동안 함께하심을 감사하며 장막절을 지킨다. 그리고 이들은 하나님께 드리는 엄밀한 제사 규례를 지킨다. 제사를 통해 양의 피로 죄 사함을 받고, 하나님 앞에 거룩한 백성으로 선다. 이처럼 하나님이 내게 특별한 은혜 주신 날을 기억하는 것. 우리로 하면 하나님께서 나를, 우리 가족을 교회로 인도하신 날을 기억하고 감사하는 것. 하나님의 은혜를 잊지 않기 위한 소중한 형식이 된다.

이런 형식들은 근본적으로 좋은 내용을 담아 간직하기 위한 것이다. 그런데 시간이 지나며 형식을 지키기에 바쁘다 보니, 내용을 깊이 생각하지 않아 소중한 것을 점점 놓치게 되었다. 형식을 지키기는 하지만 그 근본 취지를 놓치고 쉽게 지친다.

전에 지방의 마이스터고를 나오고, 위탁 교육과정으로 대학의 기계공학과를 졸업한 김진수 씨가 화재였다.[68] 사법연수원에서 지방대학 출신으로는 최초로 수석졸업을 해서 대법원장상을 받았기 때문이다. 알고 보니 기계공학과를 다니던 시절에는 공인회계사(CPA) 시험을 한 번에 붙었고, 군 복무를 하며 사시에 합격했다. 보통 사람이라면 몇 년씩 걸려도 어려운 이 시험에 이렇게 합격한 비결이 무엇일까? 알고 보니 자신이 책상에 앉아 공부하는 시간을 스톱워치로 재며 공부했다고 한다. 그렇게 하고 보니 10시간 앉아서 공부한 줄 알았는데, 딴짓하느라 실제로 공부한 시간은 네다섯 시간밖에 되지 않았다. 그래서 공부하기로 세워놓은 시간에 정말 10시간을 온전히 집중해서 공부할 수 있도록 계속 시간을 재고 점검하며 자신을 독려했다. 그렇게 해서 정말 공부하기로 정해놓은 시간을 꽉 채울 수 있었다.

제도를 세우는 이유는 그 틀 안에 좋은 내용을 담기 위해서다. 제도 자체는 본래 선한 의도를 담고 있다. 제도를 좋은 내용으로 채우면 보다 밝은 미래를 향해 나아갈 수 있도록 돕는 좋은 도구가 된다.

이런 좋은 제도적 유산을 가리켜 예수님 당시에는 '전통'이라 불렀다. 전통은 믿음의 선배들이 하나님께서 이스라엘에게 주신 은혜를 잘 간직하고 담아 다음 세대에 전수하기 위해 세워놓은 것이었다. 그런데 예수님은 이런 전통에 대하여 충격적인 선언을 하신다.

"또 이르시되 너희가 너희 전통을 지키려고 하나님의 계명을 잘 저버리는도다"(막 7:9).

전통을 지키려고 하나님의 말씀, 하나님의 선한 뜻과 의도를 잘도 저버린다는 것이다. 전통이라는 형식에 하나님의 선한 의도와 뜻을 담아야 하는데 이것을 저버리고 만다. 형식이 껍데기만 남아 하나님의 은혜를 온전히 담지 못하고 있다.

'전통'(헬. 파라도시스)은 '넘겨주다'는 뜻을 가진 헬라어 동사 '파라디도미'에서 왔다. 이런 의미에서 전통은 좋은 유산을 다음 세대에 넘겨주는 것을 의미한다. 그런데 마가복음에서 '넘겨주다'는 동사는 그 의미가 음울하다. 다음의 용례를 살펴보자.

> "이는 제자들을 가르치시며 또 인자가 사람들의 손에 넘겨져 죽임을 당하고 죽은 지 삼 일 만에 살아나리라는 것을 말씀하셨기 때문이더라"(막 9:31).

> "보라. 우리가 예루살렘에 올라가노니 인자가 대제사장들과 서기관들에게 넘겨지매 그들이 죽이기로 결의하고 이방인들에게 넘겨주겠고"(막 10:33).

> "열둘 중의 하나인 가룟 유다가 예수를 넘겨주려고 대제사장들에게 가매"(막 14:10).

이런 예들을 보면 '전통'에 은혜가 사라지면 그 전통은 '배반'을 의미하게 됨을 볼 수 있다. 은혜의 선물이 배신으로 끝날 수 있는 것이다. 예배, 얼마나 소중한 신앙의 유산인가? 그런데 예배에 은혜를 상실한 채 형식만을 강요하게 되면 그 예배는 신앙을 잃어버리는 배반의 역할을 감당할 수 있다. 직분도 은혜를 잃어버리면 배반의 도구가 될 수 있다. 은혜를 배제한 채, 형식으로 신앙생활을 강요하다 믿음을 잃어버린 자녀들이 꽤 많다.

본문에는 은혜의 배신이 어떻게 일어나는가를 크게 두 단락으로 보여준다. 먼저는 6~8절이고, 둘째는 10~13절 단락이다.

먼저, 예수께서는 6~7절에 이사야 29장 13절을 인용하며 말씀한다. "이 백성이 입술로는 나를 공경하되 마음은 내게서 멀도다." 그러면서 8절에 "너희가 하나님의 계명은 버리고 사람의 전통을 지키느니라"고 한다. 입술로는 고백하지만 마음은 멀다. 이것을 본문은 '외식'(헬. 히포크리톤)이라 한다. 원래는 연극배우를 뜻하는 단어다. 배우는 그런 척 연기하는 사람이다. 슬픈 척, 기쁜 척, 죽은 척, 감격한 척 등 ~척하는 사람이 배우다. 하나님이 주신 은혜의 선물에 감사하고 예배해야 하는데 이 선물이 감사하는 척하는 연기 도구가 되는 것이다. 이들의 연기는 손 씻는 문제(2-5절)에 잘 드러난다.

제자들이 손을 씻지 않고 떡을 먹었다. 이것을 바리새인들이 보고 예수님께 문제를 제기한다. "아니, 예수님! 어떻게 당신의 제자들은 우리 선조들이 전해준 전통을 준행하지 아니하고 부정한 손으로 떡을 먹습니까?" 본문은 이들이 연기하는 관행을 다음과 같이 설명한다.

"바리새인들과 모든 유대인들은 장로들의 전통을 지키어 손을 잘 씻지 않고서는 음식을 먹지 아니하며 또 시장에서 돌아와서도 물을 뿌리지 않고서는 먹지 아니하며 그 외에도 여러 가지를 지키어 오는 것이 있으니 잔과 주발과 놋그릇을 씻음이러라"(막 7:3-4).

바리새인들은 전통에 따라 손을 씻고서야 음식을 먹었다. 오늘날 우리가 손 씻는 이유는 위생개념 때문이다. 그러나 바리새인들은 이 것을 거룩함의 관점에서 씻었다. 정결함을 지키고 부정함을 막기 위해서다. 이는 구약에서 오랫동안 내려왔던 전통이었다.

> "아론과 그의 아들들이 그 두멍에서 수족을 씻되 그들이 회막에 들어갈 때에 물로 씻어 죽기를 면할 것이요 제단에 가까이 가서 그 직분을 행하여 여호와 앞에 화제를 사를 때에도 그리 할지니 라. 이와 같이 그들이 그 수족을 씻어 죽기를 면할지니 이는 그와 그의 자손이 대대로 영원히 지킬 규례니라"(출 30:19-21).

물로 씻는 것은 하나님 앞에 정결함을 지키기 위해서다. 그런데 이 말씀을 자세히 보면 이것은 제사장에게 한 말씀이다. 모든 이스라엘 백성을 향한 말씀이 아니다. 이처럼 하나님께서 수족을 씻으라고 한 것은 특별한 제의적 정결함을 요구할 때 명하신 것이었다. 이런 특별한 경우가 아니고서는 보통 이스라엘 백성들은 씻어야 할 의무가 없었다. 그러나 바리새인들은 이것을 모든 백성에게로 확대했다. 왜? 지금 이스라엘 백성은 로마의 압제로 포로 상태에 있었고, 여기서 벗어나려면 다시 이스라엘 백성이 거룩하게 되어야 하는데, 그러려면 전 국민적인 정결 운동이 회복되어야 하고 제사장과 같은 수준의 정결함이 있어야 한다고 믿었기 때문이다.

당시에 극단적인 정결을 주장했던 쿰란 공동체와 같은 곳에 가면 유적터 곳곳에 정결 예식을 행하는 정결탕(Ritual bath, 히. 미크베) 이 있었다. 이곳에서 하루에 두세 차례 정기적으로 씻어 자신을 정결하게 했다. 하지만 자신이 더러워진다고 생각할 때마다 정결탕에 들어가 씻는 것은 여간 번거로운 일이 아니다. 그래서 이것을 물을 뿌리는 약식으로 간소화시킨 것이다.

"또 시장에서 돌아와서도 물을 뿌리지 않고서는 먹지 아니하며" (막 7:4).

이들은 자신처럼 해야 한다고 주장하였다. 하지만 이렇게 하니 어느덧 은혜가 막히고 마음이 교만하고 더러워지기 시작하는 역설적인 현상이 나타났다. 이것의 끝판왕이 바로 고르반이었다. '고르반'은 하나님께 드린 선물이란 뜻이다.

"너희는 이르되 사람이 아버지에게나 어머니에게나 말하기를 내가 드려 유익하게 할 것이 고르반 곧 하나님께 드림이 되었다고 하기만 하면 그만이라 하고 자기 아버지나 어머니에게 다시 아무 것도 하여 드리기를 허락하지 아니하여 너희가 전한 전통으로 하나님의 말씀을 폐하며 또 이 같은 일을 많이 행하느니라 하시고" (막 7:11-13).

고르반을 통해 하나님의 사랑도 막고, 이웃 사랑도 막는다. 결국에는 말씀을 폐한다. 이들이 추구하던 율법이 완성하려던 참된 거룩을 이루지 못한다. 율법의 최종 목표가 무엇인가? 사랑이다. 하나님 사랑하고 이웃을 사랑하는 것이다. 그러므로 사랑은 율법의 완성이다(롬 13:10).

제사장과 바리새인들은 로마의 압제 가운데 있는 자신들에게 제
2의 출애굽이 일어나기를 고대하며 자신을 정결하게 하고 있었다.
하지만 이런 출애굽의 역사는 예수 그리스도를 통해 이미 일어나고
있었다. 이를 상징적으로 보여주는 사건이 출애굽 이후 홍해를 통과
하고 광야에서 만나가 내리는 사건을 방불케 하는 풍랑 위로 걸어오
신 기적(막 6:45-52)과 오병이어의 기적(막 6:30-44)이다.

새롭게 펼쳐지는 제2의 출애굽 역사 앞에 생명의 주되신 그리스
도를 붙드는 것이 중요하다. 구약의 모든 제도는 결국 그리스도를 붙
들기 위한 것이어야 한다. 제도 안에 안주하는 것이 아니라 제도를
통해 계속해서 은혜가 흘러나오는지 점검해야 한다. 예배에 나왔으
나 가슴이 식어지는가? "주여 식은 가슴에 불을 붙여주옵소서." 가슴
을 치며 애통해야 한다. 이제 우리는 나도 모르게 형식으로 전락한
신앙생활의 틀을 점검해야 한다. 예배의 형식이 아니라 예배의 본질
을 붙들고 기도의 형식이 아니라 기도의 본질을 붙들어야 한다. 신앙
생활의 형식들이 신앙생활을 위한 직분이 은혜를 가로막고 배신하는
통로가 되면 안 된다. 교회에게 허락하신 아름다운 전통을 통해 신앙
생활의 은혜가 풍성하게 살아나도록 하라!

[28장 각주] ···

68) 이혜운, "[아무튼, 주말] '내 공부 비결은 스톱워치' 마이스터고. 부산대 기계과 나와
사법연수원 수석", 조선일보, 2019. 3. 2.

본질에
집중하라

¹⁴무리를 다시 불러 이르시되 너희는 다 내 말을 듣고 깨달으라. ¹⁵무엇이든지 밖에서 사람에게로 들어가는 것은 능히 사람을 더럽게 하지 못하되 ¹⁶사람 안에서 나오는 것이 사람을 더럽게 하는 것이니라 하시고 ¹⁷무리를 떠나 집으로 들어가시니 제자들이 그 비유를 묻자온대 ¹⁸예수께서 이르시되 너희도 이렇게 깨달음이 없느냐. 무엇이든지 밖에서 들어가는 것이 능히 사람을 더럽게 하지 못함을 알지 못하느냐. ¹⁹이는 마음으로 들어가지 아니하고 배로 들어가 뒤로 나감이라. 이러므로 모든 음식물을 깨끗하다 하시니라. ²⁰또 이르시되 사람에게서 나오는 그것이 사람을 더럽게 하느니라.

2015년 미국의 마이크로소프트에서 소프트웨어 개발의 일환으로 사람의 집중력에 관한 연구 조사를 진행했다.[69] 사람이 주의를 집중할 수 있는 시간적 한계는 평균적으로 얼마나 될까? 결과는 단 8초가 나왔다. 뭐 하나 집중하려고 해도 주변에 이것저것 재빠르게 나의 주의력을 빼앗는 것들이 많다. 그러다 보면 정말 해야 할 것을 하지 못한다.

주일 아침만 하더라도 교회 가야겠다는 마음을 먹어도 일어나서 스마트폰으로 뉴스 보고 SNS 검색하고, 또 아침부터 우는 아이들과 실랑이 벌이고 밥 먹이고 옷 입히고 교회 가는데 온갖 유혹이 얼마나 많은가? 이처럼 정말 중요하고 본질적인 것이 아닌데 이런 비본질적인 것들이 우리를 너무 바쁘게 만든다. 바쁘다 보면 점차 중요한 것과 중요하지 않은 것이 헷갈린다. 단순히 바쁘면 중요한 줄 착각한다.

이것은 거룩을 이루어가는 우리의 신앙생활에서도 마찬가지다. 거룩을 이루어가려면 정말 중요한 것과 그렇지 않은 것을 분별해야 한다.

이스라엘에는 유대 정결법을 준수하는 코셔 맥도날드가 있다. 코셔는 유대 율법의 정결 규례에 따라 만들도록 한 정결 음식을 위한 규율을 말한다. 코셔 규율을 준수하는 음식점은 이스라엘에서 공인한 기관에 의해 인증서를 발급받아 식당마다 걸어둔다. 코셔 맥도날드는 코셔 율법에 따라 소고기 햄 패티의 기름을 다 빼고 만든 햄버거다. 맛이 어떨까 궁금해서 전에 이스라엘에 방문했을 때 현지에서 박사 과정을 공부하는 친구 목사님에게 코셔 맥도날드에 한번 가보자고 했다. 그러자 목사님의 반응이 고기가 퍽퍽해서 맛이 없으니 가지 말자는 것이다. 그래서 고기가 퍽퍽하면 햄 패티에 치즈 얹은, 치즈버거 먹으면 부드러워지지 않느냐고 물었다. 그랬더니 무슨 치즈 버거냐고 말도 안 되는 소리를 하지 말라는 것이다. 왜 그러냐고 했더니 코셔 맥도날드에서는 패티에 절대 치즈를 얹지 않는다고 한다. 치즈버거 자체가 없다. 이것은 성경의 정결법에 근거한다.

"네 토지에서 처음 거둔 열매의 가장 좋은 것을 가져다가 너의 하나님 여호와의 전에 드릴지니라 너는 염소 새끼를 그 어미의 젖으로 삶지 말지니라"(출 23:19).

치즈는 어미의 젖으로 만든 것이기 때문에 고기에 치즈를 절대 얹어 먹지 못한다는 것이다. 그런 논리로 이들은 피자에 고기, 페퍼로니, 햄 같은 것을 넣을 수 없다. 그렇다고 돼지고기로 만든 불고기 햄버거 같은 것도 먹을 수 없다. 왜? 돼지고기는 부정한 음식이니까. 게다가 햄버거에 우유도 먹을 수 없고, 햄버거에 밀크셰이크도 함께 먹을 수 없다. 왜? 다 출애굽기 23장 19절을 어기는 것이기 때문이다.

충격적인 사실은 심지어 스테이크, 불고기 같은 고기류 음식을 먹고 곧바로 디저트로 아이스크림을 먹지 못한다는 것이다. 왜? 배 속에 고기를 넣고, 우유를 넣을 수 없기에! 일정 시간이 지나야 먹을 수 있다. 정말 이 정결법이 엄청나다.

그렇다면 질문이 있다. 이런 법들이 과연 유대인들을 거룩하게 만들어줄까? 이들이 살아가는 모습을 보면 여전히 이방인에 대해 배

타적이고 오만하다. 정결법이 유대인의 정체성을 강화시켜줄 수는 있을지 모르지만 도리어 이것이 이웃 사랑보다는 이웃 경계와 차별로 이어질 가능성이 큰 것도 사실이다. 실제로 로마나 고린도에 있던 초대 교회들은 이 음식 문제로 교회에서 논란이 많았다.

전에 어떤 유대인이 기도하는데, 환상 중에 커다란 보자기가 하늘에서 내려오는 것을 보았다. 그 안을 보니 유대인의 정결 율법의 기준에서 볼 때 온갖 부정한 음식이 가득했다. 유대인들은 이런 것 절대 먹으면 안 됐다. 그런데 거기에는 그런 기어가는 것들을 비롯한 여러 가지 부정한 음식들이 있었다. 환상 중에 하늘의 음성이 들린다. "이 음식을 잡아먹어라!" '잡는다'는 것은 도살(kill)한다는 것이다. 부정한 짐승을 만져서도 안 되는데 잡아먹으라는 것이다! 정말 충격적인 주님의 음성이다. 이때 이 유대인은 대답한다.

"오 주여, 그럴 수 없나이다. 속되고 깨끗하지 아니한 것을 내가 그동안 단 한 번도 결코 먹지 않았습니다. 그런데 어떻게 먹으란 말입니까?" 그러자 주께서는 다음과 같이 대답하셨다. "하나님께서 깨끗하게 하신 것을 네가 속되다 하지 말아라!" 이 유대인은 충격을 받았다. 한 번이면 내가 주님의 음성을 잘못 들었나 보다 할 수 있다. 그런데 이 똑같은 일이 세 번이나 연거푸 일어난 것이다. 이 유대인이 바로 예수님의 제자 베드로였다(행 10:9-16).

베드로가 충격을 받은 것은 주님의 음성이었다. "하나님께서 깨끗하게 하신 것을 네가 속되다 하지 말라"(행 10:15). 베드로가 성령을 받고 나서 변화된 이후에도 이 말씀을 거부하고 주저주저한 것은 그만큼 이 정결율법이 유대인에게는 깊이 뿌리 내려 있음을 알 수 있

다. 유대인들은 왜 이렇게 정결법을 강력하게 붙들고 있을까? 그것
은 구약 모세오경에서 정결법을 분명하게 명령하고 있기 때문이다.
레위기 11장을 보면 이스라엘 백성들이 먹을 만한 정결한 짐승과 먹
기를 삼가야 할 생물의 목록이 등장한다. 그리고 20장에 가면 이렇
게 말씀한다.

"너희는 나에게 거룩할지어다. 이는 나 여호와가 거룩하고 내가
또 너희를 나의 소유로 삼으려고 너희를 만민 중에서 구별하였음
이니라"(레 20:26).

'거룩하라' 는 바로 이 말씀 때문에 유대인은 그렇게 정결법을 붙
들고 지켜왔다. 그런데 본문에서 예수께서는 수천 년간 정결법을 지
키며 구별했던 음식의 정함과 부정함이 이제 무효화되고 폐기되었음
을 선언한다.

"무엇이든지 밖에서 사람에게로 들어가는 것은 능히 사람을 더럽
게 하지 못하되 사람 안에서 나오는 것이 사람을 더럽게 하는 것
이니라 하시고"(막 7:15-16).

이 말씀에 제자들이 어리둥절해 하자 예수께서 다시 설명한다.

"예수께서 이르시되 너희도 이렇게 깨달음이 없느냐. 무엇이든지
밖에서 들어가는 것이 능히 사람을 더럽게 하지 못함을 알지 못하

느냐. 이는 마음으로 들어가지 아니하고 배로 들어가 뒤로 나감이라. 이러므로 모든 음식물을 깨끗하다 하시니라. 또 이르시되 사람에게서 나오는 그것이 사람을 더럽게 하느니라"(막 7:18-20).

먹는 것은 절대 마음으로 가지 않는다. 먹고 배로 들어갔다 뒤로 나간다. 요즘에는 뒤로 나간 것도 다시 배로 집어넣는 시대다. 무슨 말인가? 요즘 '대변이식 치료'가 주목받고 있다.[70] 우리 장 속에는 '시디프'라는 독성 있는 세균이 있는데, 이것이 이런저런 감염 경로를 통해 장 속으로 들어가면 계속 설사하고 나중에는 생명에도 치명적인 영향을 끼친다. 이럴 때는 건강한 대변을 구해 장에 넣으면 장 내세균이 변화를 일으켜 회복되는 경우가 종종 있다. 뒤로 나가는 것이 더러운 것이 아니라 고마운 것으로 재발견되고 있다. 오히려 사람을 살리는 약이다. 게다가 뒤로 나가는 것은 더러운 것이 아닌 이유는 이것이 능히 사람의 마음을 더럽게 하지 못하기 때문이다.

예수께서는 "모든 음식물을 깨끗하다"고 말씀한다(막 7:19). 영어 성경 NRSV는 여기에 괄호가 있어 그 안에 '따라서 예수께서 모든 음식물이 정결하다고 선포하셨다'(Thus he declared all foods clean)고 진술한다. 예수님께서 이제 더는 음식이 사람을 더럽게 하는 것이 아니라고 공식적으로 선언하신 것이다. 이는 이제 예수님을 통해 새로운 시대가 시작됨을 선포하는 것이다. 이것은 성전의 무효성을 선언하는 것과 밀접한 관련이 있다. 정결법은 정결한 제사를 드리느냐 아니냐와 직결되기 때문이다.

요한복음 2장에서 예수님께서는 "이 성전을 헐라 내가 사흘 동안에 일으키리라"고 말씀하신다(요 2:19). '이 성전'은 예루살렘 성전을 말한다. 성전을 헐라는 것은 예루살렘 성전이 더는 만민이 기도하고 예배하는 집으로서 그 기능을 상실했기 때문이다. 그것이 예수님께서 성전에서 환전상의 상을 뒤엎고 매매하는 자들을 내쫓은 이유다. 이제는 정결법과 제사 제도가 더는 사람을 정결하게 하지 못한다. 왜? 이미 이들의 마음이 너무나 부패하여 단단하게 굳어졌기 때문이다. 이런 마음으로 겉으로는 형식적으로 제사드리는 척하지만, 그 마음에는 하나님이 싫어하시는 온갖 죄악과 음란을 품고 있다. 그래서 하나님께서는 더 이상의 제사를 견디지 못하겠으니 제사드리지 말라고 말씀하신다.

"너희가 내 앞에 보이러 오니 이것을 누가 너희에게 요구하였느냐. 내 마당만 밟을 뿐이니라. 헛된 제물을 다시 가져오지 말라. 분향은 내가 가증히 여기는 바요 월삭과 안식일과 대회로 모이는 것도 그러하니 성회와 아울러 악을 행하는 것을 내가 견디지 못하겠노라. 내 마음이 너희의 월삭과 정한 절기를 싫어하나니 그것이 내게 무거운 짐이라. 내가 지기에 곤비하였느니라. 너희가 손을 펼 때에 내가 내 눈을 너희에게서 가리고 너희가 많이 기도할지라도 내가 듣지 아니하리니 이는 너희의 손에 피가 가득함이라"(사 1:12-15).

하나님은 제사와 함께 절기도 금하신다. 절기는 특별한 때에 하나님께 제사드리는 날을 지키는 것이다. 예수께서는 성전의 폐지와 함께 제사법, 절기법, 정결법의 폐지를 모두 선언하셨다. 아무리 짐승의 피로 용서를 구하고, 음식물을 가려 먹어도 더는 이들의 타락한 마음을 억제할 수 없기 때문이다. 예수께서 이 법을 폐지하신 것은 분명 하나님의 파격을 보여주는 것이다.

사실 하나님의 파격은 노아의 홍수 이후에도 있었다. 그 이전에는 육식 먹는 것을 허용하지 않으셨다가 홍수 이후 동물 먹는 것을 허용하셨다. 단 피째 먹는 것만을 금하셨다. 이때는 정결한 동물 부정한 동물을 구분하지 않았다. 그러다 모세를 통해 주신 시내산 언약 율법을 통해 정결 부정결에 대한 보다 엄격한 규례를 주셨다. 이때 정결법과 제사법 그리고 절기법 등을 함께 주셨다.

자, 이제 예수 그리스도를 통해 새로운 시대가 왔다. 예수께서 십자가를 통해, 친히 자기 육체를 통해 새로운 성전을 세우시는 시대가 도래한 것이다. 이 새 성전 시대에는 성도의 마음을 새롭게 함으로 변화를 받아 우리 자신 전체를 하나님이 기뻐하시는 거룩한 산 제사로 드린다(롬 12:1). 이것은 이전에 구약의 절기와 제사와 정결법이 더는 제 역할을 감당하지 못하기 시작하면서 하나님이 선지자들을 통해 주신 새 언약이었다.

"여호와의 말씀이니라. 보라. 날이 이르리니 내가 이스라엘 집과 유다 집에 새 언약을 맺으리라. …그러나 그날 후에 내가 이스라엘 집과 맺을 언약은 이러하니 곧 내가 나의 법을 그들의 속에 두며 그들의 마음에 기록하여 나는 그들의 하나님이 되고 그들은 내 백성이 될 것이라 여호와의 말씀이니라"(렘 31:31,33)

"또 새 영을 너희 속에 두고 새 마음을 너희에게 주되 너희 육신에
서 굳은 마음을 제거하고 부드러운 마음을 줄 것이며 또 내 영을
너희 속에 두어 너희로 내 율례를 행하게 하리니 너희가 내 규례
를 지켜 행할지라"(겔 36:26-27).

그런데 여기 보면 조금 궁금한 것이 있다. 새 언약의 시대에는 제
사법, 절기법, 정결법을 폐하는데, 하나님의 율례를 행하게 한다는
것은 또 무슨 뜻일까? 그것은 율법이 근본적으로 지향하는 근본 방
향과 최종 목적을 말하는 것이다. 이것을 '율법의 강령'이라고 한다.

예수님이 말씀하신 율법의 강령은 하나님을 사랑하고, 이웃을 내
몸같이 사랑하는 것이다(마 22:37-40). 이것은 오직 십자가로 죄 사
함을 받고 성령이 주시는 새 마음을 통해서만 순종할 수 있는 하나님
의 법이다. 그래서 로마서 13장 10절은 "그러므로 사랑은 율법의 완
성"이라고 말씀한다. 따라서 우리는 율법의 규례 조항에서 벗어나
성령의 능력으로 율법의 근본 강령을 성취해 나아가야 한다.

"이제는 우리가 얽매였던 것에 대하여 죽었으므로 율법에서 벗어
났으니 이러므로 우리가 영의 새로운 것으로 섬길 것이요 율법
조문의 묵은 것으로 아니할지니라"(롬 7:6).

따라서 우리는 어떤 이상한 사람들이 와서 왜 토요일을 안식일로
안 지키느냐고 따져도 흔들리지 말아야 한다. 또 어떤 이들이 와서
유월절을 새롭게 가져오신 분이 있다고 해도 흔들리지 말아야 한다.

자꾸 고기 먹으면 짐승처럼 성격이 난폭해지니 풀만 먹고 양처럼 온순해지고 성품이 변화되어야 구원받는다고 해도 흔들리지 말아야 한다. 이런 것 따지는 이들은 짐승을 잡아 제사도 드려야 한다. 왜? 이런 율법 조항을 하나둘 지킨다고 자랑스러워하는 사람은 율법 전체를 행할 의무를 지녔기 때문이다(갈 5:3). 따라서 제사법, 정결법, 절기법을 다 지켜야 한다.

"그러므로 먹고 마시는 것과 절기나 초하루나 안식일을 이유로 누구든지 너희를 비판하지 못하게 하라. 이것들은 장래 일의 그림자이나 몸은 그리스도의 것이니라"(골 2:16-17).

여기 몸(reality, NIV)은 실체, 진짜 본질(substance)을 말한다. 이제 우리는 진짜를 추구하는 사람들이다. 율법의 낡은 규정들이 아니라 바로 그리스도에게 속한 그리스도의 것이기 때문이다.

예수께서 우리 죄를 위해 십자가에 죽으셨다. 그리고 믿는 우리에게 성령을 보내주셔서 굳은 마음을 녹이시고 새롭게 하셨다. 따라서 우리는 결코 다시 율법의 낡은 조항으로 돌아갈 필요가 없다. 이 죄의 낡은 올가미에서 해방시키신 분이 예수 그리스도다. 이제 믿음의 주요 우리를 온전하게 하시는 이인 예수를 바라보며 성령의 능력으로 더욱 신앙의 본질에 집중하기 바란다. 더욱 뜨겁게 기도하고, 더욱 뜨겁게 주님을 사랑하고, 더욱 뜨겁게 내 옆의 사람을 사랑할 수 있는 복된 성도로 서야 한다. 더욱 본질에 집중하는 성도로 서자.

[29장 각주] ···

69) 폴 헬먼, 김잔디 역, 「상대의 마음을 바꾸는 기적의 8초」(서울: 북플라자, 2017).

70) 천종식, "똥이 약이라고?…대변이식으로 망가진 장 고친다", 한겨레, 2019. 3. 23.

내 안에서
무엇이 나오는가?

> [21]속에서 곧 사람의 마음에서 나오는 것은 악한 생각 곧 음란과 도둑질과 살인과 [22]간음과 탐욕과 악독과 속임과 음탕과 질투와 비방과 교만과 우매함이니 [23]이 모든 악한 것이 다 속에서 나와서 사람을 더럽게 하느니라.

움베르토 에코의 소설 「장미의 이름」은 1327년 11월, 이탈리아의 한 조용한 수도원에서 일어난 연쇄살인 사건을 다룬 내용이다.[71] 그런데 어떻게 살인이 일어났는지 그 행적이 묘연하다. 타살 흔적도 없고 살인을 위해 범인이 침입한 흔적도 없기 때문이다. 이 사건은 '윌리엄'이라는 수도사에게 맡겨지고 윌리엄은 사건의 실마리를 추적하여 범인을 밝히게 된다. 살인범을 추적한 끝에 잡은 사람은 '호르헤'라는 나이 많은 수도사였다. 그는 수도원에 와서 오랜 세월 고행과 수도를 통해 열정적으로 진리를 추구했던 수도사였기 때문에 큰 충격이었다. 아니, 어떻게 살인을 저지를 수 있었을까?

알고 보니 호르헤는 수십 년 전 이 수도원에 있는 커다란 서고에서 한 권의 책을 발견해서 보게 되었고, 이 책은 아무도 읽어서는 안 된다는 신념을 가지고 이 책을 읽지 못하게 하려고 연쇄살인을 저질 렀던 것이다. 동료 수사들이 이 책의 존재를 알게 되어 이 책을 찾기 시작하자 호르헤는 이 책의 페이지마다 독을 바른다. 손에 침을 발라 책장을 하나씩 넘기는 동안 독이 그들의 혀를 통해 서서히 심장에 침 투해서 결국 죽음에 이르게 한 것이다.

도대체 무슨 책이었길래 이 늙은 수도사는 생명을 앗아가면서도 숨기려고 했을까? 그것은 고대 그리스의 철학자 아리스토텔레스가 쓴 「시학(詩學)」 2권이었다. 제2권이 다루는 주제는 희극, 곧 코미디 가 무엇인가에 대한 것이다. 코미디는 사람들의 모자라는 면이나 악 덕을 과장해 보여주어 우스꽝스러운 효과를 연출하는 것이다. 아리 스토텔레스는 코미디를 통한 웃음 효과가 교훈적 가치를 가지며, 따 라서 비극과 마찬가지로 진리에 이를 수 있는 또 하나의 방법이라고 주장했다.

바로 이 부분, 웃음을 통해 진리에 이를 수 있다는 주장을 늙은 수도사 호르헤는 도저히 받아들일 수 없었다. 그에게 진리란 오직 고 행과 수도를 통해서만 도달할 수 있는 것이기 때문이었다. 그 자신도 평생 진리에 이르기 위해 온갖 고행을 수행해 왔다. 그런데 천박한 웃음이 진리에 이르는 방법이라는 말에 분노가 치솟아 올랐다. 말도 안 되는 궤변이었다. 문제는 이 궤변을 중세인들에게 최고의 권위를 인정받는 그리스 철학자 아리스토텔레스가 말했다는 사실이다. 그래서 이 책은 더더욱 아무도 읽어서는 안 된다고 생각했다. 호르헤는 자신을 진리의 수호자요, 하나님의 의로운 오른손으로 확신했다. 그래서 자신이 할 수 있는 영역 안에서, 이런 웃음에 관심 두고 힐끗거리는 동료 수도사들을 하나씩 독살했다.

윌리엄 수도사는 연쇄살인 범행의 전모를 다 밝힌 후, 자신을 진리의 대변자로 확신했던 호르헤를 향해 말한다. "호르헤, 악마는 물질로 돼 있는 것이 아니야. 악마는 영혼의 교만, 미소를 모르는 신앙, 그리고 의혹의 여지가 전혀 없다고 믿는 진리, 이런 게 바로 악마야!"[72]

예수님을 찾아왔던 예루살렘의 바리새인들과 서기관들은 교만했다. 자신들만이 참된 진리를 갖고 있다고 생각했다. 그래서 정결하게 살기 위해, 늘 빈틈 없이 정결 규례를 지키기 위해 몸부림을 치며 최선의 노력을 기울였다. 이런 자신들의 기준에서 볼 때 손도 씻지 않고 먹는 예수님의 제자들은 한참 못 미치는, 진리를 모르는 이들이었다. 그래서 어떻게든 이들을 정죄하고 난처하게 만들어 자신들의 의로움을 드러내려 했다. 호르헤처럼 자신들이 주장하는 진리를 위해서라면 얼마든지 선한 사람들도 죄인으로 정죄하고, 심지어는 죽음에 이르게 할 수도 있는 사람들이었다.

이들의 중심을 간파하신 예수님은 "너희들이 입술로는 나를 공경하되 마음은 멀다"(마 15:8)고 말씀하신다. 문제는 마음이었다. 자신은 옳고 바르다고 생각하지만, 그 마음에서 흘러나오는 것을 보면 그 마음의 상태가 어떠한지를 알 수 있다. 우리 마음에서 흘러나오는 것들이 무엇인지를 본문은 구체적으로 말씀하고 있다.

"속에서 곧 사람의 마음에서 나오는 것은 악한 생각 곧 음란과 도둑질과 살인과 간음과 탐욕과 악독과 속임과 음탕과 질투와 비방과 교만과 우매함이니"(막 7:21-22).

이런 것들을 한마디로 '악한 생각'이라 말씀한다. 이를 영어성경 NRSV에서는 '악한 경향성'(evil intentions)이라고 말씀한다. 악한 의지들이라는 것이다. 이는 우리 내면의 생각이 단순히 머릿속의 지성적 생각만이 아니라 내 마음의 감정과 의지가 함께 기우는 것을 말한다. 이런 악한 경향성은 그 역사가 꽤 오래되었다. 창세기 때부터 나타나기 때문이다.

"여호와께서 사람의 죄악이 세상에 가득함과 그의 마음으로 생각하는 모든 계획이 항상 악할 뿐임을 보시고 땅 위에 사람 지으셨음을 한탄하사 마음에 근심하시고"(창 6:5-6).

여기 보면 하나님께서 사람이 마음으로 생각하는 모든 계획이 항상 악할 뿐임을 보시고 사람 지으신 것을 한탄하시고 근심하신다고 한다. 모든 계획이 항상 '악하다'고 할 때 '악'이란 무엇을 의미할까? 그것은 부족함, 결여됨이 있는 상태(the presence of a lack)이다.[73]

부족함과 결여됨의 상태가 심해지면 가운데가 뻥 뚫린 혼돈과 공허 상태로 간다. 이 상태의 극치가 바로 창조 이전의 상태다(창 1:2). 하나님이 세상을 창조하기 전의 상태가 혼돈하고 공허하고 흑암이 깊음 위에 있는 상태라고 말씀한다. 하나님은 진리의 말씀으로 이런 상태의 세상을 하나님의 진리와 아름다움이 충만한 세상으로 만드셨다. 그러나 인류의 조상 아담 이래로 인간은 하나님의 말씀을 거역하고 죄를 범하여 하나님의 진리에서 자꾸만 멀어지게 되었다.

하나님의 충만함에서 점점 멀어지는 이런 내면의 원죄적 경향성을 가리켜 악한 생각(evil intentions), 악한 경향성이라고 한다. 여기서 intention을 복수로 사용한 것은 사람 내면의 모든 생각, 여러 가지 다양한 감정들, 의지들이 모두 하나같이 하나님이 기뻐하시는 진리에서 멀어지려 하기 때문이다.

하나님께서는 결국 이런 인류의 악한 경향성을 홍수로 심판하셨다. 이는 이들이 두 발을 디디고 서 있는 삶의 무대 자체를 아예 창조 이전의 혼돈과 공허의 상태로 완전히 되돌려버리는 역창조였던 것이다(창 1:2). 세상이 캄캄하고 물로 뒤덮이고 세상을 구성할 모든 물질들이 뒤범벅으로 섞여 혼돈하고 공허한 상황으로 돌아간 것이다. 하나님은 이들이 추구하는 인생 방향의 끝을 앞당겨 맞이하게 하셨고, 인류는 멸망했다. 인류는 악한 경향성을 극단적으로 추구하며 살았지만 그런 가운데서도 간과한 것이 하나 있었다. 악을 행하며 살려 해도 거기에는 온 세상을 붙드시는 은혜가 필요하다는 사실이다. 이를 '일반은총'이라 한다. 일반은총이 있기에 선인과 악인 모두가 비와 해의 혜택을 받고 산다(마 5:45).

집을 떠나 홀로 여행한다고 할 때 돌아올 집이 없으면 그 여행은 여행이 아니라 방랑이다. 학교에서 수업을 안 듣고 맨날 자고 도시락 까먹는 재미를 만끽해도 학교에 있으니 재미있는 것이다. 무슨 말인가? 인생은 죄짓고 사는 것조차 하나님의 은혜 없이는 불가능하다는 사실을 잊어선 안 된다. 하나님이 은혜를 완전히 거두어 가시면 우리는 죄와 함께 그 자리에서 즉시 소멸되고 흔적도 없이 사라질 것이다. 하나님이 이것을 아셨기에, 아담이 죄를 범하여 비록 에덴동산에서 내쫓겼어도, 하나님은 가죽옷을 지어 입히셨고, 땀을 흘려 살아가더라도 소산을 얻을 수 있는 은혜를 주셨다.

하나님은 노아 홍수 이후, 앞으로는 이들에게 주셨던 은혜를 몽땅 거두어가지는 않기로 작정하신다. 이들이 앞으로 죄짓지 않고 잘 살 것이기 때문이 아니다.

"여호와께서 그 향기를 받으시고 그 중심에 이르시되 내가 다시는 사람으로 말미암아 땅을 저주하지 아니하리니 이는 사람의 마음이 계획하는 바가 어려서부터 악함이라. 내가 전에 행한 것같이 모든 생물을 다시 멸하지 아니하리니 땅이 있을 동안에는 심음과 거둠과 추위와 더위와 여름과 겨울과 낮과 밤이 쉬지 아니하리라"(창 8:21-22).

하나님은 홍수 심판 이후에도 사람들 내면의 원죄적 성향은 바뀌지 않을 것을 아셨다. 여기 보면 사람의 마음이 계획하는 바가 어려서부터 악하다고 한다. 그런데도 하나님은 사람으로 말미암아 땅을 저주하지 않겠다고 하신다. 그리고 이 땅이 있는 동안 심고 거두고 춥고 덥고 여름과 겨울과 낮과 밤이 쉬지 않겠다고 말씀하신다. 여전히 악하지만 살아갈 수 있는 은혜를 주시겠다는 것이다. 왜 그러셨을까? 하나님은 모든 사람이 구원을 받으며 진리를 아는데 이르기를 원하셨기 때문이다(딤전 2:4).

하나님의 성품이 은혜와 자비의 하나님이기 때문이다. 이런 이유로 하나님은 마침내 사람들의 굳은 마음을 제거하고 부드러운 마음을 주기 위하여 그 아들 예수 그리스도를 이 땅에 보내셨다. 본문은 예수께서 오신 이유와도 관련 있다. 예수께서는 바리새인과 서기관들의 악한 마음을 보시고 제자들에게 아담과 하와의 타락 이후 원죄로부터 생겨난 사람 마음의 악한 경향성에서 어떤 것들이 흘러나오는가를 설명한다.

21절부터 열거하는 죄의 항목들은 마음에서 흘러나오는 악들을 그저 나열한 것 같지만, 자세히 보면 크게 두 가지로 나눌 수 있다. 먼저는 전반부의 여섯 항목인 음란, 도둑질, 살인, 간음, 탐욕, 악독이고, 나머지는 후반부의 여섯 항목 곧 속임, 음탕, 질투, 비방, 교만, 우매함이다. 전반부는 복수명사형으로 되어 있고, 후반부는 단수형 명사로 되어 있다. 전반부의 여섯 항목이 복수 형태로 되어 있다는 것은 이 여섯 가지의 항목이 단순한 내적 상태만이 아니라 구체적인 죄의 행위로 드러나는 것들임을 의미한다. 반면 단수형 명사는 추상적인 내적 성향을 말한다.

그렇다면 이 모든 것들을 총체적으로 말하는 악한 행위들에 대하여 살펴보도록 하자.

가장 먼저 나오는 것은 음란이다. 정확하게 말하면 '음란들' 곧 '음란한 행위들' 을 말한다. 우리는 음란한 행위라고 하면 성적인 음란을 가장 먼저 떠올린다. 이 음란들에 해당하는 헬라어가 '포르네이아' 다. 포르노의 어원이 되는 단어. 성경에서 음란은 크게 두 가지 의미로 사용된다. 먼저는 하나님을 향한 영적 음란이다. 이것이 십계명에는 너는 나 외에 다른 신을 섬기지 말라는 말씀으로 나타난다. 둘째는 건강한 결혼 외의 음란한 성적 관계들을 의미한다. 이 둘은 서로 긴밀한 관계에 있다. 하나님을 향한 영적 음란은, 다른 말로 하면 우상 숭배를 말한다. 주님만 믿고 신뢰하고 의지해야 하는데 주님 말고도 의지하고 따르려는 은밀한 욕구와 행위들이 있다. 결국 이런 불신앙은 하나님과의 관계에 치명적인 손상을 가져온다.

이것은 인간관계에서도 마찬가지다. 하나님이 허락하신 배우자에게 서로가 끝까지 성실해야 한다. 우리가 하나님을 향해 바른 신앙 고백과 예배를 드리며 관계를 지켜나가야 하는 것처럼 배우자와의 아름다운 관계를 지켜나가기 위해 하나님이 주신 것이 바로 성(性)이라는 선물이다. 하나님은 창세기에 "이러므로 남자가 부모를 떠나 그의 아내와 합하여 둘이 한 몸을 이룰지로다"(창 2:24)라고 말씀하셨다. 여기에는 한 몸을 이루는 성적 행위의 요소가 포함되어 있다. 이것을 통해 부부는 배우자와 함께 한 몸 됨을 경험하고, 감정적으로 하나 되고, 영적인 일치를 경험할 수 있다.

하나님이 이 소중한 선물을 사용하도록 주신 경계선 곧 바운더리가 바로 가정의 부부 관계에서다. 그런데 마치 다른 신을 예배하는 것이 음란이듯 이 소중한 성을 가정의 울타리 밖에서 배우자가 아닌 다른 사람과 나누는 것은 음란이다. 성은 부부관계를 더욱 공고히 한다. 그리고 거기서 소중한 생명을 잉태하게 하여 가정을 이루게 하신다.

그러나 하나님을 떠나 혼란하고 공허한 마음으로 이 소중한 선물을 아무렇게나 함부로 사용하는 이들이 점점 늘어나고 있다. 청년들과 이야기를 나누다 보면 이러한 전제가 들어 있는 것 같다. 둘이 사랑만 하면 무엇을 해도 관계 없다. 사랑하면 성관계를 나누는 것은 당연하다고 생각한다. 남들도 다 하는데 어떠냐는 생각을 많이 한다. 그러나 우리는 세상이나 세상의 풍조들을 동경하고 따라가는 일을 경계해야 한다.

한 통계에 의하면 성관계를 경험한 청소년 남학생들이 그렇지 않은 학생들보다 우울증이 더 높아진다. 여학생은 성관계 이후 행복한 것이 아니라 도리어 우울증이 3배가 높아지고 자살률도 3배나 높아진다. 그리고 통계에 따르면 고2 이전에 성관계를 경험한 학생은 평생 5~7명의 성적 파트너를 만나게 된다고 한다. 자, 생각해보라. 이런 모습이 좋아 보이는가? 부러워 보이는가? 결혼하고도 같이 잠자리를 함께하는 남자 친구 여자 친구가 둘셋씩 있는 것이 부러워 보이는가?

말씀을 떠나 마음의 악한 경향성을 따라가는 관계는 처음에는 달콤해 보이지만 결국 큰 고통과 아픔을 초래하게 된다. 하나님과의 관계, 배우자와의 관계 모두가 그렇다. 이런 관계는 하나님보다, 배우자보다 내 만족과 욕심을 추구한 결과로 찾아오는 행위이다.

두 번째로 마음에서 나오는 것은 도둑질이다. 도둑질이 무엇인가? 내게 없는 것을 악한 수단과 방법을 통해 획득하는 것이다. 이런 과정에서 이를 제지하려 하거나 저항하려는 자가 앞에 나타나면 어떻게 하는가? 폭언과 폭력은 물론이거니와 그 사람의 생명마저도 앗아간다. 세상 영화를 보라. 성, 탐욕, 살인이 들어가지 않으면 영화가 만들어지지 않는다. 이후 나오는 세 가지 죄악목록은 처음 세 가지 목록과 유사하게 중첩된다. 바로 간음, 탐욕스러운 행동, 그리고 사악한 행동이다. 이런 행동들은 모두 십계명에 나와 있는 간음하지 말라, 살인하지 말라, 도둑질하지 말라, 네 이웃의 집을 탐내지 말라는 계명을 반영하고 있다. 결국 십계명은 하나님을 떠나 원죄적 본성으로 타락한 우리가 빠지는 치명적인 죄의 함정을 경계하라고 말씀하는 것이다.

후반부의 여섯 가지 내적 성향은 속임, 음탕, 질투, 비방, 교만, 우매함이다. 속임은 무엇인가? 겉과 속이 다른 것이다. 내 유익을 위해 겉과 속이 다르다. 그다음 나오는 '음탕'은 헬라어 '아셀게이아'로 무례함, 무법천지의 상태를 말한다. 인간관계의 질서가 없다. 존중도 없다. 자기가 하고 싶은 대로 막 나간다. 조금 만만해보이고 기분 나쁘면 반말을 하며 함부로 해대고, 이거 해라 저거 해라 명령한다. 그리고 자신을 과시한다.

다음 항목은 질투다. 질투는 직역하면 '사악한 눈'(evil eyes)이다. 사람을 적의를 갖고 노려보거나, 아니면 아예 냉담하게 무시하고 쳐다보지도 않는 눈이다. 시쳇말로 '생깐다' '왕따시킨다'고 한다. 이런 눈들은 사악한 눈이다. 눈에 따듯한 온기와 온유함이 비쳐야 하는데 늘 겨울왕국이다. 여기서 그치지 않는다. 더 나아가 비방한다. 비방은 중상모략(slander)하는 것이다. 뒤에서 다른 사람을 험담한다. 좀 더 정확하게 번역하면 악담이다. 이 사람과 말만 섞으면 몇 번 까르르 웃으면서 다른 사람을 비판하고 뒤에서 그를 바보로 만들며 깎아내린다. 우리나라 코미디 프로의 유머 코드가 상당 부분 망가지고 비하하는 것이라서 우리도 이런 것에 익숙하다. 성도는 절대 함께 모여 다른 이들을 비하하고 비난하는 이야기를 삼가야 한다. 한 사람을 하나님의 선하고 자비로운 시각으로 바라보는 것에서 점점 혼돈과 공허와 악한 존재로 보고 몰아가는 것은 교만한 것이다. 이런 행위 배후에는 그 사람의 교만이 자리 잡고 있다. 그래서 다섯 번째는 교만(pride)이다. 마지막은 우매함이다. 우매함이란 어리석음을 말한다. 성경이 말하는 어리석음의 가장 큰 특징은 무엇인가? 하나님을 부정하는 것이다.

"어리석은 자는 그의 마음에 이르기를 하나님이 없다 하는도다"
　(시 14:1).

하나님이 살아계심을 부인하는 사람은 하나님이 세우신 영적 질서와 역사하심을 부인하고 자기 멋대로 한다. 이런 사람에게 파생되는 행동의 특징이 무엇인가? 부패하고 그 행실이 가증하다(시 14:1).
　그런데 이들이 악한 행위대로 멸망하지 않는 이유는 무엇인가? 하나님이 아직 은혜를 베푸시기 때문이다. 은혜 베푸시는 이유가 무엇인가? 하늘에서 우리 인생을 살피시면서 지각이 있어 하나님을 찾는 자가 있는가 보시려 하기 때문이다(시 14:2). 그래서 찾으면 이런 부패한 성향에서 벗어나 하나님의 능력으로 살아가는 삶이 어떤 것인지를 알고 깨닫게 하고 은혜를 주시려 한다. 이를 위해 하나님은 우리에게 그의 거룩한 성령을 보내주셨다. 이는 나의 마음에 원하는 바 육체의 죄성을 따라 사는 것이 아니라 성령을 따라 사는 성도가 되도록 하기 위함이다. 성령 아래 있으면 이전의 악한 마음과 행실 아래 사는 것과 현저한 차이를 보인다.

"육체의 일은 분명하니 곧 음행과 더러운 것과 호색과 우상 숭배와 주술과 원수 맺는 것과 분쟁과 시기와 분냄과 당 짓는 것과 분열함과 이단과 투기와 술 취함과 방탕함과 또 그와 같은 것들이라. 전에 너희에게 경계한 것같이 경계하노니 이런 일을 하는 자들은 하나님의 나라를 유업으로 받지 못할 것이요. 오직 성령의 열매는 사랑과 희락과 화평과 오래 참음과 자비와 양선과 충성과 온유와 절제니 이 같은 것을 금지할 법이 없느니라. 그리스도 예수의 사람들은 육체와 함께 그 정욕과 탐심을 십자가에 못 박았느니라"(갈 5:19-24).

지금 내 속에는 무엇이 가득한가? 요즘 내 삶에서는 무엇이 흘러나오는가? 하나님 앞에 은혜를 구하며 성령의 인도 아래 머물기 바란다. 성령으로 충만하여 그의 임재 아래 머물기를 힘써 구하라.

[30장 각주] ┈┈┈┈┈┈┈┈┈┈┈┈┈┈┈┈┈┈┈┈┈┈┈┈┈┈┈┈┈┈

71) 움베르토 에코, 이윤기 역, 「장미의 이름」(상, 하)(서울: 열린책들, 2006).

72) 위의 책(하), 333쪽.

73) Grundmann, W. (1964−). κακός, ἄκακος, κακία, κακόω, κακόργος, κακοήθεια, κακο
ποιέω, κακοποιός, ἐγκακιέω, ἀνεξίκακος. G. Kittel, G. W. Bromiley, & G. Friedrich
(Eds.), *Theological dictionary of the New Testament*(electronic ed., Vol. 3, p.
469). Grand Rapids, MI: Eerdmans.

깊은 긍휼이
상처를 이긴다

²⁴예수께서 일어나사 거기를 떠나 두로 지방으로 가서 한 집에 들어가 아무도 모르게 하시려 하나 숨길 수 없더라. ²⁵이에 더러운 귀신 들린 어린 딸을 둔 한 여자가 예수의 소문을 듣고 곧 와서 그 발 아래에 엎드리니 ²⁶그 여자는 헬라인이요 수로보니게 족속이라. 자기 딸에게서 귀신 쫓아내 주시기를 간구하거늘 ²⁷예수께서 이르시되 자녀로 먼저 배불리 먹게 할지니 자녀의 떡을 취하여 개들에게 던짐이 마땅치 아니하니라. ²⁸여자가 대답하여 이르되 주여 옳소이다마는 상 아래 개들도 아이들이 먹던 부스러기를 먹나이다. ²⁹예수께서 이르시되 이 말을 하였으니 돌아가라. 귀신이 네 딸에게서 나갔느니라 하시매 ³⁰여자가 집에 돌아가 본즉 아이가 침상에 누웠고 귀신이 나갔더라.

항상 반에서 꼴찌를 하는 아들이 있었다. 아버지는 너무나 답답해서 아들에게 매우 극적인 충격과 자극을 주기로 결심했다. 그래서 시험기간 전에 아들을 불러서 말했다.

"기말고사 때 꼴찌를 벗어나지 않으면 이제 부자간의 인연을 끊겠다!"

기말고사가 끝나고 아들이 집에 들어왔다. 아버지가 아들에게 물었다.

"시험은 어떻게 되었느냐."

그러자 아들이 대답한다.

"아저씨, 안녕하세요?"

이 이야기를 듣고 아버지는 어땠을까?

"그래 부자간의 인연을 끊자!" 그랬을까?

아니다. 오히려 기막혔을 것이다.

아버지가 그렇게 말한 것은 아들을 사랑하는 아버지의 마음을 이해해달라는 것인데, 아들은 오히려 아버지의 말에 마음이 상해 공부를 아예 포기하고 만 것이다. 아버지가 이렇게 말했으면 사실 이런 아버지의 마음을 깊이 헤아려, '그래, 어떻게든 최선을 다 해보자!' 이런 식으로 마음먹어야 하지 않겠는가? 우리는 사람들이 우리 마음을 좀 알아주기를 원한다. 내 마음을 알아주지 않으면 무척이나 섭섭해한다. 반면 그런 우리는 다른 사람의 마음을 이해하는 데 무척이나 인색한 경우가 많다.

우리가 늘 기쁘게 예배의 자리에 나오고 주님께 기도하는 이유가 무엇인가? 어떤 상황에서도 하나님께서 우리 기도를 들어주시기 때문이다. 때로는 우리의 작은 신음에도 응답하신다. 그러나 어떨 때는 우리 기도에 오랫동안 침묵하실 때도 있다. 이럴 때 우리 마음이 참 힘들다. 그런데, 만약 이렇게 기도하고 응답을 기다리는 우리에게 주님께서 오셔서 "얘야, 너 이제 그만 기도해라. 난 네가 기도해도 듣지 않을 거야. 아무 소용없어." 이렇게 말씀하신다면 어떻겠는가? 마음이 상당히 어렵지 않겠는가? 자칫하면 실족한다.

본문에 등장하는 수로보니게 족속의 헬라 여인이 바로 그런 경우였다. 예수께서 무엇이라 하시는가?

"예수께서 이르시되 자녀로 먼저 배불리 먹게 할지니 자녀의 떡을 취하여 개들에게 던짐이 마땅치 아니하니라"(막 7:27).

'자녀의 떡을 취하여 개들에게 던짐이 마땅치 않다'는 말씀을 들으면 어떻게 반응하겠는가? "아니, 예수님 방금 뭐라고 말씀하셨어요? 지금 저보고 개라는 거예요?" 하며 화내지 않겠는가? 여기 '개'는 헬라어로 '퀴나리아'인데, 이런 단어를 지소사(diminutive)라고 한다. 지소사는 어떤 말에 덧붙어 원래의 뜻보다 더 작은 것을 나타내거나 친근감을 표현하는 데 쓰이는 단어 앞이나 뒤에 붙이는 접두어나 접미어를 말한다. 말을 지소사로 표현하면 망아지, 배추는 애기 배추, 나방은 애기나방, 갓 시집 온 며느리는 새아가, 이런 식으로 개도 지소사로 표현하면 강아지 정도가 된다.

아무리 귀여운 표현을 사용한다고 하더라도 지금 안타까운 마음으로 예수께 간청하는 수로보니게 여인의 속은 뒤집혔을지 모른다.

하지만 이런 말을 들어도 적극적으로 대처하거나 항의할 수 없는 것은 예수께서 지금 이 여인이 사는 수로보니게 지역에 오신 이유가 가르침과 이적을 베풀러 오신 것이 아니기 때문이다. 예수님은 바로 이전(막 7:1-23)까지 갈릴리 지역에 계시다가 예루살렘에서 온 바리새인과 서기관들과 불꽃 튀는 논쟁을 벌이고 이들의 노골적인 적개심과 방해를 피하고자 이곳에 오신 것이었다.

"예수께서 일어나사 거기를 떠나 두로 지방으로 가서 한 집에 들어가 아무도 모르게 하시려 하나 숨길 수 없더라"(막 7:24).

예수께서 일어나사 거기, 곧 갈릴리 지역을 떠나 두로 지방으로 오셨다. 두로는 갈릴리 고원 지역에서 지중해 해변 쪽으로 내려가서 북쪽으로 올라가다 보면 두로(아랍명으로 수르)가 나오고, 더 북쪽으로 가면 시돈(아랍명 사이다)이 나온다. 두로와 시돈은 약 40km 정도 떨어졌고, 내비게이션을 치면 차로 약 45분 정도 걸리는 거리다. 악고와 두로 사이도 직선거리가 약 40km 정도 된다. 악고는 북쪽에서 내려오는 제국의 세력을 저지하는 초입 길로 현재는 이곳에 아주 거대한 십자군 성채가 자리 잡고 있다. 그런데 지금은 이곳이 이스라엘과 레바논 사이의 국경이 있어서 내비게이션으로 검색하면 직선으로 가지 못하고 빙 돌아서 다메섹을 통해 두로로 가는 450km를 안내한다.

이전부터 이곳 두로는 난공불락의 도시로 번영을 구가하고 있었다. 이곳이 난공불락인 이유는 행정과 군사 중심지는 본토에서 약

700~800m 정도 떨어져 있는 섬에 자리 잡고 있어 외적의 습격을 받으면 다 섬으로 도망갔기 때문이다. 마치 고려시대 고종이 몽골과 항쟁하기 위해 강화도로 떠났던 것과 유사하다. 두로는 오랜 역사 동안 좀처럼 무너지지 않았다. 물질적으로 부유했고 바알을 섬기는 데 열심이었다. 여기 출신 공주와 이스라엘 왕이 결혼한 적도 있다. 바로 이세벨이었다. 이 결혼으로 아합은 나라를 큰 위기에 빠뜨렸었다.

이런 두로가 주전 300년 알렉산더 대왕에 의해 무너졌다. 어떻게 무너졌는가? 먼저 해안가의 도시를 공격해서 초토화시키고, 여기서 남은 돌무더기와 잔해를 가져다 바다를 메워 댐을 만들어 이 댐 위로 공격해 들어가서 승리를 거두었다. 이때 3만 명이 포로로 끌려가고 두로의 왕과 지도자들은 두 손을 묶인 채 목 베임을 당하였다. 이후 헬라제국이 무너지면서 이곳은 로마의 속국이 되었다.

예수님 당시에 두로는 여전히 상업적 호황을 누리고 있었다. 그래서 갈릴리 지역에서 생산되는 많은 농산물을 이곳 두로에서 소비하였다.[74] 반면 가난한 갈릴리 소작농들은 굶주리는 일이 종종 일어났다. 이들은 이방 두로인들을 향하여 이방의 개들이 하나님 자녀의 입에서 빵을 빼앗는다고 원망하곤 하였다. 갈릴리 사람과 두로 사람이 사이좋게 지내지 않았던 것이다.

이런 두로에 예수께서 예루살렘의 종교지도자들의 충돌을 피해 조용히 오셨다. 의도는 24절에 말씀하는 것처럼 아무도 모르게 오시는 것이었다. 그러나 이곳에서도 이미 예수님 열풍이 불고 있었다. 요즘 이 지역에는 BTS와 같은 가수를 중심으로 한 한류 바람이 불고 있다고 한다. 하지만 이미 오래전에 이곳에는 예수 바람, 곧 예류가 불고 있었다. 소문으로만 듣던 예수께서 이 지역에 오셨다는 소문은 삽시간에 사방으로 번졌다. 사방에서 예수님을 보러 몰려들었다. 이 와중에 더러운 귀신 들린 딸을 둔 한 어머니도 이 소문을 듣고 예수 께서 머무시는 집으로 와서 그 앞에 엎드렸다. 더러운 귀신이 들렸다 는 것은 이 지역이 경제적으로는 풍요로울지 모르지만 사탄의 세력 이 장악하고 있었음을 암시한다.

본문은 이 어머니를 다음과 같이 소개한다.

"그 여자는 헬라인이요 수로보니게 족속이라. 자기 딸에게서 귀신 쫓아내 주시기를 간구하거늘"(막 7:26).

이 여인은 헬라인, 즉 헬라어를 주로 사용하는 이방인이었다. 거 기에 수로보니게 출신이었다. '수로보니게' 는 시리아 지역의 로마 속주에 거하던 페니키아인을 수로보니게 사람이라고 했다. 참고로 인근 지역에는 카르타고가 있었고 여기에 거주하는 페니키아인을 '리비보니게' 라고 했다.

수로보니게 여인이 온 동기는 딸 때문이었다. 자기 문제가 아니 라 사랑하는 딸이 귀신 들린 것 때문이다. 사랑하는 딸이 귀신 들렸 으니 얼마나 마음이 아팠겠는가? 그런데 이런 여인의 간절한 간구에 예수님이 하시는 말씀이 "자녀로 먼저 배불리 먹게 할지니 자녀의 떡을 취하여 개들에게 던짐이 마땅치 아니하니라"는 충격적이고 모 욕적인 말이었다. 유대인들은 당시 자신들을 하나님의 선민이라 자 부하고 이방인을 개로 여기며 경멸하던 관습이 있었다. 이런 유대인들의 경멸적 표현을 그대로 사용하신 것이다.

예수님은 왜 이렇게 냉정하게 대응하셨을까? 그것은 예수님의 사명 때문이었다. 예수님은 예수님을 필요로 하는 모든 이방인을 만나러 이 땅에 오신 것이 아니었다. 예수님은 오셔서 메시아의 사명, 즉 십자가를 지는 사명을 감당하셔야 했다. 이제 시간이 점점 다가오고 있었고, 이럴 때일수록 더욱 사명에 집중해야 했다. 도와달라는 요청에 무조건 손길을 펼칠 수 있는 여유가 없었다. 그렇게 했다가는 십자가를 지는 것이 우선순위에서 뒤로 밀리게 된다.

우리 같으면 여기서 '개'라는 말에 충격받고 나가떨어졌을 것이다. 아니, 뭐 메시아가 저렇게 말을 심하게 해? 내가 소문으로 듣던 것은 다 거짓이었나 봐. 완전 인종차별이네. 이렇고 토라지고 돌아가서 동네방네 악담을 퍼뜨리고 다닐 수 있다. 요즘 같으면 인터넷에 악성 댓글을 달고, 녹음했다가 고발하지 않겠는가? 그런데, 이 여인은 뒤로 물러나지 않는다. 그러면서 다음과 같은 놀라운 말을 하고 문제 해결의 실마리에 더 가깝게 다가간다.

"여자가 대답하여 이르되 주여 옳소이다마는 상 아래 개들도 아이들이 먹던 부스러기를 먹나이다"(막 7:28).

먼저, 예수님의 말씀을 긍정했다. "주여 옳습니다." 이 여인은 예수님의 메시아 사명을 감당하기 위한 깊은 속까지는 헤아리지 못했을 것이다. 그러나 적어도 '유대인들이 선민의식을 갖고 자신들을 싫어하고 경멸한다는 것'을 인정하고 받아들였다. 그러고서 자신의 진심을 담아 한 걸음 더 나아간다.

　예수께서 다소 경멸적인 의미로 멍멍이라고 했던 것을 이 여인은 '주인의 상 아래 있는 개들', 곧 집에서 기르는 '애완견'도 아이들이 먹던 부스러기를 먹지 않느냐고 대답했다. 일반적인 개를 주인이 기르는 애완견의 콘셉트로 바꾼 것이다. 이 여인은 예수님의 비관적인 말씀 속에서도 절대적인 희망의 근거를 발견한 것이다. "주님, 맞습니다. 음식을 먼저 개한테 주면 안 되죠. 자녀에게 주어야죠. 그러나 개도 자녀가 먹던 부스러기는 먹지 않습니까? 제 딸에게 적어도 그 부스러기는 줄 수 있지 않습니까?" 이 놀라운 긍정의 말, 절대 희망과 믿음의 말에 예수님의 마음이 움직였다.

"예수께서 이르시되 이 말을 하였으니 돌아가라 귀신이 네 딸에게서 나갔느니라 하시매"(막 7:29).

　리모컨 치유가 일어났다. '이 말을 하였으니'는 '이 말로 인해 네가 시험을 통과했으니' 집으로 돌아가라는 뜻이다. 무슨 시험인가? 예수님을 끝까지 믿고 신뢰하는 믿음, 포기하지 않는 믿음, 오직 주님만이 이 문제를 해결해주셔야 한다는 집요한 믿음이다. 마가복음을 보면 이런 집요한 믿음으로 예수님의 치유를 경험한 이들이 등장한다. 지붕을 뚫고 중풍병자를 내린 친구들과 열두 해를 혈루증 앓던 여인이다. 이런 믿음을 보고 주님은 치유의 역사를 베푸셨다. 이 여인이 예수님의 모욕 같은 말씀을 인정하며 믿음으로 새로운 희망을 호소하자 예수님의 마음이 움직였던 것이다.

이 여인은 어떻게 이 수치와 모욕을 이렇게 참을 수 있었는가? 분명 감정과 마음이 상했을 것이다. 게다가 율법도 하나님의 말씀도 모르는 이방인이다. 그러나 딸을 향한 지극한 사랑과 마치 창자가 끊어지는 듯한 긍휼히 여기는 마음이 있었기에 모든 수치를 참고 자존심을 접는다. '그렇습니다. 주님! 저는 개입니다. 그러나 개도 부스러기를 먹지 않습니까?' 깊은 사랑이 자존심을 내버리고, 깊은 사랑이 공감하게 하고, 깊은 사랑이 절망 중에서도 새로운 희망을 발견하게 했다. 그리고 이 기적을 통해 그동안 이방인과 유대인을 구별했던 정결과 부정결의 모든 벽이 허물어지는 역사가 나타났다. 예수께서 앞서 유대 지도자들과 논쟁했던 말씀(막 7:1-23)이 한 여인의 긍휼과 사랑으로 인해 구체적인 능력으로 성취된 것이다.

그런데 예수의 구원 역사는 여기서 그치지 않는다. 이 여인으로부터 시작된 구원이 이방 지역에 본격적으로 흘러들기 시작한다. 이 사건 이후 예수님은 두로에서 시돈 지방으로 가셨다가 이방인들의 도시 데가볼리로 건너가셨다가(막 7:31), 이 지역에서 떡 7개와 물고기 2마리로 이방인들 4천 명을 먹이시는 칠병이어의 기적을 베푸신다(막 8:1-13). 그 발단이 바로 이 여인의 깊은 공감과 긍휼을 구하는 겸손한 마음과 간절한 믿음의 간구 때문이었다. 이것이 예수님의 냉담해보이던 태도를 돌리고, 그의 사역 우선순위를 돌린 것이다.

더 나아가 이 사건은 이후 주후 70년 예루살렘이 로마에 의해 멸망하고 많은 유대인이 이 지역으로 왔을 때까지 영향을 끼친다. 그때 이 지역의 두로 사람들은 평소 자신들을 경멸하고 증오하던 많은 유대인을 죽이고 붙잡아 관청에 고발하여 감옥에 가두었다. 이런 분위기에서 예수님께서 사랑과 긍휼에서 나온 믿음으로 희망을 노래했던 이 여인에게 은혜 베푸신 것을 기억했던 이방 그리스도인 공동체는 이곳으로 피신한 유대 그리스도인들에게, 그리고 유대인들에게 긍휼과 자비를 베풀었을 것이다.

우리는 살아가면서 많은 상처를 받는다. 멸시받고, 자존심이 한없이 무너진다. 그런데, 내 안에 주님을 향한 사랑과 지체를 향한 애끓는 듯한 사랑과 긍휼이 있으면 상처와 절망을 딛고 다시 일어나 새로운 희망과 치유를 향하여 나아가게 될 것이다. 이런 은혜를 경험하는 복된 성도 되기를 힘쓰자.

[31장 각주]

74) 조엘 마커스, 「앵커바이블 마가복음 1: 1-8장」, 778쪽.

제3의
길로 가라

³¹예수께서 다시 두로 지방에서 나와 시돈을 지나고 데가볼리 지방을 통과하여 갈릴리 호수에 이르시매 ³²사람들이 귀 먹고 말 더듬는 자를 데리고 예수께 나아와 안수하여 주시기를 간구하거늘 ³³예수께서 그 사람을 따로 데리고 무리를 떠나사 손가락을 그의 양 귀에 넣고 침을 뱉어 그의 혀에 손을 대시며 ³⁴하늘을 우러러 탄식하시며 그에게 이르시되 에바다 하시니 이는 열리라는 뜻이라. ³⁵그의 귀가 열리고 혀가 맺힌 것이 곧 풀려 말이 분명하여졌더라. ³⁶예수께서 그들에게 경고하사 아무에게도 이르지 말라 하시되 경고하실수록 그들이 더욱 널리 전파하니 ³⁷사람들이 심히 놀라 이르되 그가 모든 것을 잘하였도다. 못 듣는 사람도 듣게 하고 말 못하는 사람도 말하게 한다 하니라.

북미 지역의 유력한 경제 매체인 〈포브스〉는 해마다 30세 이하 영향력 있는 리더 30인을 선정한다. 2015년 이 명단에 들어간 청년 알렉스 바나얀이 있다. 그는 올해 나이로 스물아홉 살인 페르시아계 유대인 청년이다. 많은 유대계 부모가 그렇듯, 바나얀은 부모의 헌신적인 희생으로 미국 서부 명문 남가주대(USC) 의과대학 예과에 들어갔다. 그러나 그는 대학에 들어간 지 얼마 되지 않아 목적의식을 잃었다. 부모가 의과대학 가야 한다고 해서 열심히 공부해서 여기까지 왔는데, 도저히 공부할 에너지가 생기지 않았다. 하지만 자신을 위해 희생한 부모를 생각하면 멈출 수도 없었다.

바나얀은 침대에 누워 고민하기 시작했다. '도대체 난 누구의 인생을 위해 사는 것일까?' '난 무엇 때문에 공부해야 하는 것일까?' 너무나도 공부가 되지 않아 그는 도서관에서 전기들이 꽂힌 서가를 돌아다니며, 빌 게이츠를 비롯해서 정말 인생에 커다란 성공의 열매를 거둔 사람들에 대한 전기들을 읽기 시작했다. 그는 이런 책들을 읽으면서 질문을 던졌다. '누구도 자신의 이름을 모를 때, 또 그 누구도 만나주지 않을 때 성공한 사람들은 어떻게 그 발판을 마련했을까?' 그러나 누구도 대답을 명쾌하게 해주지 않았다. 그런데 이런 생각이 들었다. '누구도 대답하지 않는다면 내가 이런 사람들을 찾아가서 답을 들어보자.' 하지만 답을 찾아가려면 여행경비가 필요했다. 어떻게 여행경비를 마련하지? 그래서 그는 기말고사 기간에 경품을 주는 TV 퀴즈 프로그램에 도전해서 1등을 차지하여 상품으로 요트를 받는다. 그리고 이 요트를 팔아 그 비용으로 성공한 현자들을 찾아 자신이 품은 질문의 답을 구하기 위한 여행을 떠난다. 그렇게 해서 얻은 답을 「나는 7년 동안 세계 최고를 만났다」라는 책에서 풀어내고 있다.[75] 그가 얻은 답은 무엇이었을까? 한마디로 말하면 다른 이들이 가지 않는 제3의 길로 가라는 것이다. 그래서 이 책의 원제목이 "제3의 문"(The Third Door)이다.

바나얀에 따르면 인생에는 3종류의 문이 있다. 첫 번째 문은 정문이다. 99%의 사람들이 이 문에 들어가려고 하고, 이리로 들어가려고 길게 줄을 선다. 경쟁이 치열하다. 두 번째 문은 VIP를 위한 문이다. 억만장자, 연예인, 유명인사, 재벌 3세와 같은 금수저들이 들어가는 VIP용 출입문이다. 언뜻 볼 때 이외에는 잘 보이지 않는다. 그러나 삶에 커다란 열매를 맛본 사람들은 대부분 이런 문들로 들어가지 않고, 잘 보이지 않는 세 번째 문으로 들어간 사람들이다. 세 번째 문은 쓰레기장을 헤치고 뒤로 은밀하게 돌아 들어가는 뒷문이다. 이 문은 문전박대를 당하고 온갖 역경을 감수해야 하는, 다른 사람이 좀처럼 가지 않으려는 길이다.

예수께서 가신 길이 그러했다. 예수께서는 세상의 성공을 위한 길, 출세의 길을 가시지 않았고, 최고의 특권층이 누리는 그런 길로도 가지 않았다. 그는 누구도 가지 않는 제3의 길로 가고 계셨다. 유대인과의 갈등과 충돌을 피해 두로 지방에 잠시 피신하셨지만, 이곳에서 집요하게 예수의 긍휼을 구하는 수로보니게 여인과의 만남을 통해, 긍휼의 시선을 이방 세계로 열어두셨다. 보통의 유대인이라면 이방인을 개와 같이 여기고 부정함을 입을 것을 염려하며 피했겠지만 예수께서는 이방 지역으로의 순례를 통해 하나님의 능력을 베푸셨다. 본문은 그 여정을 간략하게 소개한다.

"예수께서 다시 두로 지방에서 나와 시돈을 지나고 데가볼리 지방을 통과하여 갈릴리 호수에 이르시매"(막 7:31).

두로에서 시돈은 북쪽으로 약 40km가 된다. 예수께서는 이곳을 지나 데가볼리 지역을 빙 둘러서 갈릴리 호수 동편까지 오셨다. 이 지역들은 주전 63년 로마의 폼페이우스 장군이 평정하기 전까지 거대 제국의 세력 각축장이었다. 앗수르에 이어, 바벨론, 그리고 페르시아, 헬라, 시리아 등 여러 강대 제국이 이 지역을 유린하였고, 이 지역의 백성들은 저항할 힘조차 빼앗기고 사방의 눈치를 보며 살아야 했다.

시돈의 경우, 주전 351년 페르시아에 항거했으나 무참하게 실패했고, 급기야 스스로 도시를 불살라 버리는 극단적 선택을 한 적이 있다. 이런 시돈에 대해 예수께서는 심판 날에 시돈이 너희보다 견디기 쉬우리라고 말씀하신 적이 있다(마 11:22).

데가볼리는 문자적으로 10개(데카)의 도시(폴리스)라는 뜻으로 헬라제국시대에 알렉산더 대왕과 그 부관 페르디카스를 중심으로 형성된 10개의 헬라화 된 도시들이다. 9개가 요단 동편에 있고, 나머지 하나는 요단 서편에 있다. '스키토폴리스'라는 헬라화 된 도시인데, 옛 지명은 벧산이다. 구약성경의 벧산은 이전에 사울이 전사하고 그 시신이 성벽에 매달린 도시로 알려졌다. 하지만 이 지역은 이후 에베소와 같이 로마에 의해 헬라화 된 도시다.

벧산은 로마의 정치적 상황이 혼돈에 빠지면서 함께 흔들렸다. 로마가 심각한 내전에 휘말리고 안토니우스와 아우구스투스의 대결

양상으로 치달았고, 이 혼란의 틈을 타고 페트라 지역을 본거지로 하던 나바테아인들이 침략하게 된다. 이처럼 정처 없이 이리 치이고 저리 치였던 이 지역 사람들은 어둠과 우상 가운데 이리 떠밀리고 저리 떠밀리는 부평초와 같이 살아가고 있었다.

예수께 이 지역은 복음 전파의 우선순위에서 유대인보다 뒤처졌던 지역이었다. 하지만 이 지역을 돌아다니다 귀먹고 말 더듬는 사람을 만났다. 그런데 생각해보라. 귀먹고 말 더듬는데, 그 사람이 자기 힘으로 와서 예수께 고쳐달라고 요청할 수 있을까? 누군가가 도와주지 않고는 절대 여기까지 올 수 없다.

"사람들이 귀먹고 말 더듬는 자를 데리고 예수께 나아와 안수하여 주시기를 간구하거늘"(막 7:32).

잘 들리지 않으면 말을 잘 못한다. 정확하게 들어야 그 소리를 내

고대 도시 전경 ⓒ양형주

는데, 내 소리를 듣지 못하면 정확하게 발음하기 어렵고, 말을 한다 해도 많이 더듬는다. 이런 사람에게는 누가 와서 차분하게 예수께서 오셨으니 함께 가자고 자세히 알아듣게 손짓, 발짓해가며 이야기해 주어야 한다. 따라서 이 사람은 혼자 힘으로 예수께 나온 것이 아니라 주변 사람들이 도와주었기 때문에 올 수 있었다. 주께 안수해 달라는 요청도 주변 사람들이 부탁한 것이다.

자기 믿음이 아니라 주변 사람의 믿음으로 예수께 나아오는 이야기는 우리가 앞서 읽어본 사건이다. 예수께서 갈릴리 가버나움에서 중풍병자를 고치신 사건이다(막 2:1-12). 이때도 중풍병자의 친구 네 사람이 침상 귀퉁이를 들고 예수께 오다가 사람들로 인해 길이 막히자 지붕을 뜯어 침상을 내렸다. 그러자 예수께서는 친구들의 믿음을 보시고 중풍병자에게 치유를 베푸셨다(막 2:5). 그뿐만이 아니다. "네 죄 사함을 받았느니라"고 하시며 구원과 직결되는 죄 사함까지 선포하셨다. 자기 힘으로 나올 수 없는 무력한 이웃을 도와 어떻게든 예수 앞으로 나오게 하는 아름다운 믿음은 유대인에게만이 아니라 이방인에게도 있었던 것이다!

우리 주변에도 이렇게 자기 힘으로 예수님께 나올 수 없는 이들이 있다. 몸이 불편해서 나올 수 없는 이들도 있고, 마음이 불편해서 나올 수 없는 이들도 있다. 또 자기가 다 알고 있다는 교만이 귀를 막고 보는 눈을 가려서 나올 수 없는 이들도 있다. 우리는 이런 이들에게 손을 내밀어 이들을 도와 예수께 데리고 나올 수 있는 믿음이 있어야 한다. 누군가가 예수님을 만난다는 것은 상당 부분 주변 사람의 믿음 덕인 경우가 많다.

성도 중 이렇게 고백하는 이가 있다. "제가 여기까지 올 수 있었던 것은 저희 엄마, 아빠 기도 덕분이에요." 부모의 기도로 인해 이만큼 신앙을 세울 수 있었다면 이제 우리도 눈물로 기도의 씨를 뿌리며 자녀를 세우는 부모가 되어야 한다. 부모 세대로부터 많은 중보기도를 받았는데, 정작 우리는 바쁘다는 이유로 그 기도를 다음 세대로 흘려보내지 못한다. 자녀를 위한 기도, 가정을 위한 기도, 남편을 위한 기도, 배우자를 위한 기도를 이제부터 쌓아야 한다.

다윗과 솔로몬의 차이가 무엇일까? 다윗과 비교하면 솔로몬은 엄청난 지혜도 있었고, 부와 힘도 더 막강했다. 그러나 그에게 없는 한 가지가 있었다. 바로 다음 세대를 위한 믿음의 기도다. 처음 왕이 되어 일천번제 드릴 때를 제외하고는 하나님께 더는 기도와 간구로 간절히 나아가지 않았다. 그도 그럴 것이 하나님이 그에게 사람이 꿈꿀 수 있는 모든 것을 다 주셨기에, 솔로몬은 더는 기도하지 않았다. 그가 기도하지 않으면서 단절된 것이 바로 믿음의 계승이다. 솔로몬은 모든 것에 부유했지만, 선대의 풍성한 믿음의 유산을 다음 세대로 전수해주지 않았다. 눈물로 기도하며 자녀를 위한 기도를 쌓지 않았다. 게다가 아내들도 다 이방 여인들이다 보니, 기도의 어머니를 남기지 않았다. 믿음의 부모는 다음 세대를 위한 기도를 물려주어야 한다. 이런 믿음의 유산이 있어야 자녀들이 주께 가까이 나아갈 수 있다. 기도하는 부모 세대가 될 수 있기를 사모하라.

예수께서 이웃이 데려온 이 시청각 중복 장애인을 어떻게 하시는가? 직접 깊이 만져주시며 치유하신다.

"예수께서 그 사람을 따로 데리고 무리를 떠나사 손가락을 그의 양 귀에 넣고 침을 뱉어 그의 혀에 손을 대시며 하늘을 우러러 탄식하시며 그에게 이르시되 에바다 하시니 이는 열리라는 뜻이라"(막 7:33-34).

따로 데리고 사람이 없는 한적한 곳으로 가서서 양 귀에 손가락을 넣으시고, 또 손에 침을 발라 그의 혀에 대신다. 이것이 무슨 행동일까? 본문은 정확하게 말하지 않지만, 이 행동은 하나님의 창조행위와 관련이 있다. 그것을 암시하는 것이 바로 37절이다.

"사람들이 심히 놀라 이르되 그가 모든 것을 잘하였도다. 못 듣는 사람도 듣게 하고 말 못하는 사람도 말하게 한다 하니라"(막 7:37).

'하였다'(헬. 포이에인)는 표현은 '만들다' '짓다' '창조하다'

(make, create)의 의미가 있다. 그가 모든 것을 잘하였다는 것은 못 듣는 사람도 듣게 하시고, 말 못하는 사람도 말하게 하시는 일종의 창조행위를 가리킨다. 이는 하나님의 창조행위를 반영한다.

"하나님이 지으신 그 모든 것을 보시니 보시기에 심히 좋았더라"
(창 1:31).

이렇게 볼 때 지금 이 듣지 못하고 말 더듬는 사람을 새롭게 고치신 것은, 부평초와 같이 불안하게 살아가는 이곳에서 그리스도 안에 이루어지는 새 창조의 역사를 드러낸 사건이다.

예수께서는 이 장애인을 만지시며 하늘을 우러러보고 탄식하셨다. 이는 그를 긍휼히 여기는 예수님의 마음을 하늘의 하나님께 깊은 탄식으로 올려드린 것이다. 그러면서 말씀하셨다. '에바다'(열리라)! '열리라'(Be opened)는 것은 수동 형태다. 이것은 은밀하게 새 창조 역사를 일으키는 하나님의 손길을 보여준다. 열리는데, 그 손길이 수동형으로 숨어 있다. 이는 숨어서 역사하시는 하나님의 창조 능력을 묘사하는 것이다. 그러자 막혔던 귀가 열렸고, 맺혔던 혀가 풀어져 선명하게 듣고 말하기 시작했다. 막히고 풀리는 것은 그 배후에 무엇인가 그의 귀를 막고 혀를 묶어두었던 세력이 있었음을 암시한다. 이 세력은 분명 하나님의 선한 창조의 의도를 왜곡하고 비틀어, 들어야 할 것을 듣지 못하게 하고 말하고 고백해야 할 것을 고백하지 못하게 하는 악한 세력이다.

우리도 보면 주변에 들어야 할 것을 듣지 못하고, 보아야 할 것을 보지 못하고, 고백하고 말해야 할 것을 하지 못하는 이들이 얼마나 많은가? 늘 삐딱하게 듣는다. 늘 이상하게 본다. 늘 엉뚱한 말을 한다. 좀 제대로 보고 들으면 좋겠는데, 이것이 사람의 힘으로 되지 않는다. 주님의 은혜가 임해야 한다. 귀가 열려야 한다. 혀가 풀려야 한다.

예수의 새 창조의 능력으로 이방의 귀먹고 말 더듬는 사람이 치유되었다. 얼마나 놀라운 기적인가? 그런데 이것은 단순히 깜짝 놀랄 기적의 차원만이 아니다. 바로 이사야의 예언을 성취한 것이다.

"그때에 맹인의 눈이 밝을 것이며 못 듣는 사람의 귀가 열릴 것이며 그때에 저는 자는 사슴같이 뛸 것이며 말 못하는 자의 혀는 노래하리니 이는 광야에서 물이 솟겠고 사막에서 시내가 흐를 것임이라"(사 35:5-6).

그런데 이 일이 성취되는 무대는 광야와 사막(사 35:1), 그리고 레바논(사 35:2)이다. 여기 레바논 지역이 바로 두로, 시돈, 그리고 데가볼리 지역이다! 귀신 들린 자기 딸을 고쳐달라는 헬라 수로보니게 여인의 간절한 믿음의 요청으로 예수께서 하나님의 긍휼을 베풀자 이 긍휼의 끓어오르는 마음이 시돈과 데가볼리로 퍼져나갔다. 이로써 이사야가 예언했던 것처럼 레바논 지역까지 하나님의 나라가 전파되며 사탄의 세력이 물러가는 역사가 일어난 것이다.

이 일은 예수께서 유대인들이 가기를 꺼리는 데가볼리 지역으로 오면서 열린 것이다. 예수께서 오시지 않았으면 이방인들이 이웃을 데리고 오는 믿음을 소유한 것을 미처 발견하지 못했을 것이다. 또 레바논에 피어날 하나님의 영광을 예언한 이사야 말씀의 성취를 보지 못했을 것이다. 이처럼 제3의 길은 예측으로는 파악할 수 없고, 직접 가봐야 그 속에 감추어진 축복을 발견할 수 있다.

더 나아가 예수께서는 누구도 가려 하지 않는 십자가의 길을 담대하게 걸어가려 하신다. 그것은 유대인들이 매우 꺼리는 저주받는 일이었다(신 21:23 참조). 예수께서 십자가에 달리는 것은 저주받은 자로 서는 일이다. 하늘 영광을 소유했던 하나님의 아들이 하나님 앞에 저주받는 자로 선다는 것은 도저히 이해하기 힘든 일이다. 그런데 이렇게 나무에 달려 저주를 받으시니 놀라운 길이 열린다.

"그리스도께서 우리를 위하여 저주를 받은 바 되사 율법의 저주에서 우리를 속량하셨으니 기록된 바 나무에 달린 자마다 저주 아래에 있는 자라 하였음이라. 이는 그리스도 예수 안에서 아브라함의 복이 이방인에게 미치게 하고 또 우리로 하여금 믿음으로 말미암아 성령의 약속을 받게 하려 함이라"(갈 3:13-14).

예수의 십자가는 분명 제3의 길이었다. 모두가 가고 싶지 않아 피하는 길이었다. 하지만 이 길은 하나님이 부르신 세상을 구원하는 길이었다. 예수께서도 이 길을 개인적으로 가고 싶어 하지 않으셨다. 우리는 모두 겟세마네에서 예수님이 하신 기도를 안다.

"아빠 아버지여 아버지께는 모든 것이 가능하오니 이 잔을 내게서 옮기시옵소서"(막 14:36).

겟세마네는 '틀'(겟)과 '기름 짜다'(쉐멘)가 결합된 단어로 '기름 짜는 틀'이라는 뜻이다. 보통 기름은 세 번 짠다. 처음 나오는 것은 가장 정결하고 좋은 기름, 곧 엑스트라 버진(extra virgin)으로 성전 등불과 제사장에게 사용한다. 두 번째 짜는 기름을 일반식용으로 사용한다. 세 번째 짜는 기름은 서민 가정의 등불을 켜기 위해 사용한다. 예수께서도 하나님 앞에 온몸을 기름 짜듯 몸부림치며 세 번이나 기도하셨다. 그리고 제3의 길, 바로 십자가를 선택하셨다. 하나님께 저주받는 길로 가셨다. 그런데 그렇게 하니 어떤 일이 일어나는가? 십자가에 달리신 예수 안에서 아브라함의 복이 이방인에게 미치게 된 것이다(갈 3:14). 그리고 이것이 우리에게까지 미치게 되었다.

본문에 나오는 두로에서의 치유는 이런 역사의 시작을 보여주는 상징적인 기적이었다. 그래서 예수님은 이 사람에게 경고하시고 사람들에게 소문내지 말라고 하신다. 왜? 본격적인 시작은 나무에 달리시는 사건을 통해 이루어질 것이고, 자칫하면 예수님을 마치 기적을 베푸는 치유 마법사처럼 오해할 수 있기 때문이다.

우리도 기꺼이 주님의 십자가를 지고 제3의 길로 갈 수 있기를 바란다. 혼자 힘으로 갈 수 없는 이들, 듣지도 못하고 보지도 못하고 고백하지도 못하는 이들을 기쁘게 주님 앞으로 인도하길 사모하자.

[32장 각주] ....

75) 알렉스 바나얀, 김태훈 역, 「나는 7년 동안 세계 최고를 만났다」(서울: RHK, 2019).

새롭게
열려야 한다

¹그 무렵에 또 큰 무리가 있어 먹을 것이 없는지라 예수께서 제자들을 불러 이르시되 ²내가 무리를 불쌍히 여기노라. 그들이 나와 함께 있은 지 이미 사흘이 지났으나 먹을 것이 없도다. ³만일 내가 그들을 굶겨 집으로 보내면 길에서 기진하리라. 그중에는 멀리서 온 사람들도 있느니라. ⁴제자들이 대답하되 이 광야 어디서 떡을 얻어 이 사람들로 배부르게 할 수 있으리이까. ⁵예수께서 물으시되 너희에게 떡 몇 개나 있느냐. 이르되 일곱이로소이다 하거늘 ⁶예수께서 무리를 명하여 땅에 앉게 하시고 떡 일곱 개를 가지사 축사하시고 떼어 제자들에게 주어 나누어 주게 하시니 제자들이 무리에게 나누어 주더라. ⁷또 작은 생선 두어 마리가 있는지라. 이에 축복하시고 명하사 이것도 나누어

주게 하시니 [8]배불리 먹고 남은 조각 일곱 광주리를 거두었으며 [9]사람은 약 사천 명이었더라. 예수께서 그들을 흩어 보내시고.

영국의 경제학자 앤드류 오스왈드 교수가 삶의 만족도를 측정해서 돈으로 환산한 적이 있다.[76] 결혼해서 얻는 행복을 돈의 가치로 환산한다면 1년에 얼마 정도 할까? 그 결과 매년 7만 파운드, 우리 돈으로 약 1억 700만 원 정도 되는 것으로 나왔다. 그러니까 옆에 같이 사는 배우자와 가족이 나에게 매해 1억 원씩 벌어다 주는 것과 같다. 그런데 이 결과를 다르게 생각하면 1억 이상 벌게 되면 그렇게 결혼하고 싶은 마음이 들지 않기가 쉽다. 좀 외롭지만 '돈이 있는데 뭘' 하는 생각이 들 수 있는 것이다.

그런데 돈으로 환산하면 결혼보다 더 비싼 것이 있다. 건강과 인간관계다. 「어느 날, 변두리 마을에 도착했습니다」라는 책이 있다.[77] 이 책에는 초등학생 아이를 둔 한 엄마의 자전적 고백이 담겨 있다. 갑자기 찾아온 우울증으로 회사를 접고 모든 인간관계가 힘들어져 있었다. 우울증 때문에 복용하던 프로작의 부작용으로 건강과 삶이 악화되었다. 자존감과 정체성이 바닥을 치고 하루하루가 지옥 같았다. 거기에 폭증하는 전세가를 감당할 수 없어, 결국 조용한 한 시골 마을로 이사 가게 되었다.

그런데 그 마을은 특별했다. 사람들이 서로를 위로하고 격려하고 도와주었다. 마을 도서관에서 책을 보는 것만이 아니라 여기서 열리는 이런저런 소모임을 통해 큰 위로와 사랑을 받았다. 자존감이 살아나는 것을 느꼈다. 그동안 대도시에서 살면서 스며들었던 독기가 빠지고 살아나는 것을 경험했다. 알고 보니 이 마을은 1990년 중반부터 마을의 교회를 중심으로 주민들이 연대하여 무차별적인 지역 개발에 대항하여 오랫동안 연대하며 투쟁한 역사를 갖고 있었다. 도서관도 2006년도에 그 마을 교회의 목사님이 살던 사택을 개조해 만든 곳이었다. 그녀는 이전에 그렇게 쫓아다녔던, 그러나 결코 맛보지 못했던 풍성한 삶과 행복을 이곳에서 경험하게 되었다.

건강하게 예배의 자리에 나오고, 또 내 곁에 같이 사는 배우자와 가족이 있고, 또 교회에서 여러 성도와 행복하게 신앙생활을 하는 이들이 진짜 부자다. 이렇게 인사를 건네 보라. "진짜 부자십니다!"

그런데 이런 생각을 하는 사람이 있다. "아니, 건강과 인간관계가 결혼보다 더 비싸면 그만큼 더 많은 돈을 벌면 되지 않나요?" 건강을 해치면서 그에 상응하는 돈을 더 많이 벌면 행복할까? 그럴 것 같지 않다. 그렇다면 돈과 성공적인 결혼생활, 돈과 성공적인 인간관계, 돈과 행복, 양쪽을 동시에 추구하는 것은 어떨까? 그런데 여기에는 인간의 행복에 관한 역설적인 진실이 있다. 그것은 인생의 만족을 위한 돈이나 행복과 같은 목표를 직접적으로 추구하면 도리어 이런 목표가 멀리 달아난다는 사실이다.

돈을 많이 벌어 행복해지고 싶은 사람은 의외로 돈을 많이 벌지 못한다. 도리어 돈에 욕심을 내다가 돈 때문에 망한다. 빌 게이츠의 자서전을 보면 빌 게이츠는 돈 벌기에 온 열정을 바친 사람으로 묘사되지 않는다. 빌 게이츠는 컴퓨터로 인류의 삶을 변화시킬 열정에 푹 빠졌던 자신의 이야기를 털어놓고 있다. 이와 대조적으로 2만 명의 직원을 두었던 에너지, 물류 서비스 회사였던 엔론은 맹목적으로 이윤만 추구하다가 2001년 회계 분식 사건으로 파산했다.

경제 칼럼니스트이자 「경제학 콘서트」의 저자인 팀 하포드는 한 칼럼에서 "돈에 집착하는 사람은 돈에만 집착하다 다른 사람들로부터 신뢰와 사랑을 받지 못한다"라고 분석한 적이 있다.[78] 생각해보라. 돈에만 집착하는 사람하고 누가 함께 일하고 싶겠는가? 돈 때문에 관계가 다 망가진다. 게다가 돈에만 집착하는 사람은 상상력이 부족하다. 이런 상상력에는 정말 큰 부자가 될 수 있는 상상력을 포함한다. 중요한 것은 돈으로 인해 닫힌 우리 눈이 열려, 우리 인생 깊은 곳에 불꽃을 일으키는 것을 볼 수 있고, 이를 좇아 살아야 한다는 것이다. 이것은 우리 신앙생활에도 마찬가지다. 경제적 만족과 신앙적 만족 사이에서 우리는 무엇을 선택해야 할까? 예배드리러 갈 시간이 있을 바에야 차라리 한 푼이라도 더 버는 것이 낫지 않을까? 월세를 계산하고, 하루 매출을 계산하면 예배드리러 가는 시간조차 아까워한다.

본문의 말씀은 이런 태도와 정반대되는 모습의 극단을 생생하게 보여준다.

"그 무렵에 또 큰 무리가 있어 먹을 것이 없는지라. 예수께서 제자들을 불러 이르시되 내가 무리를 불쌍히 여기노라. 그들이 나와 함께 있은 지 이미 사흘이 지났으나 먹을 것이 없도다"(막 8:1-2).

큰 무리의 사람들, 약 4천 명이 예수님과 사흘 동안 광야에서 함께 있었다(막 8:9). 이들이 무엇 때문에 아무것도 없는 이 광야에 예수님과 무려 사흘 동안이나 함께 있었을까? 하나님 나라와 복음에 대한 말씀을 듣기 위해서다. 얼마나 이 말씀을 집중해서 들었는지 사흘 동안 꼼짝 않고 들었다. 오직 말씀만을 사모해서 들었다. 아니, 말씀은 일주일에 한 번씩만 와서 들으면 되지 뭐 이렇게 쓰러져 기진맥진할 때까지 듣나 싶을지 모르겠다. 그런데 이 사람들은 예수님의 말씀을 듣고, 그 말씀으로 하나님 나라에 눈이 뜨이고, 귀가 열리는 놀라운 체험을 한 사람들이었다. 말씀의 깊은 맛을 본 것이다. 이 맛을 보니 밥 먹는 것도 잊고 그냥 앉아서 들으며 말씀에 빨려 들어갔다. 이방인들은 어둠 가운데 살아가다 이곳에 찾아오신 예수님을 만나, 마침내 세상에서 가장 귀한 것이 말씀의 맛이라는 사실을 알아가기 시작했다. 이 말씀의 맛을 아는 사람은 말씀 듣는 자리로 자꾸 나온다. 아침에도 말씀. 새벽에도 말씀. 저녁에도 말씀, 계속해서 말씀이 선포되는 자리로 나아온다.

맛을 아는 사람은 행복하다. 먹는 재미가 크다. 우리 주변에 보면 음식을 깊이 음미하며 행복해하는 사람이 있다. 이런 사람을 미식가라 부른다. 입에 넣고 살살 돌리다 톡 깨물어 먹으면 그 안에 감추어져 있던 과즙이 톡 하고 터져 나오는 놀라운 경험을 한다. 그냥 입에 넣고 와구작 씹어 먹는 것이 아니다. 입에 넣고 혀로 맛보고 이리저리 돌리기도 하고 또 톡 깨물어 먹기도 한다. 그리고 조용히 음미하면서 고개를 끄덕인다. 그리고 때로는 감탄사를 발한다. '음~' '아~' 캬~!' 이런 사람은 맛있는 음식 앞에 눈이 커진다. 눈이 반짝거린다. 그야말로 음식에 대한 순수한 열정으로 이글거리는 것이다.

이와 반대로 음식 맛을 제대로 모르는 사람이 있다. 이런 사람은 음식을 봐도 눈이 커지지 않는다. 음식을 먹는 이유는 그저 배고프지 않기 위해서다. 우리도 주변에 보면 아주 드물게 미맹인 사람이 있다. 어느 특정한 맛을 못 느끼는 것이다. 어떤 이는 매운맛을 못 느낀다. 그래서 매운 청양고추를 팍팍 넣어야 약간 매콤하다고 한다. 어떤 사람은 매운 것을 조금만 먹으면 얼굴이 빨개지고 딸꾹질이 나오는데, 이런 미맹은 하나도 안 맵다고 한다. 어떤 사람은 짠맛을 못 느낀다. 그래서 소금을 막 들이붓고서야 조금 간간하다고 한다. 이런 짠 음식을 먹으려면 일반 사람은 곁에 생수를 페트병으로 두고 같이 먹어야 한다.

예수를 오래 믿을수록 성도는 말씀의 맛을 깊이 음미할 수 있어야 한다. 말씀이 선포되는 자리에 나오면 눈이 커지고, 입맛을 다시고, 때로는 끄떡끄떡하고 감탄사를 발해야 한다. 그리고 새로운 세계에 눈이 뜨여야 한다. "아, 하나님 나라에 이런 세계가 있구나!" 이런 분들은 말씀이 선포되는 자리를 사모한다. 그런데 예수를 오래 믿었지만, 이 맛을 모르고 그냥 생존을 위해 배만 채우기 위해서 온 분도 있다. "맛은 무슨 맛이냐, 그냥 아무 말씀이나 듣고 가면 되지." 이런 이는 눈도 커지지 않는다. 가끔 졸기도 한다. 이런 사람은 말씀의 맛을 잘 모르는 미맹일 수 있다. 돈맛을 아는 것보다 권력 맛을 아는 것보다 말씀 맛을 아는 성도 될 수 있기를 바란다.

광야에서 예수님의 말씀을 듣고 있던 이방인 4천 명이 바로 이런 맛을 보기 시작했다. 예수님은 이들에게 사흘간 계속해서 말씀을 가르쳤다. 세상에 너희를 만족시킨다고 하는 것이 많이 있지만 오직 말씀으로 채워야 한다는 것을 알려주신 것이다.

그런데 이렇게 사흘이 지나자 사람들은 가지고 온 음식이 다 떨어져, 기진해 쓰러질 지경까지 갔다. 예수님은 이들을 사랑하셨다. 그리고 불쌍히 여기셨다. 그래서 "내가 무리를 불쌍히 여기노라"고 말씀하셨다(막 8:2). 처음에는 말씀이 무리를 사로잡았지만 나중에는 예수님의 마음이 이들에게 사로잡혔다. 우리가 주님의 관심을 끄는 비결이 여기 있다. 예수님은 말씀을 사모하고, 말씀을 사랑하는 사람에게 끌리신다. 굶어가면서, 또 어려움 당해가면서도 끝까지 말씀을 사랑하고 붙드는 성도에게 주님은 끌리신다.

세상에서 사람들은 다른 이의 관심을 받으려고 별의별 행동을 다 한다. 한밤중에 오토바이에 번쩍번쩍 빛나는 조명을 달고, 요란한 굉음을 내며 시내를 질주하기도 하고, 고급 외제차의 창문을 열어놓고 음악 소리를 크게 틀어놓고 주변 사람의 이목을 끌며 지나가기도 한다. 또 특이하게 생긴 옷과 독특한 머리 스타일을 하기도 한다. 그러나 이런 것은 예수님의 관심을 끌지 못한다. 예수님의 관심을 끄는 것은 그의 말씀을 사랑하는 것이다. 예수께서는 그런 이들을 보며 말씀하신다.

"만일 내가 그들을 굶겨 집으로 보내면 길에서 기진하리라. 그중에는 멀리서 온 사람들도 있느니라"(막 8:3)

여기 멀리서 온 사람들이란 이들이 이방인임을 암시적으로 나타낸다. 예수께서는 7장 24절부터 두로와 시돈, 데가볼리 등의 이방인

지역을 지나면서 사역하고 있다. 유대인들은 자신들을 하나님 가까이 있는 백성, 이방인들은 멀리 있는 백성이라고 생각했다. 그래서 에베소서는 "이제는 전에 멀리 있던 너희가 그리스도 예수 안에서 그리스도의 피로 가까워졌느니라"(엡 2:13)고 말씀한다. "전에 멀리 있던 너희"는 이방 에베소 그리스도인들을 가리킨다. 예수께서 이들을 굶겨 보내면 안 되다고 말씀하시자 제자들의 반응은 어떠한가?

"제자들이 대답하되 이 광야 어디서 떡을 얻어 이 사람들로 배부르게 할 수 있으리이까"(막 8:4).

여기서 떡은 유대인의 주식인 빵을 말한다. 제자들은 이 황량한 광야 어디서 먹을 것이 난다고 사람들에게 빵을 줄 뿐 아니라 이들이 먹고 배부르게 할 수 있겠냐고 문제를 제기한다. 지극히 상식적인 반응이다. 제자들에게는 말씀 듣는 것은 말씀 듣는 것이고, 빵 먹는 것은 빵 먹는 것이라는 이분법적 사고가 자리 잡고 있었다. 예수께서 말씀을 다 하셨으면 이젠 육신의 빵을 따로 먹도록 사람들을 보내야 한다고 생각했다. 말씀 잘 받아먹는다고 빵까지 준다는 것은 불가능하다고 여겼다. 그러자 예수께서 물어보신다.

"예수께서 물으시되 너희에게 떡 몇 개나 있느냐. 이르되 일곱이로소이다 하거늘"(막 8:5).

'일곱'은 마가복음 7~8장의 흐름에서 중요한 의미가 있다. 바로 이전 단락에서 예수께서 귀먹고 말 더듬는 자를 치유하시자 사람들이 "그가 모든 것을 잘하였도다"(막 7:37)고 반응했던 것이 창세기 1장 31절을 반향하고 있음을 살펴본 바 있다. 이 말씀은 6일간의 창조를 마칠 때 하신 말씀이다. 이 말씀 후 제7일, 곧 안식일이 시작된다. 본문에서 일곱은 종말적인 온전함과 새 창조의 능력을 암시한다.

새 창조의 능력이 다가옴을 암시하는 표현이 본문의 "그 무렵에" (in those days)(막 8:1)라는 표현이다. 이는 마가복음에서 예수 그리스도로 시작되는 새로운 종말의 시대를 가리키는 표현이다. 이 시대는 예수께서 공생애 사역을 시작할 때 받은 세례부터 시작되었다.

"그때에 예수께서… 세례를 받으시고"(막 1:9).

여기 '그때에'가 본문 1절의 '그 무렵에'(in those days)와 같은 원어다. 따라서 본문의 '그 무렵'은 단순히 그때가 아니라 하나님의 종말적 회복의 사역이 시작될 때를 말한다. 이사야서는 이 종말의 때에 일어날 일을 다음과 같이 예고한다.

"그때에 맹인의 눈이 밝을 것이며 못 듣는 사람의 귀가 열릴 것이며 그때에 저는 자는 사슴같이 뛸 것이며 말 못하는 자의 혀는 노래하리니 이는 광야에서 물이 솟겠고 사막에서 시내가 흐를 것임이라"(사 35:5-6).

여기서도 계속 '그때'가 사용되었다. '그때' 눈이 열리고, 귀가 열리고, 뛰고, 노래하고, 광야서 마실 물과 먹을 것이 생겨 풍성한 삶의 현장으로 바뀔 것이다. 예수께서는 이 놀라운 때의 역사를 이방 지역에서 말씀을 듣던 사람들에게 현실로 경험하게 하시려는 것이다. 그래서 그들이 가진 빵 일곱을 취하여 기적을 베푸신다. 빵 일곱 덩어리는 많은 사람이 먹기에 턱 없이 부족한 양이었다. 그러나 이 빵이 누구의 손에 들려 있느냐가 중요하다. 이 빵은 말씀을 먹고 눈이 열리고 귀가 열리고 영적인 미각이 살아난 이들이 갖고 있던 빵이었다. 이 빵이 일곱 개라는 것은 완전한 창조의 온전한 회복을 상징하는 의미 있는 숫자다. 비록 턱 없이 부족하지만 이것이 예수님의 손에 들릴 때, 종말의 회복을 가져오는 축복의 통로가 된다.

> "예수께서 무리를 명하여 땅에 앉게 하시고 떡 일곱 개를 가지사 축사하시고 떼어 제자들에게 주어 나누어 주게 하시니 제자들이 무리에게 나누어 주더라"(막 8:6).

예수께서는 하나님께 감사하고 제자들에게 축복하며 이 떡을 나누어주셨다. 또 같이 있던 생선 두 마리도 그렇게 하셨다. 이걸 나누어준다면 어떻게 나누어주어야겠는가? 물고기 두 마리를 4천 조각으로 내야 한다는 말인가? 이렇게 해서 간에 기별이나 가겠는가?

그런데 말씀에 사로잡힌 자들이 내드린 빵과 물고기가 예수님의 손에 들린 바 되어 축사하니, 이것이 4천 명을 배불리 먹이고 남기는 역사가 일어났다. 이것을 기적 또는 표적이라고 한다.

"배불리 먹고 남은 조각 일곱 광주리를 거두었으며"(막 8:8).

일곱 개의 작은 빵 덩어리로 시작했던 나눔의 역사가 예수님의 손에 들린 바 되니 하나님의 놀라운 능력으로 4천 명이 먹고 남아 광주리까지 차고 넘치게 되었다. 여기서 광주리는 큰 바구니(basket)를 의미한다.

이방 지역에 사는 이 4천 명의 무리는 이 사건을 통해 새롭게 눈이 열리고 귀가 열리고 마음이 열리는 역사를 경험하였다. 어두운 세상 속에 먹고살기에 정신없는 삶 가운데, 이런 것들만 추구할 것이 아니라 하나님 말씀을 구하고 살아야 한다는 것을 경험하게 되었다. 또한 이 말씀을 광야 같은 세상에서 기진할 정도로까지 붙들며 나아가는 것이 참 행복이라는 것을 경험하였다. 이전에 그토록 올인했던 빵의 문제를 비록 부족한 대로 주께 내드리자 주께서 이것을 통하여 새로운 차원의 삶, 곧 하나님이 책임져주시고 붙들어주시는 역사를 경험하게 하셨다(마 6:33 참조).

이 맛을 알면 절대 죽지 않는다. 오히려 여기서 인생이 다시 시작하고 역전된다. 하나님의 말씀을 사모하고 그 맛을 아는 성도는 하나님이 책임져주신다. 여기에 우리 눈이 새롭게 열려야 한다. 이것을 표적(sign)이라고 한다. 표적은 단순한 기적이 아니라 그 기적을 통해 예수님이 계시하고자 하는 메시지가 들어 있는 것이다. 이것을 약속으로 붙잡고 살라는 것이다. 말씀으로부터 멀리 있는 이방인일수록 주님은 절대 그냥 돌려보내기 원치 않으신다.

지금 나는 무엇을 향해 열심히 달려가고 있는가? 혹시 그 오직 돈으로 인한 행복을 향해 달려가는 것은 아닌가? 기억하라. 돈으로 살 수 있는 것은 한계가 있다. 비록 작고 부족하고 연약해도 오히려 주의 말씀을 의지할 때, 돈으로 살 수 없는 것까지 이 모든 것이 더하여져 풍성한 삶을 맛보는 복된 성도로 서자.

[33장 각주]

76) 팀 하포드, "[Weekly BIZ] [팀 하포드에게 묻습니다] '경제적 풍족'과 '정신적 만족' … 어느 것을 우선해야 하나요", 조선일보, 2010. 2. 23.
77) 김효경, 「어느 날, 변두리 마을에 도착했습니다」(통영: 남해의봄날, 2019).
78) 팀 하포드, "[Weekly BIZ] [팀 하포드에게 묻습니다] '경제적 풍족'과 '정신적 만족' … 어느 것을 우선해야 하나요", 조선일보, 2010. 2. 23.

누룩을
주의하라

¹⁰곧 제자들과 함께 배에 오르사 달마누다 지방으로 가시니라. ¹¹바리새인들이 나와서 예수를 힐난하며 그를 시험하여 하늘로부터 오는 표적을 구하거늘 ¹²예수께서 마음속으로 깊이 탄식하시며 이르시되 어찌하여 이 세대가 표적을 구하느냐. 내가 진실로 너희에게 이르노니 이 세대에 표적을 주지 아니하리라 하시고 ¹³그들을 떠나 다시 배에 올라 건너편으로 가시니라. ¹⁴제자들이 떡 가져오기를 잊었으매 배에 떡 한 개밖에 그들에게 없더라. ¹⁵예수께서 경고하여 이르시되 삼가 바리새인들의 누룩과 헤롯의 누룩을 주의하라 하시니 ¹⁶제자들이 서로 수군거리기를 이는 우리에게 떡이 없음이로다 하거늘 ¹⁷예수께서 아시고 이르시되 너희가 어찌 떡이 없음으로 수군거리느냐. 아

직도 알지 못하며 깨닫지 못하느냐. 너희 마음이 둔하냐. [18]너희가 눈이 있어도 보지 못하며 귀가 있어도 듣지 못하느냐. 또 기억하지 못하느냐. [19]내가 떡 다섯 개를 오천 명에게 떼어 줄 때에 조각 몇 바구니를 거두었더냐. 이르되 열둘이니이다. [20]또 일곱 개를 사천 명에게 떼어 줄 때에 조각 몇 광주리를 거두었더냐. [21]이르되 일곱이니이다. 이르시되 아직도 깨닫지 못하느냐 하시니라.

대전의 한 IT업체에서 직장을 다니던 어떤 부장이 꿈에 그리던 판교의 IT업체로부터 스카우트 제의를 받았다.[79] 얼마나 마음이 들떴겠는가? 그래서 인터뷰 제안을 받고 인사책임자를 만나 의사를 서로 확인하고 협상에 들어갔다. 하지만 막상 실질적인 협상에 들어가자 어려운 점들에 봉착했다.

먼저, 연봉이 예상보다 낮았다. 그러자 이분은 "이런 연봉은 받아들일 수 없다"라며 강하게 반발했다. 그러자 인사책임자는 그럼 연봉은 부장이 현재 직장에서 받는 급여와 같은 수준으로 맞춰주겠다고 했다.

둘째, 회사에 입사하려면 3개월 수습기간이 있어야 했다. 이것은 모든 직원에게 적용되는 인사규정이었다. 그러자 이분은 스카우트되어 가는데 무슨 수습이냐, 절대 그럴 수 없다고 맞섰다. 그러자 인사책임자는 크게 한숨을 쉬더니 수습 기간을 면제해주기로 했다.

중요한 조건들에 대한 협상이 마무리되자 인사책임자가 물었다. "이제 됐습니까?" 그러자 그는 한 가지 더 말하고 싶은 것이 있다고 했다. 무엇이냐고 하자 서울로 이사하는 것이 가족에게는 작은 일이 아니니 이사도 하고, 아내도 새 직장을 알아볼 수 있는 시간이 필요하니 한 달만 입사를 미뤄도 되겠냐고 했다. 그러자 인사책임자는 생각해보고 답변을 주겠다고 대답하고 헤어졌다.

일주일 뒤, 이메일 한 통이 왔다. 면접을 봤던 회사의 인사책임자였다. 메일에는 이렇게 적혀 있었다. "그동안 말씀드렸던 채용 제의를 철회합니다."

어안이 벙벙했다. 아니, 멋진 회사에서 연봉도 맞춰주고 수습기간도 특별히 열외로 해주고는, 왜 갑자기 철회할까? 혹시 마지막에 한 달만 미뤄줄 수 있느냐고 한 것 때문에 그럴까 싶은 생각이 들었다. 사실 그것은 혹시나 해서 한번 이야기해봤을 뿐이다. 만약 안 된다고 해도, 이직을 포기할 생각은 전혀 없었다. 도대체 무엇 때문에 그럴까 싶은 생각에 지인을 통해 내막을 알아봤더니 인사담당자가 이렇게 말하더라는 것이다.

"이런 식으로 무리한 요구를 계속하면 입사 후에는 더할 거다. 이런 식이면 우리가 인사규정을 어겨가면서까지 채용해야 할 정도는 아니다!"

이 말을 전해 듣고 그는 후회했다. 이럴 줄 알았으면 인사책임자의 제안을 군소리 없이 받아들여야 했는데, 상대방이 자신의 요구를 받아들여주자 계속 자신의 요구만 관철시키려고 했던 것이다. 협상이라는 것이 무엇인가? 서로 주거니 받거니 하는 것이다. 상대방이 양보하고 물러서면 자신도 양보하고 물러설 줄 알아야 한다. 자기 욕심만 내세우면 상대방이 하는 말은 잘 들리지 않는다. 인사규정이라

면, 아 그러면 내가 따라야 하겠구나 하며 상대방의 말을 수용할 줄
도 알아야 한다. 무조건 그게 무슨 말도 안 되는 소리냐, 하는 식으로
자기 욕심만을 내세우면 결국 협상은 결렬된다. 사람의 마음에는 이
기적인 본성이 있어서 내가 원하는 것, 내가 원하는 욕심을 관철시키
려 할 때가 있다. 그래서 협상에 임하려면 겸손하고 수용적인 자세가
중요하다.

우리의 신앙생활도 그렇다. 주님을 기쁘시게 해야 하는데, 우리
는 주님을 통해 나를 기쁘게 하려 한다. 내 이기적인 욕심을 관철시
키기 위해 주님을 동원하려 할 때가 많다. 가정에서도 가정이 다 나
를 위해 존재하는 줄 착각할 때가 있다. "밥 줘!" "청소해!" 같이 사는
사람을 식모로 생각한다. 손 하나 까딱하지 않고 내가 요구하는 것만
을 요청한다. 악한 이기적인 본성으로 인해 상대방의 아픔, 수고, 헌
신을 잘 모른다.

예수께 나왔던 본문의 바리새인들도 마찬가지였다. 예수께서 두
로와 시돈, 데가볼리와 요단 동편에서 사역하고 마침내 요단 서편 달
마누다 지방에 오시자마자 이들은 기다렸다는 듯이 찾아왔다. 달마
누다는 오늘날 마가단 또는 막달라 지역으로 알려져 있다.

"바리새인들이 나와서 예수를 힐난하며 그를 시험하여 하늘로부
터 오는 표적을 구하거늘"(막 8:11).

이들은 오자마자 예수님을 힐난한다. 문제를 제기하고, 비판적인
어조로 꼬투리를 잡는다. 그러면서 하늘로부터 오는 표적을 보여 달

라고 구한다. 이는 예수께서 하나님이 약속하신 바로 그 메시아임을 입증할 수 있는 증거를 보여 달라는 것이다. 이들은 정말 예수를 믿고 따르고 싶어서 증거를 구한 것일까? 아니다. 이들 마음에는 예수께서 행하는 표적에 꼬투리를 잡아 어떻게든 그를 거짓 선지자로 덫을 씌워 죽음으로 몰고 싶은 악이 자리 잡고 있었다. 갑자기 이런 마음이 생긴 것이 아니다. 예수께서 갈릴리에서 놀라운 기적을 베풀고 병자를 치유하고 귀신을 내쫓을 때부터 품었던 마음이다. 마가복음 3장에서 예수께서는 안식일에 회당에서 손 마른 사람을 치유해주시려 했다. 그런데 이 기적의 현장에서 바리새인들은 어떤 마음을 가졌는가?

"사람들이 예수를 고발하려 하여 안식일에 그 사람을 고치시는가 주시하고 있거늘"(막 3:2).

이들이 예수를 주시한 것은 고발하기 위해서다. 이때부터 그 속에 강퍅한 마음을 품고 있었던 것이다. 마침내 예수께서 병자를 치유하자 이들은 어떻게 하는가?

"바리새인들이 나가서 곧 헤롯당과 함께 어떻게 하여 예수를 죽일까 의논하니라"(막 3:6).

이때부터 이들은 예수를 죽이려는 마음을 품고 기회를 잡기 위해 혈안이 되어 있었다. 그러니까, 이들이 지금 예수께 나와 하늘로부터의 표적을 구하는 것은 예수를 하나님이 보내신 메시아로 믿기 위해서가 아니라 자신들이 이미 결론 낸 대로 어떻게든 그를 거짓 선지자로 규정하여 죽어 마땅한 죄인으로 몰아가려고 함정에 빠뜨리기 위함이다. 이것을 본문은 "시험하여"라고 말한다(막 8:11). 이들은 분명 바로 이전에 예수께서 요단 동편에서 칠병이어로 4천 명을 먹여 살린 이야기를 듣고 알았을 것이다.

광야에서 하늘 만나를 내린 사건을 듣고도 이들이 예수께 표적을 구하며 시험하는 이유는 무엇일까? 이는 사심 없이 믿으려는 동기가 아니라 이미 자기 안에 있는 악한 의도를 실현하기 위함이었다. 이런 모습은 출애굽기에 나타난 이스라엘 민족의 모습과 크게 다르지 않다.

출애굽기 16장에 보면 이스라엘 백성은 광야에서 하나님이 내려주시는 만나와 메추라기를 경험한다. 하나님은 이들에게 이런 이적을 통해 "내가 여호와 너희의 하나님인 줄 알리라"(출 16:12)고 말씀하셨다. 그런데 그렇게 실컷 만나와 메추라기를 먹고 17장에 가면 이들은 곧바로 하나님께 물을 달라고 원망하고 떼를 쓰며 모세와 다툰다. 그러자 모세는 이스라엘 백성들에게 이렇게 말한다. "너희가 어찌하여 여호와를 시험하느냐"(출 17:2). 이 일로 이곳의 이름은 '므리바', 또는 '맛사'가 되었다. 모두 '다툼'을 의미하는 히브리어다.

시편 95편은 이 장면을 다음과 같이 노래한다.

"그는 우리의 하나님이시요 우리는 그가 기르시는 백성이며 그의 손이 돌보시는 양이기 때문이라. 너희가 오늘 그의 음성을 듣거든 너희는 므리바에서와 같이 또 광야의 맛사에서 지냈던 날과 같이 너희 마음을 완악하게 하지 말지어다. 그때에 너희 조상들이 내가 행한 일을 보고서도 나를 시험하고 조사하였도다"(시 95:7-9).

"너희가 그의 음성을 듣거든 또다시 므리바에서 같이 마음을 완악하게 하여 하나님을 시험하고 조사하지 말라"고 한다. 이스라엘 백성들의 마음이 완악해진 이유가 무엇인가? 그것은 그들 마음 가운데 지금 자신들이 광야를 가는 것은 애굽의 압제에서 벗어나고 하나님의 구원을 맛보고 영광 돌리기 위한 것이 아니기 때문이다. 이들 마음에는 하나님이 자신들을 위하여 자신들이 원하는 것들을 채워주셔야 한다는 당위적인 이기심이 있었다. 자기들이 원하는 대로 되지 않으면 당장에 원망과 불평을 쏟아내며 심지어는 모세하고도 싸울 정도였다.

구약 이스라엘 백성의 이런 완악한 모습이, 바리새인들에게 고스란히 있었다. 이들은 자기들의 이기적인 기득권을 지키고 사람들이 메시아로 믿고 따르는 예수를 제거하기 위하여 그에게 표적을 구하고 있었다. 이에 대한 예수님의 반응은 어떠한가?

"예수께서 마음속으로 깊이 탄식하시며 이르시되 어찌하여 이 세대가 표적을 구하느냐. 내가 진실로 너희에게 이르노니 이 세대에 표적을 주지 아니하리라 하시고"(막 8:12).

마음속으로 깊이 탄식한다. 이런 탄식은 예수께서 귀먹고 말 더 듣는 사람을 치유하실 때도 내뱉으신 적이 있다. 그를 얽매고 있는 사탄의 세력을 내쫓으시며 탄식하셨다(막 7:34). 마찬가지로 여기서 예수님의 탄식은 바리새인들 내면에 깊이 자리 잡고 이들을 얽매고 있는 사탄적 세력에 대한 탄식을 의미한다.

이것을 집단적으로 표현하는 것이 바로 '이 세대'라는 것이다. 이 사람들 배후에 이 세대를 좌지우지하는 사탄적 세력이 자리 잡고 있다는 것이다. 성경이 말하는 이 세대의 특징은 악하고 삐뚤어졌다는 것이다(신 32:5). 이런 악한 세대는 결국 어떻게 되는가? 하나님의 영광과 약속을 볼 수 없다(신 1:35).

이 세대는 함께 하나님을 대적하는 문화를 만들고, 하나님이 원하시는 바가 아니라 자기들의 부패한 마음이 원하는 바를 따라 달려간다. 그러면서 서로를 충동하고 부추기며 그렇게 하는 것이 잘하는 것이라 거짓으로 속삭인다. 그리고 하나님이 원하시는 것이 아니라 네 마음이 원하는 것, 이 세대가 최고의 가치로 추구하는 것을 따라가라고 속삭인다.

사탄이 예수님을 시험할 때도 그랬다. 하나님의 뜻보다는 떡을 먼저 만들라고 시험했고, 자기에게 경배만 하면 온 세상을 주겠다고 속삭였고, 위에서 뛰어내려 천사들이 구해주는 것을 보여주어 사람들이 감탄할 만한 표적을 보여주라고 했다. 그러나 이것은 하나님의 영광과는 아무 상관없는 시험이었다. 여기 시험이라는 말에는 '도발한다'는 뜻도 들어 있다.

그래서 로마서 12장 2절은 "이 세대를 본받지 말라"고 말씀한다. 마음이 부패하고 완악한 자는 이 세대가 외치는 세속적인 가치관에 정말이지 환호성을 외치며 따라간다. 우리 마음이 새롭게 변화받지 않으면 안 된다. 변화는 내가 일으키는 것이 아니다. 하나님이 일으키시는 능력으로 변화받는 것이다. 그럴 때 우리는 이 세대의 충동과 환호성에 흔들리지 않고 하나님이 기뻐하시고 선하신 뜻을 따라갈 수 있다.

예수께서는 이런 바리새인들에게 "이 세대에 표적을 주지 아니하리라"(막 8:12)고 답하신다. 같은 말씀이 있는 마태복음은 이렇게 말씀한다.

"예수께서 대답하여 이르시되 악하고 음란한 세대가 표적을 구하나 선지자 요나의 표적밖에는 보일 표적이 없느니라. 요나가 밤낮 사흘 동안 큰 물고기 뱃속에 있었던 것같이 인자도 밤낮 사흘 동안 땅 속에 있으리라"(마 12:39-40).

예수님은 이 세대를 악하고, 음란한 세대라고 규정하며, 이들에게 보일 것은 선지자 요나의 표적밖에는 없다고 대답한다. 요나가 사흘 동안 물고기 배 속에 있다 살아났던 것처럼 예수께서도 십자가에 죽었다가 사흘 만에 부활하실 표적밖에는 없다는 것이다. 그러고는 예수님은 이들과 더는 상대하지 않으시고 다시 배를 타고 요단 동편으로 가신다. 이때 예수께서는 제자들에게 경고한다.

"예수께서 경고하여 이르시되 삼가 바리새인들의 누룩과 헤롯의 누룩을 주의하라 하시니"(막 8:15).

무슨 뜻인가? 조금 전 악한 의도로 예수를 시험에 빠뜨렸던 바리새인들, 그리고 그들과 작당하여 예수님을 잡아 죽이려는 헤롯당들이 설파하는 가르침과 교훈을 주의하라는 것이다. 왜? 그들에 귀 기울이다가는 이 시대에 하나님의 선하시고 기뻐하시고 온전하신 뜻을 분별하지 못하기 때문이다.

그러자 제자들은 자신들이 떡을 챙겨오지 못한 것을 아시고 바리새인들에게서 누룩 있는 떡을 받을 때 함부로 받지 말라고 하시는가 오해했다. 예수께서는 이런 제자들의 아둔함을 아시고 말씀한다.

"예수께서 아시고 이르시되 너희가 어찌 떡이 없음으로 수군거리느냐. 아직도 알지 못하며 깨닫지 못하느냐 너희 마음이 둔하냐. 너희가 눈이 있어도 보지 못하며 귀가 있어도 듣지 못하느냐. 또 기억하지 못하느냐"(막 8:17-18).

예수께서는 제자들의 둔한 마음, 닫힌 눈, 귀, 그리고 기억하지 못함을 책망한다. 그런데 이것은 광야를 지나며 이 세대에 속해 완악한 마음을 갖던 이스라엘 백성의 특징과 유사하다.

"곧 그 큰 시험과 이적과 큰 기사를 네 눈으로 보았느니라. 그러나 깨닫는 마음과 보는 눈과 듣는 귀는 오늘 여호와께서 너희에게 주지 아니하셨느니라"(신 29:3-4).

제자들도 바리새인 못지않게 상태가 좋지 않다. 이들은 직접 칠병이어의 기적을 목도했지만, 이들 역시 이 세대의 누룩에 흔들리고 마음이 어두워질 수 있었다. 이런 아둔하고 깨닫지 못하는 모습은 마가복음 하반부의 시작인 8장 27~38절 단락부터 더 뚜렷하게 드러난다. 예수께서는 제자들의 깨달음을 촉구하신다.

"내가 떡 다섯 개를 오천 명에게 떼어 줄 때에 조각 몇 바구니를 거두었더냐. 이르되 열둘이니이다. 또 일곱 개를 사천 명에게 떼어 줄 때에 조각 몇 광주리를 거두었더냐. 이르되 일곱이니이다" (막 8:19-20).

예수께서는 엉뚱한 다른 누룩을 낀 떡을 먹을 것이 아니라 자기가 주는 생명의 양식을 먹고 예수를 따를 것을 촉구하신다(요 6:35 참조). 본문은 제자들이 가져온 떡이 딱 한 개밖에 없었다고 한다(막 8:14). 예수께서는 한 개밖에 없어도 이것으로 두려워하고 불안해 할 것이 아니라 이것으로 모든 이들을 충만하게 하실 주님을 신뢰할 것을 말씀한다. 그러면서 "아직도 깨닫지 못하느냐"(막 8:21)고 물으신다. 무슨 말인가? 예수님 한 분만으로 충분함을 이제는 깨닫고 알아야 한다는 것이다. 예수께서 경고하셨던 누룩은 이 세대에 속해 사람들을 분별 없이 충동하는 거짓 가르침들을 상징한다(막 8:15).

"너희가 자랑하는 것이 옳지 아니하도다. 적은 누룩이 온 덩어리에 퍼지는 것을 알지 못하느냐. 너희는 누룩 없는 자인데 새 덩어리가 되기 위하여 묵은 누룩을 내버리라. 우리의 유월절 양 곧 그리스도께서 희생되셨느니라. 이러므로 우리가 명절을 지키되 묵은 누룩으로도 말고 악하고 악의에 찬 누룩으로도 말고 누룩이 없이 오직 순전함과 진실함의 떡으로 하자"(고전 5:6-8).

그렇다. 예수 한 분만으로 충분하다. 그의 나라와 의를 먼저 구할 때 이 모든 것이 더해지는 역사가 풍성하게 일어날 것이다. 이런 역사를 바라고 믿고 경험하고 확증하며 나아가는 성도로 서자.

[34장 각주] ....

79) 이태석, "[경영학 카페] 마지막에 하나 더 물었을 뿐인데…金부장, 이직 협상 실패한 까닭은", 한국경제, 2019. 5. 2.

마가복음 은

이런
책이다

가장 생생한 복음서, 마가복음

마가는 누구인가?

마가복음의 구성과 흐름

마가복음의 주제

＊ ＊ ＊ ＊ ＊

＊ 가장 생생한 복음서, 마가복음

마가복음은 공관복음서(마태, 마가, 누가) 중 가장 짧은 복음서이다. 마가복음은 총 16장으로 마태복음 28장, 누가복음 24장과 비교하여 확실히 분량이 적다. 가장 분량이 적지만 그렇다고 예수 그리스도의 행적을 적은 내용까지 간단한 것은 아니다. 마가복음에 나오는 예수 그리스도의 공생애 이야기들은 마태, 누가복음의 이야기들과 비교해보면 구체적인 현장 묘사가 가장 생생하고 자세히 기록되어 있다. 예를 들어 풍랑을 잔잔하게 하시는 장면(막 4:35-41)을 보자. 마태복음(마 8:23-27)은 5절, 누가복음(눅 8:22-25)은 4절을 할애했지만 마가복음은 무려 7절을 할애했다. 거라사 광인을 치유하는 이야기(막 5:1-20)는 마태복음(마 8:28-34)이 7절, 누가복음(눅 8:26-39)이 14절로 되어 있지만 마가복음은 무려 20절이나 할애하고 있다. 야이로의 딸과 혈루병 여인을 치유하는 이야기(막 5:21-

43)의 경우 마태(막 9:18-26)는 9절, 누가(막 8:40-56)는 17절이지만 마가는 23절이나 할애한다. 이런 구체적이고 생생한 묘사는 독자들을 예수 그리스도의 사역현장으로 초대하여 함께 예수 이야기에 빠져들게 하는 매력을 선물한다.

✳ 마가는 누구인가?

마가복음의 저자는 '마가'로 알려져 있다. 마가는 사도행전에 나오는 예루살렘 출신으로 교회 초창기 시절 제자들이 종종 모이던 집 여주인의 아들이자(행 12:12), 바나바의 생질이다. 그는 바나바의 권면으로 바울과 선교여행을 떠났다가 중간에 이탈하여 다시 예루살렘으로 돌아간다(행 13:13). 이 때문에 바울은 그를 다시 선교여행에 데려가기를 거절한다(행 15:37-39). 이 문제로 바울은 바나바와 다투어 선교여행에서 갈라서기까지 한다. 그렇다고 마가가 사도 바울과 영영 결별한 것은 아니다. 훗날 마가는 바울과의 관계를 회복하고, 그의 사역을 힘껏 돕다 감옥에 함께 갇히기까지 한다(골 4:10). 이후 마가는 로마에 가서 베드로의 사역을 돕는다. 이런 마가를 베드로는 믿음의 '아들'로 언급하며 그의 사역을 돕는 든든한 동역자로 여긴다(벧전 5:13). 교회사가 유세비우스는 히에라폴리스의 감독이었던 파피아스가 '그 장로'라고 표현된 인물의 증언을 인용하여 마가에 대해서 다음과 같이 말한 것으로 기록하고 있다.[80]

"마가는 베드로의 동역자가 된 후 비록 순서대로는 아니지만 주님이 말씀하고 행하셨던 바를 그가 기억하는 한 정확하게 기록해 내려갔다. 그 자신은 주께 들은 것도 주를 따른 자도 아니었고, 내가 말한 바처럼 베드로를 따른 자였기 때문이다. 베드로는 주의 말씀을 체계적으로 하지는 않았으나 청중의 필요에 따라 가르쳤다. 그러므로 마가가 기억되는 대로 이런 것들을 썼을 때 오류가 있을 수 없었다. 그가 들은 일을 하나도 빠짐 없이, 하나도 틀림 없이 전하려는 그의 일념 때문이었다."

마가는 베드로를 통해 예수 그리스도에 대한 생생한 이야기를 많이 들었고, 또한 사도 바울로부터 하나님의 비밀인 예수 그리스도에 대해 배웠다(고전 4:1, 엡 3:1-9, 골 1:26-27, 2:2, 4:3 참조). 마가는 위대한 두 사도의 증언을 바탕으로 성령의 영감을 받아 마가복음을 기록했다. 이러한 사도적 유산으로 인해 마가복음은 그 어떤 복음서보다 예수 그리스도의 행적을 생생하게 묘사하며 그의 하나님의 아들 됨의 비밀, 곧 메시아 비밀을 치밀하게 전개하고 있다. 마가복음의 시작이 "하나님의 아들 예수 그리스도 복음의 시작이라"는 진술로 시작하는 것은 결코 우연이 아니다.

마가복음에 나타나는 문체의 특징은 마가의 상황을 좀 더 구체적으로 보여준다. 먼저, 마가가 기록한 마가복음의 문체는 단순하고, 다소 거친 헬라어를 사용하였다. 예를 들어 마가는 '그리고'에 해당하는 접속사 '카이'를 습관처럼 사용한다. 둘째, 마가는 당시 로마제국의 공식 언어인 라틴어를 헬라어로 음역하여 독자에게 소개한다. 로마의 군단 '레기온'을 지칭하는 '군대'(막 5:9), 로마의 은화 '데나리우스'를 가리키는 '데나리온'(막 6:37, 12:15, 14:5), 로마 백부장 '켄투리오'를 지칭하는 헬라어 '켄투리온' 등이 그것이다(막 15:39,44,45).

셋째, 마가는 유대인 풍습에 대해 해설을 덧붙이고 있다. 당시 유대인들이 정결례를 행했던 풍습(막 7:2-4)을 설명하고, '고르반'이 곧 '하나님께 드림이 되었다'는 뜻임을 해설한다. 이는 마가가 유대인의 풍습을 모르는 독자들을 대상으로 복음서를 쓰고 있다는 것을 짐작하게 한다.[81] 넷째 마가 독자들에게 생소한 예수께서 사용하셨던 아람어를 친절하게 해석해준다. "달리다굼"을 번역하여 "내가 네게 말하노니 소녀야 일어나라"(막 5:41)라고 해설하고, "에바다"를 번역하여 "열리라"로(막 7:34), "엘리 엘리 라마 사박다니"를 번역하여 "나의 하나님, 나의 하나님 어찌하여 나를 버리셨나이까"(막 15:34)로 해설해준다. 이는 독자가 예수님 시대의 언어에 대한 충분한 지식이 없는 이방 독자였음을 전제한다.

이상의 특징들로 유추해볼 때 마가는 예루살렘 출신이었지만, 훗날 유대 외부에서 자라고 활동했던 디아스포라 유대인이었음을 보여준다. 마가가 바울과 동역하다 감옥에 갇히기도 하고, 또 로마에서 목회하던 베드로를 도우며 사역했던 배경을 고려해도, 마가복음은 디아스포라 유대인 또는 이방 독자를 대상으로 한 것이 선명하게 드러난다. 아마도 마가는 베드로가 로마에서 순교한 이후 예수 이야기를 로마를 비롯한 이방 교회에 전해줄 목적으로 마가복음을 기록했을 것이다. 로마의 공식어인 라틴어가 자주 나오는 이유를 생각할 때 이런 개연성은 더욱 커진다. 마가복음의 기록 연대는 대략 주후 70년 전후로 보는데 마가복음 13장의 성전 멸망 예언을 고려할 때 예루살렘 성전이 무너진 주후 70년 이후 기록되었을 가능성이 크다.

＊ 마가복음의 구성과 흐름

마가복음은 대략 다음과 같은 구조로 정리할 수 있다.

I. 서론 (막 1:1-15)

II. 갈릴리에서 드러나는 하나님 아들의 권위와 사역
   (막 1:15-8:21)

   ⑴ 초기 갈릴리 사역 (막 1:16-3:19)

   ⑵ 후기 갈릴리 사역 (막 3:20-6:6a)

   ⑶ 갈릴리 외부로의 사역 (막 6:6b-8:21)

III. 예루살렘으로의 여정 (막 8:22-10:52)

IV. 예루살렘 입성과 심판 선언 (막 11-13장)

V. 예루살렘에서의 고난, 죽음, 그리고 부활 (막 14-16장)

마가복음은 크게 둘로 나눈다. 먼저는 서론에 이어지는 갈릴리에서의 사역이 전반부를 이룬다. 둘째는 베드로의 신앙고백 이후 본격적으로 시작되는 수난의 길과 십자가 사역이다.

서론(막 1:1-15)은 예수의 공생애를 위한 간략한 준비과정을 설명한다. 세례 요한의 등장과 예수의 세례, 그리고 광야에서의 시험 이야기가 간략하게 등장한다. 이후 세례 요한이 잡힌 후 예수께서는 하나님 나라를 새롭게 선포한다.

나머지 전반부(막 1:15-8:21)는 갈릴리와 주변 이방 지역의 외부 사역을 다룬다. 주목할 점은 예수의 초기 갈릴리 사역은 주로 반(反)

성전사역이었다는 것이다. 예수께서는 성전에서 가능한 사역들을 자신의 사역으로 대체하셨다. 성전이 아닌 예수가 죄 사하는 권세를 갖고 있고, 정결법이 금하는 세리와 죄인들과 함께 식사하며 어울리셨고, 자신이 참된 안식일의 주인이며, 안식일에 병으로 고통받고 있는 이들을 자유롭게 하셨다. 이러한 예수의 사역은 갈릴리에 국한되지 않고 주변의 거라사, 두로, 시돈과 같은 이방 지역으로도 확장된다.

후반부에 이르러 예수의 왕성한 사역은 베드로의 신앙고백(막 8:29) 이후 십자가를 향해 나아간다. 예수께서는 제자들에게 반복적으로 자신의 수난을 예고하며 예루살렘으로 나아간다. 예루살렘에 들어가신 예수는 성전으로 들어가셔서 반(反) 성전사역을 감행하신다. 성전에서 매매하는 자들을 내쫓으며, 이곳이 이미 강도의 소굴이 되었음을 선언한다. 더 나아가 성전의 처참한 멸망을 예고한다(막 13장). 그리고 십자가를 지고 골고다 언덕에 올라 못 박힌다. 놀라운 것은 예수의 죽음과 동시에 성전의 휘장이 위로부터 아래까지 찢어져 둘이 되었다는 사실이다(막 15:38). 이는 예루살렘 성전이 사실상 무너졌음을 상징적으로 보여주는 사건이다. 그리고 이 죽음과 함께 마가복음 1장 1절에서 선언했던 '하나님의 아들' 됨의 비밀이 이방 백부장의 입술을 통해 고백된다(막 15:39). 그리고 사흘 후 예수께서는 부활하시고 부활의 증인들이 세워진다.

* 마가복음의 주제

1) 고난받으신 하나님의 아들

가이사랴 빌립보 길 가운데에 예수께서 제자들에게 던지신 질문, "너희는 나를 누구라 하느냐?"(막 8:29)는 마가복음의 핵심적인 질문이다. 이에 대해 베드로는 '주는 그리스도'라고 대답했다. 그러나 이는 절반의 대답일 뿐이다. 베드로와 제자들은 그리스도, 곧 메시아가 누구인지 제대로 깨닫지 못하고 오해한다. 그 이유는 제자들이 기대했던 메시아가 왕권을 갖고 이스라엘을 정치적으로 회복할 왕이었기 때문이다.

그러나 마가복음에 등장하는 그리스도는 수난받고 십자가에 못박히신 그리스도다. 복음서의 표제인 마가복음 1장 1절은 '하나님의 아들 예수 그리스도 복음의 시작'을 알린다. 그러나 마가복음이 진행되며 예수 그리스도가 누구인지는 귀신을 제외하고는 아무도 깨닫지 못했다(막 1:24,34, 3:11). 예수 그리스도는 15장 39절에 가서야 올바로 발견되는데, 이방인 백부장이 십자가에 달려 죽임당한 예수를 보고서야 비로소 "이는 진실로 하나님의 아들이었도다"라고 고백하기 때문이다. 예수 그리스도가 십자가에 달린 메시아임을 깨달을 때 비로소 참된 하나님의 아들로 인식할 수 있다. 마가복음이 제시하는 하나님의 아들 예수 그리스도는 십자가에 달린 수난받는 그리스도이다.

2) 메시아 비밀

마가복음에서 예수는 자신을 사람들에게 나타내지 않으려 하신다. 그래서 그는 귀신들에게(막 1:34, 3:12), 제자들에게(막 8:30, 9:9), 그리고 병자들에게(막 1:43, 5:43, 7:36) 자신을 나타내지 말라는 침묵 명령을 내린다. 이는 마가복음이 나타내려는 그리스도의 주제와 연관이 깊다. 예수 그리스도를 능력으로만 또는 정치적으로만 인정하고 고백하는 것은 십자가에 달린 그리스도를 잊게 만들 수 있기 때문이다. 따라서 마가복음은 십자가를 지신 그리스도가 드러나기까지 귀신과 제자들의 침묵을 강조한다.

3) 수난과 제자도 그리고 무지

마가복음은 예수의 생애 중 마지막 수난주간에 일어난 일들이 전체 지면의 3분의 1 가량 차지하며, '확대된 서론이 붙어 있는 수난설화' 라고 불릴 만큼 중간중간 수난에 많은 강조점을 두고 있다(막 2:20, 3:6,19, 8:31, 9:31, 10:33-34,45).[82] 그러나 이것이 전부가 아니다. 예수는 자신의 수난을 자신에게만 주어진 고유한 소명의 영역으로 제한하지 않고, 그를 따르는 모든 이들을 유사한 소명으로 부른다.

"무리와 제자들을 불러 이르시되 누구든지 나를 따라오려거든 자기를 부인하고 자기 십자가를 지고 나를 따를 것이니라. 누구든지 자기 목숨을 구원하고자 하면 잃을 것이요 누구든지 나와 복음을 위하여 자기 목숨을 잃으면 구원하리라"(막 8:34-35).

마가복음은 예수와 제자와의 관계에서 '따르다' (헬. 아콜루테오)

는 동사를 18회나 사용한다. 이는 예수의 사역은 예수에게서만 그치는 것이 아니라 계속해서 제자들의 따름으로 이어져야 함을 보여준다. 이러한 부르심에 대해 제자들은 계속해서 오해를 드러낸다. 마가복음은 예수의 수난 예고와 이에 대한 제자들의 오해, 그리고 이를 다시 수정하는 예수의 가르침이 연속적으로 등장한다.[83]

수난 예고	오해	수정
8:31	8:32-33	8:34-9:1
9:31	9:33-34	9:35-37
10:32-34	10:35-41	10:42-45

이처럼 계속적으로 요구되는 수난의 제자도 앞에 제자들은 시종일관 오해와 무지로 반응한다. 예수는 제자들에게 자신의 수난을 생생하게 설명한다. "그들은 능욕하며 침 뱉으며 채찍질하고 죽일 것이니"(막 10:34). 그러나 이 말씀이 끝나고 야고보와 요한은 예수께 수난과 전혀 상관없는 요청을 한다. "주의 영광 중에서 우리를 하나는 주의 우편에, 하나는 주의 좌편에 앉게 하여 주옵소서"(막 10:37). 이들의 분별없는 요구에 예수는 제자들이 자기가 구하는 것을 알지 못한다고 하시며 다시 이들에게 예수의 마시는 잔을 마실 수 있느냐고 되묻는다(막 10:38).

이처럼 계속되는 제자들의 오해와 무지 속에서도 마가복음은 예수의 지속적인 제자도의 부름을 보고한다. 이는 수난과 희생의 제자도가 예수를 따르는 데 결코 타협할 수 없는 것임을 보여준다.

4) 종말론적 기대와 경고

마가복음은 처음부터 강력한 종말론적 기대로 둘러싸여 있다. 이는 처음부터 나타나는 일련의 예언과 성취의 대목들이 나타나면서 시작된다. 주의 길을 예비할 사자를 보내리라는 이사야의 예언이 세례 요한으로 인해 성취되고(막 1:2-4), 자신보다 더 능력 많으신 분이 오실 것이라는 요한의 예언(막 1:7-8)은 예수의 세례 때 나타나는 하늘의 음성으로 성취된다(막 1:9-11). 그리고 예수는 하나님 나라의 도래를 선포하며(막 1:15), 하나님의 나라가 도래하는 표지들을 보여준다. 귀신이 쫓겨나고 병든 자들이 치유받는다. 이러한 하나님 나라의 임박한 기대는 13장에 이르러 절정에 다다른다.

마가복음 13장의 성전 멸망 예언은 일종의 경고적 설교문으로 그리스도인들이 깨어 있을 것을 강조한다(막 13:33-37). 이러한 권면과는 달리 제자들은 갈수록 깨어 있지 못하고 급기야는 예수를 부인하고 도망가 버린다(막 16:8). 이는 독자에게 충격과 함께 도전을 주는데, 마가복음의 종말론적 기대와 경고는 우리도 종말의 때에 제자들과 같이 처음에 예수를 따른다고 나섰다가 중간에 도망가려 하지는 않는지 돌아볼 것을 권면한다.

5) 복음의 중심지로서의 갈릴리(이방 선교)

마가복음은 예수의 생애를 갈릴리-예루살렘 패턴으로 기술하고 있다(1-9장 : 갈릴리, 11-16장 : 예루살렘). 또한 마가복음에서는 예수께서 부활하신 후 갈릴리로 먼저 가서 제자 공동체를 인도할 것이라고 두 차례에 걸쳐 강조하는데(막 14:28, 16:7), 이는 복음의 중심지로서 갈릴리의 중요성을 강조하는 것으로 나타난다.

갈릴리를 강조하는 것은 예루살렘 중심성을 벗어나 이방을 향하여도 복음의 문이 열리고 있음을 보여주는데, 여기서 갈릴리는 이방인 선교의 상징적인 전초기지의 역할을 감당했을 것이다. 마가복음은 선교의 대상을 유대인으로만 제한하지 않고 지속해서 이방 선교에 관한 관심을 표명한다. 예수는 주기적으로 이방인 선교를 했으며(막 5:1-20, 7:24-30, 8:1-9), 제자들에게 이방 선교를 권고하고(막 13:10, 14:9), 성전을 이스라엘 민족만이 아닌 만민의 기도하는 집으로 선포한다(막 11:17).

6) 반성전

그리스도는 옛 성전을 대체하는 분이다. 그는 사역 초기 갈릴리에서 성전을 대체하는 반 성전사역을 시작했으며, 예루살렘에서도 반·성전사역과 함께 성전의 폐기와 멸망을 선언한다. 예수의 십자가는 기존의 성전을 무효화하는 결정적 사건이 되었다. 이제는 예수의 십자가 사역으로 더는 성전이 아닌 예수께 나아가는 것이 새로운 성전에 속하는 것이다. 이 새 성전의 시대에 이방인은 옛 성전으로 나올 것이 아니라 예수께 나아와야 한다. 이방인 선교는 열방을 예수께로 돌아오게 하는 것이다.

[부록 각주]

80) 유세비우스. 엄성옥 역. 「유세비우스의 교회사」(서울: 은성, 1990), 169쪽.
81) 차정식 외, 「신약성서개론」(서울: 대한기독교서회, 2002), 191쪽.
82) 박수암, 「신약연구개론」(서울: 장로회신학대학교 출판부, 1998), 173쪽.
83) 리처드 헤이스, 유승원 역, 「신약의 윤리적 비전」(서울: IVP, 2002), 131-132쪽.